浙江省"十一五"重点教材建设项目

高等学校工商管理专业应用型本科系列教材

生产运营管理

Shengchan Yunying Guanli

冯根尧　主　编
韩　刚　张　锋　副主编

高等教育出版社·北京

内容提要

本书以生产运营系统的规划、设计、运行、控制与改进为逻辑主线,将生产运营管理的经典理论与近年来国内外本学科领域的新思想、新理论、新方法进行适当整合、有效集成,在保证运营管理学科知识体系基本完整的基础上,适当考虑学科的发展前瞻。全书共分 15 章,主要内容包括:绪论、生产运营的类型、生产运营的流程、生产运营战略、新产品与新服务开发、设施规划、流水生产组织设计、能力规划与设计、综合计划与主生产计划、物料需求管理、独立需求的库存管理、作业计划与控制、项目管理、设备管理及质量管理。各章设置的栏目有:内容提要、拓展学习、网上学习、思考与练习。

本书适合本科院校管理类专业学生使用,也可供其他专业学生选用。

图书在版编目(CIP)数据

生产运营管理 / 冯根尧主编. —北京:高等教育出版社,2010.10(2018.12 重印)
ISBN 978-7-04-030430-5

Ⅰ. ①生… Ⅱ. ①冯… Ⅲ. ①企业管理:生产管理-高等学校-教材 Ⅳ. ①F273

中国版本图书馆 CIP 数据核字(2010)第 182302 号

策划编辑	宋志伟	责任编辑	刘 荣	封面设计	张 楠	责任绘图	尹 莉
版式设计	余 杨	责任校对	胡晓琪	责任印制	赵义民		

出版发行	高等教育出版社	咨询电话	400-810-0598	
社 址	北京市西城区德外大街 4 号	网 址	http://www.hep.edu.cn	
邮政编码	100120		http://www.hep.com.cn	
印 刷	中国农业出版社印刷厂	网上订购	http://www.landraco.com	
开 本	787×960 1/16		http://www.landraco.com.cn	
印 张	19.75	版 次	2010 年 10 月第 1 版	
字 数	370 000	印 次	2018 年 12 月第 7 次印刷	
购书热线	010-58581118	定 价	33.00 元	

本书如有缺页、倒页、脱页等质量问题,请到所购图书销售部门联系调换。
版权所有 侵权必究
物 料 号 30430-00

前　言

在当今复杂多变且国际化趋势日益明显的商业世界中，生产运营管理是一个极其重要且富有挑战的领域。对于在校大学生、企业管理人员来说，理解或运用生产运营管理是非常必要的。特别是对于面临全球产业转移的当代中国来说，创建具有稳固的生产运营执行力的企业是实现经济健康、可持续发展的重要途径。

1. 内容安排

生产运营管理是对制造产品或提供服务的生产运营系统所进行的规划、设计、运行、控制和改进等管理活动。生产运营是将人力、物料、设备、技术、信息、能源、环境等生产要素变换为有形产品和无形服务的过程，是社会财富的主要来源，也是企业创造价值、获取利润的主要环节。

据此，本书以企业产品生产和服务提供的全过程为研究对象，阐述生产运营管理的基本原理与方法，将生产运营管理思想与管理技术有机地融合，为所有的在校大学生及商业人士提供一个有关生产运营管理的独特的商业视角。

(1) 核心内容。以生产运营管理的经典理论为重点，探讨生产运营的类型、生产运营的流程、生产运营战略、新产品与新服务开发、设施规划、流水生产组织设计、能力规划与设计、综合计划与主生产计划、物料需求管理、独立需求的库存管理、作业计划与控制、项目管理、设备管理及质量管理。

(2) 拓展内容。跟踪国内外生产运营管理学科发展前沿，介绍全球化运营管理、基于时间的运营战略、大规模定制、流程再造等运营管理新思想、新理论，以及学习曲线、收益管理等方法在运营管理中的应用。

(3) 研究范围。目前，生产运营管理的研究范围已从高科技的制造业生产管理延伸到高接触度的服务业运营管理。顺应这一学科发展趋势，本书各章节都体现了制造业生产管理和服务业运营管理思想、理论和方法的综合集成的特点。

2. 本书的特点

为了适合普通本科院校管理类专业教学之用，更好地体现本科院校应用型、就业型的特点，本书体现了以下特点：

(1) 精简教学内容，体现实用性。以介绍生产运营管理经典理论为主，兼顾学科发展前沿，同时强调可读性、形象性、实用性及可操作性；注重文字、图表的有机结合，避免繁杂的数学公式和仿真模型，目的是让读者获得更感性的认识，同时培养他们实际分析问题及运用生产运营管理理论解决问题的能力。

(2) 灵活设置编写栏目,搭建自主学习平台。各章均安排有内容提要、拓展学习、网上学习、思考与练习等栏目。其中:"拓展学习"简单介绍与各章相关的国内外最新研究成果,为需要进一步了解学科知识的读者指明研究方向;"网上学习"列出了国内外相关理论学习网站或著名企业网站,以便读者及时掌握学科研究动态、参与讨论,了解实业界运营管理实务的开展情况。

(3) 拓宽教学渠道,提供数字化教学资源。与本书相配套的《生产运营管理》精品课程教学网站(www.jgxysx.net/jpkc/om/index.asp),有丰富的教学资源,包括电子课件、教案、各章节习题及模拟测试题、案例教学、实验教学、课程设计等,可供读者免费下载。

3. 编写分工

全书结构与编写风格由冯根尧确定。具体分工:冯根尧编写第1章、第2章、第3章、第5章、第6章、第11章、第12章,韩刚编写第4章,张锋编写第10章、第13章,刘传宏编写第7章,颜蕾编写第8章,杨晞编写第9章,丁志刚编写第14章,李云编写第15章,最后由冯根尧总纂、定稿。

4. 致谢

本书已被列为浙江省重点建设教材项目,得到了浙江省教育厅的大力支持。在编写过程中,参阅了大量中外学者的经典论著、网上资料及最新的研究成果(详见参考文献),在此表示衷心感谢。对于未能列入的参考文献,希望得到作者谅解。

由于编者水平有限,书中文字、图表和其他方面的错误和不当之处难免,恳请读者批评指正。

编者
2010年2月

目 录

第一章　绪论 ………………………………………………………………… 1
　　第一节　基本概念 ……………………………………………………… 1
　　第二节　生产运营管理的内容体系 …………………………………… 4
　　第三节　生产运营管理的产生与发展 ………………………………… 11
第二章　生产运营的类型 …………………………………………………… 19
　　第一节　制造型企业的生产类型 ……………………………………… 19
　　第二节　服务型企业的运营类型 ……………………………………… 24
第三章　生产运营的流程 …………………………………………………… 35
　　第一节　制造型企业的生产过程 ……………………………………… 35
　　第二节　生产过程的空间组织 ………………………………………… 37
　　第三节　生产过程的时间组织 ………………………………………… 40
　　第四节　制造型企业生产流程选择 …………………………………… 43
　　第五节　服务型企业运营流程选择 …………………………………… 45
第四章　生产运营战略 ……………………………………………………… 53
　　第一节　生产运营战略与企业战略 …………………………………… 53
　　第二节　生产运营战略与竞争力 ……………………………………… 55
　　第三节　制造型企业的生产运营战略 ………………………………… 59
　　第四节　服务型企业的运营战略 ……………………………………… 62
第五章　新产品与新服务开发 ……………………………………………… 69
　　第一节　概述 …………………………………………………………… 69
　　第二节　新产品的开发 ………………………………………………… 71
　　第三节　新服务的开发 ………………………………………………… 78
第六章　设施规划 …………………………………………………………… 81
　　第一节　生产设施选址 ………………………………………………… 81
　　第二节　生产设施布置 ………………………………………………… 88
　　第三节　服务设施选址 ………………………………………………… 100
　　第四节　服务设施布置 ………………………………………………… 103
第七章　流水生产组织设计 ………………………………………………… 112
　　第一节　流水生产组织设计 …………………………………………… 112
　　第二节　单一品种流水线的组织设计 ………………………………… 116

第三节　多品种流水线的组织设计 …………………………… 123
第八章　能力规划与设计 ……………………………………………… 131
　　第一节　概述 …………………………………………………… 131
　　第二节　生产能力的查定 ……………………………………… 134
　　第三节　生产能力的规划 ……………………………………… 141
　　第四节　服务能力的规划 ……………………………………… 148
第九章　综合计划与主生产计划 ……………………………………… 152
　　第一节　计划管理概述 ………………………………………… 152
　　第二节　制造型企业的综合计划 ……………………………… 157
　　第三节　制造型企业的主生产计划 …………………………… 160
　　第四节　服务型企业的综合计划 ……………………………… 167
第十章　物料需求管理 ………………………………………………… 171
　　第一节　独立需求和相关需求 ………………………………… 171
　　第二节　物料需求计划 ………………………………………… 173
　　第三节　制造资源计划（MRPⅡ） …………………………… 187
第十一章　独立需求的库存管理 ……………………………………… 195
　　第一节　库存概述 ……………………………………………… 195
　　第二节　定量控制模式 ………………………………………… 199
　　第三节　定期控制模式 ………………………………………… 208
第十二章　作业计划与控制 …………………………………………… 213
　　第一节　作业排序概述 ………………………………………… 213
　　第二节　制造业中的作业排序 ………………………………… 215
　　第三节　生产作业控制 ………………………………………… 224
　　第四节　服务业中的人员安排 ………………………………… 226
第十三章　项目管理 …………………………………………………… 235
　　第一节　项目管理概述 ………………………………………… 235
　　第二节　网络计划技术 ………………………………………… 240
　　第三节　非确定型网络计划 …………………………………… 255
　　第四节　网络计划的执行 ……………………………………… 257
第十四章　设备管理 …………………………………………………… 263
　　第一节　设备综合管理概述 …………………………………… 263
　　第二节　设备的选择与评价 …………………………………… 267
　　第三节　设备的使用与维修 …………………………………… 269
　　第四节　设备的改造与更新 …………………………………… 277
第十五章　质量管理 …………………………………………………… 283

第一节　质量管理概述 …………………………………………………… 283
第二节　统计质量控制 …………………………………………………… 288
第三节　质量检验与抽样检验 …………………………………………… 296
第四节　ISO 9000 简介 …………………………………………………… 299
参考文献 ………………………………………………………………… 306

第一章 绪论

内容提要

　　生产运营管理在社会生活中扮演着重要的角色,影响着我们生活的方方面面。我们穿的衣服、吃的食品、开的汽车、戴的手表、看的电视、发送的电子邮件、使用的电话,甚至通过运输工具或互联网将这些产品送到我们手中的服务过程,都离不开生产运营管理。本章重点阐述生产运营管理的基本概念、主要研究内容,简要回顾生产运营管理学科的产生与发展。最后,提出了经济全球化背景下,企业生产运营管理所面临的最新课题。

第一节　基 本 概 念

一、生产运营的概念

　　生产运营(production and operation)是指产品或服务的设计、制造、运输与销售等一系列复杂的转换过程。以手机为例,为了按实际需要生产手机,并且把它们送到客户手里,需要进行很多的转换过程:供应商购买原材料并且制造手机零部件;手机制造公司采购原材料或零部件,并将这些零部件组装成各种各样的手机;分销商、代理商和遍布各地的物流公司通过互联网发出手机订单;地方零售商直接与客户接触,发展并管理所有的客户。生产运营管理就是通过对所有这些独立过程的管理,从而在生产产品或提供服务的过程中能够有效利用设施设备、原材料、人力等资源。

　　最初,生产运营的概念应用范围非常有限,主要集中在制造业领域(即有形产品的生产)。随着服务业的发展,越来越多的人认识到尽管服务业与制造业存在许多不同之处,但也有其共性。哈佛商学院的西奥多·莱维特(Theodore Levitt)在其《应用于服务业的生产线法》一文中,第一次把已在制造业中得到发展完善的生产运营管理理念应用到服务业中。西奥多·莱维特发现,生产运营管理理念在服务业中很容易找到用武之地。例如,以麦当劳为代表的快餐业,借鉴产品制造过程中的批量法则,每次制作12个用来做汉堡包的小圆面包,既节省了成本,又加快了食品制作速度,提高了服务效率。可见,生产运营管理理念可以扩展到服务业，以处理服务业的相关运营问题。表1-1列出了不同类型的运营实例。

表1-1 不同类型的运营实例

运营类型	实 例
产品生产	农业、采掘业、建筑业、制造业
储备/运输	仓库、货运、邮政、出租车、公交车、旅馆、航空公司
交换	零售、批发、租赁、证券交易所
娱乐	电影、广播、电视、戏剧演出、音乐会
信息传递	报纸、电台和电视台的新闻、电话、卫星、互联网

实际上，不管是制造业的产品制造过程，还是服务业的服务提供过程，都可以理解为生产过程。按照马克思主义的观点，生产是以一定生产关系联系起来的人们利用劳动资料，改变劳动对象，以适合人们需要的过程。这里所说的生产，主要是指物质资料的生产。通过物质资料的生产，一定的原材料转化为特定的有形产品。随着服务业的兴起，生产的概念得到延伸和扩展。例如，操作工人的劳动是直接改变加工对象的物理或化学特性，使其功能有所增加，是价值的创造过程，而搬运工人和邮递员尽管转送的都不是他们自己制造的东西，但他们也同样付出了劳动，满足了人们的某种需求，所以不能说他们从事的不是生产活动。按照这种理解，生产运营管理理念可以扩大到非制造领域。为了对二者加以区分，习惯上将有形产品的制造称为"生产"(production)，而将无形产品的提供称为"运营"或"运作"(operation)，也可将二者统称为"运营"。

二、生产运营系统的概念

生产运营系统指能将一定的输入转换为特定输出的有机整体。它是一个实体系统，主要由各种设施、机械、运输工具、仓库、信息传递媒介等组成。例如，一个机械工厂，其实体系统包括车间，车间内有各种机床、装卸及运输工具，车间与车间之间有在制品仓库等，而一个化工厂，它的实体系统可能主要是化学反应罐和形形色色的管道。又如，一个急救系统或一个经营连锁快餐店的企业，它的实体系统可能大为不同，它们不是集中在一个位置，而是分布在一个城市或一个地区内各个不同的地点。

生产运营系统是一个人造系统，它由输入、转换和输出三个环节构成（图1-1）。企业要向社会提供输出，则必须先有输入。输入是由输出决定的，生产什么样的产品或提供什么样的服务，决定了需要什么样的输入。输入需要通过转换过程才能变为输出，而转换是通过人的劳动在生产运营系统中实现的。

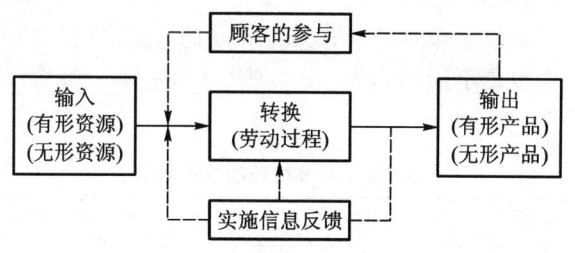

图1-1 生产运营系统图

生产运营系统的输入有两类资源。一类是有形资源,包括:人力、设备、物料、能源、土地等。另一类是无形资源,包括:时间和信息。其中时间是一种特殊的资源,它不需要索取,关键在于如何合理有效地利用。信息资源主要指运营系统外部的信息,例如,市场变化信息、新技术发展信息、政府部门关于经济趋势的分析报告等。而图1-1中虚线表示的信息投入,来自运营系统内部,即转换过程中所获得的信息,它有两种具体表现形式:一是顾客的参与,二是有关运营活动实施情况的信息反馈。顾客的参与是指,他们不只接受转换过程的产出结果,而且在转换过程中,他们也是参与活动的一部分。例如,教室中学生的参与,医院中病人的参与。实施信息反馈是指,生产进度报告、质量检验报告、库存情况报告等。

转换过程是价值增值过程。一般来说,典型的转换过程有以下几种:

(1) 物理过程(如加工制造);

(2) 位置变化过程(如物流运输);

(3) 交易过程(如实体销售、网上销售);

(4) 存储过程(如库存);

(5) 生理过程(如医疗保健);

(6) 信息过程(如电信、网络服务)。

当然,这些转换过程不是互斥的。比如,一家百货商城,既允许顾客比较商品价格和质量(信息过程),也存储货品直到顾客需要(存储过程),还售出商品(交易过程)。

生产运营系统的输出可统称为产品,具体包括两大类:有形产品和无形产品。前者指汽车、电视、机床、食品等各种物质产品;后者指某种形式的服务,例如,银行所提供的金融服务、邮局所提供的邮递服务、咨询公司所提供的设计方案等。

由于各行各业的众多组织(也包括非营利性的各种事业组织和政府部门)性质不同,输出的"质"不同,因此需要有不同的生产运营系统。钢铁厂的生产系统不同于机床厂的生产系统,餐馆的运作系统也不同于银行的运作系统。不仅如此,生产运营系统还取决于输出的"量"。同是生产汽车,大批量生产和小批量生产所采用的设备以及设备布置的形式是不相同的;同是提供食物,快餐店和大饭馆的运作组织方式也是不同的。表1-2列出了几种典型社会组织的输入、转换和输出的内容。

表1-2 几种典型组织的生产运营系统

社会组织	主要输入	主要资源	转换的内容	主要输出
工厂	原材料、零部件	工具、设备和人员	加工制造	产品
批发中心	库存物品	存储用具	存储保管、再分销	随时快速交货
运输公司	产地的物资	运输工具、人员	位移	销地的物资
百货商店	顾客	商品、售货员	吸引顾客、促销、交易	销售商品使顾客满意
修理站	损坏的机器	维修工具、设备、零配件和工人	修理	修复的机器
医院	病人	医生、护士、药品、医疗设备	诊断与治疗	恢复健康的人
大学	高中毕业生	教师、教材、教室	教学	专门人才
咨询站	情况、问题	人员、办公室	咨询	建议、办法、方案
餐厅	饥饿的人	食物、厨师、环境	充饥、享受服务	满意的顾客

第二节 生产运营管理的内容体系

一、生产运营管理的目标

全球化竞争的日趋激烈和科学技术的不断发展,对企业运营管理系统提出了越来越高的要求,具体表现在如下四个方面:时间(time,T)、质量(quality,Q)、成本(cost,C)和服务(service,S)。T指满足顾客对产品和服务在时间方面的要求,即交货期要短而准;Q指满足顾客对产品和服务在质量方面的要求;C指满足顾客对产品和服务在价格和使用成本方面的要求,即不仅产品形成过程中的成本要低,而且在顾客使用过程中的成本也要低;S指提供产品之外为满足顾客需求而提供的相关服务,如产品售前服务及售后服务等。

这种动态多变的竞争环境,决定了生产运营管理应追求的目标是:高效、低耗、灵活、准时地生产合格产品和提供满意服务。高效是指能够迅速地满足顾客的需要。在当前激烈的市场竞争条件下,谁的订货提前期短,谁就能争取顾客。低耗是指生产同样数量和质量的产品,人力、物力和财力的消耗最少。低耗才能低成本,低成本才有低价格,低价格才能争取顾客。灵活是指能快速适应市场的变化,生产不同的产品和开发新产品或提供不同的服务和开发新的服务。准时是指在顾客需要的时间,提供所需数量的产品和服务。合格的产品和满意的服务,是指产品和服务的质量必须符合人们的要求。

二、生产运营管理的内容体系

生产运营管理(production and operation management,P/OM)是对制造产品或提供服务的系统进行设计、运行、控制与改进的管理,它的内容体系可从以下三方面加以理解。

(一)基于市场竞争的内容体系

生产运营管理的根本任务,就是如何实现生产运营管理目标,由此引申出生产运营管理的三个基本问题。

(1)如何保证和提高质量。产品质量包括产品的使用功能(functional quality)、操作性能(quality of operability)、社会性能(quality of sociability,指产品的安全性能、环境性能以及空间性能)和保全性能(maintainability,指产品的可靠性、可修复性以及日常保养性能)等内容。生产运营管理要实现上述的产品质量特征,就要进行质量管理(quality management),包括对产品的设计质量、制造质量和服务质量的综合管理。

(2)如何保证适时适量地将产品投放市场。在这里,产品的时间价值转变为对生产运营管理中的产品数量与交货期的控制问题。在现代化大生产中,生产所涉及的人、物料、设备、资金等资源成千上万,如何将全部资源要素在它们需要的时候组织起来,安排到位,是一项十分复杂的系统工程。这也是生产运营管理所要解决的一个最主要问题——进度管理(delivery management)。

(3)如何才能使产品的价格既为顾客所接受,同时又为企业带来一定的利润。这涉及人、物料、设备、能源、土地等资源的合理配置和利用,涉及生产率的提高,还涉及企业资金的运用和管理。归根结底是努力降低产品的生产成本——成本管理(cost management)。

这三个问题简称为 QDC 管理。QDC 管理是生产运营管理的基本内容,但并不意味着它是生产运营管理的全部内容。生产运营管理的另一个基本内容是资源要素管理:设备管理、物料管理、信息管理以及人力资源管理。事实上,生产运营管理中的 QDC 管理与资源要素管理这两大类管理是相互关联、相互作用的。质量保证离不开物料质量、设备性能以及人的劳动技能水平和工作态度;成本降低取决于人、物料、设备的合理利用。反过来,对设备与物料本身也有 QDC 的要求。因此,生产运营管理中的 QDC 管理与资源要素管理是一个有机整体,应当以系统的、集成的观点来看待和处理它们之间的相互关系和相互作用。

在传统的生产管理实践中,这些管理是分别进行的,而且各自有相对应的职能部门。在传统的生产管理学中,也是把它们作为不同的单项管理分别进行研究,并未注重它们之间的相互作用和内在联系。但是,考察一下企业生产运营管理的实际状况,往往有这样的倾向:质量管理者认为企业的运营活动应围绕自己的主题来进行,进度管理者认为自己才是真正意义上的生产运营管理的中心,成本管理者把自己当作企业利润获得的主要手段,人力资源管理者也从"以人为本"的角度强调自己的重要性等。客观上说,这些不同的单项管理之间的职能目标并不完全一致,甚至在某种程度上存在相悖的关系。例如,当强调质量目标时,可能会相应地要求在生产过程中"精雕细刻",从而带来生产时间延长、资源消耗增多的问题,而这是与进度管理及成本管理的职能目标相悖的;又如,当强调进度管理的目标时,为了保证适时适量地交货,会相应地要求一定量的原材料与在制品库存,而这又是成本管理目标所不希望的等。

从价值实现条件分析,运营活动是一个价值增值的过程,是一个社会组织向社会提供有用产品的过程。要想实现价值增值,向社会提供有用的产品,其必要条件是,运营过程提供的产品,无论有形的还是无形的,必须有一定的使用价值。产品的使用价值是指它能够满足顾客某种需求的功效。人总是有需求的,这些需求的内容因人而异、因时而异。当某种产品在人需要的时候满足了人的某种要求,则实现了其使用价值。因此,产品使用价值的支配条件主要是产品质量和产品提供的适时性。产品质量包括产品的使用功能、可操作性、安全性、可靠性、可修复性等内涵,这是生产价值实现的首要要素。产品提供的适时性是指在顾客需要的时候提供给顾客的产品的时间价值,如果超过了必要的时期,就会失去价值,在服务业尤其如此。这二者构成了生产价值实现的必不可少的两大要素。而产品的成本,以产品价格的形式决定了产品能否最后被顾客所接受或承受。只有当回答是肯定的时候,生产价值的实现才能最终完成。

再从产品的市场竞争力来看,只有 QDC 三方面都具备优势,产品才可能具有真正的市场竞争优势。对于其他资源要素管理也同样,每一单项管理都与产品的 QDC 价值条件相关联,都或正面或负面地影响 QDC 管理的结果。因此,在生产运营管理中,不能片面地强调哪一项管理更重要,也不能把各项管理职能或职能部门完全分而治之,而必须以一种系统的观念来进行集成管理,从提高整个系统效率的角度出发,来指导各单项管理的进行。只有这样才能达到分工的真正目的。此外,由于各项要素之间所存在的相悖关系,运营决策过程往往是一种使各项要素取得平衡的过程,也称之为择优过程或优化过程。

进一步而言,不仅生产运营管理中的各个单项管理之间相互关联,要综合考虑,在当今市场需求日趋多变、技术进步日新月异的环境下,环境向企业所提出的不断开发新产品和不断调整、设计和选择运营系统的课题,也使企业的经营活动与生产活动、经营管理与生产管理之间的界限正变得越来越模糊不清,生产运营管理与企业的其他管理方面之间的界限也越来越模糊。企业的生产与经营,也包括营销、财务等活动在内,正在互相渗透,朝着一体化的方向发展,以便使企业能够更加灵活地适应环境的变化和要求。

（二）基于生产运营过程的内容体系

生产运营管理的研究内容可从企业运营活动过程的角度理解。就有形产品的生产来说,生产活动的中心是制造部分,即狭义的生产。所以,传统的生产管理学的中心内容,主要是关于生产的日程管理、在制品管理等。但是,为了进行生产,生产之前的一系列技术准备活动是必不可少的,例如工艺设计、工装夹具设计、工作设计等,这些活动可称之为生产技术活动。生产技术活动是基于产品设计图纸的,所以在生产技术活动之前是产品的设计活动。这样的"设计—生产技术准备—制造"的一系列活动,才构成了一个相对较完整的生产活动的核心部分。

进一步,在当今技术进步日新月异、市场需求日趋多变的环境下,产品更新换代的速度越来越快。这种趋势一方面使企业必须投入更大精力和更多的资源进行新产品的研究与开发;另一方面,由于技术进步和新产品对生产系统功能的要求,使企业不断面临生产系统的选择、设计与调整。这两方面的课题从企业经营决策层的角度来看,其决策范围向产品的研究与开发,生产系统的选择、设计这样的"向下"方向延伸;而从生产管理职能的角度来看,为了更有效地控制生产系统的运行,生产出能够最大限度地实现生产管理目标的产品,生产管理从其特有的地位与立场出发,必然要参与到产品开发与生产系统的选择、设计中去,以便使生产系统运行的前提——产品的工艺可行性、生产系统的经济性能够得到保障。因此,生产管理的关注范围从历来的生产系统的内部运行管理"向宽"延伸。一方面,这种意义上的"向宽"延伸是向狭义生产过程的前一阶段的延伸;另一方面,"向宽"延伸还有一层含义,即向制造过程后一阶段的延伸,更加关注产品的售后服务与市场。所有这些活动,就构成了生产运营管理的研究内容,按照产品生命周期理论,可以将其归纳为生产运营系统的设计、运行与改进三个部分。

1. 生产运营系统的设计

生产运营系统的设计,包括产品或服务的选择和设计、运营设施的定点选择、运营设施布置、服务交付系统设计和工作设计。生产运营系统的设计一般在设施建造阶段进行。但是,在生产运营系统的生命周期内,不可避免地要对生产运营系统进行更新,包括扩建新设施、增加新设备;或者由于产品和服务的变化,需要对运营设施进行调整或重新布置。在这种情况下,都会遇到生产运营系统设计问题。

生产运营系统的设计对其运行有先天性的影响。如果产品和服务选择不当,将导致方向性错误,造成人力、物力和财力无法弥补的浪费。厂址和服务设施选址不当,将直接决定产品和服务的成本,影响生产经营活动的效果,这一点对服务业尤其重要。

2. 生产运营系统的运行

生产运营系统的运行,主要解决运营系统如何适应市场的变化,按用户的需求,输出合格产品和提供满意服务这一问题。生产运营系统的运行,主要涉及生产计划、组织与控制三方面内容。

(1) 计划方面用以解决生产什么、生产多少和何时产出的问题,包括预测对本企业产品和服务的需求,确定产品和服务的品种与产量,设置产品交货期和服务提供方式,编制运营计划,做好人员班次安排,统计生产进展情况等。

(2) 组织方面用以解决如何合理组织生产要素,使有限的资源得到充分而合理的利用的问题。生产要素包括劳动者(工人、技术人员、管理人员和服务人员等)、劳动资料(设施、机器、装备、工具、能源等)、劳动对象(原材料、毛坯、在制品、零部件和产成品等)和信息(技术资料、图纸、技术文件、市场信息、计划、统计资料、工作指令等)。劳动者、劳动资料、劳动对象和信息的不同组合与配置,构成了不同的组织生产的方式,简称生产方式,例如,福特生产方式、丰田生产方式。一种生产方式不是一种具体方法的运用,而是在一种基本思想指导下一整套方法、规则构成的体系,它涉及企业的每个部门和每一项活动。

(3) 控制方面用以解决如何保证按计划完成任务的问题,主要包括接受订货控制、投料控制、生产进度控制、库存控制、质量控制和成本控制等。对订货生产型企业,接受订货控制是很重要的。是否接受订货,订多少货,是一项重要决策,它决定了企业生产经营活动的效果。投料控制主要是决定投什么、投多少、何时投,它关系到产品的出产期和在制品数量。生产进度控制的目的是保证零件按期完工,产品按期装配和出产。库存控制包括对原材料库存、在制品库存和成品库存的控制。如何以最低的库存保证供应,是库存控制的主要目标。

3. 生产运营系统的改进

任何系统都有生命周期,如果不加以改进,系统就会终止。生产运营系统的改进包括对设施的维修与可靠性管理、质量的保证、整个生产系统的不断改进和各种先进生产方式和管理模式的采用。

(三) 基于管理职能的内容体系

一切社会组织都有生产运营、财务会计和市场营销三项基本职能,离开这三项基本职能,任何社会组织都不可能存在。

1. 管理职能的内容

(1) 生产运营职能。该职能是一切社会组织最基本的活动,研究产品和服务是如何被创造出来的,在企业所有职能中居于核心地位。企业经营活动中,有50%或更多的工作属于生产运营的范畴。以一家自行车厂为例,该厂可能主要从事装配运营工作,从供应商那里购买零件,如车架、轮胎、车轮、齿轮及其他物件,然后装配成自行车;该厂也可能从事一些制造工作,如制造车架、齿轮及链子,而主要购买原料和油漆、螺栓及轮胎这样的一些小零件。无论在哪一种情况下,该厂都要做如下一些重要的管理工作:决定哪些零件自制或外购、订购零件或原材料、决定生产的车型及数量、生产进度安排、购买新设备替换旧的或报废的设备、维修设备、激励工人以确保达到质量标准。

对于提供无形产品的非制造型企业来说,其运作过程的核心是业务活动或服务活动。在当今市场需求日益多变,技术进步,尤其是信息技术飞速发展的形势下,同样面临着不断推出新产品、提供多样化服务的课题,从而也面临着不断调整其运营系统和服务提供方式的课题。例如,一家保险公司,需要不断地推出新险种;一所大学,需要不断地开设新课程并改进其教学方式;一家银行,需要利用信息技术不断改变服务方式并推出新服务,等等。

可见,无论是制造型企业还是非制造型企业,现代生产运营管理的职能范围都在扩大,组织好生产运营活动,对提高社会组织的经济效益至关重要。

(2) 财务会计职能。该职能就是为社会组织筹措资金并合理地运用资金。从资金运动的观点看,企业可以被看做是资金汇集的场所,不断有资金进入,也不断有资金流出。只要进入的资金多于流出的资金,企业的财富就不断增加。

(3) 市场营销职能。该职能就是发现与发掘顾客的需求,让顾客了解企业的产品和服务,并将这些产品和服务送到顾客手中。

市场营销是引导新需求,获得商品或服务的订单;生产运营是创造产品或服务的价值;财务会计是跟踪企业运作状况,支付账单及收取货款。表1-3列出了常见几种运营系统的三种基本职能。

2. 管理职能间的关系

在实际生产中,这三项基本职能是相互依存的。其中,发现需求是进行生产经营活动的前提,有了资金并生产出了某种产品和提供了某种服务,如果该产品或服务没有市场,那将是毫无意义的;有了资金和市场,但却制造不出产品或提供不了服务,也只能眼看着市场被别人占领;有了市场和生产能力,但没有资金购买原材料、支付工资,显然也是不行的。

这三项基本职能的交叉和融合主要体现在这些职能部门人员的工作上。对于财务人员来说,需要在以下活动中与生产运营管理人员及时交流信息与专门知识:制定预算时要定期对财务需求做出安排,有时要对预算进行调整,而且，必须对预算的执行情况进行评估；进行投资方案分析时，需要和运营人员共同对投资于工厂和设备的备选方案进行评估；资金供应方面，必须向运营部门及时提供必要的资金保证，因为在资金紧张的时候，这甚至会关系到组织的生存，周密的计划有助于避免现金流的若干问题。对于营销部门人员来说，核心工作是销售或推销一个组织的产品或服务，还要对顾客需求做出判断，并将这一信息传递给运营部门（短期）和设计部门（长期）。这样，运营部门人员才能据此信息，对目前产品或服务做出改进并设计出新的产品，并制定采购计划或工作进度安排。

表1-3 运营系统的三种基本职能

系统名称	市场营销	生产运营	财务会计
制造业	电视、报纸等广告 展销活动 赞助活动 市场研究 发展供应商	设施设计与布局 产品开发与设计 生产流程管理 质量保证与控制 库存管理	向供应商付款 支付员工工资 进行预算 支付股息 出售股票
航空公司	电视广告 定价 售票 交通管理	机场设计、设施安装 飞机维护、设备维护 地面作业 航班作业 作业研究	向供应商付款 支付员工工资 收取现金 现金控制 国际汇兑
商业银行	贷款 信托	出纳员调度 支票结算、汇付 交易处理 设施设计与布局 安全与保险	投资 证券 不动产 会计 审计
快餐业	电视广告 分发宣传品 赞助活动	做快餐食品 保养设备 设计新店面	向供应商付款 收取现金 支付员工工资 支付银行贷款
高等院校	招生宣传 走访各中学	探索真理 传播知识 掌握技能	向教职工支付工资 收取学费 经费预算

因此，当我们研究生产运营管理时，不要忘记生产运营职能与其他职能（也包括法律、人事或公共关系等）之间的关系，要运用生产运营管理的工具和技术，不断改进其他职能部门的业务流程。表1-4显示了企业各职能部门的相应业务流程及其与生产运营管理部门之间的关联性。

表1-4 职能部门业务流程及其与生产运营管理部门的关联性

职能部门	业务流程	生产运营管理的直接应用
财务会计	资产评估 财务报告 投资分析 现金流管理	现有库存 员工和材料成本 能力利用率 自制与外购决策
市场	新产品导入 客户订单	新流程设计 交货期
人力资源	员工雇用 培训	职位描述 员工技能要求
管理信息系统	软件评估 硬件需求分析	数据需求 最终需求

第三节 生产运营管理的产生与发展

一、生产运营管理的产生

(一) 经典生产管理阶段

20世纪初,企业的生产管理主要是凭经验管理,工人劳动无统一的操作规程,管理无统一规则,人员培养靠师傅带徒弟。泰勒的科学管理法使生产与作业管理摆脱了经验管理的束缚,步入科学管理的轨道。泰勒科学管理法的主要内容——作业研究,对于提高当时企业的生产效率起了极大的作用,奠定了以后整个企业管理学说的基础。1913年,福特在其汽车工厂内安装了第一条汽车流水线,揭开了现代化大生产的序幕。他所创立的"产品标准化原理"、"作业单纯化原理"以及"移动装配法原理"在生产技术以及生产管理史上均具有极为重要的意义。20世纪30年代,最早的日程计划方法、库存管理模型以及统计质量控制方法相继出现,这些方法构成了经典生产管理学的主要内容。这一时期生产管理学的关注点主要是一个生产系统内部的计划和控制,所以称为狭义的生产管理学。

(二) 现代生产管理阶段

第二次世界大战以后,运筹学的发展及其在生产管理中的应用给生产管理带来了惊人的变化。库存论、数学规划方法、网络分析技术、价值工程等一系列定量分析方法被引入了生产管理,大工业生产方式也逐步走向成熟和普及,这一切使生产管理学得到了飞速发展,开始进入了现代生产管理的新阶段。与此同时,随着企业生产活动的日趋复杂,企业规模的日益增大,生产环节和管理上的分工越来越细,计划管理、物料管理、设备管理、质量管理、库存管理、作业管理等各个单项管理分支逐步建立,形成了相对独立的职能和部门。

到了20世纪70年代,机械化、自动化技术的飞速发展使企业面临着不断进行技术改造,引进新设备、新技术,并相应地改变工作方式的机遇和挑战。生产系统的选择、设计和调整成为生产管理的新内容,随之出现了多种生产管理技术与方法,如计算机辅助设计、计算机辅助制造、计算机集成制造、管理信息系统、MRPⅡ(制造资源计划)、OPT(最优生产技术)等,尤其是以JIT(准时生产)为代表的日本式生产管理方式,引起了全世界的注目和研究,极大地丰富了生产管理学的内容,使得处理"物流"的生产本身和处理"信息流"的生产管理本身均发生了根本性的变革,从而提高了生产系统的柔性,增强了企业的竞争力。

(三)制造业与服务业融合的运营管理阶段

经济的发展,技术的进步以及社会工业化、信息化的进展,特别是进入20世纪90年代以来,人们除了对各种有形产品的需求之外,对有形产品形成之后的相关服务的需求也不断提高,从而出现了各种各样的社会组织和团体,例如学校、商店、医院、车站、旅馆、消防队、饭馆、运输公司、银行等。这些社会组织和团体都具有特定目标和功能,是社会化生产要素的集合体,也是社会生产力发展的标志。它们的出现,改变了人们的生活方式。人们可以乘坐舒适、快捷、安全、方便的飞机、火车、汽车出门旅行;通过电话、电报、传真、电子邮件随时与居住在世界任何一地的亲朋好友取得联系;还可以在每天工作之余,从事健康有益的体育活动和娱乐休闲活动。服务业已经成为现代社会不可分离的有机组成部分。如果没有服务业,就不会有现代社会。没有交通和通信基础设施,工农业生产就不可能顺利进行;没有政府提供的服务,各种社会组织就不能正常运行;没有各种生活服务,也就不能给人们的生活带来便捷和舒适。随着人们对服务业的日益重视,对所有这些提供无形产品的过程进行管理和研究的运营管理也就应运而生。表1-5列出了运营管理发展的时间表,指出了各阶段的管理概念、工具与创始人。

从表1-5中可以看出,同营销和财务管理一样,运营管理具有明确的生产管理职能,是管理的一个职能领域。它与运筹学(OR)、管理科学(MS)和工业工程(IE)容易混淆,本质的区别在于:运营管理是管理的一个领域,而OR/MS是各领域在制定决策时经常用到的定量方法,IE则是工程专业。尽管运营管理人员需要经常运用OR/MS的决策工具(如PERT等)处理许多IE方面的综合问题(例如工厂自动化),但生产运营管理与其他领域的显著区别就在于它的管理职能。

表 1-5 生产运营管理的发展简史

年代	管理概念	管理工具	创始人
20 世纪初	·科学管理原理 ·工业心理学 ·流水装配线 ·经济批量模型	·时间研究、工作研究 ·动作研究 ·活动规划表 ·订货管理的 EOQ	·弗雷德里克·W. 泰勒(美国) ·弗兰克和吉尔布雷斯(美国) ·布雷亨利·福特和甘特(美国) ·F. W. 哈里斯(美国)
20 世纪 30 年代	·质量管理 ·霍桑实验	·抽样检验和统计表 ·工作活动的抽样分析	·休哈特·道奇和罗米格(美国) ·梅奥(美国)和提普特(英国)
20 世纪 40 年代	·复杂系统多约束方法	·线性规划法、单纯形法	·OR 小组和丹齐克
20 世纪 50—60 年代	·运筹学的应用	·仿真、排队论、决策论、CPM 和 PERT	·美国和西欧的很多研究人员
20 世纪 70 年代	·商业中的计算机应用 ·服务数量和质量	·车间计划、库存管理、预测、项目管理、MRP ·服务部门的大量生产	·IBM 的约瑟夫·奥里奇和奥里弗·怀特是 MRP 主要的革新者 ·麦当劳公司
20 世纪 80 年代	·制造策略图 ·看板管理、全面质量控制和工厂自动化 ·同步制造	·作为竞争武器的制造 ·JIT、CAD/CAM、CAPP、CIMS、机器人等 ·瓶颈分析和约束的优化理论	·哈佛管理学院教师 ·大野耐一(日本)、戴明(德国)和朱兰(美国) ·格劳亚特(以色列)
20 世纪 90 年代	·全面质量管理 ·企业过程再造 ·虚拟企业 ·供应链管理	·ISO 9000、价值工程、并行工程和持续改进 ·基本变化图 ·互联网 ·SAP/R3、客房/服务器软件	·国家标准和技术学会(美国)、美国质量管理协会和国际标准化组织 ·哈默和咨询公司 ·美国政府、网景公司和微软公司 ·SAP(德国)和 Oracle(美国)

二、生产运营管理的发展

进入 20 世纪 90 年代以来,出现了许多先进的生产方式和管理模式,如精益制造、大规模定制、敏捷制造、业务外包、供应链管理、流程再造等。下面对大规模定制、敏捷制造、供应链管理做简单介绍。

(一) 大规模定制

1980 年,美国著名的未来学家阿文·托夫勒(Alvin Toffler)在他的《第三次浪潮》中首次提出了一种理想化的生产系统,并称之为"非大量化",该观点引起了许多读者特别是企业经营管理者和学者的关注。1990 年,戴维斯(S. Davis)写了《未来完美的震荡》(The Future Shock Perfect)一书,其中提到了托夫勒的观点和概念,对其进行了更具体的发展,提出了一种新的说法,并命名为"mass customization, MC"(大规模定制生产,也有译为批量客户化生产的)。1993 年,美国工程师 David M. Anderson 在《大规模定制》中,对大规模定制生产的内容进行了完整的描述。目前,西方工业发达国家的学术界正兴起一股研究 MC 的热潮,很多著名的大公司也开始这方面的尝试。如惠普公司、丰田汽车公司、摩托罗拉公司、Benetton 制衣公司等,都在采用各种方式实施 MC,以提高其国际竞争力。

大规模定制是指既具有大批量生产方式下的高效率、低成本,又能像定制生产方式那样满足单个顾客需求的一种全新型的生产模式。它将定制产品的生产问题,通过产品结构和制造过程重组,全部或部分转化为批量化生产。

大规模定制生产基于单件定制生产和大批量生产两种生产方式。在大批量生产方式中,企业出于规模经济的考虑,只组织单一产品生产,虽然制造费用低,但产品多样化程度也低。而在定制生产方式中,企业通过定制设计,改变或修改标准的设计和工艺,增加定制过程来为顾客提供多样化的产品,但却增大了定制成本,牺牲了成本和时间。大规模定制生产模式中,产品制造过程吸取了大批量生产下的规模经济优势,产品销售活动借鉴了定制生产的多品种营销思想,在生产经营目标、原则、模式、控制等方面表现出明显的特征。对顾客而言,所得到的产品是定制的、个性化的;对企业而言,该产品是采用大批量生产方式制造的成熟产品,能够满足交货期短、顾客满意度高、价格合理、售后服务好和无环境污染的要求,是目前最具竞争力的生产方式。

(二) 敏捷制造

1991 年,美国里海(Lehigh)大学的亚科卡等几位教授首次提出了敏捷制造(agile manufacturing, AM)的概念。他们在美国国会和国防部的支持下,建立了以 13 家大公司为核心,有 100 多家公司参加的联合研究组,并由通用汽车公司、波音公司、IBM、得州仪器公司、AT&T、摩托罗拉等 15 家著名的大公司和美国国防部的代表共 20 人组成了核心队伍。该团队经过 3 年的时间,花费了 500 万美元,研究了美国工业界近期的 400 多篇优秀报告,于 1994 年向美国国会提交了一份《美国 21 世纪制造战略报告》。报告建议通过综合运用近年来在计算机技术基础上迅猛发展的产品制造、信息集成和通信技术来构造一个全新的竞争系统。这个系统最基本的目标是把产品生产所需的所有资源(包括企业内部的和分布在全球各地合作企业的),通过计算机和通信技术联系在一起进行集中管理,优化利用。报告从该目标出发,提出了一个崭新的工业生产模式——

以虚拟企业(virtual enterprise)或动态联盟为基础的敏捷制造模式。

敏捷制造的目的是将柔性生产技术、有技术、有知识的劳动力与能够促进企业内部和企业之间合作的灵活管理集成在一起,通过所建立的共同基础结构,对迅速改变的市场需求和市场实际做出快速响应。

敏捷制造的基本特征可概括为:通过先进的柔性生产技术与动态的组织结构和高素质人员的集成,着眼于获取企业的长期经济效益,运用全新的产品设计和产品生产的组织管理方法,对市场需求和顾客要求做出灵敏和有效的响应。

(三) 供应链管理

20世纪90年代以前,企业出于管理和控制的目的,对与产品制造有关的活动和资源主要采取自行投资和兼并的"纵向一体化"模式,企业和为它提供材料或服务的单位是一种所有权的关系。"大而全"、"小而全"的思维方式使许多制造企业拥有从材料生产、到成品制造、运输和销售的所有设备以及组织机构,甚至很多大型企业拥有医院、学校等单位。

但是,面对高科技迅速发展、全球竞争日益激烈、顾客需求不断变化的趋势,纵向发展会增加企业的投资负担,迫使企业从事并不擅长的业务活动,而且企业也会面临更大的行业风险。进入20世纪90年代以后,越来越多的企业认识到了"纵向一体化"的弊端,为了节约投资,提高资源利用率,转而把企业主营业务以外的业务外包出去,自身则采取集中发展主营业务的"横向一体化"的战略。原有企业和为它提供材料或服务的企业就形成了一种平等的合作关系。在这种形式下,对同一产业链上的企业之间的合作水平、信息沟通、物流速度、售后服务以及技术支持提出了更高的要求,供应链管理就是适应这一形式产生和发展起来的。

供应链是围绕核心企业,通过对信息流、物流、资金流的控制,从原材料采购开始,制成中间产品以及最终产品,最后由销售网络把产品送到消费者手中,将供应商、制造商、分销商、零售商直到最终用户连成一个整体的功能网链结构。根据这一定义,供应链是一个范围更广的企业结构模式,它包含所有加盟的节点企业,从原材料的供应开始,经过链中不同企业的制造加工、组装、分销等过程直到最终用户。它不仅是一条联结供应商到用户的物料链、信息链、资金链,而且是一条增值链,物料在供应链上因加工、包装、运输等过程而增加其价值,给相关企业带来收益。

供应链管理的基本思想是:如果把供应链看做一个完整的运作过程对其进行集成化管理,就可能避免或减少各个环节之间的延误、浪费,就有可能在更短的时间内,用更少的总成本实现价值的增值。它体现出如下主要思想。

(1) 系统思想。在传统的管理思想指导下,供应链少的各职能部门以及各企业通常只追求本部门或本企业的利益,部门间缺乏有效的沟通和集成,结果微小的市场波动也会使制造商在制定生产计划时产生重大的不确定性,这被称为"牛鞭效应"。而供应链管理则是将供应商、制造商、销售商、顾客的活动有机结合起来,看做一个有机整体,即供应链系统,并寻求整体的系统优化,而不是各个部门目标的最优。

(2)共赢思想。供应链是一个系统,其局部最优不等于整体最优,只有整体优化才有意义。通过对供应链管理可使供应商、制造商、顾客均获益。供应商通过为制造商提供产品使自己和制造商获益,而制造商通过与供应商建立良好伙伴关系,协作开发、生产,为顾客提供产品或服务,从而获得收益,而顾客从优质、令人满意的产品或服务中获益。这样使整个供应链系统得以生存并不断发展。

(3)可持续发展的思想。供应链管理中,不仅产品生产、销售过程中涉及企业间合作,而且还需要同类企业与全社会的合作。如几家企业实施共同运输,可在减少运输成本的同时降低油耗、减少对空气的污染,从而合理利用资源,体现可持续发展的思想。

可见,通过实施供应链管理,可在企业之间建立一个多品种小批量生产方式下的供应链系统,以满足复杂的、动态的市场环境要求。

拓展学习 经济全球化背景下运营管理的新思考

生产运营管理是一个生机勃勃的领域。当前,随着经济全球化国际市场环境的不断变化,特别是信息技术突飞猛进的发展和普及,一方面,为生产运营管理增添了新的有力手段,使生产运营管理的研究进入了一个新的阶段,其内容更加丰富,体系日趋完善。但另一方面,也使生产运营管理面临着更加严峻的挑战。具体表现在以下几个方面。

(1)尽管目前生产运营管理的范围已从传统制造业扩展到了非制造业,但是,这方面的研究还仅仅局限于非制造业运作过程的组织和设计上,有些方法可操作性不强。随着人们物质和精神文化生活需求的日益强烈,第三产业在整个国民经济中所占的比重将会越来越大。这就要求学术界与企业界联手,特别要加强对服务业运营管理的研究探索与实践,使生产运营管理的理论体系不断完善,从而真正起到管理企业生产运营活动的作用。

(2)现代生产与运营管理的涵盖范围已不仅局限于生产过程的计划、组织与控制活动,而是包括生产运营战略的制定、生产运营系统设计以及生产运营系统运行等多个层次的内容。但是,如何使生产运营战略、新产品开发、产品设计、采购供应、生产制造、产品配送直至售后服务形成一条完整的"价值链",对其进行综合管理,甚至考虑将整个供应链上的多个企业看做一个联盟,以共同对抗其他供应链,将成为未来生产运营管理研究的焦点。

(3) 信息技术将对生产运营系统控制和管理产生重要的影响,如何利用这一技术手段进行一系列管理组织结构和管理方法的变革,已成为生产与运营管理的重要研究内容。

(4) 随着市场需求日益多样化、多变化,多品种小批量混合生产方式成为主流。生产方式的这种转变,使得在大量生产方式下靠增加批量降低成本的方法不再行得通。生产管理面临着多品种小批量生产与降低成本相悖的新挑战,要求从生产系统的"硬件"(柔性生产设备)和"软件"(计划与控制系统、工作组织方式和人的技能多样化)两个方面去探讨新的方法。

(5) 随着经济全球化趋势的加剧,全球生产、全球采购、产品全球流动的趋势进一步加强。全球生产运营管理越来越成为生产与运作管理中的一个新热点。

(6) 随着各国、各行业、各企业之间的竞争愈演愈烈,提高管理的集成度,实现生产经营一体化已成为企业的迫切要求,也成为生产与运作管理的重要研究课题。从20世纪70年代的MRP与MRPⅡ系统,到80年代的JIT生产方式,直至90年代所出现的精益生产方式、敏捷制造、流程再造等,都是对新型生产经营模式的探索。

总而言之,在技术进步日新月异、市场需求日趋多变的今天,企业的生产经营环境发生了很大的变化,市场竞争出现了许多新的特点,相应地给企业的生产运营管理也提出了许多新课题,要求我们从管理观念、组织结构、系统设计、方法手段以及人员管理等多方面探讨和研究这些新问题。

网上学习

1. 登录培生教育集团公司网站,下载生产运营管理学习资源,进入虚拟企业参观。

2. 登录斯隆管理学院网站,进入生产运营管理课程主页,学习本课程的有关知识,了解学科发展动态。

3. 登录企业资源管理中心网站,学习有关供应链管理、业务流程再造、知识管理、客户关系管理、业务外包、企业资源计划等方面的最新知识。

4. 登录中国工厂管理网,了解生产运营管理理论与方法在实际中的应用情况。

5. 登录麦格劳—希尔公司网站,浏览其中一个虚拟工厂的主页,描述参观过程中出现的不同运营类型。

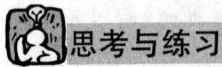 思考与练习

1. 生产运营系统有何特征?
2. 生产运营管理研究的内容有哪些?
3. 生产运营管理的基本职能是什么?
4. 为什么说质量、成本和交货期是生产运营管理的基本问题?

第二章 生产运营的类型

内容提要

随着企业之间技术、资金实力等实体资源的同质化,越来越多的企业逐步认识到,竞争的焦点应该从产品或服务的生产、制造、营销等具体环节与技术问题上,转移到组织结构、运营机制等流程性问题上来。可持续的竞争优势,来自于企业所独有的服务质量和不断创新、不断变革的流程技术。无论什么企业,只要拥有一套设计科学合理的运营流程,任何新产品、新工艺的成功开发、研制、销售都将变得相对容易。本章重点讨论制造型企业和服务型企业的运营种类、特征、组织方式,简单介绍一种新的生产类型——大规模定制生产。

第一节 制造型企业的生产类型

制造型企业的生产是通过物理和(或)化学作用将有形输入转化为有形输出的过程。例如,通过锯、切削加工、装配、焊接、弯曲、分解、合成等物理或化学过程,将有形原材料转化为有形产品的过程,属于制造型生产。制造型企业所包括的领域相当广泛,产品品种也非常多。表2-1列出了几种典型的生产类型划分方法。

表2-1 制造型企业生产类型的划分

分类标志	生产类型
按产品使用性能分类	通用产品生产 专用产品生产
按生产工艺分类	流程型生产 加工装配型生产
按产品需求特性分类	备货型生产 订货型生产
按生产的稳定性和重复性分类	大量生产 成批生产 单件生产

一、按产品使用性能分类

制造型企业的生产类型按产品使用性能可分为通用产品生产和专用产品生产。

(一)通用产品生产

通用产品是按照一定的设计标准生产的产品,其适用面广,需求量大。企业通常是通过市场需求预测,根据自己的生产能力和销售能力制定生产计划,并且通过保持一定的库存来应对市场需求的波动。通用产品的生产规模可以很大,生产过程相对稳定,因此可以采用高效的专用生产设备,在生产计划方式上也有条件采用经过优化的标准计划。

(二) 专用产品生产

专用产品是根据用户的特殊需求专门设计和生产的产品,产品的适用范围狭窄,需求量也小。生产专用产品的企业由于产品不断变换,生产过程运行的稳定性较差,所需设备应具有较高的柔性,生产计划工作和生产过程的控制也比较复杂。因此,这两种产品的生产过程在管理方式和方法上有很大的不同。

二、按生产工艺特征分类

制造型企业的生产类型按生产工艺特征可分为流程型生产和加工装配型生产。

(一)流程型生产

流程型生产的工艺流程是连续进行的,且工艺流程的顺序是固定不变的。生产设施按工艺流程布置,原材料按照固定的工艺流程连续不断地通过一系列装置设备加工处理成为产品。这种生产方式的管理重点是要保证连续供料和确保每一环节的正常运行。无论哪一个环节出现故障,都会引起整个生产过程的瘫痪。流程型生产的产品和生产过程相对稳定,有条件采用各种自动装置实现对生产过程的实时监控。流程型生产又称作连续性生产,如化工(塑料、药品、肥皂、肥料等)、炼油、冶金、食品、造纸等是典型的流程型生产。

(二) 加工装配型生产

加工装配型生产的产品是由许多零部件构成的,各零件的加工过程彼此独立。物料离散地按一定工艺顺序运动,在运动中不断改变形态和性能,制成的零件通过部件装配和总装配最后成为产品。例如,轧钢是由一种原材料(钢锭)制成多个产品(板材、型材、管材),汽车是由多种零件加工组装而成的。机床、汽车、柴油机、锅炉、船舶、家具、电子设备、计算机、服装等产品的制造,都属于加工装配型生产。构成这些产品的零部件可以在不同地区,甚至不同国家制造。加工装配型生产的管理重点是控制零部件的生产进度,保证生产的配套性。加工装配型生产又称作离散型生产,它的组织十分复杂,是生产管理研究的重点。

(三) 两种生产类型的对比

流程型生产与加工装配型生产的特点对比分析,如表2-2所示。

表2-2 流程型生产与加工装配型生产的特点对比

特点	流程型生产	加工装配型生产
客户类型	较少	较多
产品品种数	较少	较多
产品差别	标准产品较多	客户化产品较多
设备布置的性质	流水生产	批量或流水生产
设备布置的柔性	较低	较高
自动化程度	较高	较低
对设备可靠性要求	高	较低
维修的性质	停产检修	多数为局部修理
生产能力	可明确规定	模糊、多变
扩充能力的周期	较长	较短
资本/劳动力/材料密集度	资本密集	劳动力、材料密集
原材料品种数	较少	较多
能源消耗	较高	较低
在制品库存	较低	较高
副产品	较多	较少
营销特点	价格与可获性	产品的特点

流程型生产与加工装配型生产的特点不同,导致两者的生产管理方式也不同。对流程型生产来说,生产设施地理位置集中,生产过程自动化程度高,只要设备体系运行正常,工艺参数得到控制,就能正常生产出合格产品,生产过程中的协作与协调任务也少。但由于多数产品具有高温、高压、易燃、易爆的特点,对生产系统可靠性和安全性的要求很高。相反,加工装配型生产的生产设施地理位置分散,零件加工和产品装配可以在不同地区甚至不同国家进行。由于零件种类繁多,加工工艺多样化,又涉及各种类型的加工单位、工人和设备,导致生产过程中协作关系十分复杂,计划、组织、协调任务相当繁重,生产管理大大复杂化。因此,将生产管理研究的重点放在加工装配型生产上。在讨论制造型企业生产方面,本书将以加工装配型生产为主要内容。

三、按产品需求特性分类

按照企业生产组织对产品需求的特点,可以把制造型企业的生产类型分成备货型生产(make-to-stock,MTS)与订货型生产(make-to-order,MTO)两种。流程型生产一般属于备货型,加工装配型生产既有备货型又有订货型。

(一) 备货型生产

备货型生产是按已有的标准产品或产品系列进行的生产,其产品标准化程度高、生产效率高、用户订货提前期短、库存水平高,难以满足顾客个性化要求。生产的直接目的是补充成品库存,通过维持一定量成品库存来满足顾客的需要。例如,轴承、紧固件、小型电动机等产品的生产,属于备货型生产。在备货型生产系统中,销售部门预计今后几周和几个月内的各项产品需求数量,并将预测数据首先输入到库存控制部门,库存控制部门核实库存数量并决定是否需要投料生产该种产品。如有足够库存量则可直接从成品库中按订单采购原材料、零件和部件,同时通知生产计划和控制部门制定企业生产计划。成品库存根据预测数字保持一定的库存水平,并负责给顾客发运产品。当然,销售预测离不开订单信息,但该项产品可以在收到顾客订单前就投入生产,并储存于成品库。

(二) 订货型生产

订货型生产是指按顾客订单进行的生产,其产品标准化程度低、生产效率低、顾客订货提前期长、库存水平低、满足顾客个性化程度高。顾客可能对产品提出各种各样的要求,经过协商和谈判,以协议或合同的形式确认对产品性能、质量、数量和交货期的要求,然后组织设计和制造。例如,发电设备、生产线设备、锅炉、船舶等产品的生产都属于订货型生产。在订货型生产系统中,生产量根据顾客的订单汇总而定,这类产品也需要预测,但只预测单件小批产品线的需求,而不按个别产品项目预测。企业未接到订单,此项产品便不投入生产,这是与备货型生产的主要差别之处。然而,订货型生产并不排斥备货型生产的概念,成品虽然没有库存,但有些标准化、规范化的零部件仍可以有库存,在收到订单之前即投入生产。

表 2-3 列出了备货型生产与订货型生产的主要区别。

表 2-3　备货型生产与订货型生产的主要区别

项目	备货型生产(MTS)	订货型生产(MTO)
产品标准化程度	高	低
需求	可以预计	难以预计
订货提前期	短	长
库存水平	高	低
交货期	不重要,由库存随时供货	很重要,订货时决定
设备	多采用专用高效设备	多采用通用设备
操作工人	专业化	多能化
生产效率	高	低
满足顾客个性化	低	高

值得一提的是,订货型生产与订合同是有区别的。无论是 MTO 还是

MTS,订货方与供货方都要签订合同,但签订合同后如果直接从成品库存供货,这并不是MTO,而是MTS。

四、按生产的稳定性和重复性分类

按生产稳定性和重复性程度,制造企业的生产类型可分为大量生产、成批生产、单件生产三种类型。表2-4给出了不同生产类型的特点。

表2-4 三种生产类型的特点比较

项目	大量生产	成批生产	单件生产
品种	少	较多	很多
产量	大	中	小
生产稳定性	强	较好	差
设备	专用	部分通用	通用
生产周期	短	长短不一	长
成本	低	中	高
追求目标	连续性	均衡性	柔性

(一)大量生产

大量生产类型的特点是产品品种少,每一品种的产量大,生产条件稳定,而生产的产品长期重复,生产专业化程度高。为了适应大量生产的需要,保持较高的生产组织水平和管理水平,必须要求各个车间、各个工段以及各个工序之间的作业活动在时间上和数量上保持密切的衔接和准确的配合。属于大量生产的企业主要有:螺钉、螺母、轴承等标准零件,以及日用品、家电产品、汽车、农机等产品的生产企业。

(二)成批生产

相对于大量生产而言,成批生产是产品产量中等、品种较多、专业化程度一般的一种生产,具有定期重复、轮番生产的特点。这种轮番生产的特点,既表现在产品之间的生产安排上,也反映在工作地和设备的作业方式上。因此,工人需要掌握多种操作技术和技能,并达到一定的熟练程度,以适应多品种和周期性生产变动的要求。根据每批生产的产品数量多少,成批生产又可细分为大批生产、中批生产和小批生产三种类型。大批生产具有产量较大、生产持续时间长、品种变化较少、生产稳定性和专业化程度较高的特点,因此接近大量生产。小批生产与其相反,具有产量小、生产持续时间短、品种很多、生产稳定性和专业化程度均不高的特点,因此接近单件生产,但仍然反映了成批生产的某些特点,如产品的定期或不定期重复,而每次重复仅能保持不大的批量。属于成批生产的企业主要有:机床、柴油机、中小型电机等产品的生产企业。

(三) 单件生产

单件生产类型的特点是产品品种繁多、产量极少、专业化程度不高。单件生产的产品多属一次性产品,生产的数量很少,通常只生产一件或少数几件,而且不再重复,即使重复也无确切的时间。因此,单件生产需要工人具有较高的技术水平,掌握较广泛的操作技能。属于单件生产的产品有:发电设备(汽轮机、水轮机、锅炉)、重型机器(轧钢设备、采矿设备、轮船)以及卫星发射设备等各种专业设备。

应当指出,企业生产类型的划分并不是绝对的,因为每一个企业都可以同时存在三种不同生产类型。通常情况下,属于大量生产的企业,它的装配车间是按大量流水生产形式组成的,机械加工车间主要是按流水生产和部分成批生产形式组成的,毛坯制造车间具有较明显的成批或大量生产的特点,试制车间、机修车间及工具车间则具有单件或成批生产的特点;属于成批生产的企业,一般它的装配车间是按成批或大量生产形式组成的,机械加工车间和毛坯制造车间具有成批生产的特点;属于单件生产的企业,它的各基本生产车间均具有单件生产的特点,但对标准件和通用件,可根据产量的大小,组织成批生产或大量生产。

第二节 服务型企业的运营类型

一、服务的概念与特点

(一) 服务的概念

服务作为一种产出结果,是由以下四个要素构成的:

(1) 显性服务要素:服务的主体、固有特征,是服务的主要、基本内容。

(2) 隐性服务要素:服务的从属、补充特征,是服务的非定量性因素。

(3) 物品要素:服务对象要购买、使用、消费的物品和服务对象提供的物品(修理品等)。

(4) 环境要素:提供服务的支持性设施和设备,存在于服务提供地点的物质形态的资源。

例如,对于餐饮业来说,其显性要素是指提供给顾客的就餐服务,以满足顾客的食欲;隐性服务是指顾客在餐厅所得到的心理感受、精神享受,以满足顾客的精神需求;物品要素是指所提供的食品、食具等;环境要素是指餐厅设施、餐厅内的布置等。

随着科技的不断进步和经济的不断发展,服务业与制造业之间的界限越来越模糊了。在当今社会生活中,大多数产品都包含着有形产品和无形服务两种形式,也包含以上四个要素,只不过是在不同的产品中,各个要素所占的比重不同。从更广义的角度来说,任何一个产业或组织,其所提供的产出实际上都是"物品＋服务"(或"可触＋不可触")的混合体,只不过是物品和服务各占的比例不同(见图2-1)。从这个意义上来说,制造型企业同样需要通过上述四个要素来突出经营特色,获得独特的竞争力。

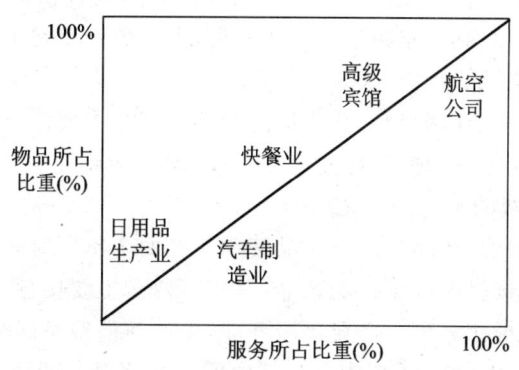

图2-1　物品＋服务(可触＋不可触)

(二) 服务的特点

与制造业所产出的物质形态的产品相比,服务作为一种产出有其十分鲜明的特点,主要表现为以下几个方面。

1. 服务的无形性、不可触性

这是服务作为产出与有形产品的最本质、最重要的区别。制造型企业所提供的产品是有形的、可触的、耐久的,如机器设备、冰箱、空调等;而服务业所提供的产品是无形的、不可触的,寿命较短,如一期技术培训、一个主意、一种方案或某种信息。尽管有些服务的一部分是可触的,如服务设施和所提供的物品,但是,从顾客的角度来说,其购买服务的目的是要得到一种解决问题的工具,得到一种功能,而不是物品本身。这一点对于制造业来说实际上也同样。"在工厂中我们生产的是化妆品,在商店里我们出售的是希望";"卖的是烤牛排嗞嗞的声音而不是牛排",这些口号正是企业对于其所从事事业的一种深刻理解。服务的这种无形性使得它不像有形产品那样易于描述和定义,也无法储藏,无法用专利来保护,从而带来了服务运营管理中的一系列独特性。

2. 服务的不可储备性

制造业所提供的产品是一种可以储存的产品,它们可以被储藏、运输,用于满足未来的或其他地区的需求。在有形产品的生产中,企业可以利用库存和改变生产量来调节与适应需求的波动。而服务是不能预先"生产"出来的,也无法用库存来调节顾客的随机性需求。为了达到满意的服务水平,服务人员、服务设施以及各种物质性准备都要在需求到达之前完成,而当实际需求高于这种能力储备时,服务质量立刻下降(如排队等待时间延长、拥挤,甚至取消服务等)。因此,服务业运营过程受时间的约束更大,对运营能力的管理比制造业更难。

3. 服务质量的不易度量性

制造型企业的设备和人员都要有很强的技术性和专业性,并严格按照事先制定的工艺标准和工艺流程工作,生产率容易测定,所提供的产品是有形的,产品质量容易度量。而对于非制造型企业来说,大多数产出是不可触的,顾客的个人偏好也影响对质量的评价,因此,对质量的客观度量有较大难度。例如,在百货商店,一位顾客可能以购物时营业员的和蔼语气为主要评价标准,而另一位顾客可能以付款时收银员的准确性和速度来评价。

4. 生产与消费的不可分离性

对于制造业来说,产品生产与产品使用是在两个不同时间段、不同地点发生的,顾客基本上不接触或极少接触产品的生产系统,主要接触流通业者和零售业者,顾客与生产系统相隔离。而对于服务业,生产与消费是同时进行的,"顾客就在你的工厂中",顾客从始至终是参与其中的。顾客既是投入的一部分,又在运营过程中接受服务。例如,在医院、教育机构、百货商店、娱乐中心等,在提供服务的大多数过程中顾客都是介入的,这就对运营过程的设计提出了不同要求。也有一些服务型企业,在其组织内的某些层次与顾客接触较多,而在其他层次较少,有明显的"前台"与"后台"之分,例如,邮局、银行、保险公司、航空公司等。在这种情况下,还需要考虑分别对前台和后台采取不同的运营管理方式。服务的这种特性使得服务质量不可能预先把关,服务能力(设施能力、人员能力)很难与顾客需求完全一致,也使得服务的生产与销售无法区分,导致服务运营管理必须用一些特殊的方法。

需要指出的是,制造业和服务业还有一些其他差别,以上只分析了两种极端情况。事实上,很多企业的特点介于这两个极端之间,也有很多差别仅仅是程度上的差别。例如,越来越多的制造型企业都同时提供与其产品有关的服务。它们所创造的附加价值中,物料转换部分的比例正逐渐减小。同样,许多服务型企业也是成套地提供产品和服务。例如,餐厅在提供服务的同时也出售食物,电影院在提供服务的同时也出售糖果和饮料等小食品,百货公司在出售商品的同时也提供服务。因此,制造业中的生产管理基本原理和方法也同样适合于服务业,如资源的有效利用原理、质量保证体系、成本控制、工作抽样、过程重组等。这就为我们从事服务运营管理的研究与实践奠定了良好的基础。

二、服务型企业运营类型的划分方法

(一) 按服务的需求特性分类

服务型企业的运营类型按服务的需求特性分为通用型服务与专用型服务。

1. 通用型服务

通用型服务是指针对一般的、日常的社会需求所提供的服务,如零售批发业、学校、运输公司、银行、饭店等。这类服务的过程比较规范,服务系统有明显的前后台之分,顾客只在前台服务中介入,与后台则没有直接联系,这与制造业的生产系统类似。

2. 专用型服务

专用型服务是指针对顾客的特殊要求或一次性要求所提供的服务,如医院、汽车修理站、咨询公司、会计师事务所、律师事务所等。这类服务的过程顾客介入较密切,前后台很难区分,服务性更加鲜明,难以使用统一的服务过程规范,其效益的提高必须从规模以外的其他方面考虑,如时间响应、高素质人员的高质量服务等。

(二) 按服务对象分类

服务型企业的运营类型按服务对象的不同分为对外服务与对内服务。

1. 对外服务

对外服务又称为企业外部服务,它的服务对象是企业外部的各类顾客,主要业务是同顾客经常保持良好的联系,并以此获利,如银行、航空公司、超级市场等。这类企业又可以分为产品附带性服务和纯粹性服务。前者构成企业的某个服务部门,如空调的售后服务部;而后者则是建立在服务基础上的整个公司,如咨询公司、律师事务所等。另外,这类企业还可以分为固定场所服务和随时服务。前者基于一定的服务设施,顾客必须到指定的场所或者设施才能够接受服务;而对于后者,服务人员可以到顾客的家中或附近提供服务。

2. 对内服务

对内服务又称为企业内部服务,它的服务对象是需要服务的企业有关职能部门,它构成企业活动的一部分,而且这部分服务并不能直接产生价值,主要包括数据处理、财务会计等。当然,企业的内部服务组织也经常向公司以外的部门提供服务,成为一个服务的经营个体,在这个意义上,它与对外服务是一致的。

(三) 顾客参与的服务和顾客不参与的服务

服务型企业的运营类型按顾客是否参与服务过程分为顾客参与的服务和顾客不参与的服务。前者如果没有顾客的参与,服务就不可能进行。例如,理发、保健、旅游、客运、学校、娱乐中心等。后者是指提供服务时,顾客可以不加入服务过程,这种形式的生产管理较为复杂。例如,修理、洗衣、邮政、货运等。

(四) 按服务目的分类

服务型企业的运营类型按服务目的不同分为消费性服务、生产性服务、分配性服务和社会性服务。从服务产业链的内部结构来看,这四种类型的服务之间存在着重叠、连接和循环的关系,是互相依赖、互相促进和互相制约的大系统、大链条。

1. 消费性服务

消费性服务指为消费者直接提供的服务,是所有服务活动的起点,也是终点。消费性服务是为现代社会和个人提供的最基础的服务。它在服务型企业生产活动中占据基础和中心的位置。

2. 生产性服务

生产性服务指购买服务,作为中间投入,用于进一步生产商品和服务,是服务经济迅速发展的根本力量。它是围绕企业生产进行的保障性服务,既包括经营管理、计算机应用、会计、广告宣传和保卫等服务,也包括一些相对独立的产业服务,如金融业、保险业、房地产业、法律和咨询业等提供的服务。生产性服务就是被企业用做生产商品或提供新的其他服务的投入,其消费的过程,会产生更多的产品和向社会提供更大的有效服务。因此,生产性服务是一种中间服务,对生产性服务的消费不是一种最终消费,而是一种为了生产,为了创造更大价值而进行的中间性的生产消费。生产性服务的重要性来自于它对经济增长效率的直接推动和影响。

3. 分配性服务

分配性服务指消费者和生产者为获得商品或销售商品而购买服务的活动,是服务产业各部门得以连贯发展的链条和网络。从本质上讲,分配性服务是一种连带性服务或追加性服务。这类服务的提供和需求都是由对商品的直接需求而派生出来的。按服务与有形商品(货物)供给的紧密程度,可将分配性服务分为"锁定型"分配服务和"自由型"分配服务。锁定型分配服务是指不可能与商品生产的特定阶段相分离,只能作为商品生产过程或其延伸阶段的一部分,从而其价值或其成本完全附着在有形商品价值之上,不能作为市场上独立交易的对象。自由型分配服务在性质上同锁定型分配服务一样,与有形商品相联系,但这种服务可以外化为独立的市场交易对象。

4. 社会性服务

社会性服务主要是政府提供的服务,是服务产业得以正常运营的保证。政府服务主要是由国防、社会保障、公共教育和一般行政机构等组成的。一般行政机构包括外交、警察保护和司法机构等。政府服务或公共服务与民间服务的主要区别在于提供服务的资金来源不同。

(五)按资本密集程度和顾客与服务接触程度划分

服务型企业的运营类型按资本密集程度和顾客与服务接触程度分为大量资本密集服务、专业资本密集服务、大量劳动密集服务和专业劳动密集服务。

1. 大量资本密集服务与专业资本密集服务

大量资本密集服务的设施设备成本所占的比重较大,劳动密集程度较低,顾客接触程度和顾客化服务的程度也很低。这种服务类型也可称之为服务工厂。运输业、饭店、休假地的服务运营属于这种类型。此外,银行以及其他金融服务型企业的后台运营也属于这种类型。当顾客的接触程度或顾客化服务的程度增加时,大量资本密集服务会变成专业资本密集服务,即服务工厂会变成服务车间,就像制造型企业中进行多品种小批量生产的工艺对象专业化的车间。医院和各种修理业是服务车间的典型例子。

2. 大量劳动密集服务与专业劳动密集服务

大量劳动密集服务的劳动密集程度较高,而顾客的接触程度和顾客化服务程度较低。零售业、银行的营业部门、学校、批发业等都属于大量劳动密集服务。当顾客的接触程度提高或顾客化服务是主要目标时,大量劳动密集服务就会变成专业劳动密集服务。例如,医生、律师、咨询专家、建筑设计师等提供的服务。

按劳动密集程度和与顾客接触程度对服务型企业的运营类型分类举例,如表2-5所示。

表2-5 按劳动密集程度和与顾客接触程度对服务型企业的运营类型分类

项目		与顾客接触程度和服务顾客化程度	
		程度低(大量型)	程度高(专业型)
劳动或资本密集程度	资本密集型	大量资本密集服务 ・航空公司 ・运输公司 ・大酒店 ・健康娱乐中心	专业资本密集服务 ・医院 ・汽车修理业 ・电器修理业 ・家电维修业
	劳动密集型	大量劳动密集服务 ・零售 ・批发 ・学校 ・商业银行	专业劳动密集服务 ・律师事务所 ・会计事务所 ・专利事务所 ・建筑设计师

实际上,在表2-5所示的四个象限中,还存在很多形式的服务类型。例如,虽然把大酒店看做典型的大量资本密集服务类型,但传统饮食业(如餐厅)通常属于较高的顾客化服务,其劳动密集程度比快餐厅高。因此,这样的餐厅更应该归于大量劳动密集服务类型,而对于有些美食家餐厅,则应属于专业劳动密集服务类型。按劳动密集程度和与顾客接触程度对服务型企业运营进行分类,便于服务型企业制定运营策略。表2-6对四种运营类型的特征作了比较。

表 2-6 不同运营类型的特征比较

项目		大量资本密集服务	专业资本密集服务	大量劳动密集服务	专业劳动密集服务
服务特点	服务种类	有限	多种多样	有限	多种多样
	新服务引入	不经常	经常	不经常	经常
	客户化服务	很少	很多	很少	很多
	顾客参与度	很少	可能很多	有一些	非常多
运营管理特点	流程模式	刚性	弹性	刚性	松散
	流程变化	一般或剧烈	偶然剧烈	很少发生,但较剧烈	通常要增加
	质量控制	标准方法	标准方法	难以标准化	难以标准化
	设施布置	流水线布置	专业化或固定布置	典型的固定布置	专业化布置
	库存与物流	都很重要	库存重要,物流不重要	都很重要	大部分都不重要
	需求控制	通过价格调整	促销,但有难度	促销,但有难度	难管理,与价格无关
	业绩控制	成本或利润中心	通常是利润中心	通常是利润中心	通常是利润中心
	日程计划	高需求时难以应付	容易做出	容易做出	高需求时难以应付
员工管理	技能水平	一般较低	较高	较低,但多样化	很高
	工作范围	很窄	很宽	中等,但多种多样	非常宽
	职能人员	很多	较少	有一些	很少
	报酬形式	计时工资制	多种形式	多种形式	固定工资及酬金

分析表明:资本密集程度较高的服务在进行土地、设施和设备等投资决策时需要慎重考虑,对影响其运营效率的技术因素也需要时刻注意。由于资本密集型服务投资大,运营成本高,因此必须做好设施能力与服务需求的平衡,使需求的峰谷趋于缓和,保证设施的高负荷、高效率运行。

三、服务运营管理的特殊性

与制造业的生产管理相对应的概念是服务运营管理,它是指对服务内容、服务提供系统以及服务运营过程的设计、计划、组织与控制活动。服务运营过程和产品生产过程都是把各种资源要素转换为有用产出的过程,服务运营管理与产品生产管理所要控制的对象也都是产出的时间、质量、成本等因素,因此,从某种意义上来说,这两种转换过程有类似之处,可以考虑用相同的管理思路和管理方法。但是,由于服务运营具有产出结果是一种无形的、不可触的服务的特点,决定了服务产品本身的设计、服务提供系统的设计、服务提供过程的控制等,都与有形产品不同。因此,在服务运营管理中,需要考虑到这种特殊性,从而有针对性地采取特殊的管理方法。

(一) 以人为中心组织服务运营

制造业是以产品为中心组织运营,而服务业是以人为中心组织服务运营。

制造型企业的生产管理,通常是根据市场需求预测或订单制定生产计划,在此基础上采购所需物料、安排所需设备和人员,然后开始生产。在生产过程中,由于设备故障、人员缺勤、产品质量问题等引起的延误,都可以通过预先设定一定量的库存和富余产量来调节。因此,制造型企业的生产管理是以产品为中心而展开的,主要控制对象是生产进度、产品质量和生产成本。而在服务业,运营过程往往是人对人的,需求有很大的不确定性,难以预先制定周密的计划;在服务过程中,即使是预先设定好的服务程序,也仍然会因服务人员的随机性和顾客的随机性而产生不同的结果。

(二) 服务和服务提供系统同时设计

在制造型企业,产品和生产系统可分别设计,而在服务型企业,服务和服务提供系统需同时设计。

对于制造业来说,同一种产品,可采用不同的生产系统来制造,例如,采用自动化程度截然不同的设备。这二者的设计是可以分别进行的。而在服务业,服务提供系统是服务本身的一个组成部分(即服务的环境要素),不同的服务提供系统会形成不同的服务特色,即不同的服务产品,因此这二者的设计是不可分离的。

(三) 一般无法用库存调节供需矛盾

在制造型企业,可以用库存来调节供需矛盾,而在服务型企业,往往无法用库存来调节供需矛盾。

市场需求往往是波动的,而企业的生产能力通常是一定的。制造型企业应对这种需求波动的方法主要是利用库存,预先把产品制造出来,以满足高峰时的需求或无法预期的需求。因此,可以充分利用一定的生产能力。而对于很多服务型企业来说,却无法预先把服务"生产"出来供应给其后的顾客。例如,航空公司某航班的空座位无法存起来出售给第二天的顾客,饭店的空余房间也无法放在架子上第二天再卖。因此,对于服务型企业来说,其所拥有的服务能力只能在需求发生的同时加以利用,这给服务能力的规划带来了很大的不确定性。

(四) 运营系统是非封闭式的

制造型企业的生产系统是封闭式的,顾客在生产过程中不起作用,而服务型企业的运营系统是非封闭式的,顾客在服务过程中会起一定作用。

在有形产品的生产过程中,顾客通常不介入,不会对产品的生产过程产生任何影响。而在服务型企业中,"顾客就在你的工厂中"。由于顾客参与其中,顾客有可能起两种作用:积极作用或消极作用。在前者的情况下,企业有可能利用这种积极作用提高服务效率,提高服务设施的利用率;在后者的情况下,又必须采取一定的措施防止这种干扰。因此,服务运营管理的任务之一,是尽量使顾客的参与能够对服务质量的提高、效率的提高等起到积极作用。

(五) 职能的划分模糊

在制造型企业,生产运营、销售和人力资源管理三种职能的划分明显,而在服务型企业,这样的职能划分是模糊的。

对于制造型企业来说,产品生产与产品销售是发生在不同时间段、不同地点的活动,很多产品需要经过一个复杂的流通渠道才能到达顾客手中,因此这两种职能划分明显,分别由不同人员、不同职能部门来担当。而且,由于制造型企业的生产管理以产品为中心,加工制造过程和产品质量用严格的技术规范来控制,人的行为因素对生产结果没有太大的影响。而对于服务型企业来说,由于是人对人的运营,人的行为因素,如人的态度和技能对服务结果有关键影响,而且由于服务生产与服务销售同时发生,因此很难清楚地区分生产与销售职能。所以,必须树立三者集成的观念,用一种集成的方法来进行管理。

拓展学习　　大规模定制生产

传统的大量生产、成批生产和单件生产类型的划分,是基于3S原则,即专门化(specialization)、简单化(simplification)和标准化(standardization)。将各项活动尽可能分解,并安排专人负责,提供统一规格的大量产品,目标是追求规模经济效益。

近年来,为了适应市场的不断变化和客户的个性化需求,提供多样化的产品,并追求生产过程的柔性化,由此产生大规模定制(mass customization, MC)。MC的基本思路是基于产品族零部件和产品结构的相似性、通用性,利用标准化、模块化等方法降低产品的内部多样性,增加顾客可感知的外部多样性。通过产品和过程重组将产品定制生产转化或部分转化为零部件的批量生产,从而迅速向顾客提供低成本、高质量的定制产品。

按照客户订单分离点(CODP)在产品生产过程中的位置不同,可把大规模定制分为按订单销售(sale-to-order, STO)、按订单装配(assemble-to-order, ATO)、按订单制造(make-to-order, MTO)和按订单设计(engineer-to-order, ETO)四种类型(如图2-2所示)。这种分类方法已经被学术界和企业界普遍接受采用。

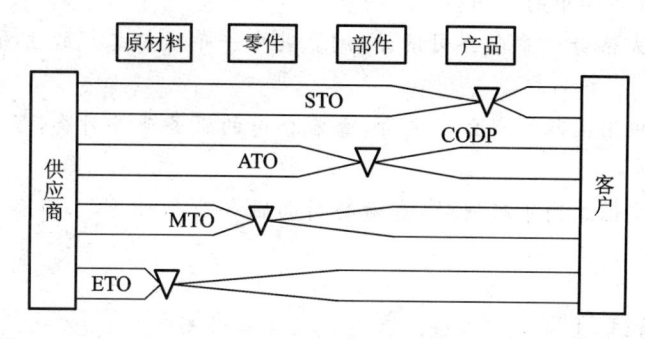

图 2－2　大规模定制的分类

(1) 按订单销售(STO),指客户可从企业提供的众多产品组件中,自主选择最符合其需要的某些产品。在这一生产系统中,只有销售活动是由客户订货驱动的。企业通过客户订单分离点位置往后移动而减少现有产品的成品库存,因此又可称为按库存生产(make-to-stock)。常见的按订单销售产品有手机彩铃定制、音乐下载,另外还有计算机应用程序,客户可通过工具条、优选菜单、功能模块对软件进行定制化。

(2) 按订单装配(ATO),指企业接到客户订单后,将已有的零部件经过再配置后向客户提供定制产品的生产方式。在这种生产方式中,装配活动及其下游的活动是由客户订单驱动的,企业通过客户订单分离点位置往后移动而减少现有产品零部件和模块库存,如模块化的汽车、个人计算机、家具等。

(3) 按订单制造(MTO),指接到客户订单后,在已有的零部件、模块的基础上进行二次设计、制造和装配,最终向客户提供定制产品的生产方式。在这种生产方式中,客户订单分离点位于产品的生产阶段,变型设计及其下游的活动是由客户订单驱动的。大部分机械产品属于此类定制方式,一些软件系统,如 MRP Ⅱ、ERP 等也属于这类定制化方式,软件商根据客户的具体要求,在标准化的模块上进行二次开发。

(4) 按订单设计(ETO),指根据客户订单中的特殊需求,重新设计能满足特殊需求的新零部件或整个产品。客户订单分离点位于产品的开发设计阶段。较少的通用原材料和零部件不受客户订单的影响;产品的开发设计及原材料供应、生产、运输都由客户订单驱动。这种定制方式适用于大型机电设备和船舶等产品。

网上学习

1. 登录企业资源管理中心网站,学习有关供应链管理、大规模定制、标杆管理等方面的最新知识。

2. 登录中国工厂管理网,了解不同类型的企业流程特征,并思考标杆管理理论与方法在实际中的应用。

3. 登录麦格劳—希尔公司网站,浏览其中一个虚拟工厂的主页,描述企业的运营流程。

4. 进入中国国际航空公司主页,查看公司的服务业务种类,了解各项服务业务的流程方式。

5. 进入中国工商银行网站,查看公司的服务业务种类,了解各项服务业务的流程方式。

思考与练习

1. 订货型生产与备货型生产有何区别?
2. 按生产稳定性和重复性可将制造型企业分为几类?它们之间有何区别?
3. 举例说明服务的构成要素。
4. 有形产品和无形服务有何区别与联系?
5. 服务运营管理有何特殊性?

第三章　生产运营的流程

内容提要

流程选择对于企业的生产运营能力规划、设备、设施布局以及工作系统设计有重要影响，从而影响到产品成本、质量、生产效率、顾客满意度等各个方面。本章重点介绍制造型企业生产过程的空间组织方式、时间组织方式和流程选择方法，以及服务型企业运营流程的类型及选择方式，并展望流程再造理论演进的新趋势。

第一节　制造型企业的生产过程

一、生产过程的概念

企业的生产过程是社会物质财富生产过程的组成部分，也是企业最基本的活动过程。生产过程的概念有广义和狭义之分。广义的生产过程是指从生产技术准备开始，直到把产品制造出来为止的全部过程；狭义的生产过程是指从原材料投入生产开始，直到成品入库的全部过程。从总体分析，生产过程可分为劳动过程和自然过程。

劳动过程是人们为社会生产所需要的产品而进行的有目的的活动。劳动过程是生产过程的主体，是劳动力、劳动对象和劳动手段结合的过程，也就是劳动者利用劳动手段（设备和工具）作用于劳动对象（产品、零件、部件、半成品、毛坯和原料），使之成为产品的全部过程。生产过程既是物质财富消耗的过程，又是创造具有新的价值和使用价值的物质财富的过程。按照工艺性质不同，可将劳动过程分为工艺过程、检验过程、运输过程和等待停歇过程。工艺过程是生产过程最基本的组成部分。机械制造工艺过程一般可划分为毛坯制造、零件加工和产品装配三个阶段。每一阶段又可划分为若干工序。工序是工艺过程最基本的组成单位。对机械加工来讲，工序是在一个工作地上工人利用一次准备时间所完成的加工作业。从生产管理角度看，可以把零件从到达一个工作地（机床）到离开该工作地（机床）工人所从事的加工作业称作一道工序。因为从生产作业计划的编制上看，这样做已经足够精确，按工艺上规定的工序安排生产是没有必要的。检验和运输过程也是必不可少的工序，但应该尽可能缩短。等待停歇过程若是制度规定的,则是合理的;若由于组织管理不善或其他人为因素造成,则应该剔除。

自然过程是指劳动对象借助于自然界的力量,产生某种性质变化的过程。它也是技术上的要求,是不可避免的,如铸锻件的自然冷却、油漆的自然干燥、酒精的发酵等。

二、生产过程的构成

由于企业专业化协作水平、技术条件、生产性质和产品特点不同,生产过程的组成有很大差别,而且随着生产的发展也会发生变化。但一般包括以下几个组成部分。

(1) 生产技术准备过程,是指产品正式投入批量生产之前所进行的各种生产技术准备工作,如产品设计、工艺安排、工艺设计、标准化工作、制定各种定额,组织生产线和调整、组建劳动组织及新产品的试制和鉴定等。

(2) 基本生产过程,是指以销售为目的,为满足市场需求,与构成企业基本产品实体直接有关的生产过程。机械制造工业企业的装配车间、铸造车间、锻造车间、机加工车间等所从事的生产作业活动都属于基本生产过程。基本生产过程是企业的主要活动,代表企业的基本特征和专业化水平。机械制造的基本生产过程,一般还可以分为三个生产阶段:毛坯制造阶段、加工制造阶段和装配阶段。

(3) 辅助生产过程,是指为保证基本生产过程的实现,不直接构成与基本产品实体有关的生产过程。例如,企业不以销售为目的,仅为本企业的需要而进行的动力(电力、蒸汽、煤气、压缩空气等)、工具(夹具、量具、模具等)、设备修理用备件等的生产。

有些辅助生产的产品,除了供本企业需要之外,还可能外销一部分。这部分外销的辅助产品虽直接记入企业产值之内,但由于生产的主要目的是本企业自己使用,并不代表企业专业生产方向,因此仍属于辅助产品。

(4) 生产服务过程,是指为基本生产过程和辅助生产过程的正常进行而从事的服务性活动。属于生产服务过程的有:原材料和半成品的供应、运输、检验、仓库管理等。

(5) 附属生产过程,是指企业根据自身的条件和可能,为生产市场所需要的非属企业专业方向的产品而进行的生产过程,如飞机制造公司生产的日用铝制品,锅炉厂生产的石油液化煤气罐以及企业利用某些边角废料制造的产品。

上述组成部分既有区别,又有联系,核心是基本生产过程。它是生产过程中不可缺少的部分,其他部分则可根据具体情况(生产规模大小、管理体制、专业化程度等),或包括在企业的基本生产过程之中,或由独立的专门单位来完成。例如，生产技术准备过程可由公司、总厂的研究所、设计单位来完成；动力生产、工具制造、设备修理、备件制造等可由专门的协作工厂来完成；分析化验、运输等工作可由专门的生产服务单位（如化验站、运输公司）来完成。随着社会专业化协作水平的提高，企业的生产过程将趋向简化，企业之间的协作关系将日益密切。

第二节 生产过程的空间组织

一、组织生产过程的基本要求

生产过程是资源消耗的过程。它要消耗活劳动和物化劳动，要占用资金，消耗时间。因此，要使劳动对象在生产过程中行程最短、时间最省、劳动消耗最小、资金占用最少，就必须合理地组织生产过程，使其达到以下几个基本要求。

（一）生产过程的连续性

生产过程的连续性是指物料处于不停的运动之中，且流程尽可能短。它包括空间上的连续性和时间上的连续性。时间上的连续性是指物料在生产过程各个环节的运动自始至终处于连续状态，没有或很少有不必要的停顿与等待；空间上的连续性要求生产过程各个环节在空间布置上合理紧凑，使物料的流程尽可能短，没有迂回往返现象。

提高生产过程的连续性，可以缩短产品的生产周期，降低在制品库存，加快资金的流转，提高资金利用率。为了保证生产过程的连续性，首先需要合理布置企业的各个生产单位，使物料流程合理；其次要组织好生产的各个环节，包括投料、运输、检验、工具准备、机器维修等，使物料不发生停歇。

（二）生产过程的平行性

生产过程的平行性是指物料在运营过程中实行平行交叉作业。加工装配型生产可以实现生产过程的平行交叉作业。平行作业是指相同的零件同时在数台相同的机床上加工；交叉作业是指一批零件在上道工序还未加工完成时，将已完成的部分零件转到下道工序加工。显然，平行交叉作业可以大大缩短产品的生产周期。

（三）生产过程的比例性

生产过程的比例性是指生产过程各环节的生产能力要保持适合产品制造的比例关系。它是生产顺利进行的重要条件，如果比例性遭到破坏，则生产过程必将出现"瓶颈"。瓶颈会制约整个生产系统的产出，造成非瓶颈资源的能力浪费和物料阻塞，也会破坏生产过程的连续性。

（四）生产过程的均衡性（节奏性）

生产过程的均衡性是指产品从投料到完工能按计划均衡地进行，能够在相等的时间间隔内完成大体相等的工作量。均衡性与节奏性的含义基本相同,只是时间间隔长短不同。均衡性一般取月、旬、日,节奏性则以小时、分、秒计。节奏性一般用于大量大批生产。

生产不均衡会造成忙闲不均,既浪费资源,又不能保证质量,还容易引起设备、人身事故。保持生产过程的均衡性,主要靠加强组织管理,涉及毛坯和原材料供应、设备管理、生产作业计划与控制,乃至对员工的业绩考核。

(五) 生产过程的准时性

生产过程的准时性是指生产过程的各个阶段、各工序都按后续阶段的需要工序进行生产,即在需要的时候,按需要的数量,生产所需要的零部件。准时性将企业与客户紧密联系起来。企业所做的一切都是为了让客户满意,客户需要什么样的产品,企业就生产什么样的产品;需要多少就生产多少,何时需要,就何时提供。要做到让客户满意,企业的生产过程必须准时。只有各道工序都准时生产,才能准时地向客户提供所需数量的产品。

准时性是市场经济对生产过程提出的要求。从市场角度来审视连续性、平行性、比例性与均衡性,可以看出它们都有一定的局限性。不与市场需求挂钩,追求连续性、平行性与均衡性是毫无意义的。在市场多变的情况下,比例性只能是一种理想状态,生产能力出现瓶颈永远是正常现象。

(六) 生产过程的柔性

生产过程的柔性指对市场需求及企业产品方向变化的适应能力。生产系统的柔性包括两方面的含义:一是能适应不同的产品或零件的加工要求,从这个意义上讲,能加工的产品(零件)种类数越多,则柔性越好;二是指转换时间。加工不同零件之间的转换时间越短,则柔性越好。

二、生产过程的空间组织方式

生产过程的空间组织就是根据运营战略目标,配置一定的空间场所,建立相应的生产单位(车间、工段、班组)和设施,并采取一定的生产专业化形式,进行生产单位人员和设备的配置。此处仅介绍生产过程的专业化组织方式,其他内容在下一章介绍。

(一) 工艺专业化形式

这种组织方式是以工艺为中心组织设备、人员等生产资源,为每一道工序提供一个工作场地。这里所谓的"工序",是指能完成某一特定功能的一个工作单位。在这种组织方式下,一道工序完成产品所需的某一特定功能,为实现该功能所需的同类设备、同工种的人员集中在该场地,从事相同或相似工艺方法的工作。因此,一件被加工的产品(或一个顾客)必须通过位于不同工作场地的工序才能够完成加工,而不是为每一种产品各提供一个专用场地。对于制造型企业来说，一道工序可由一台或一组设备，或一个工段、一个车间所组成。以机械制造型企业为例，在这种形式下所建立的生产单位是铸造、锻造、机加工、热处理、装配等不同单位（分厂或车间）；同一机加工厂内部，还可再分为车工组、铣工组、钳工组等不同单位。对于非制造型企业来说，可以是一个窗口、一个柜台或一个办公室。

工艺专业化形式的主要优点是：①产品制造顺序可以有一定弹性，以对品种转换有较好的适应性；②有利于充分利用设备和工人的工作时间；③便于进行工艺管理，有利于同类技术的交流和支持，有利于工人技术水平的提高。其不利之处主要是：①在某些工序，不同产品（或顾客）有时会同时争夺有限的资源；②大批在制品从一个生产单位转到另一个生产单位，生产过程的连续性较差，交叉运输和迂回运输较多，使加工路线延长，运输时间和费用相应增高；③在制品库存量大，停放时间长，致使产品生产周期延长，流动资金占用量大；④不同生产单位之间的生产联系较为复杂，从而管理工作（计划管理、在制品管理、质量管理等）较复杂。

（二）产品专业化形式

产品专业化形式是以产品（或顾客）对象为中心组织生产系统。在同一个生产单位中，集中了加工某一产品所需的设备和不同工种的工人，完成一件产品（或某一类顾客服务）所需的工序在该生产单位中按产品加工顺序分别排列，以使该产品的大部分或全部工艺都能在该生产单位完成。这种组织方式的最大特点是不同产品各自占用其所需要的资源，避免了不同产品同时争夺同一资源的现象，产品在加工过程中的流向比较简单、直接，但某些工序必须重复设置。在机械制造型企业中，产品专业化的生产单位不再是铸造、锻造、机加工、装配等车间，而是诸如箱体车间、齿轮车间、A产品分厂、B产品分厂等。这种形式的主要优缺点与工艺专业化形式正好相反。

（三）混合组织方式

工艺专业化和产品专业化是组织生产的两种基本方式，两者是相互对立的。鉴于此，人们在实践中总结出另一种有特色而且规范的生产组织方式，即混合组织方式，或称模块式生产。它有两种具体形式：①企业或车间内部某些生产单位在工艺专业化形式的基础上，局部采用产品专业化形式，如铸造厂的箱体造型工段、床身造型工段等。②企业或车间内部某些生产单位在产品专业化形式的基础上，局部采用工艺专业化形式，如锅炉厂的铸造车间、锻造车间等。

大多数进行成批生产的企业都以混合组织方式为主，它们既可以生产标准产品，也可以按顾客订货要求生产非标准产品。加工路线在某种程度上仍较杂乱，但有一条主线，在工厂的某些部分，可以为某种产品或某一类零件适度集中资源。使用这种组织方式的企业有重型机械厂、服装厂、食品厂、汽车修理厂等。

混合组织方式由于零件族在一个生产模块中用同样的机器和类似工具进行

生产,批量变更所引起的调整费用减少了,降低了在制品数量,提高了劳动生产率。这种组织方式的缺点是,为了减少零件在模块之间传送,生产模块内会出现重复的设备。另外,对于单件小批生产来说,生产的零件不可能全都由生产模块完成,剩下的零件加工效率不高。尽管模块式生产未来很有发展潜力,但不会出现将单件小批生产形式全部过渡到模块式生产的情况,模块式生产可看成单件生产和大量生产的中间阶段。

上述三种生产过程空间组织方式的特征比较如表 3-1 所示。

表 3-1 生产过程空间组织方式比较

项目	工艺专业化形式	产品专业化形式	混合组织方式
产品特性	品种不稳定	标准件、品种单一	品种较稳定
生产类型	单件小批生产	大量生产	成批生产
生产流程	各产品作业流程互不相同	各产品作业流程完全相同	有典型工艺流程
生产设备	通用设备	专用设备	部分通用或专用设备或需隔离的设备
对工人的技术要求	高技能的工人 适应能力强	熟练的工人 单一的专门化工作	一定的适应能力

第三节 生产过程的时间组织

合理地组织生产过程,不仅要求生产过程各生产单位在空间上布置合理,而且要求劳动对象在车间之间、工段之间、工作地之间的运动在时间上也互相配合和衔接,以最大限度地提高生产过程的连续性和节奏性,缩短生产周期。这就需要采用系统分析和科学管理的方法,进行生产过程的时间组织。

一、零件在加工过程中的移动方式

零件在加工过程中可采用三种移动方式,即顺序移动、平行移动和平行顺序移动。

(一) 顺序移动方式

顺序移动方式是指一批零件在上道工序全部加工完毕后才整批地转移到下道工序继续加工。采用顺序移动方式,一批零件的加工周期 $T_{顺}$ 为:

$$T_{顺} = n \sum_{i=1}^{m} t_i \tag{3.1}$$

式中:n——零件加工批量;

t_i——第 i 道工序的单件加工时间;

m——零件加工的工序数目。

[例 3-1] 已知 $n=4$ 件，$t_1=10$ min，$t_2=5$ min，$t_3=12$ min，$t_4=7$ min，求 $T_顺=?$

解：由公式(3.1)可求得：
$$T_顺 = 4(10+5+12+7) = 136(\text{min})$$

也可绘制甘特图确定加工周期，如图 3-1 所示。

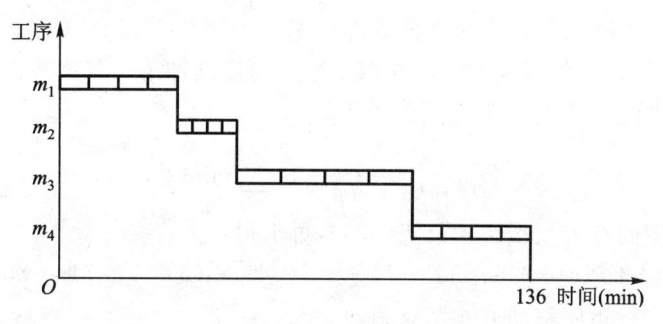

图 3-1 顺序移动方式示意图

(二) 平行移动方式

平行移动方式是指一批零件中的每个零件在前道工序加工完毕后，立即转移到后道工序去继续加工，形成前后工序交叉作业。采用平行移动方式，一批零件的加工周期 $T_平$ 为：

$$T_平 = \sum_{i=1}^{m} t_i + (n-1)t_L \qquad (3.2)$$

式中：t_L——最长的单件加工时间，其他符号同前。

将例 3-1 中的有关数据代入公式(3.2)，可求得：
$$T_平 = (10+5+12+7) + (4-1) \times 12 = 70(\text{min})$$

图 3-2 为平行移动方式示意图。

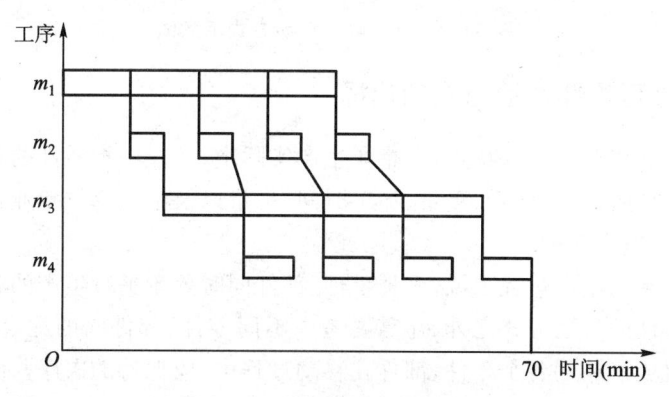

图 3-2 平行移动方式示意图

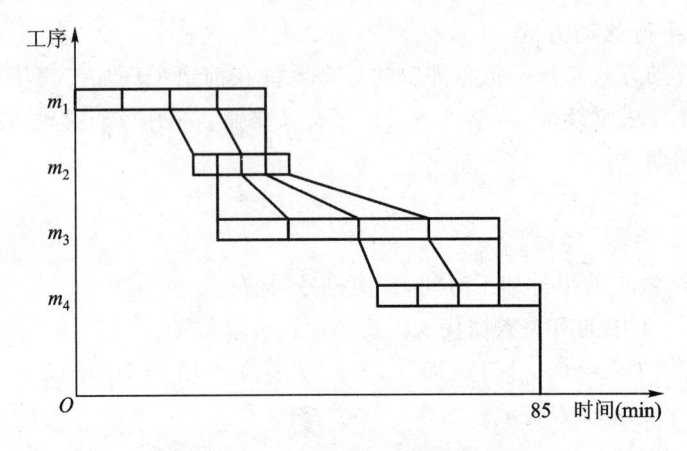

(三) 平行顺序移动方式

平行顺序移动方式的特点是,既考虑了相邻工序之间零件加工时间的尽量重合,以缩短加工周期,又保持了该批零件在各道工序上的连续加工,以提高设备利用率。所以,是前两种方式的综合。具体做法是:

(1) 当 $t_i < t_{i+1}$ 时,该批零件按平行移动方式转移;

(2) 当 $t_i \geq t_{i+1}$ 时,以 i 工序上最后一个零件的完工时间为基点,倒推 $(n-1) \times t_{i+1}$ 个时间单位作为该批零件中第一个零件在 $(i+1)$ 工序上的开始加工时间。这样可以保证其他零件在该工序上的连续加工。采用平行顺序移动方式,一批零件的加工周期 $T_{平顺}$ 为:

$$T_{平顺} = n \sum_{i=1}^{m} t_i - (n-1) \sum_{j=1}^{m-1} \min(t_j, t_{j+1}) \qquad (3.3)$$

将例 3-1 中的有关数据代入公式(3.3),可求得:

$$T_{平顺} = 4 \times (10 + 5 + 12 + 7) - (4-1) \times (5 + 5 + 7) = 85(\min)$$

图 3-3 为平行顺序移动方式示意图。

图 3-3 平行顺序移动方式示意图

二、生产过程零件移动方式的选择

根据三种移动方式的特点,在企业生产实际中,选择一批零件的移动方式时需要考虑零件的价值、体积、重量、加工时间、批量以及生产单位专业化形式等因素,具体可参考表 3-2。

对于复杂的生产过程来说,多种零件、部件同时处于平行生产的状态。除了考虑选择零件的移动方式之外,还需要考虑不同零件、部件间的配合关系,也就是要研究组成产品的各个零件、部件在移动过程中,应保持的次序与时间上的协调衔接与互相搭配。在保证部件装配和产品总装配需要满足的前提下,考虑其他零件的平行生产和顺序生产。

表 3-2 零件三种移动方式的比较

项目		顺序移动	平行移动	平行顺序移动
特点	生产周期	长	短	中
	运输次数	少	多	中
	设备利用	好	差	好
	组织管理	简单	中	复杂
适用条件	零件价值	小	大	大
	零件尺寸与重量	小	大	大
	加工时间	短	长,呈整数倍	长
	批量大小	小	大	大
	专业化形式	工艺	产品	产品

第四节 制造型企业生产流程选择

一、产品—流程矩阵决策

生产流程设计的一个重要内容就是使生产过程的组织方式与市场需求相适应。有什么样的需求特征,就应该匹配什么样的生产过程。在设计生产流程时,应考虑许多因素,如预期产量、生产标准化程度、产品的物理特性、可采用的各种工艺技术,以及足够数量可以利用的各种资源。这些因素归纳起来表现为产品结构性质和生产流程组织方式。反映产品结构性质和生产流程组织方式之间的匹配关系广泛采用海耶思(R. H. Hayes)和费尔莱特(S. C. Wheelwright)提出的产品—流程矩阵(product-process matrix,PPM)来表示,如图 3-4 所示。

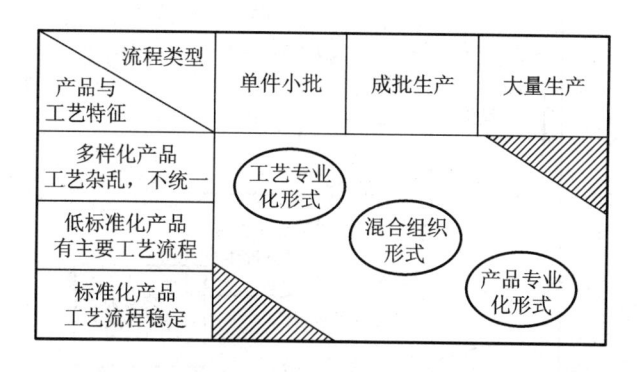

图 3-4 产品—流程矩阵图

从图 3-4 可以看出,沿产品—流程矩阵中的对角线选择和配置生产流程,可以达到最好的技术经济性。然而,随着行业的技术发展,企业也可能适当地采用偏离对角线的匹配策略,利用自身的优势,以出奇制胜。例如,沃尔沃公司之所以能够生产出任意车型的汽车,是因为没有像福特公司和通用公司等竞争对手那样进行大批量生产,而是牺牲了传统的装配线的高效性,使其汽车装配线极具柔性,并能够进行更好的质量控制。矩阵中的其他类型的产品—流程的匹配也可以进行类似的分析。

另外,当产品—流程组织方式从矩阵的左上角(如电影制片厂、印刷厂等企业)演变到右下角(如汽车装配线、石化企业等)时,其效率与成本优势逐渐凸显,但同时也逐渐丧失了企业的定制能力与市场反应的柔性。因此,由矩阵的左上角演变到右下角往往是企业匹配策略的"雷区",因为处于右下角的企业对市场的变化反应很慢。企业在需要高产量、低成本的行业中竞争,运用的却是高可变成本、定制化的单件生产方式,从而使得企业损失市场的机会成本相当高,因为在单件生产方式下的高价格会让顾客流失而另谋他求。处于右下角的企业能够生产出比实际需求还要多的产品,然而企业的现金支付成本很高,因为固定成本过高,这与流程型生产需要投入大型的资本密集型设备密切相关。

二、品种—批量决策

不同的流程所构造的生产单位有不同的特点,企业应根据具体情况选择最为恰当的一种。在选择生产单位形式时,影响最大的是品种数量的多少和每种产品产量大小。图3-5给出了不同品种—批量水平下生产流程的选择方法。左右两端分别表示两种极端情况,最左端表示单一品种的大量生产,采用产品专业化形式,组织由高效自动化专用设备组成的流水生产线,生产效率最高、成本最低,但柔性最差;最右端表示多品种的单件生产,采用工艺专业化

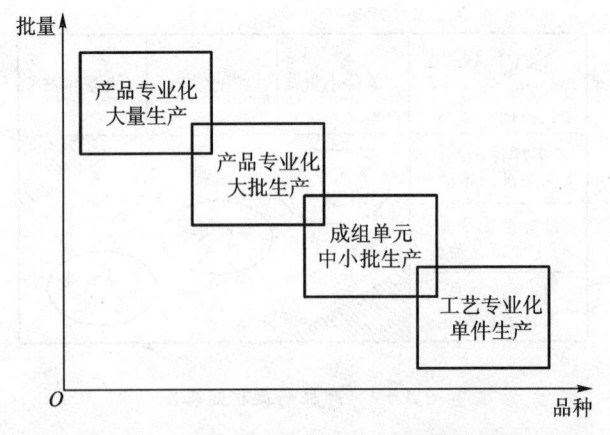

图3-5 品种—批量变化与生产流程关系图

形式,大量使用通用设备,生产效率最低、成本最高,但柔性最好;在大量生产和单件生产之间,表示多品种中小批量生产,采用成组生产单元和工艺专业化混合形式较好。

在实际选择产品生产流程时,需要考虑以下因素,进行综合权衡。

(一)产品品种

对于进行多品种生产的企业,各产品的生命周期阶段并不完全相同,各阶段对应的运营类型就不一致,如何进行运营类型的选择,这就存在如何组合的问题。一般从保持设备利用率的角度来组合几种产品的生产。

(二)产品生命周期阶段的过渡

生命周期阶段的产量需求不一样,相应有不同的生产类型,而不同的生产类型导致不同的生产流程和车间布置。另外,产品却不能停留在生命周期的某个阶段。因此,运营过程规划中应按哪个阶段来设计,这是一个风险决策。如果选择生命周期后阶段的大量生产,不但投资很大,而且可能遭遇需求变化的风险。即使以某个阶段为主,还必须考虑运营过程如何过渡,以适应产品生命周期阶段的变化。

(三)预测需求量和实际生产量之间的关系

实际生产量并不完全取决于预测需求量,如完全按照预测数量生产,生产能力不一定可行,经济上不一定合理,也不一定能最大限度地发挥运营系统的竞争优势。制定运营战略时,能力规划应与生产任务综合平衡,在争取市场机会的同时,提高生产能力利用率。

(四)需求变化与技术发展

随着消费者对产品多样化、个性化要求的日益强烈,迫使企业寻求一种新的运营类型。幸运的是,科技进步,尤其是信息技术的飞速发展,为运营系统提供了强有力的技术支持,使得大批量与多品种在同一系统的生产成为可能,这就是批量客户化生产。

采用上述方式确定了生产流程的类型后,还要注意在实际运行中需要一定的投资。因此,作为一种生产策略,还要充分考虑这些费用对生产流程设计的影响,从经济上作进一步分析。

第五节　服务型企业运营流程选择

一、运营流程设计的基本要求

(1)服务流程系统的每一个要素都与企业运营的核心相一致。例如,当运营核心是供货速度时,运营过程中的每一步都应有助于加快速度。

（2）服务流程系统对于用户是友好的。就是顾客可以很容易地与系统进行交流。这要求系统有明确的标志、可理解的形式、逻辑化的过程，以及能够解答顾客疑问的服务人员。

（3）服务流程系统具有稳定性。也就是说，系统能够有效地应付需求和可用资源的变化。

（4）服务流程系统具有结构化特点，保证服务人员和服务系统提供一致性的服务。这意味着需要由人员完成的任务有可操作性，而技术支持则是有益和可靠的。

（5）服务流程系统为后台和前台之间提供有效的联系方式，以确保它们之间没有遗漏。

（6）服务流程系统对有关服务质量加以管理，以使顾客了解系统所提供服务的价值。虽然许多服务系统都在现场之外做了很多的工作，但是如果不能通过明确的交流让顾客意识到服务已经改善，那么这些改善工作就不能起到最大的作用。

（7）服务流程系统所耗费的都是有效成本。在交付服务的时候，系统对时间和资源的浪费应达到最小。否则，即使所提供的服务本身能够令人满意，顾客最终还会选择离开。

二、影响运营流程设计的主要因素

运营流程设计是服务系统能否成功实施的关键。企业应当根据自己的经营战略、企业与顾客关系、技术特点、经营环境、员工类型等情况，设计出适合自己的服务流程。影响运营流程设计的因素很多，其中最主要的是产品或服务的需求特征，因为运营系统就是为生产产品或提供服务而存在的，离开了用户对产品或服务的需求，运营系统也就失去了存在的意义。

（一）产品或服务的需求特征

服务运营系统要有足够的能力满足用户需求。首先要了解产品或服务需求的特点，从需求的数量、品种、季节波动性等方面考虑对运营系统能力的影响，从而决定选择哪种类型的生产流程。有的运营流程具有生产批量大、成本低的特点，而有的运营流程具有适应品种变化快的特点，因此，运营流程设计首先要考虑产品或服务的需求特征。

（二）运营过程的集成度

流程设计取决于运营过程的集成程度。企业在进行运营过程的集成决策时，要从服务技术、能力、成本、质量、交付期等方面综合考虑。运营过程集成范围越广，运营流程设计越复杂；反之，则较简单。对于实行业务外包的企业，运营流程主要受企业核心业务的影响。

（三）运营过程的柔性

运营过程的柔性是指运营系统对用户需求变化的响应速度，是对运营系统适应市场变化能力的一种度量，通常从品种柔性和产量柔性两个方面来衡量。所谓品种柔性，是指运营系统从生产一种产品快速地转换为生产另一种产品的能力。在多品种中小批量生产的情况下，品种柔性具有十分重要的实际意义。为了提高运营系统的品种柔性，服务应该具有较大的适应顾客需求变化的范围。产量柔性是指运营系统快速增加或减少所提供服务的能力。在需求波动较大的情况下，产量柔性具有特别重要的意义。此时，流程设计必须考虑到使其具有快速且低廉的增加或减少产量的能力。

（四）产品或服务的质量水平

产品或服务质量是企业追求的永恒主题。运营流程设计与产品质量水平有着密切关系。运营流程中的每一加工环节的设计都受到质量水平的约束，不同的质量水平决定了采用不一样的生产设备或技术装备。

（五）顾客的接触度

绝大多数的服务型企业，顾客是运营流程的一个组成部分，因此，顾客对运营的参与程度也影响着运营流程设计。例如，理发店、卫生所、裁缝铺的运营，顾客是运营流程的一部分，企业提供的服务就发生在顾客身上。在这种情况下，顾客就成了运营流程设计的中心，营业场所和设备布置都要把方便顾客放在第一位。而另外一些企业，如银行、快餐店等，顾客参与程度很低，企业的服务是标准化的，运营流程的设计则应追求标准、简洁、高效。

三、服务型企业运营流程选择

（一）运营系统流程选择要考虑的因素

1. 考虑服务系统与顾客的接触程度，选择运营流程的类型

服务型企业运营方式的特殊性在于与顾客的接触，这是服务型企业选择运营组织方式时必须考虑的重要因素。对于顾客与服务设施有更多直接接触的服务型企业，同样可以采用制造型企业的运营方式。当服务较复杂而顾客的知识水平较低时，服务必须考虑到每一位顾客的需要，其结果会导致顾客化服务，因此更适合工艺专业化的组织方式。例如，小规模运营的法律服务、医疗服务、牙科服务和许多饭馆通常都是以单件方式提供服务的，运营组织方式可看做工艺专业化形式。而汽车加油站的洗车作业，是一种典型的产品专业化组织形式。但是，当面对面服务和后台工作各占一定比例时，混合组织方式就更好。例如，在银行的营业柜台，顾客和职员有频繁的接触，而反过来，在后台接触则很少，因此可增加后台的批量处理工作和提高自动化水准。其他服务型企业组织，如总部办公室、流通中心、电厂，没有与顾客的直接接触，就可以考虑采用标准化服务

和大批量运营方式。

下面根据顾客与服务系统的接触程度不同,提出一种流程设计决策方法——服务流程设计矩阵,如图3-6所示。

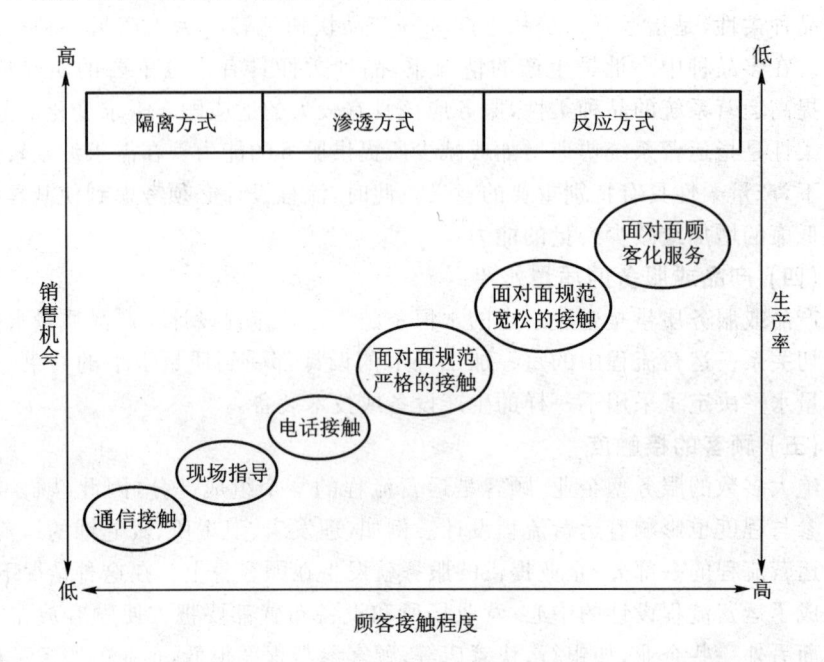

图3-6 服务流程设计矩阵

图3-6的上端表示顾客与服务接触的程度:隔离方式表示服务实际上是与顾客是分离的;渗透方式表示与顾客的接触是通过电话或面对面的沟通;反应方式表示既要接收,又要回应顾客的要求。图3-6的左边表示销售机会,也就是说,与顾客接触的机会越多,卖出商品的可能性就越大。图3-6的右边表示随着顾客对运营系统施加影响的增加,生产率的变化情况。

图3-6的中间列出了几种服务流程设计方式:在一端,顾客与服务系统的交流很少,服务接触可以通过通信、邮件来完成;在另一端,顾客按照自己的要求获得服务,服务接触需要采用面对面的方式。图3-6中其他四种方式表示了顾客与服务系统不同的接触程度。

图3-6的两端表示服务系统的生产率和服务的销售机会:随着顾客与服务系统接触的增多,服务人员压力增大,服务系统效率降低,但服务的销售机会增多,如面对面的服务方式;反之,较少的接触,因为顾客不能对服务系统施加明显的影响或干扰,可以使服务效率提高,但却使服务的销售机会减少,例如通信接触方式。

在一个直接与顾客接触的流程中,顾客可能会严重地影响流程的绩效。顾客和流程之间的相互作用可能会使服务系统不能顺利运营,有时还可能会使需要自我服务或定制化服务的系统遭到破坏。为了减少顾客独特服务的影响,降低运营成本,只有提高服务运营效率。表3-3举例说明了提高服务运营效率的几种技术措施。

表3-3 提高运营效率的技术措施

服务系统举例	技 术 措 施
有限菜谱的餐馆	限定提供服务的种类
银行、医院	安排服务结构,使顾客必须到指定地点接受服务
超级市场、百货大楼	提供自助服务方式,让顾客评价产品或服务
自动取款机	分离出使顾客拥有某种自主权的服务
交货时定制小汽车	延迟制造

2. 考虑顾客和服务系统的各自特征,选择运营流程的方式

若服务过程很少变化,即顾客和服务者都没有太多的随意性,可选用"面对面规范严格的接触"方式,企业在销售方面就可以投入较少的高技能员工,如餐馆、诊所、律师事务所、零售店、快餐厅、游乐园等。若服务过程人们通常都可以接受,但在如何执行该过程或作为服务过程一部分的实物商品方面是可选择的,此时,可选用"面对面规范宽松的接触"方式,如全天候的饭店、汽车销售代理商等。对于必须通过顾客与服务者之间的相互交流才能进行的服务,只能选用"面对面顾客化服务"方式,如法律、医疗服务。同时,服务系统资源的集中程度决定了这一系统是反应方式还是渗透方式。

3. 根据服务系统与其他公司提供的特殊服务比较,确定企业的竞争优势

表3-4表明了随着顾客与服务系统接触程度变化,运营焦点、员工技能与技术创新方面的变化情况。关于对员工技能的要求,通信接触与书写技能、现场技术指导与辅助技能、电话接触与口头表达能力之间的关系是不言而喻的。面对面规范严格的接触特别需要程序技能,因为员工必须遵循处理一般标准过程的常规。而面对面规范宽松的接触常常需要交易技能(鞋匠、绘图员、管家、牙医)来确定服务设计。面对面客户化趋向于要求能判明顾客的需要的专业技能。

表3-4 运营焦点、员工技能及技术革新和顾客接触度的关系

	顾客接触度低 —————————→ 顾客接触度高						
运营焦点	文件处理	需求管理	记录电话内容	流程控制	管理能力	综合委托人意见
员工技能	书写技能	辅助技能	口头表达技能	程序技能	交易技能	判断技能
技术革新	办公自动化	常规方法	计算机数据处理	电气辅助	自助服务	委托人与员工队伍

在制造型企业的产品—流程矩阵图中,生命周期增长沿着一个方向(随着规

模增大,由作业车间转向生产线)变化,使生产系统不断完善。与此不同,服务型企业的发展变化可沿着对角线的任一方向,选择适合公司的运营流程设计方式,关键是对销售机会和服务效率进行权衡。

4. 明确企业所提供服务的实质,组合流程设计方式

对于服务需求内容不同、需求水平差异较大的服务系统,不一定只选用一种运营方式,可以对上述不同方式进行组合,设计出较复杂的服务运营系统。

(二) 运营系统的流程类型

按服务运营模式可将服务流程分为以下三种:生产线模式、自助服务模式和个体维护模式。

1. 生产线模式

有些服务过程与产品制造过程非常相似。比如,可以将快餐的传送看做一个制造过程而不是一个服务过程。这种理念的价值在于克服了服务概念本身固有的许多问题。也就是说,服务隐含着服务人员对顾客的辅导,而制造则避免了这层含义,因为制造的核心是产品而不是人。

以麦当劳公司为例,它将服务内容定位于有效的生产而不是顾客或其他,整体设计和设施规划相当严谨。在一个相当清洁、秩序井然和令人愉快、彬彬有礼的服务环境中,快速地提供统一的高质量的食物,系统地用设备替代人,并有计划地使用技术。服务人员唯一可能选择的是严格按设计者的意图去操作,从而使麦当劳独具魅力,获得了任何其他公司也无法与之相比的为顾客所钟爱的地位。

2. 自助服务模式

自助服务模式是让顾客在服务运营中发挥最大潜能,改善服务运营过程的有效途径。自助取款机、自助加油站等都是现场技术的典型应用。许多顾客喜欢自助服务,因为在这些服务模式中,他们可以充当管理者的角色。实际上,自助服务模式使顾客变为"部分雇员",他们必须观察在其之前进行自助服务的其他人的操作,来学习如何去做,当出现错误时,学会如何进行"故障分析"。采用这种模式的好处在于:能获得顾客的信任,改善成本、速度和便利性,确保相关资源被有效地使用。

3. 个体维护模式

个体维护模式即顾客化定制服务模式,它有两种形式:有些服务过程相当松散,顾客需求差异很大,属于非结构化的过程,服务运营过程依赖于个体销售人员和顾客之间关系的发展,这时可采用面对面的定制服务方式,针对顾客的不同需求提供个性化的服务;而有些服务过程只是一个信息系统,用于收集、处理、提取和应用每位顾客个人偏好、产品或服务质量、数目等各种信息,并将这些信息的应用作为向顾客提供服务的一部分,如向顾客提供其他顾客的购买、使用、反

馈等信息。这种服务过程是一项辅助性的服务,对满足顾客需求有一定的影响,是一个双方面对面规范宽松的流程方式。

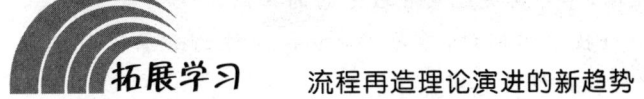

拓展学习　　流程再造理论演进的新趋势

1990年,迈克尔·哈默在《哈佛商业评论》上发表了题为《再造:不是自动化改造而是推倒重来》的文章,文中提出的再造思想引起了一场新的管理革命。1993年,迈克尔·哈默和詹姆斯·钱皮在其著作《企业再造:企业革命的宣言》一书中,首次提出了业务流程再造(business process reengineering,BPR)的概念。并将其定义为:对企业业务流程进行根本性的再思考和彻底性的再设计,以使企业在成本、质量、服务和速度等衡量企业绩效的关键指标上取得显著性的进展。

到目前为止,尽管前人对BPR与其他管理思想进行了较多的比较研究,如企业资源计划(ERP)、供应链管理(SCM)、全面质量管理(TQM)、工业工程(IE)、标杆管理(benchmarking)、知识管理(KM)、公司重构(CR)、业务流程改进(BPI)、价值工程(VE),但其理论的演进趋势更主要地体现为与其他管理理论的融合和发展。

(1) 与战略管理理论融合,由业务流程管理提升为战略流程管理,大大提升了流程在企业中的高度和影响力。虽然文献资料的搜索结果很少有关于战略流程的,但是,已经有国外的咨询机构如毕博、Thomasgroup等将原来的业务流程再造提升为战略流程改善。因此,战略流程管理是一个值得探索的领域。

(2) 向下与信息技术高度融合成为电子商务和ERP的前提与基础。信息技术在企业中的应用,主要是对业务流程的信息化,体现为企业业务协同层的电子商务和企业资源计划。

(3) 与供应链融合进行跨公司流程再造,打破企业边界,整合企业间流程,打造超高效的公司。

(4) 流程管理成为新的风向标。流程管理是一个比业务流程再造外延更大的概念,它不仅包含了业务流程再造的全部内容,还丰富和发展了业务流程再造理论。国内比较有代表性的是由企业资源管理研究中心提出的认识流程、建立流程、优化流程、E化流程、运作流程的流程管理提升方法论。

此外,也有学者认为流程再造正在向高度集成、模块化、虚拟整合、联盟化、管理流程与业务流程一体化发展。

网上学习

1. 登录中国机械网,学习有关先进生产方式、制造技术及管理模式方面的知识。

2. 登录中国制造业信息化门户网站,了解有关先进生产方式的内容。

3. 登录中国工厂管理网,学习有关运营管理方面的知识。

4. 登录北京惠特尼斯科技中心网站,学习 Witness 软件的基本使用方法,进行流水线生产系统的建模与控制仿真实验。

5. 登录中国仿真互动网,学习有关系统仿真方面的知识。

6. 登录 Excel 精英培训网,学习 Excel 使用技巧,会用来解决运营管理中的生产系统仿真问题。

思考与练习

1. 什么是流程?说出你最近一次的购物流程。
2. 合理组织运营过程的基本要求有哪些?
3. 制造型企业生产过程的空间组织方式有哪些?各适用什么条件?
4. 制造型企业生产过程的时间组织方式有哪些?各适用什么条件?
5. 服务运营系统的流程类型有哪些?

第四章　生产运营战略

内容提要

生产运营战略是一个企业的独特创新理念。经济全球化和技术发展导致了当今的超竞争市场环境,管理者必须制定更新、更具创造性的战略,以保持企业的竞争优势。本章叙述生产运营战略的含义和特点,分析订单赢得要素与订单资格要素的转变关系,详细介绍制造型企业的生产运营战略和服务型企业服务运营战略的制定思路,最后简单介绍基于时间的运营战略。

第一节　生产运营战略与企业战略

一、生产运营战略的含义

生产运营战略(production operation strategy)是用以支持企业总体经营战略的长远规划,使生产运营系统成为企业立足于市场并获得长期竞争优势的坚实基础。它包括企业在规划、设计和运行其生产运营系统时,所遵循的指导思想、基本方针、决策程序和内容。生产运营战略在企业战略体系中属于职能战略,是企业总体战略在运营职能领域的落实和具体化,受总体战略制约,为支持和完成总体战略服务。不同行业、不同企业、同一企业的不同生产单位,其生产运营战略可能存在差异。例如,一个生产家电的公司,其下属电冰箱厂的战略可能是选择新技术的产品投入生产,而下属电风扇厂的战略则可能放在降低成本上。

生产运营活动是企业最基本的活动之一。为了达到企业的经营目的,生产运营活动必须将其所拥有的资源要素合理地组织起来,并且保证有一个合理、高效的生产运营系统来进行一系列的变换过程,以便在资源投入一定的条件下,使产出能达到最大。再具体地说,运营活动应该保证能在需要的时候,以适宜的价格向顾客提供满足他们质量要求的产品。为了达到这样的目标,作为生产运营管理人员,首先需要考虑选择哪些产品,为了生产这样的产品需要如何组织资源,竞争重点应该放在何处等。在思考这些基本问题时,必须根据企业的整体经营目标、经营战略确立基本的指导思想或者指导性的原则。例如,企业的经营战略侧重经济效益的提高,那么生产运营战略的指导思想应该是尽量增加生产收益,从而在进行产品决策时,应该注重选择高附加值产品。又如,企业根据自身所处的经营环境,把经营战略重点放在扩大市场占有率上,相应地,生产运营战略的重点应该是保持生产系统的高效性及灵活性,从而能最大限度地满足市场的各种需求。这样的指导思想以及决策原则,构成了生产运营战略的内容。由此可见,制定生产运营战略的目的是使企业的生产运营活动能够符合企业经营的整体目标和整体战略,以保证企业经营目标的实现。

二、生产运营战略的特点

企业战略由不同层次、不同内容的战略构成。一般而言,企业战略与企业组织层次相适应。既有企业一级的总体战略,也有企业下属经营单位(如子公司、分厂、事业部)一级的总体战略;既有各级的总体战略,也有与各级组织的各种职能相适应的职能战略。企业各级总体战略有不同类型,各级的职能战略也有多种形式。而且,企业上下层次的总体战略之间,每个层次的各职能战略之间,以及各层总体战略与职能战略之间,都存在着互相配合和制约的关系,形成一个不可分割的体系。图 4-1 为企业战略与主要职能战略的构成体系。

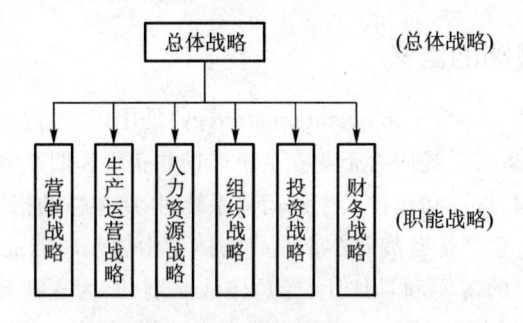

图 4-1 企业战略与主要职能战略的构成体系

图 4-1 中,从纵向看,企业战略可分为总体战略和职能战略。总体战略是该层次战略体系的主体,起着统率全局的作用。职能战略则是总体战略按专门职能的落实和具体化,比总体战略更清晰和细致地表达了战略目标、任务和措施等。职能战略由职能部门管理人员负责制定,但直接受总体战略的制约,是为总体战略服务的。从横向看,有企业、各职能单位等各级总体战略。企业总体战略(简称企业战略)是企业战略中最高层次的战略,是关系到企业全局的、长期的战略规划,主要回答企业应该在哪些经营领域里进行生产经营活动。它主要由企业的高层管理人员制定和推行。职能战略是企业总体战略的具体化和展开,既要保证公司战略目标的实现,又要有相对独立的目标和实施措施。它主要是针对不断变化的外部环境,以在各自的经营领域有效地控制资源的分配和使用。它的参与者主要是各分公司、事业部的经理或分厂的厂长。

第二节　生产运营战略与竞争力

一、基本竞争要素

生产运营战略要能充分体现运营系统在成本、质量、时间及柔性四个竞争要素方面的优势。因此,生产运营战略的决策关键在于,针对不同行业、不同运营类型的企业,对这四大要素进行全面细致的认识、判断、选择、优化及组合。

(一) 成本

各个行业、每个企业,为了在市场上取得竞争优势,最常见的做法是遵循低成本原则,以低成本进行运营,以低价格形成产品的竞争优势。商业企业的基本原则就是按成本定价出售商品。换句话说,当顾客不能从其他方面区别不同企业的产品时,就会把成本作为交易的首要因素。因此,许多企业被潜在的巨额利润所吸引,大批量地生产产品。但即使这样做也难以保证企业总是能够获得利润,取得成功。因为,产品价格降低,利润也随之降低,这就需要努力降低成本。一种方法是采用自动化程度更高的设备,组织生产运营,以更大的产品数量来降低产品成本,但这种方法需要较昂贵的投资。在多数情况下,可以通过工作方式的改变,减少各种浪费来实现低成本。但是需要注意的是,通过降低成本以维持或增加市场占有率的做法,通常用于产品生命周期的成熟期。

(二) 质量

质量分为产品质量和过程质量两类。前者包括卓越的使用性能、操作性能、耐久性能等,有时还包括良好的售后服务支持,甚至财务性支持。例如,IBM的个人计算机以其卓越的使用性能、操作性能著称,但同时也提供三年免费保修等良好的售后服务,还对其产品实行分期付款、信用付款、租赁等财务性支持方式。后者指产品质量的稳定性和一贯性,它决定了产品质量的保证程度。例如,铸件产品的质量稳定性用合格产品百分比来表示,而一家银行的服务质量可以用顾客等待服务的时间长短来表示。又如,麦当劳的质量稳定性闻名世界,它是汉堡包味道、员工服务态度、消费环境等方面质量的综合反映。应当指出,企业的产品质量应当适宜,追求过高或过低的产品质量都不能满足顾客的需求。质量超过标准的产品会因价格昂贵而无人问津。相反,质量未达标准的产品,会将顾客推向价格略高但性能更好、具有更高价值的其他产品,从而失去顾客。

(三) 时间

时间上的竞争包括三方面:一是快速开发新产品,指新产品从构思形成至最终生产出来所需要的全部时间要短。当今,由于各种产品的生命周期越来越短,所以新产品开发速度就变得至关重要,谁的产品能最先投放市场,谁就能在市场上争取主动。这一点无论是对于制造型企业还是非制造型企业都是一样的。但要注意的是,如果产品开发的成本很高,所需技术难度较大,顾客喜好的不确定性也很大时,就需慎重考虑是否以此为竞争重点。二是按时交货,即只在顾客需要的时候交货。不同企业,要求也不同。对于送餐业来说,这可能是最重要的。制造业通常是按依订单交货的百分比来衡量,超级市场则可能以顾客在交款处的等待时间来衡量。在某些类型的市场上,企业交货的速度是参与竞争的首要条件。三是快速交货,指从收到订单到交货的时间要短。对于不同的企业,这一时间长度可能有不同的含义。一个大型机器的制造企业,其运营周期可能需要半年;而一座城市的急救系统,必须在几分钟到十几分钟内做出响应。对于制造型企业来说,可以采用库存或留有余地的生产能力来缩短交货时间,但在一家医院、一个百货商店,则必须以完全不同的方式来快速响应顾客的需求。另外,还应重视交货的可靠性。例如,一个汽车制造商,假设当汽车已经到达了装配线,准备装轮胎时,其轮胎供应商提供的所需数量和种类的轮胎却没有送到,整条生产线就会因此而停下来,直到轮胎送到才能继续生产。因此,交货的可靠性是保证快速交货与按时交货的前提,也是评价和选择供应商的标准。

（四）柔性

柔性是指企业响应外界变化的能力,即应变能力。它包括两个方面。一是产量的柔性,指能够根据市场需求量的变动,迅速增加或减少产量。在许多市场上,企业对需求增减变化的反应能力是竞争能力的重要因素之一。显然,当需求增长时,企业生产经营相对容易,生产过程出现的问题较少。当需求呈强劲上升趋势,出现规模经济时,可以组织批量生产,降低产品成本,这样在新设备、新技术上的投资也可以很快得到回报;当需求下降、规模缩小时,则需减少在某一产品上的投资,减少批量。不同类型的企业,产品需求波动情况大不相同。例如,空调制造企业和邮局,其需求的类型、数量及波动周期没有可比性。因此,每个企业要想长期高效地响应市场需求的变动,必须根据自身产品的需求波动特征,缩短企业研制新产品所需的时间,建立适宜于新产品生产的工艺流程,调整运营系统,快速、准确地生产出所需数量的产品或提供相应的服务。二是顾客化产品与服务,即适应每一位顾客的特殊要求,经常不断地改变设计和运营方式,提供难度较大的、非标准产品或服务。对于提供特殊产品或服务的公司,如医院、咨询公司、高级时装公司、特种设备制造公司等,由于其产品的生命周期非常短,需求量很小,尤其应重视这一点,并以此作为竞争重点,针对每个顾客的特殊要求,组织定制生产运营,以满足顾客对产品或服务的个性化需求。

二、其他竞争要素

除了上述基本竞争要素之外,还有一些与特定产品或服务有关的其他竞争要素。

(1) 供应商的技术支持能力。供应商在设计和制造的前期，对自己擅长的业务提供必要的技术支持，与企业共同研制产品或提供服务。例如，原材料供应商可提供有关新材料方面的技术支持，零部件供应商可提供有关新设计、新工艺方面的技术支持，经销商则可提供有关市场上新产品、新需求方面的技术支持。

(2) 供应商的售后服务质量。供应商的售后服务包括：提供需要更换的零部件，对老产品进行更新改造、技术咨询等。同时，供应商还应具有快速响应这些售后服务需求的能力。

(3) 企业间的协作状况。在开发一个复杂产品或服务时，经常需要各企业之间的通力合作，因为仅靠某一企业的努力往往是不够的，或者是不经济的。因此，不同企业应在同一项目上共同合作和同步工作，发挥各自的核心业务优势。例如，当某一企业产品研制工作进行到一定程度时，其他协作企业就开始某些制造工作。这样，可以缩短项目的完成时间。

有时，还有其他要素也需要加以考虑，如运营系统灵活性、产品组合方案、产品特色、产品市场化情况等。

三、竞争优势要素

随着市场环境的变化，竞争重点也在发生变化。波士顿大学一个研究小组通过对 212 家美国制造企业竞争重点的研究发现，今后 5 年位于前三项的竞争重点在这些企业里具有一致性，分别是：产品质量、产品可靠性和交货速度。这表明一些基本的要求没有改变，企业如果不能满足这些要求，就很难在竞争中生存。在这三个竞争重点之外，其他竞争重点的重要次序也已经发生了变化。数据表明，20 世纪 90 年代以来低价格和新产品的推出速度两个竞争要素变得越来越重要。尤其是低价格已经上升为第四重要的竞争重点。这表明单凭质量因素已经不能满足顾客的需要。顾客期望在低价格的同时，获得高质量和其他相关标准（一致性质量、交货速度和产品可靠性）的产品。现在普遍将顾客的这种综合需要称为价值。对顾客来讲，价值意味着以尽可能低的价格购买高质量产品。为了增加价值，企业必须改进产品性能标准，或降低成本，甚至是两方面同时进行。与此同时，企业也意识到，自 20 世纪 90 年代以来，新产品开发速度的重要性与日俱增。

为了更进一步描述上述竞争要素，伦敦商学院的德瑞·黑尔教授首创了订单资格要素(order-qualifier)和订单赢得要素(order-winner)的概念。订单资格要素是指允许一家企业的产品参与竞争的资格筛选标准，甚至成为其进入市场的一个潜在的最低条件或标准。一般情况下，一致性质量、及时交货和产品可靠性是绝大多数大制造商的订单资格要素。例如，目前欧洲市场上要求大多数企业通过ISO9000质量认证,因此,ISO9000质量认证就成为进入欧洲市场的订单资格要素。而因为我国一些企业没有通过ISO9000质量认证,故对于它们来说,通过ISO9000质量认证就成为订单赢得要素。也就是说,通过ISO9000质量认证的企业就显得比其他未通过ISO9000质量认证的竞争对手更为优秀。

订单赢得要素是指企业的产品或服务区别于其他企业从而赢得订单的各种要素。基本上,如果只有少数企业具有某种竞争优势要素,如低成本、高质量、客户定制或出色的服务,那么这些竞争要素就可认为是订单赢得要素。但随着时间的推移,会有越来越多的企业具备同样的竞争优势要素,那么订单赢得要素就转变为订单资格要素。换句话说,这一竞争优势要素转变为所有竞争者进入市场的资格条件,从而导致顾客用新的竞争优势要素去要求企业。图4-2显示了竞争优势要素从订单赢得要素向订单资格要素的转变过程,纵轴代表的是市场中具备某种竞争优势要素的企业的比例。图中把50%的比例作为订单赢得要素与订单资格要素的分界点,实际上需要根据行业的具体特点而定。

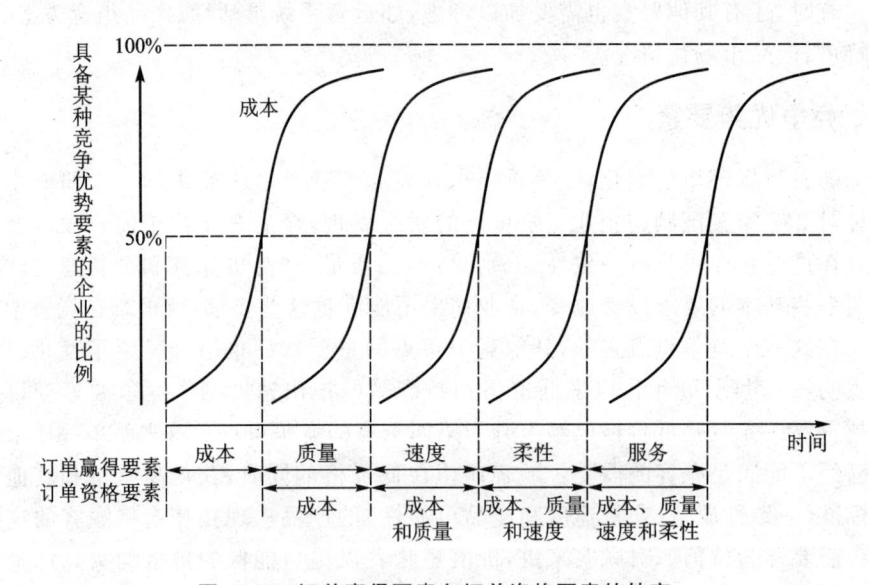

图4-2 订单赢得要素向订单资格要素的转变

例如,20世纪70年代日本企业进入世界汽车市场时,就改变了汽车产品原先的订单赢得要素,市场竞争从以价格为主导变成以质量和可靠性为主导。美国汽车制造商就由于产品质量问题而失去了订单。到80年代后期,福特公司、通用公司和克莱斯勒公司提高了产品质量,从而重新赢得市场。顾客时刻监督着质量和可靠性的标准,他们迫使这些顶级的企业改进产品的质量。现在,汽车的订单资格要素根据车型而不同。顾客知道他们需要什么样的产品特征(如可靠性、设计特征和耗油量),然后希望以最低价购进一辆能满足特定要求的汽车,目的是实现价值最大化。因此,企业必须时刻注意外界环境的变化,了解顾客不断出现的新需求,及时调整竞争战略,培育运营系统的核心竞争能力。

第三节 制造型企业的生产运营战略

一、生产运营战略的基本框架

制造业生产运营战略的制定不能凭空想象,其纵向上与顾客相联结,横向上与企业相联结,需要综合考虑顾客需求和产品性能特点对生产运营系统进行规划、设计、运行、控制与改进。它们之间的相互联系可用图4-3来表示。

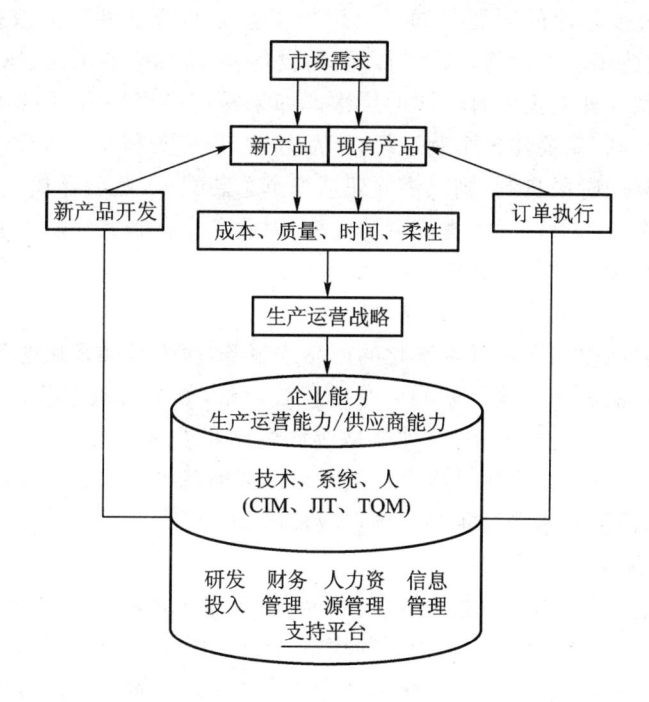

图4-3 制造型企业生产运营战略框架

一般来讲,企业先按照顾客需求、新产品或现有产品的性能要求,确定生产运营系统的竞争重点,由此制定生产运营战略。图4-3还给出了企业能力、生产运营能力、供应商能力之间的相互关系。生产运营能力与供应商能力是企业整体能力的基础和保证。

生产运营能力主要指技术、系统以及人的水平,计算机集成制造(CIM)、准时化生产(JIT)和全面质量管理(TQM)是这方面的运用;研究与开发的投入、直接和间接的财务管理、人力资源管理以及信息管理是形成生产运营能力的强大支持。另外，为满足顾客的要求，生产运营部门还必须连同供应商能力去争取客户订单。当然这些供应商的技术、系统和人员管理通过了认证，否则不会被选为供应商。

二、生产运营战略的制定

制造业生产运营战略的制定可分为四个阶段：总体战略的选择，产品或服务的选择、设计与开发，运营系统的设计和运营系统的运行。

(一) 总体战略的选择

常用的生产运营总体战略包括5种。

1. 自制或外购

这是首先要解决的问题。如果决定由本企业制造某种产品或提供某种服务，则需要建造相应的设施，采购所需要的设备，配备相应的工人、技术人员和管理人员。自制或外购决策有不同的层次。如果是产品级决策，则影响到企业的性质。产品自制，需要建一个制造厂；产品外购，则需要设立一个经销公司。如果只在产品装配阶段自制，则只需要建造一个总装配厂，然后寻找零部件供应厂家。由于社会分工可以大大提高劳动效率，因此在作自制或外购决策时，一般不可能全部产品和零部件都自制。

2. 低成本和大批量

采用这种战略需要选择标准化的产品或服务，而不是顾客化的产品和服务。这种战略往往需要高额投资来购买专用高效设备，如福特汽车公司当年建造T型车生产线。需要注意的是，这种战略应该用于需求量很大的产品或服务。只要市场需求量足够大，采用低成本和大批量的战略就可以战胜竞争对手，取得成功，尤其在居民消费水平还不高的国家或地区。

3. 多品种和小批量

对于顾客化的产品，只能采取多品种和小批量生产战略。当今世界消费呈现多样化、个性化，企业只有采用这种战略才能立于不败之地。但是多品种小批量生产的效率难以提高，对大众化的产品不应该采取这种战略。否则，遇到采用低成本和大批量战略的企业，就无法与之竞争。

4. 高质量

无论是采取低成本、大批量战略还是多品种、小批量战略，都必须保证质量。在当今世界，价廉质劣的产品是没有销路的。

5. 混合战略

将上述几种战略综合运用，实现多品种、低成本、高质量，可以取得竞争优势。现在人们提出的"顾客化大量生产"或称"大量定制生产"就是混合战略的具体体现。混合战略既可以满足用户多种多样的需求，又具有大量生产的高效率，是一种新的生产方式。

(二) 产品或服务的选择、设计与开发

企业进行生产运营,首先要确定向市场提供的产品或服务,这就是产品或服务的选择或决策问题。产品或服务确定之后,就要对产品或服务进行设计,确定其功能、型号、规格和结构;接着,要对如何制造产品或提供服务的工艺进行选择,对工艺过程进行设计。在产品或服务的选择、设计与开发方面有4种选择。

1. 作跟随者还是领导者

作领导者可以使企业领导新潮流,拥有独到的技术,在竞争中始终处于领先地位。这就要求不断创新,需要在研究与开发方面作出大量投入,因而风险大。而作跟随者只需要仿制别人的新产品,花费少、风险小,但得到的不一定是先进的技术。如果跟随者善于将别人的技术和产品拿过来进行改进,则有可能后来居上。

2. 自己设计还是请外单位设计

同自制与外购决策一样,对产品开发和设计也可以自己做或请外单位做。一般地,涉及独到技术必须自己做。

3. 花钱买技术或专利

通过购买大学或研究所的生产许可证、专利权和设计,企业不仅少冒风险,而且节约了开发和设计的时间。

4. 做基础研究还是应用研究

基础研究成果转化为产品不仅时间较长,而且风险大。但是,一旦基础研究的成果得到应用,对企业的发展将起到很大的推动作用。应用研究是根据用户需求选择一个潜在的应用领域,有针对性地进行的研究活动。应用研究的实用性强,容易转化为现实的生产力。但应用研究一般都需要基础理论的指导。

(三) 运营系统的设计

运营系统的设计对运营系统的运行有先天性的影响,它既是企业战略决策的一个重要内容,也是实施企业战略的重要步骤。其主要内容有以下几点。

1. 运营过程规划与设计

运营过程规划与设计指以什么样的基本形式来组织运营资源,保证运营过程中的人、财、物得到最佳配置。

2. 运营设施规划与设计

设施选址是研究生产与服务设施建在什么地点的问题。它需要在长期预测所需能力,评估各地区外部环境条件(地理、气候、基础设施、原材料供应、消费基地等)的基础上,综合考虑决定设施布置的具体地区、社区和地点。设施布置对运营效率有很大影响。设施布置不当,会造成运输路程延长,运输路线迂回曲折,不仅浪费了人力、物力资源,还延长了生产周期。设施布置主要解决的问题

有:选择物料传送办法和配套服务、选择布置方案、评估建设费用。

3. 运营系统优化设计

运营系统优化设计主要解决人—机系统的设计与优化问题,其中关键因素是人和人对系统其他要素的影响。主要决策内容包括:按照技术、经济和社会环境的可行性确定岗位,进行劳动分工与协作,制定劳动定额,处理人机交互,激励员工,开发、改进工作方法。人员定编是确定人员工作岗位、人员数量、多机床看管及人机配置的方法。

(四) 运营系统的运行

运营系统的运行状况,直接影响运营系统的运行效果。其主要内容有:

1. 运营能力规划

这是指根据市场需求确定合理的生产运营能力水平,在保证满足生产需要的同时,提高设备利用率。

2. 生产计划工作

这是指根据生产运行类型,确定生产计划的内容及各种期量标准,选择合理的计划编制方式,为系统运行提供指导依据。

3. 资源管理

这是指根据物资需要的种类,选择物资的采购、供应及库存方式,编制企业资源需求计划。

4. 运营系统改进

这是指加强对生产运营过程的调度与进度控制,进行生产运营整体系统的改进与完善。

第四节 服务型企业的运营战略

一、服务运营系统的竞争要素

除了成本、质量、时间及柔性四个竞争要素外,根据服务系统竞争环境的特殊性及顾客个性化需求,服务运营系统还应具有下列竞争优势。

(一) 可获性

如银行采用自动柜员机来实现 24 小时对外服务,通信业可采用程控交换机来提供正常营业时间外的服务。

(二) 便利性

对于那些需要顾客亲临场所的服务,服务场所的选址决定了对顾客的便利性。比如加油站、快餐店等服务企业的选址必定在车流、人流比较密集的繁华地区。

(三) 安全可靠性

服务系统的特殊性还应考虑的因素是保险和人身安全,因为在许多服务行业,如航空和医疗,顾客是把他们的生命交付给了服务提供者。

(四) 个性化

无论程度如何,定制化的服务被看做最好的个性化。

(五) 价格

服务的成本很难估计。估算日常服务(如加油)的成本相对比较容易,但对于专业服务,靠价格竞争可能会事与愿违,因为价格常常被看做质量的象征;

(六) 质量

服务质量是顾客的服务期望与服务过程中或服务结束后顾客对服务的感知两者比较的结果。与实体产品质量不同,服务质量是从服务传递过程和服务结果两方面衡量的。

(七) 声誉

与实体产品不同,不好的服务无法退换。所以,正面的口头传播是最有效的广告形式。

(八) 速度

对一些紧急服务,如火警和抢救,反应时间是主要的行业行为标准。而在其他服务业中,等候可以看做为得到更为个性化的服务而做出的牺牲,如收费降低。

二、服务运营战略的选择

对于大多数服务型企业来说,提供服务的过程就是企业的全部活动。因此,服务型企业的服务运营战略通常与企业总体战略联系在一起。有三种服务运营战略在提供竞争优势方面可供选择,它们分别是:成本领先战略、差别化战略和集中化战略。

(一) 成本领先战略

成本领先战略要求服务型企业具有一定规模的设备、严格的成本和费用控制、不断的技术创新。低成本可以抵御竞争,因为效率低的竞争者将首先在竞争的压力下受挫。但是,实施低成本战略通常要求在先进的设备上投入大量资本,采用攻击性的价格,在经营初期为了占有市场份额承担损失。在这一点上成功的例子有麦当劳、联邦快递。服务企业可以通过下列方式达到成本领先。

1. 寻求低成本顾客

服务型企业在提供同一项服务时,由于服务对象不同,所花费用往往是不同的。花费少的顾客将成为服务型企业的目标顾客。例如,美国的联合服务汽车协会在本国的汽车承保人中占据卓越的地位,因为它只为军官服务。这类顾客要求赔偿的风险远远低于平均水平,为他们服务的费用也较低,因为,流动性使他们更愿意使用电话或邮寄处理事务。结果是,联合服务汽车协会可以用电话和邮寄来处理所有业务交易,而不必像传统的承保人那样高薪聘用推销人员。

2. 减少服务传递中人的因素

这是指为顾客提供便利的服务项目,尽可能减少服务活动中的人的因素。尽管这类服务项目有时具有较高的潜在风险,但仍然可以被顾客接受。最典型的例子就是自动柜员机,它的便利性使顾客放弃了与出纳员的交互行为,并最终降低了银行的交易成本。

3. 降低网络费用

对于有些服务型企业,需要投入昂贵的网络设备将服务提供者与顾客连接起来,保证他们之间信息交流与互动,因此,就要想办法降低网络费用。最值得一提的例子是联邦快递公司。它使用的"中心辐射网"带来了一场快递业的革命。该公司在某一个城市装备了先进的分拣设备作为递送中心,这样,需要"隔日送到"的包裹可以通过这个中心送达美国任一个城市,包括那些城市之间没有直接航线的地区。新的城市添加到网络中来时,联邦快递公司只需要增加一条来往于中心城市的航线即可,无须在所有城市间都增加航线。

4. 增添非现场服务作业数量

对于那些不一定非要顾客在现场出现的服务,服务交易和服务作业可以部分分离。例如,修鞋店可以在很多分散的地点设置收取站,然后将收到的鞋子集中到某个修鞋厂。由于可以享有规模经济性和低成本的设施场地,同时避免了顾客参与服务过程,在现场之外开展服务可以有效地降低成本。

(二)差别化战略

差别化战略的实质是创造一种能被顾客感觉到的独特服务。实现差别化有许多形式,包括品牌形象(如麦当劳公司的金拱门)、技术(如 Sprint 公司的光纤网络)、特性(如美国运通公司的全程旅行服务)、顾客服务、经销商网络以及其他形式。主要目的是培养顾客忠诚,常常是在目标顾客愿意支付的费用水平下实现的。实现差别化的具体方法有以下几种:

1. 使无形产品有形化

从本质上说,服务是无形的,不过服务提供商可以通过一些免费的小型实物来加深顾客记忆。比如,目前许多饭店都提供印有饭店名称的精美小工艺品、玩具、梳洗用具等赠品。

2. 将标准产品定制化

关注定制化可以使企业以很少的花费来赢得顾客的满意。一家能记住客人名字的饭店通常可以给客人留下很好的印象,并且可以带来回头客。

3. 降低感知风险

购买信息不足会使许多顾客产生风险感。由于对服务缺乏了解或信心，顾客可能会转向那些自己感觉更安全的服务型企业。比如，有些服务型企业愿意花时间为顾客做有关解释工作、保证服务设施清洁有序、提供服务担保等。当一种信赖关系建立起来后，顾客常常会认为即使多花点钱也值得。

4. 重视员工培训

人事开发和培训所带来的服务质量的提高，是竞争对手难以模仿的优势。处于行业领导地位的企业，其高质量的培训项目在同行中常常很有名。有些公司已建立了学院式的培训中心，如芝加哥附近的麦当劳汉堡包大学。

5. 控制质量

在劳动密集型行业，多场所经营企业要保证质量稳定确非易事。企业可以采取一系列的措施来解决这个问题，包括人员培训、规范化程序、直接指导、同事间交流等。例如，麦当劳所提供的汉堡包在大小和味道上，都有明确的规定，使质量保持恒定。

(三) 集中化战略

集中化战略的基本思想是，通过深入了解顾客的具体需求，更好地为某一特定目标顾客服务。对市场的细分包括特定的购买群体、服务或地理区域。实施集中化战略的前提是，与那些目标市场范围广泛的其他公司相比，企业可以更有效地服务于范围狭窄的目标市场。结果是，企业通过更好地满足顾客需求和/或降低成本，在较小的目标市场内实现差别化。实施集中化战略需经过三个步骤：一是细分市场以便设计核心服务，二是按照顾客对服务的重视程度将顾客分类，三是使顾客期望略低于服务感知。实际上，集中化战略是成本领先战略和差别化战略在细分市场中的应用。

三、服务运营模式的选择

服务型企业的运营模式有以下四种类型可供选择。

(一) 坐等服务

一些服务型企业，尤其是政府部门的服务属于这一类。因为，他们将业务运营看做在成本最小化的基础上进行的必须完成的任务。顾客经常毫无选择的余地，所以，这些企业很少愿意寻求质量的提高。培训的投资很少，员工缺乏必要的技能，绩效的潜力很难发挥，只有对他们进行直接的督导。除非当企业生存受到影响时，才愿意在新技术上进行投资。这些企业基本上是非竞争性的。

(二) 上门服务

这类服务型企业，在遭遇到竞争后，不得不重新评估其服务系统。业务经理必须采用行业惯例，以保持与其竞争者处于同等水平，并避免市场份额的巨大损失。在这一情形下，雷同的经营运转会形成毫无特色的竞争，因为同行业所有的企业都采取相同的惯例。当企业在运营方面无差别时,它们往往在其他领域的竞争中发挥创造力。员工必须遵守操作规范,即使当出现某些非正常状况时,也不能主观决定采取措施。这些公司还没有意识到作业方式对竞争的潜在贡献。

(三) 获得差别,赢得竞争优势

该类服务型企业懂得如何为顾客创造价值,明确了运营经理在提供服务过程中所必须扮演的角色。运营经理提倡在企业中进行全面质量管理,并在设立服务承诺、对员工的授权及加强服务技术方面居于领导地位。这些组织经常对员工进行交叉培训,并且鼓励他们在必要的时候,为实现企业的经营目标进行自主决策。处于该阶段的企业实施管理战略以达到企业目标,并因此使它们与竞争对手相区别。

(四) 世界级服务公司

作为世界一流的企业,不仅要满足顾客的期望,还应将自身的竞争力提高到其他竞争对手很难达到的水平上。管理者提高绩效标准,并通过主动倾听顾客意见来发现新的商业机会。世界级的服务企业所制定的质量标准已成为评价其他企业的依据。新技术不仅仅被看做降低成本的手段,而且被认为是一种难以模仿的竞争优势。例如,联邦快递公司设立了顾客作业服务在线控制系统,跟踪从收到包裹到投递的过程。在世界一流的企业工作被认为与众不同,员工们经常受到鼓励,从而对企业及其使命产生认同感。这些都有利于企业提高服务水平。

上述四种运营模式的特性归纳为表 4-1。

表 4-1 四种运营模式特性对照表

类型	特性
坐等服务	顾客不得已而光顾企业,运营至多是一种反应
上门服务	顾客无法追求也无法回避,运营平庸而无激情
获得差别,赢得竞争优势	顾客根据声誉来选择服务企业,不断优化人力资源管理和响应顾客要求
世界级服务公司	不仅要满足顾客要求,而且要培育使竞争对手无法达到的服务水平,服务的每个方面无懈可击

服务业运营战略制定只能选择主要服务参数加以考虑。表 4-2 列示了四种典型服务运营模式的竞争要素。

从表 4-2 可知,第一,任何企业的发展阶段都是综合性的,企业可能处于不同的阶段,企业内部的某些服务单位可能优于或不及其他服务单位。第二,企业即便在所有参数上都不突出,但只要选准竞争重点,并以此制定生产运营战略,企业也可能会很有竞争力。比如,企业利用其成功的关键要素出色完成某项工作就属于这种情况。第三,在企业发展过程中,想跨越一个阶段发展是非常困难或不可能的。很显然,一个企业必须先实现所有基础职能,才有可能创造杰出的业绩,并最终达到世界级水平。

表4-2 服务业的竞争要素分析

类型	服务质量	新技术	劳动力	一线管理
坐等服务	与成本相比,服务处于次要地位	只有在危及企业生存时才采用	消极约束	监督控制员工
上门服务	满足顾客需要,在某项关键方面保持一致	只有当可以减少成本时才采用	有效资源约束,按工艺流程做事	控制流程
获得差别,赢得竞争优势	超过顾客需求,在多方面保持一致	当承诺提高服务质量时采用	允许在可选择的过程中进行选择	倾听顾客意见,方便员工劳动
世界级服务公司	提高顾客期望值,寻求挑战,持续改进	是创造性、革新性的源泉	革新者、创造者	基层意见是产生新想法的源泉,引导员工工作

由此可见,综合权衡分析各竞争要素,选准主要服务参数或订单赢得要素,是制定服务运营战略的前提,也是实现企业经营目标的根本保证。

拓展学习　　基于时间的运营战略

目前,许多企业在不放弃成本领先、产品差异化和集中化战略的同时,正在采取基于时间的运营战略,以减少完成各项活动的时间,从而使成本下降、生产率和质量提高、产品创新加快和对顾客的服务得到改进并取得竞争优势。基于时间的运营战略将重点放在减少完成各项活动的时间上,这些时间包括:

(1) 计划时间,包括对竞争威胁的反应、制定战略和选择战略、批准设备更换方案以及采用新技术等所需要的时间。

(2) 产品或服务的设计时间,指开发和销售新的或重新设计的产品或提供新的服务所需要的时间。

(3) 加工时间,指生产产品或服务的时间,其中包括进度安排、设备维修、无效的劳动、库存、质量、培训等。

(4) 变换时间,指从生产一种产品或提供一种服务转换到另一种产品或服务所需要的时间,其中涉及新设备的安装,采用不同的方法等。

(5) 交付时间,指供应订货所需要的时间。

(6) 对抱怨的反应时间。这些抱怨包括顾客对质量、交货时间及错误装运的抱怨,也包括员工对工作条件(如安全、照明、温度等)、设备问题或质量问题的抱怨。

网上学习

1. 登录中国管理传播网站,学习有关运营管理的文章,了解中国企业运营管理实践,进行案例分析与讨论。

2. 登录世界经理人网站,了解不同行业发展动态,结合实例分析市场竞争焦点要素的变化。

3. 登录海尔公司网站,了解该公司全球化运营战略,讨论该公司不同发展时期的主营产品及其相应的竞争优势要素。

4. 登录丰田汽车公司网站,了解该公司的发展历程、产品市场及全球化运营战略。

思考与练习

1. 生产运营战略有何特点?
2. 结合实例分析订单赢得要素和订单资格要素的转化过程。
3. 制造业制定生产运营战略的一般步骤有哪些?
4. 服务业最常见的生产运营战略有哪些?
5. 服务型企业的运营模式有哪几种?

第五章 新产品与新服务开发

内容提要

在当今激烈竞争的环境下,大多数企业都面临着产品生命周期越来越短的压力。为了能够在同行中保持竞争力并占有更多的市场份额,企业需要通过集中资源,不断地开发新产品,快速而有效地进入市场、满足不断变化的市场需求。本章首先分析新产品和新服务开发的重要性,其次叙述新产品和新服务的开发程序,最后介绍新产品开发的未来趋势。

第一节 概　　述

一、新产品与新服务开发的必要性

如今,企业面临着前所未有的开发新产品与新服务的压力。主要原因在于:一是激烈的竞争,二是技术的快速发展。

(一) 产品更新换代要求企业不断开发新产品

企业同产品一样,也存在着生命周期。如果企业不开发新产品,当产品走向衰退时,企业也同样走到了生命周期的终点。相反,企业如能不断开发新产品,就可以在原有产品退出市场时利用新产品占领市场。一般而言,当一种产品投放市场时,企业就应当着手设计新产品,使企业在任何时期都有不同的产品处在生命周期的各个阶段,从而保证企业盈利和稳定增长。

(二) 消费需求变化需要不断开发新产品

随着生产的发展和人们生活水平的提高,消费需求也发生了很大变化,方便、健康、轻巧、快捷的产品越来越受到消费者的欢迎。消费结构变化加快、消费选择更加多样化、产品生命周期日益缩短一方面给企业带来了威胁,企业不得不淘汰难以适应消费需求的老产品;另一方面给企业提供了开发新产品适应市场变化的机会。

(三) 科技发展推动企业不断开发新产品

科学技术的迅速发展导致许多高科技新型产品的出现,并加快了产品更新换代的速度。例如,微机芯片技术在增强手机功能的同时也大大缩小了手机的体积。如今，装有智能卡的手机，不但可以用来上网购物，而且可以通过个人信用卡结算。企业只有不断运用新的科学技术改造自己的产品，开发新产品，才不至于被挤出市场。同时，科学技术也影响了产品与服务的生产和交付的流程。计算机辅助设计与计算机辅助制造使企业大大缩短了产品开发与制造的周期。自动化技术也已对生产流程产生了巨大的影响。越来越多的大型企业使用了机器人，这不仅降低了劳动力成本，还大大提高了产品质量。

（四）市场竞争加剧迫使企业不断开发新产品

现代市场上企业间的竞争日趋激烈，企业只有不断创新，开发新产品，才能在市场上保持竞争优势，占据领先地位，树立企业在市场上的信誉和地位。另外，随着经济全球化进程的加快，贸易壁垒的降低，如进口产品关税的降低，许多企业将受到越来越多来自国外产品的竞争压力。因此，在科学技术飞速发展的今天，在瞬息万变的国内国际市场中，在竞争愈来愈激烈的环境下，开发新产品对企业而言，是应付各种突发事件，维护企业生存与长期发展的重要保证。

二、快速推出新产品的好处

（一）扩大市场份额

对于那些能够不断地开发出新产品并快速推向市场的企业，可以凭借先入为主的优势占有市场份额，相比从竞争对手手中抢夺市场份额来说容易得多，因而在全球化市场竞争环境中更具有竞争力。

（二）溢价

在最先把新产品推向市场的时期，市场先入者很少或几乎没有竞争对手，因而可以有空间制定边际利润较高的撇脂价格或溢价。市场份额的扩大和溢价的综合作用，就可以使市场先入者获得较大的收益，而这些收益又可以为新一轮新产品的开发和市场导入提供必要的投入资金。因此，企业比竞争对手更快地使产品上市，就能在产品生命周期中获得更多的收益。

（三）快速响应竞争

如果企业拥有使新产品快速进入市场的资源能力，即使竞争对手突然宣布新产品入市了，企业也能够做出适当的快速反应，至少也可以减少由市场晚入者所处不利地位所带来的竞争劣势。

（四）制定行业标准

对于创新产品来说，作为市场先入者的企业可以享有制定本行业标准的特权。许多情况下，这样的做法等于为竞争对手制造了进入壁垒，从而可以延迟业内竞争的到来。全球最大的软件商美国微软公司就是一个很好的例证。微软早期的 DOS 操作系统凭借先入为主的优势，长期统治着个人计算机操作系统软件市场；后来的 Windows 操作系统也凭借先入为主的优势，成为新一代操作系统软件的行业标准。

第二节 新产品的开发

一、新产品的分类

新产品是指在原理、用途、性能、结构、材料等方面有新的改进的产品,如新的原理、构思与设计,新的材料或元器件,新的性能、特点等。按创新和改进程度不同可将新产品分为创新产品、换代产品和派生产品三类。

(1) 创新产品(breakthrough product),又叫全新产品、突破性产品或革命性产品,是指采用新的原理开发的产品。这种新产品是应用新理论、新技术、新专利等研究成果研制的产品。如世界上第一台电视机的研制成功,在当时来说就是一种全新产品。

(2) 换代产品(next-generation product),指设计原理基本不变,部分采用新技术、新结构或新材料,从而使产品的功能、性能或经济指标有显著改变的产品。如彩色电视机的研制成功在当时来说就是黑白电视机的换代产品,而高清晰度彩色电视机的研制成功在当时来说就是普通彩色电视机的换代产品。

(3) 派生产品(derivative product),又叫改进产品,指采用技术措施改进老产品,使其性能、外观、式样有一定改进和提高的产品。改进产品可以是基型派生出来的,也可以在变型的基础上派生出来,如彩色电视机的不同系列、不同规格型号均是其基型的派生产品。

新产品是一个相对的概念,它因时间、地域的不同而不同。如一种新产品市场上已经出现,但对某个企业来讲,过去没有开发生产过,现在仍然需要开发生产,也是该企业的新产品。这种新产品若采用仿制或技术引进的方式,便可以比较容易地开发出来。

二、新产品的开发过程

新产品开发包括企业在开发新产品、改进老产品、采用新技术和改变生产组织时所进行的一系列技术活动,可分为如下四个阶段。

(一) 产品构思的形成

1. 调查研究与预测分析

早在 1980 年,美国的《研究与管理》杂志有报道称:大多数企业销售额和利润的 30%～40%来自本企业最近 5 年推出的新产品。产品是有生命周期的,新陈代谢是必然规律,企业只有改进老产品、开发新产品才能赢得市场。目前,新产品开发面临着费用高、成功率低、风险大、回报下降等压力。学者 Greg A.

Stevens和James Burley的调查显示：3 000个新产品的创意，只有1个能成功。Albala在总结以往研究的基础上，指出新产品开发的死亡率为98.2%。在初期的项目中只有2%可以进入市场，其他的都半途而废。通过对美国和欧洲的文献中报道的所谓失败事例进行研究可知：大约25%的工业新产品与开发者的愿望相去甚远，30%~35%的消费品也有同样的问题。新产品失败的关键原因可归纳为：没有潜在的用户和需求；新产品与当前的需求不匹配，要么不能满足需求，要么功能过剩；在营销方面工作不得力，特别是在产品介绍给顾客的相互沟通方面的工作不得力。

新产品开发的动力可分为技术推动、市场牵引、同行竞争。但归根结底，新产品开发成功首先必须满足技术与市场匹配的原则。新产品诞生的一个基本条件是特定的技术（科学、方法、思维过程、设备等）以一种特定的方式被利用，即它使人类的需求得到了新满足，或在更高的层次上实现了这种满足。因此，了解和确定人们的需求，并将这种需求用技术实现，这是新产品开发成功的前提。

产品开发的调查研究与预测分析包括市场和技术两方面。前者就是要了解国内外市场对产品品种、规格、数量、质量、价格和成套供应的需要，从而根据需要来开发新产品；后者主要是研究有关产品的技术现状与发展趋势，预测未来可能出现的新技术，为制定新产品的技术方案提供依据。

2. 构思创意

根据调查掌握的市场需求信息以及企业自身条件，充分考虑用户的使用要求和市场竞争情况以及相关的发展趋势，有针对性地在一定范围内提出开发新产品的构思创意。构思创意是新产品孕育、诞生的开始。新产品开发的构思创意来源主要有企业内部和企业外部。内部来源主要包括研究开发、市场营销和高层管理等部门，外部来源主要包括顾客、竞争对手、经销商、供应商及政府机关和科技咨询部门等。研究表明，大量的设想产生于企业内部而不是外部。另外，一项对生产工业品和消费品的企业其新产品设想的来源进行的分类研究指出，生产工业品的企业更多地依赖内部来源，而生产消费品的企业则更多地依赖外部来源。因此，一个积极进取的企业，既要对一切可能的来源十分敏感，又要明确并抓住主要来源。

（1）产品开发中构思创意的模式。①技术推动型。这是根据科研人员的发明成果提出新产品的构思。这种模式的好处是技术上突破的可能性大，不足之处是产品的针对性差、风险大。②需求拉动型。这是根据市场用户需求提出新产品的设想。这种模式的好处是开发成功的可能性比较大，因为产品适合市场需求，销路相对较好；不足之处是技术上不一定有较大突破。

（2）产品开发中构思创意的方法。新产品构思创意的方法研究已有60多年的历史，到目前为止，这些方法已超过100种。依据新产品构思创意方法的基本原理可以将其分为以下几大类,如表 5-1 所示。

表 5-1　新产品构思创意的方法

类别	一、品质分析	二、需求分析	三、关联分析	四、趋势分析	五、群体创造力	六、其他
方法	功能分析 效益分析 用途分析 检查表 品质扩展 模拟产品试验 系统分析 独特性能分析 等级设计 弱点分析 唯一致命弱点	综合列表法 问题分析 缺口分析 市场细分化 相关品牌归类	二维矩阵 形态学矩阵 强制关联 类推 自由联想	自由遐想 起因趋向 趋势预测法 趋势区域 热门产品	头脑风暴法 多学科小组法 集思广益 德尔菲法 集体笔记本法	技术预测 倾向思考 创造性刺激 常规解答 交叉知识汇集 优胜者 关键词监控 专利研究 竞争性分析 运用荒谬想法

　　新产品的构思创意提出后,可形成几个产品开发方案。产品开发方案就是根据产品开发目标要求,对新产品的基本特征和开发条件进行必要的描述,包括产品结构形式、主要参数、目标成本、销售预计、开发投资、企业现有生产条件利用程度等。产品开发决策的任务就是从收集到的多个创意中选出具备开发条件的方案。选择创意要兼顾企业长远发展和当前市场需求,具体方法可以凭经验,也可以对不同方案进行技术经济论证、比较,从而决定取舍。

(二) 产品开发策略的制定

1. 产品开发的时机选择

　　产品生命周期曲线揭示了产品在市场上的销售收入(利润)随着时间变化的一般规律,它表明大多数产品在市场上既有兴旺也有衰退的时候。产品生命周期主要受四种因素的影响,即技术进步的推动、消费者需求与偏好的变化、市场竞争的压力和企业追求经济利益的驱动。企业要成功地开发新产品或改进老产品,就要寻找开发新产品的有利时机。一般情况下,企业为了保持良好的经营状况,需要不断地研究开发新产品,争取做到"四代同堂",即销售一代、生产一代、研制一代、构思一代。理想的状态是当第一代新产品衰退期尚未结束之前第二代新产品进入成长期,第三代新产品处于导入期,第四代新产品处于构思阶段。这样,既能充分发挥第一代新产品的投资效益,又能使后续新产品相继占领市场,从而在满足市场需求的同时,也使企业的销售收入和利润保持稳定或稳步增长。全新产品的开发时机不同于改进产品。全新产品的研制难度大、投资大、风险大,没有原有市场而是要开拓新市场,开发时机取决于市场需求和企业的开发条件,即在质量、成本、价格等方面的竞争优势。

2. 产品开发的策略选择

企业可根据其研究开发的能力和条件以及产品的特点,选择不同的开发策略。常见的产品开发策略有以下两种:领先型开发策略和追随型开发策略。

(1) 领先型开发策略。这种策略的特点是追求产品技术水平的先进性和最终用途的新颖性,把技术上的重大突破作为开发工作的中心,在其他企业新产品开发尚未成功或尚未上市前抢先开发出新产品投放市场,使企业在竞争中处于强有力的领先地位,以争取技术优势和垄断利润,起到先声夺人的效果。采用这种策略要求企业具有独立的研究和开发机构、较强的技术研究开发能力和雄厚的资金,能从技术上预见到未来市场的潜在需求。但是,采取这种策略风险大,若决策失误,会给企业带来很大损失。

(2) 追随型开发策略。这种策略是指企业并不抢先开发新产品,而是当市场上出现成功的新产品后,立即进行研究开发,对产品进行改进,并迅速推向市场,与对手展开竞争。采用这种策略需具备的条件是:第一,企业要有较强的获取技术情报的能力,能准确了解其他企业的研究动向和研究成果,特别是对其构成威胁的竞争对手的情报要了如指掌;第二,企业要有较强的研究与开发条件以及消化、吸收和创新能力,善于在他人研究成果的基础上,从国情、市场行情和企业自身情况出发,巧妙地研制出具有自己特色的新产品。采用这一策略不仅降低了投资的风险,还能通过改进已有产品中暴露出来的缺陷而后来居上。其缺点是受到专利的限制以及市场局限性的制约。

3. 产品开发的方式选择

(1) 独立开发。这是一种独创性的开发方式。企业自行独立开发新产品,要求具备较强的科研能力、雄厚的技术力量和保持一定的技术储备。实施领先型开发策略的企业一般采用这种开发方式。

(2) 技术引进。这是指企业利用国内外的先进技术,如专利、专有技术,从事新产品开发的方式。引进技术开发产品的许多企业都有成功经验。利用这种方式可以节省企业的科研经费,减少开发风险,加速企业技术水平的提高,缩短新产品开发周期。此方式适用于研究开发能力较弱的企业。

(3) 技术引进与独立开发相结合。这是在充分消化吸收引进技术的基础上,结合本企业的特点进行创新的开发方式。这种开发方式投资少、见效快,不仅能引进先进技术,而且能创造出具有本企业特色的新产品。它适用于企业有一定的开发条件,外部又有比较成熟的开发这类新产品可以借鉴的若干新技术的情况。实施追随型开发策略的企业一般采用这种开发方式。

(4) 联合开发。这是指与有关大专院校、科研院所或其他企业合作研究开发。采用这种方式的企业自身有一定的研究开发条件和能力,但尚不具备独立开发的能力,或基于研究开发的费用高、风险大,联合各方以实现优势互补。

(5) 委托开发。这是指委托有关大专院校、科研院所或其他企业进行产品开发。采用这种方式的企业自身一般不具有研究开发条件和能力，或考虑到研究开发费用高、风险大等因素。

(三) 产品正式开发

这一阶段具体包括产品设计、工艺设计、工装设计、新产品试制、样品试制及鉴定。

1. 产品设计

产品设计是企业产品开发工作的核心，产品设计必须保证技术上的先进性与经济上的合理性。技术方面包括产品的性能、质量、结构工艺、使用寿命等，经济方面包括产品成本及制造、装配、操作、维修的效率等。在产品设计中要尽可能提高产品系列化及零部件通用化、标准化水平，提高产品结构的继承性。在保证性能、效率的前提下，尽可能节约资源和能源。

产品设计一般有三种形式，即创新设计、改进设计和变型设计。创新设计也叫开发性设计，是按用户的使用要求进行全新设计；改进设计也叫适应性设计，是根据用户的使用要求，对企业原有产品的设计进行改进或改型，即只对结构或零件进行重新设计；变型设计也叫参数设计，仅改变部分结构尺寸形成系列产品。

产品设计的基本内容包括：编制技术任务书、方案设计、技术设计和工作图设计。对复杂的非标准产品，尚需在技术设计之前进行初步设计。利用引进技术开发的新产品一般只需进行技术设计和工作图设计。

2. 工艺设计

工艺设计是企业产品开发工作的重要内容之一，它与产品设计密切相关。工艺设计的基本任务是设计出能保证优质、高产、低耗的产品制造工艺规程，制定产品试制和正式生产所需要的全部工艺文件，做好设计和工艺装备的调整工作。工艺设计的基本内容包括：①产品图纸的工艺分析和审查；②拟订工艺方案；③编制工艺规程。

3. 工装设计

工艺装备是工具、夹具、量具、模具和工位器具等的总称，简称工装。工装分通用和专用两类。通用工装可用来加工不同的产品，专用工装只能用于特定的产品。工装是制造新产品不可缺少的物质条件，对保证产品质量、提高生产效率都有重要作用。

工装设计可采取集中领导和分级管理原则。通用的、重大复杂的工装由工艺部门集中设计，简易工装可由车间（或分厂）自行设计。凡制造完成并经检验合格的专用工装，在投入生产前，应在现场进行检验。其目的是通过实际操作来检验工艺规程和工装的实用性，并帮助工人掌握生产技术要求，达到规定的加工质量和生产率。验证工作应该有计划地进行,参加人员包括使用车间的工艺员、工艺部门的工艺员、工装设计人员、检验员、生产班组长和生产工人等。验证完毕,填写验证书,提出改进意见和得出适用与否等结论,作为出具工装合格证的根据。

4. 新产品试制

新产品的试制和鉴定是成批生产和大量生产的一项重要准备工作。任何一种新产品在完成产品设计和工艺设计后,都必须进行试制和鉴定,定型后,才能正式投入生产。因为在产品设计和工艺设计阶段,不可能全面考虑生产中可能产生的问题,即使产品设计和工艺设计非常合理,常常还存在一些结构和工艺上的缺点、错误及不足。只有通过试制和鉴定,才能暴露出问题,以便进一步修改设计和工艺。

新产品试制的内容取决于生产类型、产品结构的复杂程度和设计方法。在成批和大量生产中,新产品试制一般分为样品试制和小批试制两个阶段,在某些情况下,这两个阶段也允许合并。例如,在采用标准设计或外来定型图纸时,可以直接进行小批试制;对结构简单的产品可将样品试制和小批试制合并在一个阶段进行;在老产品基础上设计新规格或派生系列产品时,也可采用样品试制和小批试制一并进行的办法。但生产量很大或结构非常复杂、质量要求极高的产品,如汽车、飞机、某些军工产品也可能需要进行两次以上的试制。对于小批量生产的产品,不需划分样品试制和小批试制,可先试制一台样品,借以验证图纸和工艺,取得经验后再生产其余产品,也可只试制关键零部件并加以鉴定。在单件生产中,第一次生产的新产品应按样品试制的步骤和要求进行,以便为重复生产积累经验。重复生产或生产类型相似的产品,可以根据第一次生产时积累的经验直接进行生产。

5. 样品试制及鉴定

(1) 样品试制。样品试制的目的是通过一件或少数几件样品的制造和试验来检验产品结构、性能和主要工艺的合理性。其基本任务有:根据产品技术条件对产品进行全面的使用试验;对产品的重要零部件进行强度、可靠性和寿命等试验;对事先不能用计算方法准确设计的零部件进行检验并使之更为精确;发现和消除产品结构的缺点、错误和不协调现象,全面检查产品和各零部件的加工精度;找出产品的工艺缺点,提高产品结构工艺性;确定复杂零部件的最合理制造方法。

在试制过程中,应认真做好技术记录,将试制中有关设计、工艺、工具、材料、检查等方面存在的问题全面、正确地记录下来,以便在正式投入生产前加以解决。样品试制工作计划性差、问题多,在生产车间进行样品试制会打乱正常生产秩序和拖延试制进度,试制质量也不易保证,所以试制新产品任务重的企业,应设置由设计部门领导的试制车间进行样品试制。

(2)样品鉴定。样品试制完毕后需做性能试验,如性能不符合要求应立即修正;否则,应当考虑重新试制样品。在样品性能完全符合设计要求的条件下,才能开始样品鉴定。

样品鉴定由企业经理组织的鉴定委员会进行。一般应由质量管理部门领导,有经验的设计师、工艺师和工人参加。鉴定委员会的任务是对新产品是否符合技术要求、能否转入小批试制作全面审查。主要审查内容包括:新产品是否符合已批准的技术任务书要求,是否符合国家或国际标准和其他技术要求;新产品的设计资料是否齐全,技术经济指标是否先进,结构的工艺性是否良好;新产品的主要工艺方法能否保证设计要求;新产品的主要工装能否保证产品质量等。

(四) 产品正式生产

1. 小批试制和鉴定

小批试制是在样品试制的基础上进行的,其目的是通过投入小批生产来试验和调整所设计的工艺和工装,并进一步对产品设计进行必要的校正和工艺性审查。其基本任务包括:验证和修改成批或大量生产的工艺规程,对工装进行检查和调整,保证产品加工与装配质量完全符合规定的技术条件,做好制造、装配和试验过程中必要的辅助工作与调整工作。

小批试制应由主任工艺师领导,负责解决试制中的技术问题,并为成批、大量生产积累生产组织方面的资料。小批试制的过程,往往也是试生产的过程,是帮助操作工人熟悉图纸、工艺以及掌握批量生产能力的过程。所以,小批试制产品,必须在该产品所在生产车间按正常生产条件进行试制。

小批试制前,应组织有关部门根据已批准的样品鉴定书和样品试制中的经验,对设计、工艺等技术文件进行调整,并补充成批或大量生产所需的工艺规程、检验规程和工艺设计;在试制过程中,应对每一工序的工艺、定额、工装和加工质量进行验证。

小批试制产品在鉴定前除作性能测试外,还需进行装配检查。把试产后的样品拆解开来进行精密测量,从各个零件的实际尺寸、磨损、变形和配合等情况中考虑应有的尺寸配合,与平面图纸进行比较,然后对设计、工艺提出进一步修改的意见,再进行装配和鉴定。

小批试制的鉴定工作除包括样品试制鉴定外,还要鉴定工艺文件是否齐全、工装是否齐全、质量是否符合生产要求、零件加工和装配的质量是否稳定,还要检查原材料消耗情况,验证产品结构的工艺性,检查投产前生产准备情况等。

2. 成批生产

经小批试制与鉴定后,由鉴定委员会编制鉴定书,报经技术监督部门审查备案,才能组织成批生产。当试制、鉴定工作全部完成后,决定在本企业成批或大量生产的新产品还需要进行生产前的调整工作。其内容主要包括:复制图纸和全套技术文件,补充调整工装,调整生产设备和劳动组织,技术培训,为新产品正常生产创造条件。

第三节 新服务的开发

一、新服务的分类

最近几年,人们才开始对新服务种类的研究。服务比有形产品复杂得多,因为服务不仅涉及最终"服务"的交付,还包括服务过程本身。因此,对新服务的分类需要考虑这两个方面。换言之,对新服务进行分类时,既要根据服务内容的变化来分类,还要根据服务的传递方式的变化来分类。

如图 5-1 所示的矩阵,就是根据影响服务的两个方面将服务分成了以下四大类:

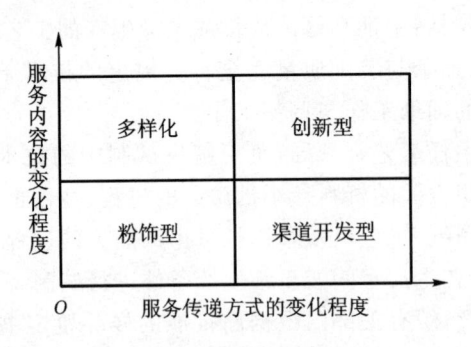

图 5-1 新服务分类矩阵

(一) 粉饰型服务

粉饰型服务指提供的服务内容和服务的传递方式都没有多大的变化,只是"锦上添花"。粉饰型服务的例子有餐馆新增的菜目、航空公司新增的航线以及大学新增的课程等。粉饰型服务通常对企业现有服务的运营影响很小,并能在相对较短的时间内进入市场。

(二) 多样化服务

多样化服务指需要提供全新的服务内容,而服务的传递方式保持不变。也就是开发多样化的服务,并使每一类服务专注于不同的细分市场,但提供这些服务的基本传递方式并没有多大区别。对于开发多样化服务的企业来说,如何高效地传递多样化服务至相应的细分市场是一大挑战。

(三) 创新型服务

创新型服务指需要提供全新的服务内容和全新的传递方式。创新型服务也可细分为三小类:①开创型服务,是指对尚未完全开发的市场提供新服务,一般利用信息技术和计算机技术来实现,如电子银行系统;②挖掘型服务,是指对拥有现有服务的既有市场提供新服务,如零售业的智能卡开发就是这类服务的良好例子;③填补型服务,是指向企业的现有顾客提供新服务,如在超市中开设自助银行。相对于其他类型的服务,创新型服务进入市场的时间一般比较长,需要较高的资金投入。

(四)渠道开发型服务

渠道开发型服务指需要提供的服务内容没有多大变化,但需要采用全新的传递方式。自动取款机、网上售货就是这方面的成功例子。企业在开发渠道型服务时,管理者必须认识到服务过程开发的重要性,因为顾客希望通过新渠道获取的服务的质量,与原来通过传统的、他们所习惯的方式所获得的相同。

二、新服务的开发过程

新服务开发过程与新产品开发过程基本相似,主要的区别在于服务不仅涉及最终"服务"的交付,还包括服务过程本身。因此,开发新服务的时候,必须同时设计服务内容及其传递方式。新服务开发与新产品开发一样,开始于创意阶段。新服务创意的来源有多种渠道,可能来自于营销部门或顾客,也可能来自于服务运营部门。与制造业不同,服务业的研发焦点主要集中在研究如何传递服务的运营流程上。

新服务开发过程与新产品开发过程类似,可分为四个阶段:

第一阶段:设计阶段,包括对新服务目标以及战略的制定、服务概念的开发及测试。

第二阶段:分析阶段,需要进行财务分析并考虑与服务传递相关的供应链问题。只有顺利通过这两个阶段,即评审获取批准后,新服务项目才能继续进行下去。

第三阶段:开发阶段。这一阶段是新服务开发过程中资源最密集的阶段,包括完成服务的详细设计和测试。服务传递过程的详细设计和测试,员工的培训,以及服务的试运行。

第四阶段:全面上市阶段。只有新服务项目通过了测试和试运行,才可以投入市场。

拓展学习　　新产品的开发趋势

1. 节约化

任何资源都是有限的,节约已经成为现代企业新产品开发的一个重要趋势。由于能源的紧张,因此设计节电、节煤、节油、节水、节气的节约性产品是产品开发的重要方向。

2. 节能化

随着生活节奏的加快,人们越来越注重产品的方便性、快捷性。如数码照相机、手机、模糊洗衣机等的发展充分说明了这一趋势。

3. 高性能化

采用高科技开发有超前特征的新产品,实现产品的高性能化,引导消费新潮是现代产品开发的又一大趋势。例如2000年美国通用汽车公司推出一种"网络汽车",就是一种高性能化的超前产品。

4. 多功能化

随着高科技的发展,消费者对产品的要求不再只是单纯的质量问题了。功能越强大、质量越好的产品,就越容易得到消费者的认可。如很多厂家的电视机已经改进为具有收、录、看、唱多功能的电视机。

5. 人性化

现代企业在开发新产品时,都非常重视产品的人性化特征。比如宝洁公司在中国市场推出的洗发香波的很多品牌都被赋予了鲜明的个性:飘柔——使头发光滑柔顺;潘婷——为头发提供营养保健;海飞丝——头屑去无踪,秀发更出众等。这些品牌都包含了一个东方女性的共性——自信。

6. 知识化

一般来说,产品都包含两部分价值:一部分是由人的体力劳动创造的原材料价值和产品的加工费,另一部分是由人的脑力劳动创造的包含在产品中的技术、样式和格调的价格。这后一部分价值就是"知识与智慧的价值"。比如说,在实践中很多产品由采用传统技术改为采用高新技术后,成本提高了10%～25%,售价却提高了70%～150%。

网上学习

1. 登录波音公司网站,了解公司新产品研发及产品线组合情况。
2. 登录丰田汽车公司网站,了解公司新产品研发及产品线组合情况。
3. 登录海尔公司网站,了解公司新产品研发及产品线组合情况。
4. 登录中国工商银行网站,了解公司服务种类及服务提供方式等情况。

思考与练习

1. 解释产品和服务设计的战略意义。
2. 新产品开发的方式有哪些?
3. 产品开发与设计过程中,有哪些先进技术和方法?
4. 新服务的类型及开发阶段有哪些?

第六章 设施规划

内容提要

科学合理的工厂规划与布局有助于物料和信息的有效流动,创造真正的竞争优势。设施规划包括设施选址和设施布置,前者专门研究解决生产运营系统的硬件设施地理位置的设置问题;后者是指在完成设施选址后,为使整个系统高效运行,对各种生产和服务设备所进行的布置或重新布置。无论是制造业还是服务业,在组织生产运营之前,都必须事先解决好这个问题。本章重点介绍制造业和服务业设施选址和设施布置的有关方法与技巧,简要分析经济全球化背景下的设施选址问题。

第一节 生产设施选址

一、设施选址概述

(一)设施选址的基本内容

设施是指生产运营过程得以进行的硬件手段,通常由工厂、办公楼、车间、设备、仓库等物质实体所构成。所谓设施选址,是指如何运用科学的方法决定设施的地理位置,使之与企业的整体经营运营系统有机结合,以便有效地、经济地实现企业的经营目标。设施选址包括两个层次的内容:一是选位,指选择在什么地区或区域布置设施。例如,是国内还是国外,沿海还是内地,北方还是南方,等等。二是定址,指地区确定后,具体选择在该地区的什么位置设置设施。也就是说,在已经选定的地区内选定一片土地作为设施的具体位置。通常这两个层次的内容要结合起来进行。场址选择工作一般随着规划设计各阶段的展开逐步深入。在项目建议书中要提出场址的初选意见;在可行性研究报告中要提出场址的推荐意见;在审批时要确定场址;在总体设计(初步设计)阶段,要对场址的各种条件作详细勘察落实,并且最终确定具体位置。

设施选址对于生产布局、企业投资、项目建设速度及建成后的生产经营状况都具有十分重要的意义。如果设施选址先天不足,会造成很大损失。但如何判断一项设施选址是否合理是一个复杂的问题。随着选址因素的变化,目前较好的选址方案10年、20年后不一定仍好。选择场址，可能是出于国家或企业发展新的生产或服务能力而建设新设施的需要，也可能是出于原有企业的某种需要。不论哪种情况，设施选址都要进行充分的调查研究与勘察，科学分析，而不能凭主观意愿决断。选址工作不能过于仓促，要有长远意识，综合考虑自身设施和产品的特点；同时考虑自然条件、市场条件、运输条件等因素。

场址选择不可能由设施规划人员单独完成，而是由企业的许多部门或其代理人主持，由地区（城市）规划人员、设施规划人员、勘察人员、环保部门等配合进行，最终由决策部门做出决定。

（二）设施选址问题的分类

一般地，设施选址有两种分类方法。

1. 按设施的数量多少划分

按设施的数量多少可分为：单一设施选址和复合设施选址。前者是指为一个独立的设施选择最佳位置，后者则是指为多个设施或一个企业的若干个下属工厂、仓库、销售点、服务中心等选择各自的位置，目的是使设施的数目、规模和位置达到最佳，并使之最终与企业的经营战略相关。它涉及企业的经营战略、制造战略和规模经济等问题。

2. 按设施的性质划分

按设施的性质可分为：生产设施选址和服务设施选址。前者主要是解决生产设施（如钢铁厂、汽车厂等）的场址选择问题，后者则是解决服务性设施（如医院、饭店等）的场址选择问题。

（三）设施选址的基本原则

1. 费用最低原则

企业首先是经济实体，经济利益对于企业无论何时都是重要的。合理的选址应使设施建设初期的费用及投入运营后的费用最少。

2. 接近顾客原则

不论是制造业还是服务业，都是把设施建在消费市场附近，以降低运费和各种损耗，同时方便顾客消费。

3. 聚集人才原则

人才是企业最宝贵的资源。企业选址合适，有利于吸引人才，留住人才；反之，会导致企业人才及员工大量流失。诚然，企业的凝聚力受多种因素影响，但不可否认企业地理位置的重要性。

4. 战略发展原则

企业选址是一项战略性的经营管理活动，必须有长远的战略发展眼光。因此，选址工作要考虑企业生产力的合理布局，要有利于及时获得新技术和新观念，有利于开拓国际市场，参与国际性竞争。

5. 分散与集中相结合原则

设施选址分散要适度,需符合本地区的工业整体布局。有时,需要集中布点,以形成规模经济;有时,需要适度分散,形成最佳经济结构。

6. 专业化分工与协作原则

打破大而全、小而全的区域观念,建立在分工基础上的相互协作机制,实行业务外包,积极培育自身核心能力。

二、影响设施选址的主要因素

生产设施选址应考虑的因素可分为两大类:一类是选择地区时的影响因素,即选位因素;另一类是选择具体位置时的影响因素,即定位因素。

(一) 选择地区时应考虑的因素

企业在进行场址地区选择时,重点应考虑下列因素。

1. 是否接近于目标市场

这里的市场概念是广义的,可能是一般消费者,也可能是配送中心,还可能是作为用户的其他厂家。设施接近产品目标市场,有利于产品迅速投放市场和降低运输成本。

2. 运输问题

对企业而言,运输成本在总生产成本中占有很大的比重,所以在选址时不仅应注意缩短运输距离、减少运输环节、装卸次数,并尽量靠近铁路、公路、码头等交通设施,而且要考虑铁路、公路、水路三者的均衡问题。

3. 原材料供应问题

对于原材料依赖性较强的企业,设施布局应尽可能地接近原材料供应地;对于重量和体积很大的原材料更应如此,以降低运费,减少运输拖延时间,从而得到较低的采购成本。目前,工业对原材料产地的依赖程度呈降低趋势,主要原因包括技术进步导致单位产品原材料消耗的下降,原材料精选导致单位产品原材料用量、运费的减少,工业专业化的发展导致加工工业向成品消费地转移,运输条件的改善导致单位产品运费的降低等。尽管如此,采掘业或原材料用量大的加工业仍以接近原料产地为佳。

4. 与外协厂家的相对位置

对于外协关系复杂的企业,应尽量接近外协厂家,或使中心企业与周围企业处于尽量接近的地域内。

5. 劳动力资源

应考虑地区人口状况,重点考虑专业技术人员、熟练工人和其他劳动力的来源及其数量、素质是否能满足本企业的需要,要考虑当地条件能否就近解决员工的生活供应和居住问题,还要考虑当地的人事劳动工资政策能否吸引劳动力。

6. 基础设施条件

基础设施主要是指企业生产与运营所需的水、电、气等资源的供应条件,同时还应考虑"三废"的处理状况等。不同的企业对于基础设施的要求也大不相同,如酿酒工业,用水很多,选址时应优先考虑在水源充足的地方建厂;而电解铝厂,用电较多,选址时则应优先考虑在电力供应充足的地方设置设施。

7. 气候条件

气温对产品和作业人员均会产生影响,气温过高或过低都会增加温度调节的费用。

8. 当地政府的政策、法规条件

有些地区为了鼓励在当地投资建厂,可能会在一些政策、法规上给予投资方一定优惠待遇,如我国的经济特区、经济开发区等。

此外,选址还需要考虑到当地的政治、民族、文化、风俗习惯等因素,否则也有可能带来严重后果。

(二)选择具体位置时应考虑的因素

当场址地区选定后,还必须在该地区选择场址的具体位置,此时应考虑下列因素。

1. 地形地貌条件

除了根据生产运营设施规划所决定的土地面积以外,还需要考虑到必要的生活用地、绿化用地等。此外,最重要的是要考虑到为以后扩大规模留有余地。

2. 地质水文条件

建设地点要有良好的地质条件,能满足建筑设计的要求。地面要平整,土壤要有足够的承载能力;地下水位在建筑物基础地面以下。不要选在具有开采价值的矿藏或已开采过的矿坑上,也不要选择强烈地震区、断层区、滑坡地区、熔岩地区、泥石流地区等地质恶劣的地段和有洪水威胁的地方。

3. 公众态度

企业在当地是否受到欢迎,对企业今后的日常经营活动会产生一定的影响,严重时会使企业无法进行正常的生产活动。如排污严重的企业,生产的产品会受到公众的谴责和抵制,甚至当地居民会自发地采取阻挠行动。

4. 周围环境

所选设施位置能否为职工提供包括住房、娱乐、生活服务、交通、医疗、教育等在内的良好生活条件,关系到生产运营系统能否高效运行。对于技术密集型企业、高科技企业,可选择在高校、科研院所等科技人员较集中的地区,以便依托当地的科技力量。

设施具体位置的选择还应考虑的因素有很多,但需要指出的是,不同企业对设施的选址有不同的要求,对某些企业十分重要的因素,对其他企业来说可能是无关紧要的。因此,在设施选址时,企业必须根据自身的实际要求确定需要考虑的因素,并分清主次,区别对待。

三、生产设施选址的步骤

设施选址一般分为四个阶段,分别叙述如下。

(一) 准备阶段

了解基本情况,收集、掌握以下资料:①企业生产的产品品种及数量(生产纲领或设施规模);②要进行的生产、储存、维修等方面的作业种类;③设施的组成、主要作业单位的大概面积及总面积草图;④预计市场及流通渠道;⑤资源需要量(包括原料、材料、动力、燃料、水等)、质量要求与供应渠道;⑥产生的废物及其估算数量;⑦大概的运输量及运输方式的要求;⑧需要的职工大概人数及技能等级要求;⑨外部协作条件;⑩获取信息的方便程度等。

(二) 地区选择阶段

掌握地区的基本信息,进行选址决策,包括:①走访行业主管部门和地区规划部门,收集并了解有关行业规则、地区规划对设施布点的要求和政策,报告本设施的生产(服务)性质、建设规模和场址要求,征询选址意见;②对可供选择的若干地区,进行有关社会经济环境、资源条件、运输条件、气候条件等情况的调查研究,收集有关资料;③进行备选地区方案的分析比较,提出一个合理的初步意见。

(三) 地点选择阶段

掌握本地区基本信息,进行具体地点选择,包括:①从当地城市建设部门取得备选地点的地形图和城市规划图,征询关于地点选择的意见;②从当地气象、地质、地震等部门取得有关气温、气压、湿度、降雨及降雪量、日照、风向、风力、地质、地形、洪水、地震等历史统计资料;③进行地质水文的初步勘察和测量,取得有关勘测资料;④收集当地有关交通、供水、供电、通信、供热、排水设施的资料,并与交通部门交涉有关交通运输线路、公用管线的连接问题;⑤收集当地有关运输费用、施工费用、建筑造价、税费等资料;⑥对各种资料与实际情况进行核对、分析和数据的核算,经过比较,选定一个合适的场址方案。

(四) 编制报告阶段

提出场址选择的可行性报告,供决策部门审批,包括:①场址选择的依据(如批准文件等);②建设地区的概况及自然条件;③设施规模及概略技术经济指标,包括占地估算面积、职工估算人数、概略运量、原材料及建筑材料需求量等;④对选定的场址进行综合评价,对自然条件、建设费及经营费、经济效益、环境影响等因素进行比较,得出综合结论;⑤提供当地有关部门的意见;⑥附件,包括厂址位置、备用地、交通线路、各类管线走向等以及设施初步总平面布置图。

四、生产设施选址的方法

生产设施选址的方法较多,如分级加权评分法、重心法、线性规划法、模糊综合评判法、费用—效果分析法、层次分析法、整数规划法、蒙特卡洛法、启发式规划法、系统仿真法以及计算机辅助分析技术等。下面介绍其中三种方法。

(一) 分级加权评分法

分级加权评分法的步骤为:首先,针对设施选择的基本要求和特点列出需要考虑的各种因素。其次,按照各因素的相对重要程度,分别规定相应的权数。一般可由有经验的专业人员完成这项工作。再次,对每个备选方案进行审查,按照最佳、较好、一般、最差四种等级,规定相应的等级系数分别为 4、3、2、1,从而确定每个因素在各备选方案中的排队等级数。最后,把每个因素在各方案中的排队等级数与该因素权数相乘,得出各因素的评分值;再把每个方案所有因素的评分值相加,即可求得各方案的总评分值。该评分值表明了各个备选方案的相对优劣程度,总分数最高者为最佳方案。

[例 6-1] 某空调公司因业务发展需要,决定建一新厂,提出 A、B、C 三个备选厂址方案。具体评价过程如下:

(1) 确定选址因素。经综合考虑,选定 9 个主要的影响因素,如表 6-1 所示。

(2) 确定权数。对影响因素的相对重要性进行打分。本例以影响程度最小的气候条件为基础,确定其权数为 1,将其他因素的权数与它比较。结果见表 6-1 第二列。

表 6-1 分级加权评分法选址计算表

影响因素	权数	A 等级数	A 评分	B 等级数	B 评分	C 等级数	C 评分
土地资源	4	2	8	3	12	2	8
气候条件	1	1	1	1	1	2	2
水资源	3	4	12	2	6	3	9
资源供应	6	3	18	4	24	2	12
基础设施	7	4	28	3	21	4	28
市场空间	7	3	21	4	28	3	21
生活条件	5	4	20	3	15	2	10
劳动力条件	2	4	8	2	4	2	4
地方法规	5	4	20	3	15	2	10
总评分			136		126		104

(3) 确定各因素的排队等级数。本例中,对"水资源"因素而言,A 方案最

好,排队等级数得 4 分;C 方案次之,得 3 分;B 方案最差,得 2 分。其他以此类推。

(4) 计算评价值。因素评价值就是各因素的权数与其排队等级数的乘积。如方案 A 的"市场空间"因素评价值为 $7 \times 3 = 21$。计算各选址方案的总评分值时,将每个选址方案各因素的评价值相加,得出各选址方案的总评分值,取总评分最高者为所要选择的最佳厂址。本例中 A、B、C 三方案总评分值分别为 136、126、104,其中 A 方案分数最高,所以选定 A 方案。

(二) 重心法

当运输费用占总费用的比例较大,并且多种原材料由各现有设施供应时,可用重心法来选择新设施场址,使所选的场址位置距各原材料供应点的距离与供应量、运费率之积的总和为最小。由于该方法中设施位置用坐标描述,因此,也叫坐标法。

令 $p_0(x_0, y_0)$ 表示新设施的位置,$p_i(x_i, y_i)$ 表示现有设施(或各供应点)的位置($i = 1, 2, 3, \cdots, n$)。w_i 表示第 i 个供应点的运量,c_i 表示各供应点的运费率,c_0 表示新设施场址的运费率,则有

$$\sum_{i=1}^{n} x_i w_i c_i = x_0 \sum_{i=1}^{n} w_i c_0 \quad \text{和} \quad \sum_{i=1}^{n} y_i w_i c_i = y_0 \sum_{i=1}^{n} w_i c_0$$

由以上两式可得

$$x_0 = \sum_{i=1}^{n} x_i w_i c_i / \sum_{i=1}^{n} w_i c_0$$

$$y_0 = \sum_{i=1}^{n} y_i w_i c_i / \sum_{i=1}^{n} w_i c_0$$

若各供应点和新场址的运费率相等,即 $c_i = c_0$,则有

$$x_0 = \sum_{i=1}^{n} x_i w_i / \sum_{i=1}^{n} w_i$$

$$y_0 = \sum_{i=1}^{n} y_i w_i / \sum_{i=1}^{n} w_i$$

上式即为运费率相等时,用重心法求解的新设施位置。

(三) 线性规划法

对设施选址问题,总希望各种费用的总和最小。采用线性规划法,可以求得使总费用最小的设施数目、生产能力及产品的最佳销售量等。

假设:x_{ij} 为第 j 个销售区域对第 i 个工厂的产品需求量;c_{ij} 为工厂 i 生产单位产品并运到销售区域 j 的总费用,包括进厂物料运费、人工费、出厂物料运费、公用设施费、原材料费、库存成本费、场地费用、税金、各种管理费用等;a_i 为工厂 i 的生产能力;b_j 为销售区域 j 的总需求量;m 为工厂数;n 为销售区域数;Z 为总费用,则该问题的线性规划模型为

$$\min Z = \sum_{i=1}^{m} \sum_{j=1}^{n} c_{ij} x_{ij}$$

$$\sum_{j=1}^{n} \left\{ x_{ij} = a_i \quad (i=1,2,\cdots,m) \right. \quad （生产能力约束）$$

$$\sum_{i=1}^{m} \left\{ x_{ij} = b_j \quad (j=1,2,\cdots,n) \right. \quad （需求约束）$$

$$x_{ij} \geqslant 0 \quad （非负约束）$$

利用表上作业法求解该模型,可确定最佳的运输及分销方式,以便得到最低成本的优化选址方案。

第二节 生产设施布置

一、设施布置概述

（一）设施布置的基本问题

设施布置,就是根据企业的经营目标和生产纲领,在已确定的空间场所内,在原材料接收、零部件制造、产品装配及发运的全过程中,对所需的人员、设备、物料的空间位置做适当的布局与配置,以便获得最大的经济效益。简单地说,就是在一个给定的设施范围内,安排各个工作单元的位置。所谓工作单元,是指需要占据一定空间位置的任何实物,如机器设备、通道、办公室等,也包括人。设施布置要解决以下4个问题：

(1) 设施应该包括哪些工作单元？这取决于企业的产品、工艺设计要求、企业规模等多种因素。

(2) 各个工作单元需要多大空间？空间太小,可能会影响生产率,影响到工作人员的活动,有时甚至会引起人身事故；空间太大,则是一种浪费,同样会影响生产率,并且使工作人员相互间隔,产生不必要的疏远感。

(3) 各个工作单元空间如何布置,即每个工作单元的空间大小、形状以及组成结构如何？这几个问题是紧密相连的。如一个办公室中要布置几张办公桌,桌子大小、形状以及它们如何排列等,应综合考虑。

(4) 各个工作单元在设施范围内的位置？在设施布置时,要充分分析,综合考虑,合理地确定每个单元的绝对位置和相对位置。

（二）设施布置的分类

设施布置按设施性质不同,可分为生产设施布置和服务设施布置两大类。

生产设施布置又分为工厂总体布置和车间布置。工厂总体布置要确定主要生产车间、辅助生产车间、仓库、动力站、办公室、露天作业场地等作业单位和运输路线、管线、绿化及美化设施的相互位置,同时要确定物料的流向和流程、厂内外运输的衔接及运输方式;而车间布置要解决各生产部门、工段、辅助服务部门、储存设施等作业单位及工作地、设备、通道、管线之间的相互位置,同时也要解决物料搬运的流程及方式问题。

服务设施布置也可分为服务设施总体布置和服务设施内部布置。服务设施总体布置要确定主要服务部门、辅助服务部门、仓库、动力站、办公室等各种服务单位和运输路线、管线、绿化及美化设施的相互位置,同时要确定服务的流程、设施内外运输的衔接及运输方式;而服务设施内部布置要解决各主要服务部门、辅助服务部门、储存设施等服务单位及工作地、服务设备、通道、管线之间的相互位置,同时也要解决服务的流程及方式问题。

设施布置在设施规划中占有十分重要的地位,发挥着重要的作用。以工厂的平面布置为例,它的好坏直接影响到整个系统的物流、信息流、生产能力、生产效率、生产成本以及生产的安全性。不同的设施布置,在施工费用上可能相差无几,但对生产运营效果的影响会有很大的不同。优良的设施布置可以使物料搬运费用减少 10%~30%,因此,设施布置被认为是提高生产效率的决定因素之一。

（三）设施布置的目标

（1）满足生产过程的需要。尽量使生产对象流动顺畅,避免工序间的往返或交叉流动,使设备投资最少,生产时间最短。

（2）设施占用空间缩小。要使场地利用率达到适当的建筑占地系数(建筑物、构建物占地面积与场地总面积的比率),使建筑物内部设备占用空间和单位制品的占用空间较小。

（3）总运输费用最少。要便于物料的输入和产品、废料的输出,使物料运输路线最短,尽量避免运输的往返和交叉。

（4）生产系统柔性强。生产设施既能适应产品需求的变化,又能满足生产工艺和设备的更新及扩大生产能力的需要。

（5）组织结构的合理化和管理的方便性。使有密切关系或性质相近的作业单位布置在一个区域内或靠近布置,甚至合并在同一座建筑物内,便于工人技术交流,也便于管理。

（6）提供方便、安全、舒适的作业环境。使作业环境合乎人们生理与心理的需要,为提高生产效率和保证员工身心健康创造条件。

有时,上述目标是相互矛盾的。例如,将工艺性质相近的作业单位布置在一个区域可能满足了第 5 条目标,但可能导致物料运量增大、运输费用增加。因此,在设施布置时,应将上述目标综合考虑,选择科学合理的设施布置方法。到目前为止,设施布置的方法有许多,但每种方法都有一定的局限性,尚未找到能够满足所有目标的方法。从某种程度上讲,设施布置是一种艺术,或者是科学性与艺术性的统一。

二、影响设施布置的主要因素

（一）产品或服务的种类

产品或服务从根本上决定着企业经济活动单元的组成以及它们的布置原则和方式。对于制造型企业来说，产品品种决定企业应配置的主要生产单元，产品的工艺特点决定产品加工和原材料的种类，决定产品加工的劳动量构成，也影响企业生产单元的构成；对于服务型企业来说也是如此，它所提供的服务内容与服务规模不同，经济活动单元的构成也就不同。

（二）企业规模的大小

企业经济活动单元的构成与企业规模大小的关系十分密切。这是因为企业所需经济活动单元的数目、大小是由企业规模所决定的。企业规模越大，所需要的单元数也就越多。

（三）生产专业化与协作化水平

生产专业化与协作化水平主要从两个方面影响企业的经济活动单元构成：一是采用不同专业化形式的企业，对工艺阶段配备的完整性要求不同，从而带来了经济活动单元构成上的不同；二是企业的协作化水平越高，通过协作取得的零部件、工具、能源等就越多，企业的主要生产单元就越少。当今，企业正在向两种不同的趋势发展：一是生产的集中化和专业化，即生产要素越来越多地向大型专业化企业集中；二是生产的分散化，即生产要素向与大企业协作配套的小型企业扩散，以大企业为核心构成一个企业群体，以固定的协作关系从事某些专门零部件的生产或完成某些工艺过程。这两种发展趋势向企业的设施布置提出了一些新的要求。

（四）企业的技术装备水平

企业的技术装备水平直接影响着企业经济活动单元的构成。数控设备、加工中心、无人化工厂等高技术设备的使用及装备的自动化、集成化程度的提高，简化了企业经济活动单元的构成。因此，对于高技术装备拥有率较高的企业，其生产单位的组成则较简单；反之，则较复杂。

（五）所需投资多少

设施布置在很大程度上决定了设施所占用的空间大小、设备多少以及库存水平，从而决定企业的投资规模。

（六）物流的合理性

在确定各个经济活动单元之间的相对位置时，物流的合理性是一个主要考虑因素，即应该使运量较大的生产单元间的物流距离尽量短，使相互之间搬运量较大的单元尽量靠近，以便减少搬运费用。据统计，一个好的设施布置，可以将搬运费用减少25%~50%。

(七) 设施布置的柔性

设施布置的柔性,一方面是指设施布置对生产变化有一定的适应性,即使生产发生变化后也仍然能达到满意的效果;另一方面是指能够容易地改变设施布置,以适应情况变化。因此,在进行设施布置时,就需要对未来进行充分的预测,并考虑到以后设施的可改造性。

(八) 其他因素

影响设施布置的因素还有很多,如劳动生产率、设备维修、工作环境、人的情绪、时间等。这些因素在进行设施布置时也应该加以考虑,在此不再详述。

三、工厂总体布置

(一) 工厂总体布置的内容

工厂总体布置包括平面布置、立体布置和运输布置。工厂平面布置是确定各厂房等建筑物在厂址平面图上的相互位置;工厂立体布置是确定场址的设计地形,厂房等建筑物底层地面与道路路面的标高及场址场地的雨水防排方案等;工厂运输布置是选择车间之间适当的运输方式和运输路线。

(二) 工厂总体布置必须具备的资料

进行工厂总体布置必须具备以下资料:①工厂结构资料,即工厂各个单位的设计资料及单位之间相互联系的有关资料;②工厂的生产系统图,即工厂主要产品、零部件的生产流程;③其他资料,如场址自然地形、气候条件、交通运输条件等。

(三) 工厂总体布置的原则

工厂总体布置要有系统的观点,兼顾各方面的要求,合理布局、精心安排,讲求整体效果。一般应遵循以下三条原则:

(1) 工艺性原则。工厂总体布置首先应该满足工艺过程和物流路线简短、快捷、顺畅的要求,即全厂的工艺流程和物流要顺畅。从上道工序转到下道工序,运输距离要短,尽量避免迂回和往返运输。

(2) 经济性原则。生产过程是一个有机整体,只有在各个部门的配合下才能顺利进行,其中,基本生产过程是主体,与它有密切联系的生产部门要尽可能向它靠拢,如辅助生产车间和服务部门应该围绕基本生产车间安排。在满足工艺要求前提下,寻求最小运输量的布置方案,同时应尽可能地充分利用土地面积。

(3) 安全和环保原则。工厂布置要有利于安全生产,有利于员工的身心健康;同时还要采取三废处理措施等,并注意厂区环境绿化和美化的配置。

(四) 工厂总体布置的方法

1. 模型布置法

模型布置法分为平面模型布置和立体模型布置。前者是用硬纸板或塑料片按一定的比例做成各种样板,在一定的范围内进行布置。它简便易行,能方便地移动和比较,所需费用少,应用较广。后者是用木料或塑料制成一定比例的仿真模型,进行全方位的厂区布置,以反映布置的立体效果。它能方便、直观地调整,但所需的费用较高,应用范围受到一定的限制。

利用模型进行厂区布置时,首先应安排主要生产车间和特殊作业场所;然后确定主要通道的位置;最后根据各组成部分的相互关系,确定其他辅助部门和次要通道的位置。这种方法一般由经验丰富的工程师和管理专家集思广益,反复讨论,择优布置。

2. 物料流向图法

这种方法是按照生产过程中原材料进厂、零部件加工、产品装配等环节的总流动方向来布置企业各个车间、仓库和设施,并且绘制出物料流向图,如图6-1所示。

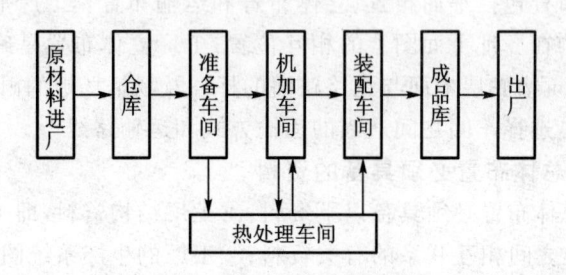

原材料进厂 → 仓库 → 准备车间 → 机加车间 → 装配车间 → 成品库 → 出厂

热处理车间

图 6-1 物料流向图

3. 物料运量比较法

物料运量比较法是分析比较各个生产单位之间的运量大小及运输次数来确定布置方案的一种方法。为了使总运量减少,相互间运量大的单位应尽量靠近布置。这种方法有利于降低运输费用,适用于运量较大的企业进行设施布置。

[例 6-2] 某企业有6个生产车间,各生产车间之间的物料运量如表6-2所示。

表 6-2 车间物料运量表

从\至	01	02	03	04	05	06	小计
01		11					11
02			8	4		1	13
03				2	6		8
04		2			6	10	18
05				12			12
06							
小计	0	13	8	18	12	11	62 / 62

分析表 6-2 中各车间之间的物料运量关系可知,04 车间与 05、06 车间,01 车间与 02 车间之间的运量较大及运输次数较多,因而靠近布置;其他车间之间的运量及运输次数相对较少,它们之间的位置可以酌情处理。按此标准可绘出运量相关图,如图 6-2 所示(此图按两行式布置)。由此得出各车间的初始布置方案。综合考虑其他因素,对该方案不断调整,可得出较优的生产单位布置方案。

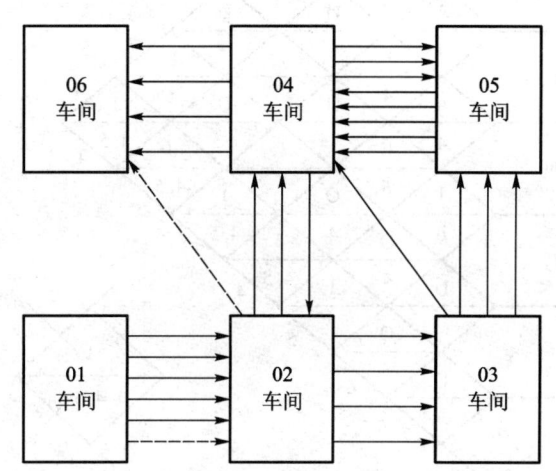

注:图中实箭线表示2个物料单位,虚箭线表示1个物料单位

图 6-2 运量相关图

4. 作业相关图法

这种方法在图解的基础上,对各生产单位之间的关系密切程度进行定量分析,最终计算出生产单位之间密切程度的评分值,由此进行平面布置。下面举例说明。

[例 6-3] 图 6-3 是某厂 8 个生产部门之间的生产作业相关图,下面分析各部门的平面布置。

第一步,绘制作业相关图。

图 6-3 比较清楚地表达了各生产部门之间的密切程度,在图上可以方便地找到每个部门与其他 7 个部门的关系。图中每个菱形由两个部门发出的平行线的交汇而成,菱形对角线上方的代号表示相应两个部门的关系重要程度,对角线下方填写的数据表示两部门之间关系重要程度的原因。如图 6-3 中最右边的菱形表示材料库和办公室之间的相关情况;代号"I"表示这两者之间相关程度为"重要";下方数字"4"和"5"表示这两个部门相关程度重要的原因有两个:一是人员联系密切,二是文件联系密切。

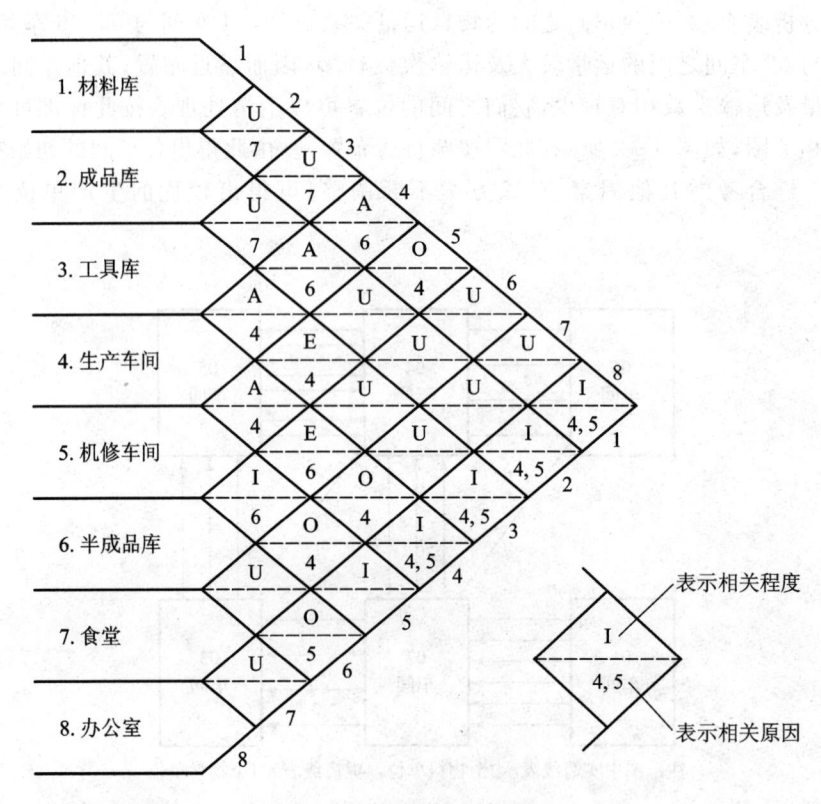

图 6-3 生产作业相关图

各部门间相关程度及相关原因可参见表 6-3 和表 6-4。

表 6-3 相关程度代号及评分表

相关程度分类	代号	评分
绝对重要	A	6
特别重要	E	5
重要	I	4
一般	O	3
不重要	U	2
不予考虑	X	1

表 6-4 相关原因及代号表

相关原因	代号	相关原因	代号
使用公共记录	1	文件联系密切	5
共用人员	2	工作连续性	6
共用场地	3	做类似工作	7
人员联系密切	4	共用设备	8

第二步,计算相关程度评分。

在确定某一生产单位评分值时,要依照表 6-3 中各相关程度的评分,将表示相关程度的代号量化,并与表示相关程度的原因的个数相乘,最后将该生产单位的各类相关程度评分值合计即可。本例计算结果见表 6-5。

表 6-5　生产车间评分计算表

相关程度及原因	相关程度评分
A(1、2、3、5)	6×4=24
E(6)	5×1=5
O(7)	3×1=3
I(8)	4×1=4
小计	36

表 6-5 中括号内数字为生产部门序号,如代号"A"后面括号中有 4 个数字,表示与生产车间相关程度为"A"的生产部门有:材料库、成品库、工具库、机修车间。

同样可计算出其他单位的综合评分值分别为:材料库 21 分、成品库 20 分、工具库 23 分、机修车间 27 分、半成品库 20 分、食堂 14 分、办公室 13 分。

第三步,布置各生产部门的相互位置。

最先确定评分值最高的生产部门位置,一般是尽可能安排在中心区域;再按评分高低和相关程度顺序在它周围布置其他生产部门,同类性质的部门尽可能靠近布置。

这种方法虽然只考虑生产部门之间的业务联系的紧密程度,但由于把联系密切的生产部门相邻布置,隐含了缩短运输距离的要求,因此,采用这种方法基本上可以解决企业的总体平面布置问题。

四、车间布置

(一) 车间布置的内容

车间布置分为车间总体布置和车间设备布置。在进行车间布置之前,应根据企业、车间的功能和生产任务,确定合理的工艺路线和生产组织形式,确定机床设备、运输设备的种类、型号和数量。在此基础上,按照一定的原则,确定车间内部各基本生产部门、辅助生产部门、生产设施、设备、通道等在平面和立体上的相互位置,使它们组成一个有机整体,实现车间的具体功能并完成分配的任务。

(二) 车间布置的要求

(1) 以车间的生产纲领和生产类型为依据,确定车间的生产组织形式和设备布置形式。

(2) 做到工艺流程顺畅,物料搬运快捷方便,避免往返交叉。

(3) 根据工艺流程选择适当的建筑形式,采用适当的高度、跨度、柱距,配备适当等级的起重运输设备,充分利用建筑物的空间。

(4) 对车间的所有构成部分,包括机床、工作位置、毛坯与零件存放地、检验实验用地、辅助部门、通道、公用管线、生活卫生设施等,合理区划和协调配置。

(5) 为工人创造安全、舒适的工作环境。将工位器具设在合适的部位,便于工人完成作业;创造良好的工作环境,包括采光、照明、通风、采暖、防尘、防噪声等设施。

(6) 具备适应生产变化的柔性。

(三) 车间总体布置

车间总体布置,就是确定车间各组成部分的相互位置。它分为车间平面布置和车间立体布置。

1. 车间平面布置

车间平面布置主要是绘制车间区划图,以确定车间各组成部分的相互位置、面积大小和物流方向。

车间平面布置的原则、程序和方法与工厂总体平面布置大致相同,不同的是规模更小、内容更具体。车间一般由基本生产部门、辅助生产部门、仓库部门、通道、车间管理部门、生活设施部门等组成。其中,基本生产部门的布置,要符合生产工艺流程的要求,尽量缩短物料流程;辅助生产部门和生产服务部门的布置要有利于为基本生产部门提供服务;通道的设置要便于物料运输和安全;生活设施部门的面积视车间的人数而定,以便于员工使用。

2. 车间立体布置

车间立体布置,主要是解决车间内空间分层的安排问题,以充分利用车间的高度空间。车间的空间通常可分为下列各层次:

(1) 基层,指地基层,通常设置暗沟、排水沟、吸尘、通风、动力等装置。

(2) 地面层,指生产操作层,是放置设备、存放物料、人员活动的层次。

(3) 产品流动层,是一个假想的平面层,产品的空间移动通常在此层进行。

(4) 顶隔空间层,指用天花板装置传送带、烟囱、高架储存处等的层次。

(5) 构架层,指封闭层,位于架梁以上和屋顶以下的空间,可用来安置喷水口、加温设备、通风设备等。

(6) 顶层,指屋顶部分,通常用来安置冷却塔、水箱、烟囱、通风设备等。

合理地利用分层空间,不仅可提高车间的空间利用率,扩大生产能力,节约基建费用,而且有利于改善工人的工作条件和工作环境。但分层利用空间应协调好纵横关系,特别应注意安全生产的问题。

(四) 车间设备布置

车间设备布置主要指车间内部基本生产部门的设备平面布置。

1. 设备布置的基本要求

生产车间内部的布置应该遵循工艺性、经济性和安全性原则,具体做到:

(1) 各生产环节分布流程通畅、紧密衔接,加工能力应该匹配,尽可能保持生产过程的连续性,使在制品处于加工、运输或检验状态,减少中断与停顿。

(2) 工件加工中的运送路线要短,尽可能地减少在制品运送次数与运送量,工人操作的行走路线要短,以节省工人的工作时间。

(3) 车间内要留出足够的通道面积;通道要直,尽可能减少转弯;物流通道与人行通道最好分开。

(4) 充分保证生产用面积,提高利用率,将不需要的工具等物品坚决清除出生产现场;不经常使用的物品,放在边角处。

(5) 设备布置要保证安全,便于工人操作和布置工作地。

2. 设备布置的方法

设备布置同样可以采用模型布置法、物料流向图法、物料运量比较法和作业相关图法等工厂布置方法。在具体布置中,又依设备布置的形式不同而有所区别。下面举例介绍一种较为常用而简便的方法——从至表法。

[例 6-4] 某车间设备的初始排列方案及其承担加工的四种零件的加工线路如图 6-4 所示。根据图 6-4 绘制出初始从至表,见表 6-6。假定表中相邻两个设备之间距离相等,均为一个长度单位,试确定车间各生产设备之间的最佳布置。

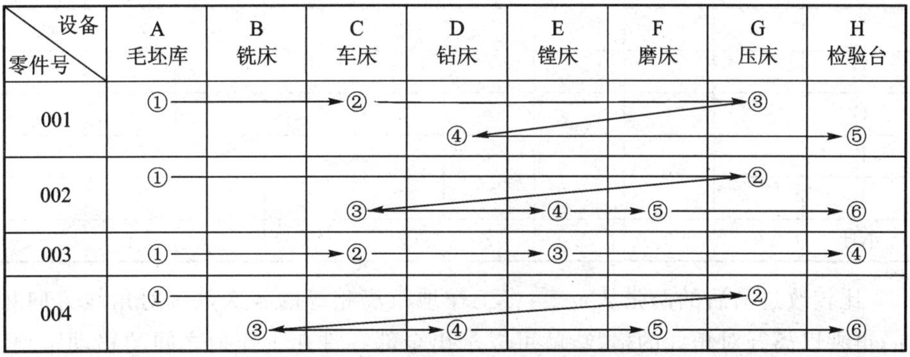

设备 零件号	A 毛坯库	B 铣床	C 车床	D 钻床	E 镗床	F 磨床	G 压床	H 检验台
001	①	→	②	④			③	⑤
002	①		③	④	⑤		②	⑥
003	①	②		③				④
004	①		③	④		⑤	②	⑥

图 6-4 零件的工艺路线图

表 6-6 初始从至表

从＼至	A	B	C	D	E	F	G	H	小计
A		2					2		4
B					1				1
C					2		1		3
D						1		1	2
E						1		1	2
F							2		2
G		1	1	1					3
H									0
小计	0	1	3	2	2	2	3	4	17 / 17

从至表就是指零件从一个工作地到另一个工作地搬运次数的汇总表。表的列为起始工序，行为终止工序，对角线右上方数字表示按箭头前进的搬运次数之和，对角线左下方数字表示按箭头后退的搬运次数之和。在从至表中格子越是靠近对角线，说明格子中所填从至数的运输距离越短；反之则越长。因此，在从至数一定（受产品工艺路线约束）的条件下，最优排列方案应能使较大的从至数向对角线靠拢，而较小的从至数则向从至表的左下角和右上角疏散。据此将初始从至表逐次调整，最后得到改进的从至表，如表 6-7 所示。

表 6-7 改进的从至表

从＼至	A	C	E	F	H	G	D	B	小计
A		2				2			4
C			2			1			3
E				1	1				2
F					2				2
H									0
G		1					1	1	3
D				1	1				2
B							1		1
小计	0	3	2	2	4	3	2	1	17 / 17

比较改进前后的两张从至表，将工作地距离相等的各次数按对角线方向相加，再乘以离开对角线的格数，就可以求出全部零件在工作地之间的移动距离。计算结果见表 6-8。

· 98 ·

表6-8 零件移动总距离计算表

方案	对角线右上方(正向从至) (离开对角线的格数×次数之和)	对角线左下方(逆向从至) (离开对角线的格数×次数之和)
初始方案	1×1=1 2×(2+1+2+1+2)=16 3×1=3 4×(1+1)=8 6×2=12	3×1=3 4×1=4 5×1=5
小计	40	12
	总移动距离：40+12=52	
改进方案	1×(2+2+1+2+1)=8 2×(1+1)=4 4×1=4 5×2=10	1×1=1 2×1=2 3×1=3 4×1=4
小计	26	10
	总移动距离：26+10=36	

从表6-8可知，经过改进后得到的设备排列方案，零件的移动距离减少了52-36=16个单位，使物料的总运量相应减少，提高了经济效益。

本例所采用的从至表形式，适用于所加工零件的数量和重量差别不大的情况。否则，应对从至表中各从至次数分别按不同零件的数量和重量给予修正。

从上例可以看出，从至表法的应用可以分为三个步骤：

(1) 绘制各种零件经过各工作地的顺序图（加工路线图），可按初始的设备排列顺序绘制，也可按指定的设备排列顺序绘制。

(2) 根据加工路线图，编制初始从至表。

(3) 改进初始零件从至表，改进方法是使数值大的方格尽量靠近对角线。比较每次改进前后的零件移动总距离，可得到满意的从至表。本例中，对表6-7改进后得到表6-9。

表6-9 进一步改进的从至表

从＼至	A	C	E	G	H	F	D	B	小计
A		2		2					4
C			2	1					3
E					1	1			2
G		1					1	1	3
H									0
F					2				2
D					1	1			2
B							1		1
小计	0	3	2	3	4	2	2	1	17　17

表6-9对应的零件移动总距离,如表6-10所示。

表6-10 改进后的零件移动总距离计算表

方案	对角线右上方(正向从至) (离开对角线的格数×次数之和)	对角线左下方(逆向从至) (离开对角线的格数×次数之和)
改进方案	1×(2+2)=4 2×(1+1)=4 3×(2+1+1)=12 4×1=4	1×(2+1+1)=4 2×(1+1)=4
小计	24	8
总移动距离:24+8=32		

比较前后两方案,零件移动的总距离减少了36-32=4个单位。因此,表6-9对应的设备布置方案优于前者。一般情况下,用此方法很难得到最优方案。读者还可进一步调整,验证方案优劣性。

第三节 服务设施选址

一、影响服务设施选址的主要因素

服务设施,简单地说就是提供服务的设施,如医院、零售商场、银行、娱乐场所、旅馆、饭店、保险公司、理发店等组织内部的各种设施。影响服务设施选址的主要因素主要有以下几方面。

(一)是否接近顾客群

这里的顾客概念是广义的,可能是一般消费者,也可能是配送中心,还可能是作为用户的其他厂家。设施接近顾客群的最大好处是有利于方便快捷地向顾客提供服务,从而有利于吸引顾客接受服务。

(二)原料供应问题

对于原材料依赖性较强的服务业,应考虑尽可能地接近原材料供应地,以降低运费,缩短运输时间,从而得到较低的采购价格,降低服务成本。

(三)与竞争对手的相对位置

服务设施在选址时不仅要考虑竞争者的现有位置,还需要估计他们对新选址的反应如何。通常,选址应尽量避开竞争对手,但对于理发店、商场、快餐店等服务行业,在竞争对手附近设址较为有利。在这种情况下,极有可能会产生一种"聚集效应",即由聚集于某地的几个公司所吸引的顾客数,大于分散在不同地方的这几个公司的顾客总数。

(四)周围的人群密度

应考虑设施周围的人口状况,重点考虑周围有购买该种服务并具有实际购买力的人群密度及数量。

(五)当地的经济收入水平

不仅要考虑当地人们的平均收入水平,还要考虑当地的人事劳动工资政策是否能满足自己的实际需要。

(六)基础设施条件

基础设施主要是指为服务业正常运营提供所必需的水、电、气等的设施,同时还应考虑到交通条件、环境保护问题等。不同的服务对于基础设施的要求也大不相同,如批发中心,来往车辆较多,选址时应优先考虑交通条件较好的地方选址;而娱乐公司,用电量较多,选址时则应优先考虑在电力供应充足的地方设置设施。

(七)公众态度

服务业在当地是否受欢迎对其经营活动有一定的影响。如不良的娱乐场所,提供的服务会受到公众的谴责和抵制,甚至当地居民会自发地采取阻挠行动。此外,在某些情况下,选址还需要考虑到当地的政治、民族、文化、风俗习惯等因素,否则也有可能带来严重后果。

(八)周围环境

所选位置要能为员工提供良好的生活条件,包括住房、娱乐、生活服务、医疗、教育等。对于知识密集型服务业,如咨询业等,可选择在高校、科研院所等科技人员较集中的地区,以便依托他们的科技力量。

另外,还可以列出许多因素。但需要指出的是,不同的服务业对设施周围的环境有不同的要求,在有的服务业看来是十分重要的因素,而对其他服务业来说可能是无关紧要的。因此,在设施选址时,各个服务业必须根据自身的实际要求确定要考虑的因素,并分清主次,区别对待。

二、服务设施的选址方法

服务设施选址的步骤及内容与生产设施选址相似,此处不再重复。下面仅介绍几种常用的服务设施选址方法。

(一)直接推断法

这种方法是库马华拉(Khumawala)于1972年提出的。下面结合一个实例加以说明。

[例6-5] 某医务系统想在一个地区设两个医疗所为四个乡镇提供就诊服务。假定考虑的地点为乡镇中心,每个乡镇的人口分布均匀。又假定各乡镇每年就诊于各医疗所的人数及权重(即反映相对重要性)都已经明确(见表6-

11)。要解决的问题是:确定两个医疗所的位置,使其为四个乡镇服务的费用最低(或移动距离最短)。

表6-11 各乡镇就诊于各医疗所的人数及权重

从乡镇	到医疗所的距离(千米)				乡镇人口数	权重
	A	B	C	D		
A	0	11	8	12	10 000	1.1
B	11	0	10	7	8 000	1.4
C	8	10	0	9	20 000	0.7
D	12	7	9	0	12 000	1.0

采用直接推断法的步骤如下:

(1) 计算从各乡镇到各医疗所的总移动距离,总移动距离=距离×人口数×权重,并绘制人口—距离表,如表6-12所示。

表6-12 人口—距离表　　　　　　　　单位:千米

从乡镇	到医疗所			
	A	B	C	D
A	0	121	88	132
B	123.2	0	112	78.4
C	112	140	0	126
D	144	84	108	0

(2) 圈出每一行中除零以外的最小数,这个数表示撤销零所在的医疗所后,所增加的最低服务费用。在每一行所增加的服务费用的最小值中选取最小值,用直线划掉该最小值所在行中的零所在的列,表示该列所在的医疗所被取消。如表6-12每一行所增加的最小服务费用分别为:88、78.4、112和84,其中最小值为78.4,因此,去掉医疗所B。

(3) 从与去掉的医疗所名称相同的乡镇所在的行中,减去第一步中所选取的最小服务费用,然后将经过取消和扣除后的数字排成矩阵表。如果剩下的医疗所数已符合要求,则不再选取。如果尚多,还需重复第二步和第三步。如从表6-12中去掉B列后,再从B行减去78.4,得到第一次改进后的人口—距离表6-13。

经过第一次改进后,按要求还多出一个医疗所,重复第二步和第三步。需要注意的是,在进行下一次改进时,不再考虑前一次已经去掉的医疗所对应的行。如在表6-13中,不再考虑B行,仅从A、C、D行中选取最小值为88,去掉医疗所A,并从A行减去88,由此得到表6-14。

表 6-13　第一次改进后的人口—距离表

从乡镇	到医疗所		
	A	C	D
A	0	88	132
B	44.8	33.6	0
C	112	0	126
D	144	108	0

表 6-14　第二次改进后的人口—距离表

从乡镇	到医疗所	
	C	D
A	0	44
B	33.6	0
C	0	126
D	108	0

现在问题解决了，选定在乡镇C、D设医疗所，其中C为乡镇A和C服务，D为乡镇B和D服务。这样，可以保证全年的服务费用最低，其值为88+78.4=166.4单位。

(二) 引力模型法

引力模型法是赫夫(Huft)于1962年提出的，它以"引力模型"为基础，确定零售商场的位置。该模型中隐含着这样的假设：零售商场吸引顾客基地的贸易量同顾客基地人口成正比，同零售商场与顾客基地间的距离平方成反比。根据这个模型，可以估计出各零售商场某一顾客基地特定类型的顾客数，再通过调查，确定出该顾客基地各顾客平均收入及预计商品需要量。将顾客数、平均收入及商品需要量三者相乘，就能得到某一商店的年销售量。这样，这个模型实际上就是制定了一个可能获得最大收益的营销方案。如果已经给出了商店的位置，也可用它解决场址的选择问题。

第四节　服务设施布置

一、服务系统的构成要素

进行服务设施规划设计，必须了解服务系统的构成要素。对于一个企业而言，一个完整的服务系统一般涉及四个方面的因素，它们分别是：服务员工的人力资源管理、服务设计、服务制度以及服务基础设施。

（一）服务员工的人力资源管理

服务员工的人力资源管理就是指对服务员工的选拔、培训、提升及奖励等。由于大多数服务与顾客频繁接触，因而服务员工的表现就成为影响服务质量的一个重要因素，服务员工的管理工作就显得尤其重要。

在选拔服务员工时，一定要注意他们的素质，包括健康状况、技术水平、精神面貌以及工作态度等。并且要对他们的工作不断给以指导和培训，使他们能够更好地工作。当他们工作出色时，还要给予奖励和晋升的机会，以提高他们的积极性。只有满意的服务员工，才能传递优质的服务，达到使顾客满意的最终目的。因而，服务员工的人力资源管理是顾客服务系统中的一个首要要素。

一般用生产类型对制造业予以分类，而服务系统的设计模型在许多方面都与之相似。考虑到高度个性化的特征，与制造业相比，服务业有着很大的差异。例如，根据顾客需求确定交付服务的速度，直接与顾客发生联系，以及服务本身固有的可变性。在制造业中，可以使用库存和制定进度计划来平衡需求。但是在服务性作业中，这些方法是不适用的。总的来说，服务业需要更高水平的与需求相关的服务能力。此外，它还要求其服务人员在服务时具有更高的柔性。

（二）服务设计

服务设施的设计可采取的方法有流水线法、混合法、修正的流水线法、授权法等。选择了基本设计方法之后，企业还要根据顾客的服务要求（信息与咨询、演示操作与解说、订购）和期望对具体的服务流程进行设计安排。

（三）服务制度

服务制度是服务系统良好运转的保证。企业通过服务制度可以规范服务活动。服务制度包括以下三项内容：服务员工管理制度、服务内容规范化、服务质量制度。

服务员工管理制度，是指有关服务员工的选拔、培训、奖励及晋升方面的制度；服务内容规范化，既保证服务员工知道做什么，也使顾客感到他们享受的各种优质服务绝非偶然；服务质量制度可以在一定程度上保证顾客服务质量，进而在一定程度上保证顾客满意。但企业在制定服务制度时，一定要做到合理，不要伤及员工的积极性，特别是在使用授权法的时候。

（四）服务基础设施

服务基础设施是服务系统运转的基础。服务基础设施分为两类：一是有形设施，如服务场所、设备、办事处等；二是无形设施，主要指有关顾客服务的信息系统，它有助于服务系统与顾客之间以及服务系统内部各要素之间的沟通和交流。

服务设施具有自己的特点。首先，完善的基础设施需要较高的投入，因而一定要谨慎行事。其次，基础设施有时要达到一定数量才能产生效益。最后，企业在营造基础设施时,一定要与企业销售、市场扩展等相配合,一定要适合顾客的需要,否则难以给企业带来优势。

与生产设施布置相比,服务设施种类繁多,设施布置更为复杂。下面仅介绍几种典型的服务设施布置方法。

二、典型的服务设施布置方法

(一)仓库布置

从某种意义上说,仓库就像制造业的工厂,因为物品也需要在不同地点(生产单元)之间移动。为了便于仓库的作业管理,就必须对仓库的各个库位进行有效布置,保证它们在仓库作业过程中流通顺畅,提高仓库的运营效率。

1. 物品存储方式

随机库位存储和固定库位存储是进行仓库物资放置和管理的两种最基本方式。

(1) 随机库位存储。随机库位存储是将所有存储的物资放置在最接近的自动货架、货柜和箱子内。通常,这些物资的入库和出库管理是以"先进先出"的原则为基础的。这种方法能够最有效地使用仓库空间,尽管在有些时候,不得不在各个提货点之间花费较长的搬运时间。随机库位存储经常要使用计算机化的自动存储系统来减少花费在人力资源和运输处理上的成本。

(2) 固定库位存储。固定库位存储也称固定货架存储。运用这种方法,产品或物料通常被存储在仓库中的某一固定位置,仓库管理员通过简单的人工操作或记忆,就能确切地知道某种存储物资所处的位置。因而,这种方法一般不需要非常先进的仓库处理设备。目前,可以采用三种措施来支持固定货位存储,即存储物资的代码编号顺序、存储物资的使用频率和存储物资入库、出库的特点(即按照物资的快速进出原则安排物资的分组和种类)。

在仓库的布置上,物资可以按照它们的兼容性、区别性和使用频率进行分组。兼容性是指各种物品能否安全地存放在一起,不会发生混淆变质或化学反应。例如,药物制品或化学药品不能和食品存储在一起。区别性是指如何将各种物资按照一定的标准进行分组,然后放置在一起,不至于发生混淆。例如,计算机软盘和光盘,钢笔和铅笔,桌子和椅子属于同一类性质的物品,它们应该被放置在一起,便于查找和管理。使用频率是指不同物品的存放周转率和需求情况。

2. 物品存储布局要求

仓库布局不合理或者仓库过道过窄都会增加仓库物资搬运的困难。因此,物品在仓库内部存储和搬运,应当在保证仓库管理目标的前提下,尽量获得最大的便利和效率。具体应满足以下几方面要求。

（1）使用比较频繁的物资尽量放置在便于运输和搬运的地点。例如放置在仓库过道的两旁或仓库门口，能够减少存储物资在仓库内的运输距离和运输工具的运行距离，提高整个仓库的运行效率。相应地运输次数较低或不经常使用的物质，可放置在距离仓库出口较远的地点。

（2）仓库中应该留出一部分空间，用于物品的包装、分拣和配货。仓库物资在运输前一般需要经过重新包装或简单加工。

（3）仓库处理设备应当能够满足大多数库存物资的操作要求，这样能够提高物资运输的效率，否则，这些设备应该被重新设计或重新配置；同时，应当对仓库设备处理流程进行优化，减少不必要的损耗和多余的能源浪费。

（4）仓库内物资的存储区域应当按照存储物资的周转速度和产品大小来设计，而不是单纯地、片面地设计所有的存储货架和仓储工具，这样就可以极大地使用仓库内部空间。仓库除了要满足存储物资的尺寸需要，还要满足存储物资的重量等方面的要求。

总之，应根据不同的目标，使用不同的技术，采用不同的布置方法，结合仓库设施本身的特点，对仓库进行合理、有效的布置。

（二）办公室布置

当今，办公室工作人员在整个就业人员中所占的比重越来越大，这使得办公室布置的问题显得日益重要。办公室布置对于办公室工作效率的提高具有重要作用。

1. 办公室系统与制造系统的比较

（1）制造系统加工处理的对象主要是有形物品，因此，物料搬运是进行设施布置的一个主要考虑因素。而办公室工作的处理对象主要是信息以及组织内外的来访者，因此，信息的传递和交流方便与否，来访者办事是否方便、快捷，是主要的考虑因素。

（2）在制造系统中，尤其是自动化生产系统中，产出速度往往取决于设备的运行速度，或者与设备速度有相当大的关系。因办公室工作效率的高低，往往取决于人的工作速度，而人的工作速度又受办公室布置的影响。

（3）在制造系统中，产品的加工特性往往在很大程度上决定了设施布置的基本类型，生产管理人员一般只在基本类型选择的基础上进行设施布置。而办公室布置中，同一类工作任务可选用的办公室布置有多种，包括房间的分割方式、每个工作空间的分割方式、办公室家具的选择和布置形式等。

（4）在制造系统中，组织结构、各个部门的配置方式、部门之间的相互联系和相对位置的要求对办公室布置有重要的影响。办公室布置原则与生产制造系统是相同的，也是按照工作流程和能力平衡的要求，划分工作中心和个人工作站，使办公室布置保持一定的柔性，便于未来的调整和发展等。

基于此,在办公室布置时应重点考虑两个因素:一是信息传递与交流。它既包括各种书面文件、电子信息的传递,也包括人与人之间的信息传递和交流。对于需要跨越多个部门才能完成的工作,部门之间的相对位置也是一个重要的问题。二是劳动生产率。当办公室人员主要是由高智力、高工资的专业技术人员所构成时,劳动生产率的提高就具有更重要的意义。而办公室布置,能在很大程度上影响办公室人员的劳动生产率。但也必须根据工作性质和工作目标的不同,考虑什么样的布置更有利于生产率的提高。例如,对于银行营业部、贸易公司、快餐公司,开放式的大办公室布置使人感到交流方便,促进了工作效率的提高;而在出版社,这种开放式的大办公室布置可能会使编辑们感到干扰较多,无法专心致志地工作。

2. 办公室布置的基本模式

(1) 封闭式办公室布置。这是一种传统的办公室布置方式,是将办公楼分割成多个小房间。显然,这种布置可以保持工作人员足够的独立性,但却不利于人与人之间的信息交流和传递,使人产生疏远感,也不利于上下级之间的沟通。而且,几乎没有调整和改变布局的余地。

(2) 开放式办公室布置。它是将一个或几个部门的十几人、几十人,甚至上百人容纳在一间很大的办公室内,同时进行工作。这种布置方式不仅方便了同事之间的交流,也方便了部门领导与一般员工的交流,在某种程度上消除了等级隔阂。但这种方式的一个弊端是,有时会互相干扰,造成人员之间的闲聊等。

(3) 组合式办公室布置。它是带有半截屏风的组合办公模块布置方式,这种模块式布置有很好的柔性,可随时根据情况的变化重新调整和布置。

(4) "活动中心"式办公室布置。这是一种将封闭式布置和开放式布置结合使用的新型办公布置方式。20世纪80年代,在西方发达国家出现了一种称为"活动中心"的新型办公室布置。在每一个活动中心,有会议室、讨论间、电视电话室、接待处、打字复印室、资料室等进行一项完整工作所需要的各种设备。楼内有若干活动中心,每一项相对独立的工作集中在这样一个活动中心进行,工作人员根据工作任务的不同在不同的活动中心之间移动。但每个人仍保留一个小小的传统式个人办公室。显而易见,这是一种比较特殊的布置形式,较适用于项目型的工作。

上述的几种办公布置方式,都是基于传统意义上的办公方式。20世纪90年代以来,随着信息技术的迅猛发展,一种更新型的办公方式——远程办公,正在从根本上冲击着传统的办公方式。所谓远程办公,是指利用信息网络技术,将处于不同地点的人们联系在一起,共同完成工作。例如,人们可以在办公室或家里办公,也可以在异地办公,或在飞机、火车上办公等。可以想象,伴随信息技术的进一步普及,办公方式和办公室布置均会发生很大的变化。

(三) 超市布置

超市布置的关键是吸引顾客,方便购物。因此,必须研究顾客购物习惯,了解顾客购买特征。

1. 顾客购物习惯及特征

(1) 人们在购物时,总是倾向于一种环形方式购物,将利润高的物品沿墙摆放会提高他们购买的可能性。

(2) 超市中,摆放在通道尽头的减价商品总是要比存放在通道里面的物品卖得快。

(3) 信用卡付账区和其他非卖区需要顾客排队等候服务,这些区域应当布置在上层或"死角"等不影响销售的地方。

(4) 在超市中,离入口最近和邻近前窗展台处的位置最有销售潜力。

2. 超市布置的基本方式

超市及百货零售商店的平面布置有两项要求:一是店面的过道布置不能太拥挤,二是能使顾客进店后很容易找到自己想要商品的位置。为此,超市布置可采用两种基本方式:一是矩阵布置。将商品货架按矩形排列,店内通道直线布置,这种布置花费较少,并可以得到更大的展示空间,适宜于注重仓储管理的情况。二是斜角布置。将商品货架按菱形、三角形或梯形布置,店内主干道按直线布置,次干道及临时通道按"V"字形排列。这种布置视线更开阔,顾客进入超市后在主干道上就可以看清通道上方的标志,查找货物比较方便。

(四) 诊所布置

病人就医往往要经过多个诊室,进行一次次检查或停留,行走较长路程,特别对于病情较重的住院病人,疾病的诊断和治疗还需要依靠先进的设备。另外,还需护工运送,这些无疑会增加病人的就诊成本。这时就提出了病人移动费用(或移动距离)最小化的医院平面布置问题。解决这一问题的实质与生产设施布置基本相似,在此不再重复。

以上分别介绍了几种典型的服务设施布置方法。实际中,服务系统的运营还十分强调环境的布置。这些环境条件是指:设施的款式、颜色,室内的灯光、音乐,墙壁的色彩、图案等。另外,企业徽标、标志和装饰品也是服务场所中非常重要的标识物,它们与周围环境表现出的建筑风格,常常可以体现企业的经营风格。所有这些都会影响员工的工作效率和士气,同时也影响顾客对服务的满意程度、顾客的逗留时间以及花费。

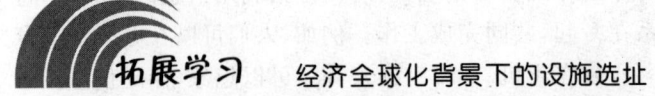

拓展学习　　经济全球化背景下的设施选址

面对经济全球化趋势,企业选址应从经济全球化角度考虑,即一国生产商在

别国设加工厂。此时,企业选址决策要考虑的因素更多、更复杂。归纳起来,有以下几个方面:

1. 接近顾客

接近顾客既保证了订货能及时送达,又确保了生产和研发的产品与顾客的需要保持一致。

2. 商业氛围

适宜的商业氛围应包括有规模类似的国内企业及跨国企业落户于此。政府是否推行积极的经济立法,当地政府是否愿意通过政府补贴、减税和其他便利的条件吸引企业前来落户,这些都是设施选址中应该考虑的因素。

3. 总成本

选址的目标是寻求总成本最小的地址。总成本包括地域成本和货物的运输成本。土地、建筑、劳动力、税收和能源消耗构成了地域成本。另外,还有难以衡量的隐性成本,这些成本包括:产品交付给顾客之前,半成品在各地间过多地搬运;因远离主要顾客群而无法及时得到顾客的反馈所带来的损失。

4. 基础设施

充足的公路、铁路、航空和海运能力是至关重要的。当然,能源和电信设施也必须同时满足要求。此外,当地政府是否愿意改建、升级基础设施以满足所需水平对选址也有重要影响。

5. 劳动力素质

劳动力的教育和技术水平必须与公司的需求相匹配。更为重要的是,劳动者必须具有学习的热情和能力。

6. 供应商

一个合适的选址必须使公司周围具有高质量和竞争力的供应商。精益生产要求供应商必须接近消费者,以此减少供应商的提前期。有鉴于此,在一些轻工业(如电子业)中,廉价劳动力因素与邻近市场因素相比变得不那么重要。电子元件用户希望供应商与他们的制造工厂相邻。这种可能性将会发展成一个趋势,即工厂都缩小规模而靠近市场,在某些行业中,着重于生产特定产品的小而自动化的微型工厂将会靠近主要市场以减少交货时间。

7. 其他设施

公司其他工厂或货物储运中心的位置会影响新工厂在整个网络中的选址。在这种情况下,产品组合和生产能力两个问题与选址决策密切相关。

8. 自由贸易区

国际贸易区或自由贸易区是典型的封闭式设施(在海关的监督下),国外货物的进出可不必受海关规定的制约。自由贸易区内的制造商可先使用进口元件装配其最终产品,并延期支付相应的关税,直至产品运抵使用国。

9. 政治风险

许多国家政治风云突变以及体制改革使许多公司的设施选址同时面临着机会与挑战。投资国和东道国之间的政治关系也会影响投资国在设施选址问题上的决策。

10. 政府壁垒

如今，许多国家正在通过立法清除妨碍外国产品进入和在本国设厂的壁垒。但是，除立法以外的其他因素以及文化壁垒也是需要在设施选址中认真考虑的问题。

11. 贸易共同体

贸易共同体将同时影响在该贸易共同体成员国之内或之外的选址决策。受贸易协定的影响，成员国公司通常通过选址或重新选址来得到新的市场机会，或者降低其总成本。其他成员国之外的公司也可在该共同体成员国国内选址，以避免在新市场的竞争中丧失竞争资格。

12. 环保条例

某些地区的环保政策除了对成本有直接影响之外，它还影响企业与所在社区的关系，因此在设施选址决策中也必须考虑这一因素。

13. 东道社区

调查东道社区是否欢迎企业落户于此也是决策中必需的部分。此外，当地的教育设施和更为广泛的生活质量问题也很重要。

14. 竞争优势

对于跨国公司来说，需要考虑对其每个不同的业务确定总部的所在国。总部制定企业战略，创造出核心产品和技术，并进行大规模生产，竞争优势就由此产生。所以一家公司应将其总部迁移到一个能激励创新并能为全球性的竞争提供最好的环境的国家。

网上学习

1. 登录海尔公司网站，查看海尔公司在全球的研发中心、营销中心和制造中心的网络化布局情况。

2. 登录麦格劳—希尔公司网站，选择有关设施布局专题，浏览其中一个虚拟工厂的主页，讨论公司的选址策略。

3. 登录中国工厂管理网，学习有关设施选址与工厂布局方面的知识。

4. 登录 Excel 精英培训网，学习 Excel 使用技巧，会用其解决运营管理中的设施选址与布局问题。

思考与练习

1. 生产设施选址应考虑哪些因素？

2. 生产设施选址的原则、程序与方法有哪些?
3. 服务设施选址应考虑哪些因素?
4. 服务设施布置的方式有哪些?
5. 物料运量图法是否适合于服务业的设施布置?

第七章　流水生产组织设计

内容提要

流水生产是少品种、大批量生产的典型模式,由于其显著的生产效率及规模优势特点,在某些行业具有非常广泛的应用。本章介绍流水生产的概念、基本特征和分类方法,分别讨论单一品种和多品种流水线组织设计的具体步骤及内容,最后介绍生产制造系统的发展趋势。

第一节　流水生产组织设计

一、流水生产的基本原理

流水生产是典型的对象专业化生产组织方式,产生于1913年美国的福特汽车公司,最初用于汽车装配,使生产效率大大提高,产品成本逐渐降低。福特汽车在流水生产方式开发出的10年间,汽车销售价格从2 000多美元降到263美元,开创了工业时代大规模生产的组织模式。

流水生产是在劳动分工和作业标准化的原理的基础上发展起来的。劳动分工原理阐明了分工可以提高效率的道理,泰勒的科学管理理论证明了对工人的操作方法制定作业标准,按标准训练工人,按标准操作也能提高效率。亨利·福特成功地把这两条原理运用到流水生产中来。首先把汽车装配工作分解成许多工序;然后制定每道工序的操作标准,使每道工序的操作时间尽可能相等;最后按加工顺序布置工作地,按固定的标准顺序对产品实施轮流加工。泰勒强调的是单个工人的操作标准化,福特把它发展成生产过程的标准化。

流水生产方式的诞生除了依赖管理技术上的突破外,在当时还必须依赖加工技术的支撑。那时的制造精度已能保证零件的互换性,没有这一条件,流水生产还是不可能实现的。但最初的流水线只能生产单一品种的产品,随着社会需求多样化趋势的出现及社会经济技术的发展,流水生产方式的原理和方式也在不断地发展,出现了多品种产品的流水生产线。

二、流水线的基本特征

流水线,又称流水生产,是指生产对象按照一定的工艺路线顺序通过每道工序的各个工作地,并按照一定的速度(节拍)连续或重复完成生产过程的生产组织形式。所谓节拍,就是流水线相继产出两件相同制品之间的时间间隔。流水线具有如下基本特征:

(一) 工艺过程的封闭性

流水线按照生产对象的工艺顺序将工作地排列成链条状,其间由传送装置连接,生产对象在工作地之间单向顺序移动并接受连续加工,中间不接受线外加工,最大限度地减少了在制品的等待时间。

(二) 工作地的专业化程度高

流水线固定生产一种或少数几种产品或零件,各个工作地仅需完成几种作业,因此可以最大限度地使用专用设备或专用工具。

(三) 按节拍组织生产

生产对象在各道工序按一定的时间间隔投入和产出,保持一定的节拍;两批相同制品之间也按一定的时间间隔投入流水线或从流水线产出,保持一定的节奏。

(四) 生产加工过程的连续性

生产对象在各个工作地之间进行平行移动或平行顺序移动,最大限度地减少了设备的加工间歇时间。生产对象的平行移动是指在一批制品需要加工的情况下,每个制品在前道工序加工完毕后立即转送到下道工序进行加工,即一批制品同时在不同工序上进行加工。但是由于前后工序的加工时间可能不相等,制品在前后工序之间仍会有短时间的等待或设备间歇现象。它既考虑了制品移动的平行性,又尽可能保持了加工的连续性。

(五) 各环节生产能力的比例性

流水线各道工序的生产能力是平衡的、成比例的,即各道工序的工作地(或设备)数同各道工序单件制品的加工时间大致相等。也就是说,如果完成某件制品的加工需要经过 $1,2,\cdots,m$ 道工序,流水线各道工序的工作地数分别为 s_1、s_2、$\cdots$、s_m,各道工序的单件作业时间分别为 $t_1,t_2,\cdots,t_m$,流水线的节拍为 r,则使流水线各道工序之间保持平衡的条件是:

$$\frac{t_1}{s_1}=\frac{t_2}{s_2}=\cdots=\frac{t_m}{s_m}\approx r$$

该条件也称为流水线的工序同期化。

三、流水线的分类

企业的流水生产形式是多种多样的,按不同标准可将流水线做如下分类。

(一) 按生产对象的移动方式分类

按生产对象的移动方式可将流水线分为固定流水线和移动流水线。

1. 固定流水线

固定流水线是指生产对象不动，工人携带工具沿着顺序排列的生产对象进行移动加工，待完成一批制品的加工或装配后再回到流水线的始点进行下一批制品的加工或装配。这类流水线适用于不便运输的大型制品，如重型机械、船舶的加工和装配。

2. 移动流水线

移动流水线是指生产对象移动，工人、设备和工具的位置固定，生产对象经过各个工作地的加工或装配后，成为半成品或成品。这类流水线应用比较广泛，适用于批量较大的制品生产，例如汽车、电视机等大量生产的装配线。

还有一种移动流水线是设备和工具固定，工人和生产对象移动，一个工人经过各个工作地完成整个生产过程的全部加工或装配后使生产对象成为半成品或成品。该类流水线适用于品种较多，每个品种数量较少（即多品种小批量）且劳动力相对稀缺而资本相对充裕的情况。

（二）按生产对象的数目分类

按生产对象的数目可将流水线分为单一品种流水线和多品种流水线。

1. 单一品种流水线

单一品种流水线指仅生产一种制品或零件，生产的数量足够大，使流水线几乎满负荷运转，品种却固定不变，因此又称为不变流水线。这类流水线适用于大量生产的产品。

2. 多品种流水线

多品种流水线指生产两种或两种以上结构相似制品的流水线。根据制品输送方式的不同可将多品种流水线细分为可变流水线、混合流水线和成组流水线。

（1）可变流水线可以成批轮番地生产几个品种不同但结构和工艺相似的制品，通常在变换品种时要人工调整相应的设备和工装夹具。

（2）混合流水线是将多个品种不同但结构和工艺相似的制品混合送入流水线，在变换品种时自动地调整相应的设备和工装夹具。

（3）成组流水线是根据相似零件组的工艺路线来进行设备布置，工序间的运输采用小车或轨道。它是成组技术在生产过程设计中的应用，具有大量流水生产的优点，但在流水线中流动的不是一种零件，而是一组相似的零件。

（三）按生产过程的连续程度分类

按生产过程的连续程度可将流水线分为连续流水线和间断流水线。

1. 连续流水线

连续流水线指生产过程的各道工序精确实现同期化（即各工序作业时间均与流水线节拍相等），生产对象从投入到产出不停留地从一道工序转到另一道工序，整个生产过程是连续不断的。它是流水线中最完善的形式，能够实现最短的生产周期和最少的在制品占用量。

2. 间断流水线

间断流水线指生产对象在各道工序间缺乏精确的同期化,各道工序的生产能力不完全平衡,制品在工序间会出现停留等待现象,生产过程不是完全连续的。

(四)按流水线节拍的形式分类

按流水线节拍的形式可将流水线分为强制节拍流水线和自由节拍流水线。

1. 强制节拍流水线

强制节拍流水线是用机械化传送装置等专门设备来强制实现规定的节拍,工人必须在规定的时间内完成自己的工作,如有延误或违反操作规程就会影响下道工序的生产。

2. 自由节拍流水线

自由节拍流水线是由工人自行保持规定的节拍,要求各道工序必须实现规定的节拍,但每道工序中各个工作地的每件制品的加工时间不一定与节拍相等,可由工人自行掌握。一般在各道工序间都有一定数量的在制品存货用以调节流水线的节拍。

(五)按流水线的自动化程度分类

按流水线的自动化程度可将流水线分为手工流水线、半自动化流水线和自动化流水线。

自动化流水线由自动机床和自动化输送装置组成,制品在一道工序加工完毕后,自动地由一台机床送至另一台机床,流水线上的工人只起监督作用。至于手工流水线和半自动流水线,其含义简明,这里不再阐述。

(六)按运输设备种类分类

按运输设备种类,可分为无专用运输设备流水线、非机动专用运输设备流水线和机械化运输设备流水线。

在无专用运输设备流水线上,制品或由工人自己用手传送给下一个工作地,或用普通工具运送。

在非机动专用运输设备流水生产线上,制品主要靠自身的重力来运输,一般采用的运输设备有斜面滑道、辊道等。在机械化运输设备流水线上,通常采用传送带、循环悬吊运送器等。

在机械化运输设备流水线上,可按其工作方式的不同再细分为分配式和工作式两种类型。

采用分配式传送带时,各工作地排列在传送带的一边或两边,传送带传送制品经过各工作地时,工人就从传送带上取下制品,在工作地上加工,加工完毕后,再送回到传送带上(见图7-1)。

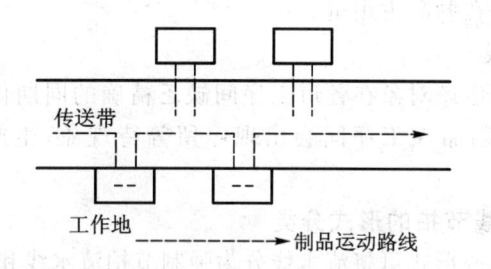

图 7-1 分配式传送带示意图

采用工作式传送带时,制品不必从传送带上取下,工人在传送带一旁或两旁,对传送带上的制品直接进行加工(见图 7-2)。

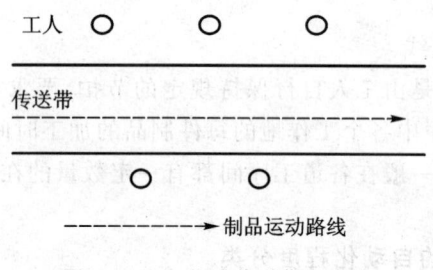

图 7-2 工作式传送带示意图

四、组织流水生产的必要条件

流水生产具有明显优势,但组织流水生产需要满足一些基本条件,主要有以下几条:

(1) 产量要足够大,单位产品的劳动量也比较大,这样才能保证采用高效专用设备,把制造任务分解成许多工序,组织流水线。

(2) 制造的工艺过程既能划分成简单的工序,又能根据工序同期化的要求把某些工序加以适当的合并与分解,使各工序的作业时间基本相等或成整数倍。

(3) 产品结构和制造工艺相对稳定。

(4) 必要的厂房条件,适合流水线的平面布置。

第二节 单一品种流水线的组织设计

一、流水线设计的内容

流水线的设计包括技术设计和组织设计。技术设计是流水线的"硬件"设计,包括:工艺路线、操作规程的制定,专用设备的设计,设备改装设计,专用工装夹具的设计等。组织设计是流水线的"软件"设计,包括:流水线的节拍和生产速度的确定,设备需要量及其负荷的计算,流水线平衡(工序同期化),工人配备,生产对象传送方式设计,流水线的平面布置等。

  流水线设计的重点是解决流水线的平衡问题。流水线平衡,也称工序同期化,就是对特定制品,在给定流水线节拍和加工顺序的条件下,找出使流水线所需工作地(或设备)数量最小而工作效率(或负荷)最高的配置方案。流水线平衡的目标是在各工作地分配工作量时,使各道工序的各个工作地的作业时间近似相等,由此才能使流水线的闲置时间最小,人员和设备的利用率最大。闲置时间的产生是由于各个工作地的生产能力不同,使得各个工作地的作业时间有差异,作业时间短的工作地必须等待作业时间长的工作地将产品传送过来。闲置时间不仅使人员和设备效率低下,而且极易使流水线出现"瓶颈"。流水线不顺畅的主要障碍是各个工作地的作业时间不相等,主要原因是某些工件的加工在技术上存在先后顺序,而工作地的安排必须符合这种顺序,这样便无法顾及各个工作地的作业时间。然而通过工序的分解和重新组合,能够最大限度地减少闲置时间而又保持工件加工的工艺顺序。

  流水线的典型代表是以手工为主的移动装配线,此类流水线在汽车、家用电器等企业中的应用极为普遍。而单一品种流水线又是其中最简单的形式,因此它是我们研究的主要对象。

二、单一品种流水线的组织设计

(一) 计算流水线的节拍

计算流水线的节拍,公式如下:

$$r=\frac{F_e}{N}=\frac{F_0\eta}{N}$$

式中:r——流水线节拍;

  F_e——计划期有效工作时间;

  N——计划期制品产量;

  F_0——计划期制度工作时间;

  η——时间有效利用系数。

  有效工作时间是指规定的上班时间减去设备维护、更换工具、午餐和休息的时间。例如,计划期为1年,每年节日放假为10天,每周工作5天,每天工作8小时,每天午餐和休息时间为1小时,则计划期内有效工作时间 $F_e=(365-10-52\times2)\times(8-1)\times60=105\,420$(min)。

  如果计算出来的节拍数值很小,同时零件的体积、重量也很小,不适于按件传送,则可以实行成批传送。这时,顺序出产两批同样制品之间的时间间隔称为节奏或运输节拍,它等于节拍与运输批量的乘积。

$$r_g = rn$$

式中:r_g——节奏;

n——运输批量。

(二) 计算流水线所需的最少工作地数量

流水线所需的最少工作地数量的计算公式如下:

$$S_{min} = \left[\frac{\sum t_i}{r}\right]$$

式中:S_{min}——流水线实现平衡时的最少工作地数;

t_i——第 i 道工序的作业时间;

$\sum t_i$——单件产品加工或装配的总作业时间;

r——流水线节拍;

$[\ \ ]$——取整函数。

(三) 流水线平衡

流水线平衡的基本方法是将工作任务细分为许多小工序(称为作业元素),然后以适当的方式将相邻的小工序合并成大工序,使这些大工序的作业时间等于或接近于流水线的节拍或节拍的整数倍。一般而言,作业分解得越细,在进行流水线平衡时就越灵活。

流水线平衡必须满足下列条件:

(1) 保证各工序之间原来的先后顺序不变。

(2) 分配给每个工作地的工序加工时间之和不能大于节拍。

流水线平衡的目的是使闲置时间最小化。因此各工作地的工作任务分派之后须计算各工作地的闲置时间和工作负荷率,以了解闲置时间的多少和工作量是否饱满,是否还有改进的余地。其计算公式如下:

$$工作地闲置时间 = 流水线节拍 - 作业时间$$

$$工作地负荷率 = \frac{作业时间}{流水线节拍} \times 100\%$$

(3) 各工作地的单件作业时间尽量接近于节拍或节拍的整数倍。

(4) 使工作地数量尽量地少。

(四) 计算流水线的总负荷率

流水线的总负荷率计算公式如下:

$$k = \frac{\sum t_i}{Sr} \times 100\%$$

式中:k——流水线总负荷率;

t_i——第 i 道工序的作业时间;

r——流水线节拍;

S——流水线平衡后实际采用的工作地数。

流水线的负荷率越大,流水线的中断时间就越短,流水线的生产效率就越高。一般而言,机械化流水线的负荷率不应低于75%,手工装配流水线的负荷率应在85%以上。

与流水线负荷率相反的是流水线的时间损失率,也称流水线的闲置率。其计算公式为:

$$时间损失率 = 1 - k$$

当流水线的时间损失率为零时,流水线的生产效率为100%,此时流水线达到完全平衡。

[**例7-1**] 某装配流水线计划每小时装配200件产品,每小时用于生产的时间是50min。表7-1是装配工序、每道工序的作业时间及紧前工序等信息。试进行装配流水线平衡,并计算装配流水线的总负荷率。

表7-1 装配流水线工序及作业时间

工序名称	A	B	C	D	E	F	G	H	I	J	K	L
紧前工序	—	—	—	—	AB	CD	EF	—	—	HIG	J	K
作业时间(min)	0.20	0.05	0.15	0.06	0.03	0.08	0.12	0.05	0.05	0.12	0.15	0.08

解:(1)画出装配工序图,如图7-3所示。

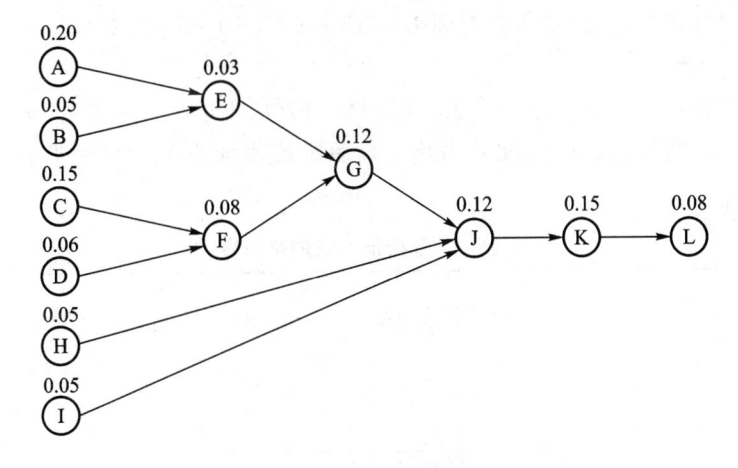

图7-3 装配作业先后顺序图

图7-3中,圆圈表示装配流水线的作业元素,圈内字母为作业元素的名称,圆圈上边的数字为该元素的单件作业时间,箭头代表作业元素之间的先后顺序。

(2)计算该装配流水线的节拍 $r = 50/200 = 0.25(\text{min})$。

(3)单件产品装配总工时为1.44min,则每小时装配200件产品的最少工作地数为：
$$S_{min}=[1.44/0.25]=[4.56]=5$$

（4）进行装配流水线平衡。

流水线平衡常用的工序分配方法有列举消去法和分支定界法等，前者适于手工计算，但通常只能求得一个满意解；后者计算量较大，一般借助于计算机，但可求得最优解。

这里我们主要介绍列举消去法，分支定界法的应用可参看其他教材。

列举消去法的特点是，从第一道工序开始，根据工序先后顺序的要求，将能和第一道工序组合在一起的，作业时间之和等于或接近于节拍的工序编为一组，分配给一个工作地。在列举各种编组方案时，消去明显不合理的编组，如各工序作业时间之和超过节拍或远小于节拍，违反工序间的先后顺序等。如果有作业时间相等的多个编组时，则可保留一个，消去其余的。在列出第一个工作地的编组方案的基础上，按上述步骤进行第二个工作地的编组。如此反复进行，直至把所有的工序都分配完为止。

第一工作地的工序编组方法有：

① AB 组合，工作地作业时间为 $0.20+0.05=0.25$(min)；

② AH 组合，工作地作业时间为 $0.20+0.05=0.25$(min)；

③ BCD 组合，工作地作业时间为 $0.05+0.15+0.06=0.26$(min)；

④ BDHI 组合，工作地作业时间为 $0.05+0.06+0.05+0.05=0.21$(min)；

⑤ CHI 组合，工作地作业时间为 $0.15+0.05+0.05=0.25$(min)；

……

保留组合①，将其他组合消去。用同样的方法再进行 2 号工作地的工序编组分配，直至将所有工序分配完为止。该装配流水线平衡的结果见表 7-2 和图 7-4。

表 7-2 装配流水线的平衡表

工作地序号	工序	工序单件作业时间	工作地单件作业时间	工作地闲置时间
1	A B	0.20 0.05	0.25	0.25－0.25＝0
2	C H I	0.15 0.05 0.05	0.25	0.25－0.25＝0

续表

工作地序号	工序	工序单件作业时间	工作地单件作业时间	工作地闲置时间
3	D E F	0.06 0.03 0.08	0.17	0.25－0.17＝0.08
4	G J	0.12 0.12	0.24	0.25－0.24＝0.01
5	K L	0.15 0.08	0.23	0.25－0.23＝0.02

表 7-2 只是该装配流水线平衡结果的一种,还有其他的平衡结果读者可自行做出。

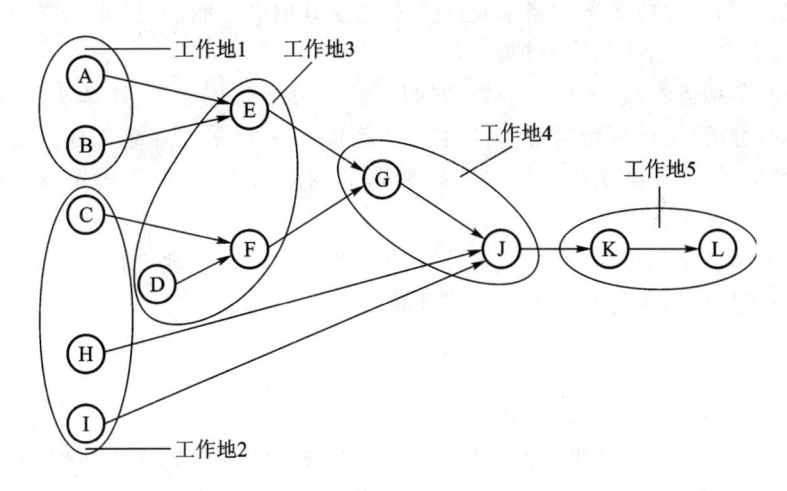

图 7-4 装配流水线工作地布置方案图

（5）计算装配流水线的总负荷率为：

$$k = \frac{\sum t_i}{Sr} \times 100\% = \frac{1.14}{0.25 \times 5} \times 100\% = 91.2\%$$

（五）计算流水线的工人配备数量

（1）手工流水线工人配备数量的计算公式如下：

$$P = \sum_{i=1}^{m} p_i = \sum_{i=1}^{m} S_i g w_i$$

式中：P——流水线工人总数；

p_i——第 i 道工序工人数；

S_i——第 i 道工序工作地数；

g——日工作班次数；

w_i——每个工作地同时工作的人数。

(2) 半自动流水线工人配备数量的计算公式如下：

$$P = (1+b)\sum_{i=1}^{m}\frac{S_i g}{f_i}$$

式中：P——流水线工人总数；

S_i——第 i 道工序工作地数；

g——日工作班次数；

b——考虑缺勤等因素的后备工人百分比；

f_i——第 i 道工序每个工人看管的设备数。

(六) 计算流水线传送带的速度与长度

流水生产线采用什么样的节拍，主要是依据工序同期化程度和加工对象的重量、体积、精度、工艺性等特征。当工序同期化程度很高，工艺性良好，制品的重量、精度和其他技术条件要求允许严格地按节拍出产制品时，采用强制节拍；否则采用自由节拍或粗略节拍。

强制节拍流水线，采用三种类型的传送带：分配式传送带、连续工作式传送带、间歇(脉动)工作式传送带。自由节拍流水线，一般采用连续工作式传送带、辊道、平板运输车、滑道等运输装置。粗略节拍流水线，一般采用辊道、重力滑道、手推车、叉车、吊车等运输工具。

在采用机械化传送带时，需要计算传送带的速度和长度。在工作式传送带连续运动时，传送带速度 v 可按下式计算：

$$v = \frac{L_0}{r}$$

式中：L_0——传送带分区单位长度。

工作式传送带的速度不能太快，以便工人安全顺利地完成工序作业。在工作式传送带间歇运动时，每隔一个节拍移动一次。工作式传送带工作部分的总长度可按下式计算：

$$L = \sum_{i=1}^{m} L_i + L_g$$

式中：L——传送带长度；

L_i——第 i 道工序工作地长度；

L_g——后备长度。

在分配式传送带流水生产线上，传送带具有运输和分配制品的作用。分配式传送带的速度应该和流水生产线的节拍相配合，其长度计算方法与工作式传送带相同。

(七) 流水线的平面布置

流水生产线的平面布置应当有利于工人操作，使制品运输路线最短，生产面积得以充分利用。同时,要考虑流水生产线之间的相互衔接,尽可能做到零件加工完毕处,恰好是部件装配开始处;部件装配完毕处,正是总装开始处。从而使所有流水生产线的布置符合产品生产过程的流程。流水线的平面布置一般有如图7-5所示的直线形(a)、直角形(b)、开口形(c)、山字形(d)、环形(e)、蛇形(f)等。每种平面布置的流水线在工作地排列有单列式和双列式。单列式将工作地排列在传送带的一侧,双列式是将工作地排列在传送带的两侧。

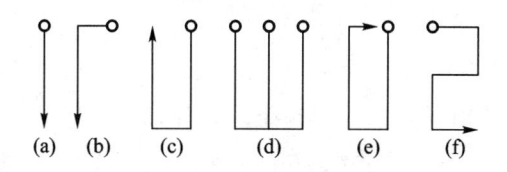

图7-5 流水线布置形状示意图

第三节 多品种流水线的组织设计

随着社会需求的个性化、多样化,企业生产的同类产品的品种规格与型号越来越多,需要在同一条流水线上生产多品种产品,由此产生了多品种流水生产线的组织设计问题。但是由于流水生产线的高效率来自于生产作业的高度分工和操作的标准化,各工序的同期化程度又很高,流水线适应多品种的能力是十分有限的。只有当产品在结构、工艺上相同或相似时,才有可能组织多品种流水生产。

一、可变流水线

可变流水线的基本特征是在一条流水线上轮番生产几种产品,当由一种产品转产到另一种产品时,流水线需要做小幅的调整。轮番的时间间隔可大可小,小者可以数天,大者可以跨月。当生产某种产品时,流水线如单一品种流水线那样工作。

它的组织设计程序与单一品种流水线的程序基本相同,只是节拍和设备需要量的计算要做一些改变。

(一) 节拍计算

因为不同品种的产品,虽然结构、工艺上相似,但是,加工的工序时间可能不等,节拍也会有所不同。节拍计算有代表产品法和加工劳动量比重法。下面分别介绍这两种节拍计算方法。

1. 代表产品法

代表产品法是将各种产品的产量按加工劳动量折合为某一种代表产品的产

量,然后据以计算节拍。

设在某可变流水生产线上加工 A、B、C 三种产品,其计划产量分别为 N_A、N_B、N_C,产品时间定额分别为 T_A、T_B、T_C。首先选定代表产品,假定为 A,再将产品 B 和 C 的产量换算为 A 的产量,则总产量 N 为:

$$N = N_A + N_B \varepsilon_1 + N_C \varepsilon_2$$

式中,ε_1 和 ε_2 是产品 B 和 C 的单件时间定额与产品 A 的单件时间定额的比值,即

$$\varepsilon_1 = \frac{T_B}{T_A} \qquad \varepsilon_2 = \frac{T_C}{T_A}$$

则各种产品的节拍 r_A、r_B、r_C 可按下式计算:

$$r_A = \frac{F_e}{N_A + N_B \varepsilon_1 + N_C \varepsilon_2}$$

$$r_B = r_A \varepsilon_1$$

$$r_C = r_A \varepsilon_2$$

[例 7-2] 设在可变流水生产线上生产 A、B、C 三种产品,其计划月产量分别为 2 000 件、1 875 件、1 857 件,每种产品在流水生产线上各工序单件作业时间之和分别为 40min、32min、28min。流水生产线按两班制工作,每月有效工作时间为 24 000min,现选择 A 为代表产品,则

计划期以代表产品 A 计算的总产量 $= \left(2\ 000 + 1\ 875 \times \frac{32}{40} + 1\ 857 \times \frac{28}{40}\right) = 4\ 800$(件)

代表产品 A 的节拍 $= \frac{24\ 000}{4\ 800} = 5$(min/件)

产品 B 的节拍 $= 5 \times \frac{32}{40} = 4$(min/件)

产品 C 的节拍 $= 5 \times \frac{28}{40} = 3.5$(min/件)

2. 加工劳动量比重法

加工劳动量比重法是按各种零件劳动量在流水生产线加工总劳动量中所占的比重,分配有效工作时间,然后计算各种零件节拍的方法。

设 A、B、C 三种零件的加工劳动量在总劳动量中所占的比重为 α_A、α_B、α_C,则

$$\alpha_A = \frac{N_A T_A}{N_A T_A + N_B T_B + N_C T_C}$$

$$\alpha_B = \frac{N_B T_B}{N_A T_A + N_B T_B + N_C T_C}$$

$$\alpha_C = \frac{N_C T_C}{N_A T_A + N_B T_B + N_C T_C}$$

三种零件的节拍计算公式为：

$$r_A = \frac{\alpha_A F_e}{N_A} \qquad r_B = \frac{\alpha_B F_e}{N_B} \qquad r_C = \frac{\alpha_C F_e}{N_C}$$

例 7-2 中 A、B、C 三种产品的加工劳动量在总劳动量中所占的比重分别为：

A 产品劳动量占总劳动量的比重 $= \dfrac{2\,000 \times 40}{2\,000 \times 40 + 1\,875 \times 32 + 1\,857 \times 28} \times 100\% = 41.67\%$

同理，求出 B 产品劳动量占总劳动量的比重为 31.25%，C 产品劳动量占总劳动量的比重为 27.08%。

根据各种产品的劳动量比例，分配计划期的有效工作时间，并计算节拍。

$$\text{产品 A 的节拍} = \frac{24\,000 \times 41.67\%}{2\,000} = 5(\text{min}/\text{件})$$

$$\text{产品 B 的节拍} = \frac{24\,000 \times 31.25\%}{1\,875} = 4(\text{min}/\text{件})$$

$$\text{产品 C 的节拍} = \frac{24\,000 \times 27.08\%}{1\,857} = 3.5(\text{min}/\text{件})$$

（二）计算各工序设备数量

计算仍采用基本公式 $S_i = t_i/r$。先分别对每个加工对象计算各工序的设备需要量，如计算得到生产 A 产品所需要的设备数为 S_{A1}、S_{A2}、S_{A3}、…、S_{Am}。同样可计算出 B 产品、C 产品的设备需要数量为 S_{Bi}、S_{Ci} 等。然后将各产品在各道工序的设备需求数列表分析。一般应满足下面的系列等式：

$$S_{A1} = S_{B1} = S_{C1}$$
$$S_{A2} = S_{B2} = S_{C2}$$
$$\cdots \cdots$$
$$S_{Am} = S_{Bm} = S_{Cm}$$

这样才能使可变流水线上的设备和人员达到满负荷，并有利于组织管理。否则需要进行工序同期化处理。

（三）设备负荷系数计算

各工序的设备负荷系数（k_i）计算公式如下：

$$k_i = \frac{N_A t_{A1} + N_B t_{B1} + \cdots + N_j t_{j1}}{S_i F_e} = \frac{\sum\limits_{j=1}^{q} N_j t_{j1}}{S_i F_e}$$

式中各符号含义与前述相同。整个流水线的设备负荷系数 k 计算公式如下：

$$k = \frac{\sum\limits_{j=1}^{q} N_j t_{j1}}{S F_e}$$

其余步骤的实施方法与单一品种流水线相同。

可变流水线提高了流水生产方式适应市场需求多样化的能力,但是市场对各品种的需求不是轮番的。为了随时能提供多种产品,只能靠保持较大的成品库存。这是不利的一面,混合流水线则克服了这个缺点。

二、混合流水线

混合流水线是在同一条流水线上按固定顺序同时生产多品种产品。由于是流水生产,不允许频繁调整设备,要求产品是结构与工艺特征相似的系列产品。混合流水线的问世,实现了多品种、小批量、大规模生产的方式,保留了流水生产大规模、高效率、低成本的优势,提高了多品种生产的灵活性,能随时满足市场的多样化需求,大大增强了企业的竞争能力。在近二三十年中,混合流水线在发达国家已被广泛采用。它的优点很突出,但组织的难度较大,要求满足较为严格的条件:产品的系列化、标准化、通用化程度要高;加工中转换产品时如需调整设备,必须能够做到快速,如快速更换模具、夹具、工具等;各生产环节衔接要好,最好实行同步化生产;有一支技术过硬的工人队伍。

此外,混合流水线在组织设计上要解决两个问题:一是工序同期化问题,二是产品的加工顺序问题。前一个问题比较复杂,本书不作介绍,对后一问题,我们介绍比较简单的生产比倒数法。

生产比倒数法是从各品种计划产量中找出最大公约数,计算各品种的生产比倒数,再按一定的规则确定投产顺序。在流水线上传送的顺序称作连锁。下面通过一个例子说明应用的方法。

[例 7-3] 设某混合流水线生产 A、B、C 三种产品,生产计划分别为 3 000 件、2 000 件和 1 000 件。试用生产比倒数法编制投产顺序。

(1)计算生产比 X_i。用各品种产量的最大公约数去除各品种产量数,本例最大公约数为 1 000,算得生产比如下:

$$X_A = \frac{3\ 000}{1\ 000} = 3; X_B = \frac{2\ 000}{1\ 000} = 2; X_C = \frac{1\ 000}{1\ 000} = 1$$

生产比总和为 6,表示有 3 个 A 产品、2 个 B 产品、1 个 C 产品构成一个循环流程。

(2)计算生产比倒数 m_j。

$$m_A = \frac{1}{X_A} = \frac{1}{3}; m_B = \frac{1}{X_B} = \frac{1}{2}; m_C = \frac{1}{X_C} = 1$$

(3)编制投产顺序。

编制过程列在表 7-3 中,编制的规则为:

第一,生产比倒数最小的产品先投产,如有多个最小生产比倒数,则安排最小生产比倒数晚出现的产品先投产。采用这一规则时,如出现连续投入同一品种时,应排除这个品种,再按此规则排序。

第二,对已选定的生产比倒数 m_j 标上"*"号,并更新 m_j 值,即在所选定的产品的 m_j 上再加上该产品的 m_j。

第三,重复以上过程,直至排得的连锁中各品种的数目分别等于它们的生产比时,则表明投产顺序已确定,就可停止排序。

表7-3 生产比倒数法确定投产顺序计算表

计算次数	A产品	B产品	C产品	连锁	备注
1	$\frac{1}{3}^*$	$\frac{1}{2}$	1	A	
2	$\frac{1}{3}+\frac{1}{3}=\frac{2}{3}$	$\frac{1}{2}^*$	1	AB	
3	$\frac{2}{3}^*$	$\frac{1}{2}+\frac{1}{2}=1$	1	ABA	
4	$\frac{2}{3}+\frac{1}{3}=1$	1^*	1	ABAB	
5	1^*	—	1	ABABA	
6	—	—	1^*	ABABAC	

三、成组流水线

成组流水线是成组技术在生产过程中的应用。它是按产品在形状、加工工艺、加工路线或其他某种特征方面的相似性,对产品进行分类,将具有某种相似性的按产品专业化进行布置,组织生产。据统计分析,在机械产品中相似件占70%~75%,为成组技术的应用提供了可能性。

在采用成组技术的情况下,产品按其相似性来分组;设备则相反,是把进行某一组相似产品的加工所需的设备布置在一起,构成一个小生产线或加工单元。

成组流水线是具有流水线特征的成组加工单元。成组流水线有以下优点:采用成组技术组建成组流水线,利用了加工对象的相似性,不但可以节省大量的设计工作量,还可以提高设计的继承性和产品的"三化"程度;应用成组工艺设计,由计算机自动生成加工工艺,不但节省了不必要的重复劳动,还提高了工艺设计水平;在制定工时定额、材料定额等时,不仅省工省时,还可以保持定额水平的一致性;成组流水线的建立还可以提高生产系统的柔性,使企业适应多样化的需求；可以减少作业更换时间，减少中间在制品库存，使物流量减少，缩短生产周期，易于实现自动化等。

下面我们看一下某车间运用成组流水线前后的变化，如图 7-6 和图 7-7 所示。

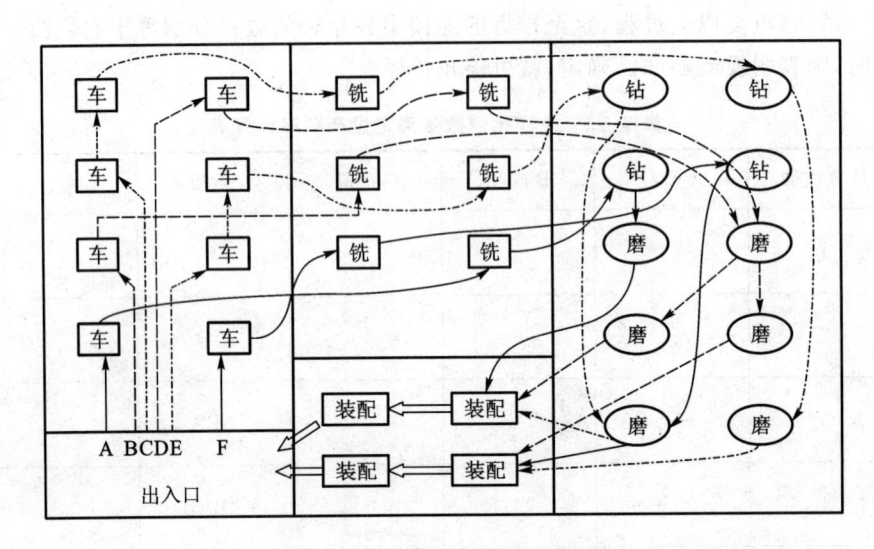

图 7-6 应用成组流水线之前

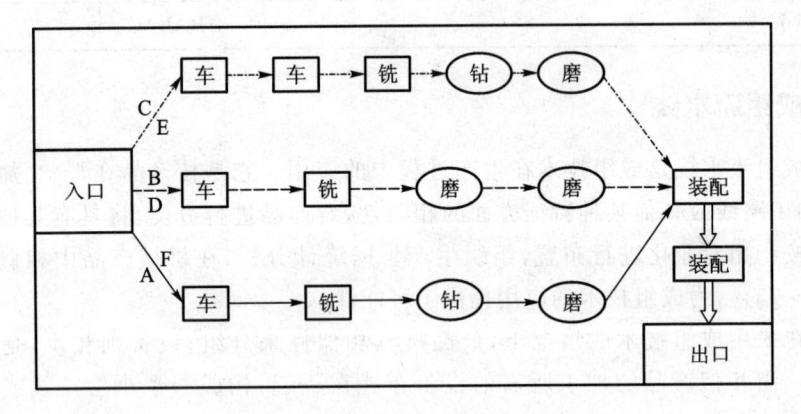

图 7-7 应用成组流水线之后

成组流水线根据相似零件组的工艺流程配置设备，设备随时可以进行局部调整以适应不同零件的制造，而且不过分强调节拍，工序间的运输采用辊道或小车。成组流水线与普通流水线的主要区别在于其间流动的不是固定的一种零件，而是一组相似的零件。在成组流水线的基础上可以组织以成组技术为逻辑基础的柔性制造系统和计算机集成制造系统，使多品种小批量生产方式采用自动化生产技术。

拓展学习　　生产制造系统的发展趋势

21世纪机械制造业的重要特征表现在它的全球化、网络化、虚拟化以及与环保要求协调的绿色制造等。人类不仅要摆脱繁重的体力劳动，而且要从烦琐的计算分析等脑力劳动中解放出来，以便有更多的精力从事高层次的创造性劳动。柔性化、敏捷化、智能化和信息化已经成为未来机械制造业的发展趋势，使生产系统具有更完善的判断与适应能力。

（1）柔性化——使工艺装备与工艺路线能适应生产各种产品的需要。

（2）敏捷化——使生产力推向市场准备时间最短，使工厂机械灵活转向。

（3）智能化——柔性自动化的重要组成部分，是柔性自动化的新发展和延伸。

（4）信息化——机械制造业将不再是由物质和能量借助于信息的力量生产出的价值，而是由信息借助于物质和能量的力量生产出的价值。因此，信息产业和智力产业将成为社会的主导产业。机械制造业也将是由信息主导的，并采用先进生产模式、先进制造系统、先进制造技术和先进组织方式的全新的机械制造业。

网上学习

1. 登录中国机械网，学习有关先进生产方式、制造技术及管理模式方面的知识。

2. 登录中国制造业信息化门户网站，了解有关先进生产方式的内容。

3. 登录制造业信息化管理网站，学习有关企业信息化管理方面的知识。

4. 登录北京惠特尼斯科技中心网站，学习 Witness 软件的基本使用方法，进行流水线生产系统的建模与控制仿真实验。

5. 登录中国仿真互动网，学习有关系统仿真方面的知识。

思考与练习

1. 什么是流水线？组织流水生产应具备哪些条件？

2. 流水线是如何分类的？

3. 什么是单一品种流水线、可变流水线、混合流水线？它们的节拍计算有何不同？

4. 某单一品种流水线，装配过程分解为10道工序，装配顺序及单件工序作业时间见表7-4。该产品日产量225件（不考虑废次品），两班制工作，每班工作8h，每班休息30min。试计算流水线的节拍、最小工作地数和负荷系数并组织工序同期化。

表7-4 某单一品种流水线装配顺序及单件作业时间表

工序名称	A	B	C	D	E	F	G	H	I	J
紧前工序	—	A	A	A	B	C	D	EF	FG	HI
作业时间(min)	2	2.5	1.7	2.4	1.5	0.5	0.4	1.3	1.6	0.5

5. 某单一产品装配线计划每小时出产60件产品，每小时用于生产的时间是50min。表7-5是装配工序、每道工序的作业时间及紧前工序等信息。要求：

(1) 画出装配顺序图；
(2) 确定该装配线的节拍；
(3) 计算每小时装配60件产品所需的最少工作地数；
(4) 组织工序同期化并计算装配线负荷系数。

表7-5 装配流水线工序及单件作业时间表

工序名称	A	B	C	D	E	F	G	H	I
紧前工序	—	A	B	B	B	B	CDE	GF	H
作业时间(min)	0.69	0.55	0.21	0.59	0.70	1.10	0.75	0.43	0.29

6. 某混合流水线生产A、B、C、D四种产品，其日产量分别为400件、300件、200件和100件，请用生产比倒数法安排四种产品的投产顺序。

第八章　能力规划与设计

内容提要

　　生产运营能力水平决定了企业的竞争边界，包括企业的市场响应速度、成本结构、劳动力构成、技术水平、管理支持模式和基本库存策略等。合理地规划与设计生产运营能力对于企业运营效益至关重要。本章叙述生产运营能力的基本概念和影响因素，重点讨论生产运营能力的查定方法，分析生产运营能力规划相关策略。最后，介绍学习曲线在生产运营能力规划中的应用。

第一节　概　　述

一、运营能力的含义

　　运营能力是指一个设施的最大产出率。这里的设施，可以是一个工序、一台设备，也可以是整个企业组织。本章所论述的生产运营能力，主要是指一个企业的生产运营能力。

　　企业的运营能力从广义上说，是指人员能力、设备能力和管理能力的总和。人员能力是指人员数量、实际工作时间、出勤率、技术水平等诸因素的组合；设备能力是指设备和生产运营面积的数量、水平、开动率和完好率等诸因素的组合；管理能力包括管理人员经验的成熟程度与应用管理理论、方法的水平和工作态度。从狭义上说，运营能力主要是指人员能力和设备能力，在资本集约度较高的制造业企业中，尤其是指设备能力。在实际的企业管理中，由于管理能力一般来说只能作定性的分析，而人员能力和设备能力是可以定量计算的，故生产运营能力主要是指狭义的运营能力，即指一个企业在一定的时期内、一定的生产技术组织条件下，企业内部各个生产运营环节综合平衡以后能够产出一定种类的产品或服务的最大数量。它是反映企业产出可能性的一种指标。

二、运营能力的度量

　　运营能力通常理解为一个系统的最大产出量。这看起来很简单，但在实际中，测量运营能力却存在一定的困难，这些困难来自于对运营能力的不同解释以及需要明确特定情况下适于何种测量手段。一般情况下,生产运营能力的度量可采用两种基本形式:投入度量或产出度量。

当生产仅涉及一种产品或服务时,某生产单元的运营能力可以用其产品来表示。例如,一个汽车厂,其运营能力可用产出来简单地度量,如年产 30 万辆。然而,当涉及多种产品或服务时,用一种基于产出单位的简单度量可能是有误导性的。例如,一家既生产冰箱又生产电视机的家电生产厂,如果两种产品的产出率不同的话,用一种简单的产出单位就无法表明冰箱或电视机的产量。如果生产的产品更多,情况将变得更为复杂。一种可能的解决办法是以每种产品的产量表示其运营能力,这样可以说该工厂每天的运营能力是生产 1 000 台冰箱或 800 台电视机。有时这种方法是有用的,有时却毫无意义。例如,一个组织有许多种不同的产品或服务组合时,列出每一种相关的运营能力是不现实的。特别是当产出组合经常发生变化时,需要持续改变运营能力的综合指数,这简直是不可能的。这种情况下,一般以投入量为计量单位比较合理。例如,在一家机械配件厂,因其生产的品种很多,采用可利用的设备数,即投入度量更方便。一家医院,可以用投入来度量,如所拥有的床位;也可以用产出来度量,如平均每天可看的病人数。航空客运业,可用所拥有的飞机数量(投入)度量,也可以用每月所提供的座位数(投入)度量,还可以用每月的飞行距离×顾客人数(产出)度量。一家餐馆,可用所拥有的座位(投入)度量,也可用一天可接待的顾客数(产出)度量。

没有一种运营能力的度量方法是适用于所有情况的。实际中,应根据不同情况而定。表 8-1 列举了运营能力度量的例子。

表 8-1 运营能力的度量方法

企业类型	运营能力的度量	
	投入表达方式	产出表达方式
汽车制造	人工小时、机器工时	每班生产的汽车量
石油精炼	精炼炉尺寸	每天生产燃油数
航空公司	飞机数量、每月提供座位数	每月的飞行距离×顾客人数
餐饮店	可供就餐的座位数量	每天服务的顾客数量
零售商	可供商品展示的空间规模	每天商品销售额
影剧院	观众座位数量	每周的观众数量
医院	可供治疗的床位数量	每天治疗的病人数量

一般来说,选择用投入还是产出来度量,其基本考虑是:在以产品专业化为生产组织方式的企业组织中,通常以产出为度量单位,如上述的汽车厂。在这种情况下,产出的品种比较少,产出可明确地度量。而在产品品种较多、数量较少、采取工艺专业化的生产组织方式的企业中,则用投入进行度量更方便,如每月可

采用的设备数量、可利用设备机时等。但是,在这种情况下,要注意的是,市场需求往往是按照产出来表示的(例如,需要多少辆汽车、需要多少个配件)。为了评估需求与能力是否匹配,需要把需求换算成所需的设备数或设备机时等。

三、运营能力大小的决定因素

系统设计的许多决策因素影响运营能力,这些因素主要包括:设施因素、产品或服务因素、工艺因素、人力因素、运行因素、供应链因素和外部因素。

(一)设施因素

设施的设计,包括厂房大小以及为扩大规模留有的余地是一个关键因素。设施的选址,包括运输成本、与市场的距离、劳动供应、能源和扩张空间,也是很重要的因素。同样,工作区域的布局也决定着工作的平衡执行。

(二)产品或服务因素

产品或服务设计对运营能力也有巨大影响。如果生产的产品或服务相似的话,系统生产这类产品的能力要比生产不同产品或服务的能力大。一般来说,产出越一致,其生产方式和材料就越有可能实现标准化,从而能达到更大的运营能力。

(三)工艺因素

加工能力是决定运营能力的一个明显因素。另一个隐含的决定因素是产品质量。例如,如果产品质量达不到标准,频繁的产品检验和返工就会导致产量下降。

(四)人力因素

组成一项工作的任务、涉及活动的种类以及履行一项任务需要的培训、技能和经验对潜在和实际产出都有影响。另外,员工的动机、缺勤和跳槽与运营能力也有着直接的联系。

(五)运行因素

一个组织由于不同机器设备在运行能力上的矛盾或工作要求上的矛盾而产生的排程问题、存货储备的决策、发货的推迟、所采购的原材料部件的满意程度,以及质量检查与进程控制,都会对有效运营能力产生影响。

(六)供应链因素

如果在运营能力规划中涉及很大的运营能力变化,就必须考虑供应链因素。关键的问题是运营能力变化对供应商、仓储、运输和经销商将产生什么影响。如果提高了运营能力,供应链上的这些部分能满足要求吗?相反,如果运营能力降低了,业务的减少将给供应链上的这些因素带来什么影响?

(七)外部因素

产品标准,特别是产品最低质量标准和服务标准,会限制管理人员增加和使用运营能力的选择余地。产品和设备的污染控制标准经常会降低有效运营能力。而政府规章条例要求某些行业(如造纸业)工人从事非生产性的活动,工会限制工人工作时间和工作种类的契约也有相似的影响。

另外,不充分的计划也是限制有效运营能力的主要因素。

第二节 生产能力的查定

一、生产能力的定义

对于生产单一品种的制造型企业来说,生产能力是指企业全部生产性固定资产在一定时期(通常为1年)和一定的生产技术组织条件下,经过综合平衡后所能生产一定种类和一定质量产品的最大数量或者能够加工处理一定原材料的最大数量。它是反映企业生产可能性的一种指标,一般以实物指标为计量单位。价值或劳动消耗定额的数量不能确切说明企业生产能力,因为它不能提供关于生产一定产品可能性的准确概念。

上述生产能力的定义,有以下四方面的含义:

(1) 企业的生产能力是按照直接参与生产的固定资产来计算的,是固定资产能力的综合反映。影响生产能力的因素很多,如机械设备、劳动者、原材料、技术水平、管理水平等。在手工业时代,生产能力的大小主要取决于劳动者的数量、劳动者的技能以及分工协作情况。但在现代社会化大生产条件下,劳动者的能力必须同机器设备的生产能力相适应,而相对于影响生产能力的其他因素,固定资产是一个主要的、比较稳定的因素。

(2) 企业的生产能力是指在一定时期内所能生产产品的最大数量。生产能力一般以年、季、月、日、班、小时为时间单位。为了便于与年度生产计划相比较,通常按年度来计算生产能力。班、小时等时间单位一般用于计算流水生产能力。

(3) 企业的生产能力是指在一定的技术组织条件下生产产品的能力。一定的技术组织条件包含两方面含义:一是指由于产品结构发生变化,技术组织条件发生变化,相应的生产能力也会发生变化。因此,确定企业的生产能力,应以一定的技术组织条件为基础。二是指企业的生产能力要按正常和充分利用各种生产条件来确定,即原材料、燃料、动力等供应正常,劳动力配备合理,机器设备和工装基本配套齐全,充分开工等。因为按照非正常条件(如停电、缺少原材料、设备不配套等)确定的生产能力不能反映固定资产的实际状况,因此,企业的生产能力应该在企业可能达到的技术组织条件下确定。

(4) 企业的生产能力是指企业内部各生产环节、各种固定资产的综合生产能力。由于产品的生产要经过各个工艺阶段和各个生产环节才能完成,在此过程中需按一定比例在各工艺阶段和各生产环节配备不同的固定资产。企业产品的生产过程,就是通过劳动者的分工协作,运用这些相互联系的固定资产来完成的。所以,企业的生产能力是企业各个基本生产车间、辅助生产车间能力综合平衡的结果,是各个生产环节、各种固定资产按生产的要求所能达到的综合能力。

由此可见,企业生产能力具有时间性、动态性、条件性和综合性的特点。

二、生产能力的种类

(一) 按用途分类

1. 设计能力

设计能力指企业筹建时,设计任务书和技术文件中所规定的生产能力。它是按照工厂设计中规定的产品方案、技术装备和各种设计参数计算出来的最大年产量。企业基建工程竣工后,需要一个熟悉和掌握技术的过程才能达到该能力水平。

2. 查定能力

查定能力指企业在没有设计能力,或虽有设计能力,但由于产品方案、协作关系和技术组织条件发生了很大的变化,原有的生产能力不能反映实际情况时,由企业重新调查核定的生产能力。该能力是以现有设备等条件为依据,根据查定年度内可能实现的先进技术组织措施来确定的。因此,只有当企业实现了先进的技术组织措施后,才能达到查定能力。

3. 现有能力

现有能力是指企业在计划年度内实际可能达到的生产能力。它根据企业现有条件,并考虑计划年度内所能实现的各种技术组织措施效果来计算。

以上三种生产能力在水平上是存在差异的,它们的用途也有所不同。设计能力和查定能力,可以作为确定企业生产规模,编制企业长远规划和扩建、改建方案,安排企业技术改造项目的依据;现有能力可以作为企业编制年度计划、确定生产指标的依据。

(二) 按结构分类

1. 单机能力

单机能力是指某一单台设备所具有的生产能力。一般以设备品种为依据,特殊情况下需要进行专门测定。

2. 环节能力

环节能力是指企业某一生产环节或某一工艺过程所具备的生产能力。如毛坯生产阶段的模型制造、造型、熔炼、浇铸等生产环节的生产能力。

3. 综合能力

综合能力指企业各生产环节、生产单位和部门生产能力的综合。它是在一定时期内、一定的技术组织条件下,根据企业内部最薄弱环节或主导生产环节的生产能力确定的。

综合能力是各环节生产能力的综合反映,各环节的生产能力是单机生产能力在该环节工艺过程内的综合。在核算生产能力时,应从最基层即单机生产能力开始,通过逐级平衡,确定整个企业的生产能力。

三、生产能力的计算过程

(一) 查定能力要考虑的因素

影响企业生产能力的因素很多,如产品品种多少,产品结构的复杂程度,零部件的标准化和通用化水平,技术质量要求,机器设备的数量、性能及成套性,工艺装备和工艺方法,职工队伍的素质,生产组织和劳动组织的形式等。但从查定能力的角度来看,上述因素可归纳为三大类:固定资产的数量、固定资产的工作时间和固定资产的生产效率。

1. 固定资产的数量

固定资产的数量是指在计划期内,用于生产的全部机器设备的数量、厂房和其他生产用建筑物面积的数量。其中机器设备的数量包括:①正在运转的设备;②正在检修、安装或准备检修、准备安装的设备;③因任务不饱满或其他不正常原因而暂时停用的设备。不包括已报废的设备和不配套的设备。

生产面积数量主要是指:受生产面积影响较大的铸造车间、铆焊车间、装配车间等生产部门的面积,堆放原材料和毛坯等辅助面积以及运输路线所占用的面积。

2. 固定资产的工作时间

固定资产的工作时间是指按照企业现行工作制度计算的机器设备的全部有效工作时间和生产面积的全部利用时间。固定资产的有效工作时间,在连续生产条件下,全年有效工作时间可按全年日历天数(如无备用设备要扣除检修天数)、每日班次、每班工作时间来计算,季节性生产企业的有效工作时间应按全年可能的生产天数计算,或按其昼夜生产能力确定;在间断生产条件下,全年有效工作时间是从日历时间中扣除节假日时间,再扣除设备检修时间。计算公式为:

$$F_e = F_y H \eta_0 = F_y H (1-\theta)$$

或 $$F_e = F_y H - D$$

式中:F_e——设备全年有效工作时间,单位一般为小时;

F_y——设备全年制度工作日数;

H——每日制度工作小时数(即工作日长度);

η_0——工作时间利用系数;

θ——设备计划停修率；

D——设备计划停修小时数。

生产面积的时间利用总数，按照制度规定的工作时间来确定，其计算公式为：

$$T_m = Mt_m$$

式中：T_m——生产面积时间利用总数；

M——生产面积数；

t_m——生产面积利用的延续时间数。

3. 固定资产的生产效率

固定资产的生产效率，亦称固定资产生产率定额。它包括机器设备的生产效率和生产面积的生产效率。

设备的生产效率有两种表示方式：一种是单台设备在单位时间内的产量定额；另一种是单台设备制造单位产品的时间消耗定额（台时定额），二者互为倒数关系。计算设备生产能力常用台时定额，它应是平均先进定额，即在一定的技术组织条件下，介于平均水平与最先进水平之间，在一定时期内经过努力大多数人可以达到的定额。随着技术的发展及工人技术熟练程度的提高，现行定额要定期修订。台时定额一般一年修订一次。只有这样，生产能力才能相应得到提高。

设备的生产率定额，是计算生产能力的最基本因素。在设备的数量及工作时间总数一定的条件下，定额水平对生产能力的大小起着决定性的作用，而设备生产率定额又受设备的性能，产品的品种、结构、技术质量要求，原材料，工艺方法，工人的素质，生产组织和劳动组织等一系列因素的影响，特别是工人的素质，对设备生产率定额影响极大。因此，要提高设备的生产率定额，必须在提高人员素质上下工夫。

生产面积的生产效率也有两种表示：一种是单位面积、单位时间的产量定额，另一种是单位面积、单位产品的时间定额，两者也互为倒数关系。

从上述分析可以看出，固定资产的生产效率是一个综合性因素，它不仅受固定资产本身的技术条件影响，还受产品品种、质量、原材料、企业的生产组织以及职工素质等因素的影响。因此，为正确确定固定资产的生产效率，还需对各种影响因素进行客观分析。

（二）计算生产能力

由于企业生产特点、生产类型及生产组织形式不同，计算生产能力的方法也有所不同。

1. 流水生产企业生产能力的计算

对于采用流水线生产方式的大量生产企业，企业生产能力是按每条流水线核查的。先计算每条流水线的能力，再确定车间的生产能力，最后通过平衡，求出全厂的生产能力。

每条流水线生产能力的计算公式：

$$M_{流} = \frac{F_e}{r}$$

式中：$M_{流}$——流水线生产能力，单位为件、个或台等；

F_e——计划期流水线有效工作时间，单位一般为 min；

r——流水线节拍，单位为 min/件。

车间生产能力的确定可分为以下两种情况。一是如果仅仅是零件加工车间，每个零件有一条专用生产线，而所有零件又都是为本厂的产品配套生产，那么该车间的生产能力取决于生产能力最小的那条生产线的能力；二是如果是一个部件制造车间，它既有零件加工流水生产线，又有部件装配线，这时它的生产能力应该由装配线的能力决定。即使有个别零件加工能力低于装配流水线能力，也应该按照这个原则确定，零件加工能力的不足可以通过其他途径补充。

在确定车间生产能力的基础上，通过综合平衡的方法来确定企业的生产能力。

第一步，对基本生产车间的能力作平衡。由于各车间之间加工对象和加工工艺差别较大，选用的设备是不一样的，性能差别很大，生产能力很难做到一致。因此，基本生产车间的生产能力通常按主导生产环节来确定。所谓主导生产环节是指产品加工的关键工艺或关键设备，这些生产环节的能力决定了某些基本生产车间的能力，同时也基本限定了工厂的生产能力。

第二步，对基本生产车间与辅助生产部门的能力作平衡。当两者的能力不一致时，一般说来，工厂的生产能力主要由基本生产车间的能力决定。如果辅助生产部门的能力不足，可以采取各种措施来提高它的能力，以保证基本生产车间的能力得到充分利用。

2. 设备组生产能力的计算

构成设备组的基本条件是生产中的互换性，即设备组中的任何设备通常在相同的时间内可以完成分配给该设备组加工的任何相同工序，达到规定的质量标准，并且能使设备合理使用。由于同类设备组存在着生产单一品种和多品种的情况，因此，核算生产能力的方法有所不同。当设备组生产多种产品时，其生产能力一般按投入量计算；当设备组仅生产一种产品时，其生产能力可利用以下公式计算：

$$M = \frac{SF_e}{t} = \frac{SF_y H(1-\theta)}{t}$$

式中：M——设备组生产能力；

S——设备组内设备的数量;

F_y——设备计划期制度工作日数;

H——设备每天制度工作小时数;

t——单位产品的台时定额;

θ——设备计划停修率。

对于生产能力取决于设备的车间(工段),在计算设备组生产能力的基础上,可确定车间(工段)的生产能力。一般情况下,各设备组的生产能力是不等的。因此,在确定车间(工段)生产能力时要进行综合平衡。在确定车间(工段)生产能力时首先要抓住关键设备组的生产能力,然后使其他设备组的生产能力与之相适应。所谓关键设备组,是指完成劳动量比重最大或者需要较大投资才能提高其生产能力的设备组。确定过程中,对于生产能力不足的薄弱环节,要制定相应措施,加以改善;对生产能力过剩的富余环节,也要采取措施,使之得到合理利用。经过平衡后的生产能力,就可作为车间(工段)的生产能力。

图 8-1 中,假定镗床是关键设备,因此应确定车间年生产能力为 100 台。能力不足的设备组,如插床组、钻床组、磨床组,都可以通过能力调整措施来解决。比如:可以让刨床组、车床组、铣床组的富余能力加以支援,使车间生产能力得到综合平衡。

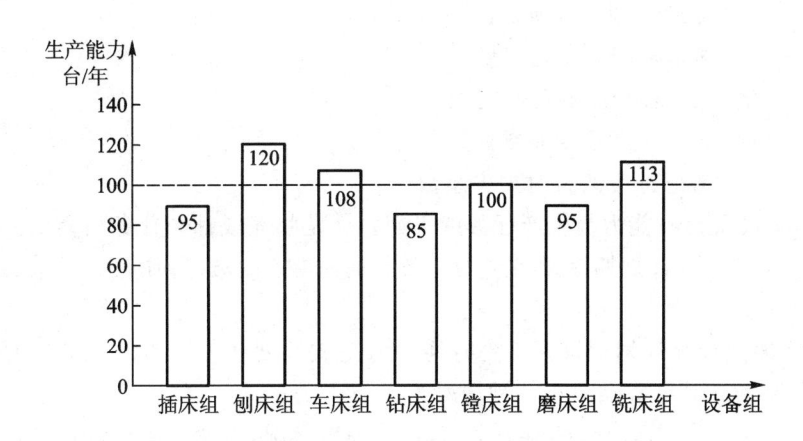

图 8-1 车间生产能力平衡图

需要指出的是,车间(工段)生产能力的确定方法,并没有统一的规定。也有观点认为,应该以最小设备组生产能力,或者最小车间生产能力来确定,即遵循所谓的"木桶原理"。在确定车间或企业生产能力时,应对具体问题作具体分析,以关键设备能力来确定,理由是关键设备价值高,企业不可能有备用的,也难以找到外协者,购置新的设备又可能因能力利用不足而不经济,所以生产能力只能受制于关键设备的能力。

对于铸造车间来说，其生产能力主要取决于熔炼设备、造型设备和造型面积的生产能力。

四、生产能力与生产任务的平衡

现有生产能力是编制年度生产计划的依据，因此，在编制年度生产计划时，需要将生产任务与生产计划进行平衡。生产能力与生产任务的平衡一般采取台时法。

台时法是将设备组能力与生产任务进行平衡。其方法就是将主要设备组的台时能力数与完成生产任务所需台时数比较，即先计算设备组在计划期内有效工作时间，然后根据单位产品的台时定额，计算完成计划产品所需要的台时总数，两者进行比较完成平衡工作。基本步骤为：

（1）计算计划期某设备组的有效台时数。计算公式为

$$T_0 = SF_e = SF_y H(1-\theta)$$

式中：T_0 为计划期某设备组的有效台时数，其余符号含义与前述相同。

（2）计算完成计划任务所需的台时数。计算公式为

$$T_1 = \sum_{i=1}^{n} N_i t_i \beta (1+\alpha)$$

式中：T_1——完成计划任务所需的台时数；

N_i——第 i 种产品计划产量；

t_i——第 i 种产品的台时定额；

β——台时定额压缩系数；

α——考虑补废的台时损失系数。

（3）设备台时能力与生产任务的平衡。就是将完成计划任务所需的某种设备台时数（T_1）与计划期该设备组的有效台时总数（T_0）进行比较。通常有两种方法：

① 通过计算计划期设备组台时能力与完成计划任务所需的任务台时的差值进行平衡。其计算结果有三种情况：

第一种，$T_0 - T_1 = 0$，即能力平衡，这是理想状况，说明设备组既能完成生产任务，生产能力又得到充分利用。

第二种，$T_0 - T_1 > 0$，即能力富余，说明设备组能完成生产任务，而且生产能力还有富余。企业可以根据市场需求，考虑增加生产任务，或承揽零星加工任务使生产能力充分利用。

第三种，$T_0 - T_1 < 0$，即能力不足，说明设备组不能完成生产任务，因此，必须挖掘潜力，采取有效措施，提高生产能力。若实在有困难，则只能考虑外协加工或减少生产任务。

台时法一般采用台时平衡表方式进行。表8-2为A、B两个设备组加工三种产品的情况。多台设备组生产多种产品的情况与此类似。

表8-2 台时平衡表

设备名称	设备能力（台时）				计划期产品任务								平衡结果	
^	设备数量	计划工作天数	日工作小时数	设备停修率	设备开动率	有效台时 T_0	甲产品			乙产品			丙产品			台时合计 T_1	T_0-T_1	
^	^	^	^	^	^	^	台时定额	计划产量	所需台时	台时定额	计划产量	所需台时	台时定额	计划产量	所需台时	^	能力有余	能力不足
A	10	77	15.5	10%	90%	9 667	41	105	4 305	34	165	5 610	60	10	600	10 515		-848
B	7	77	15.5	10%	90%	6 767	18	105	1 890	24	165	3 960	27	10	270	6 120	647	

② 通过计算设备组的负荷系数进行生产能力与生产任务的平衡。平衡结果表明：A设备组能力缺848台时，负荷系数为10 515/9 667＝1.08，即设备超负荷工作；B设备组能力富余647台时，负荷系数为6 120/6 767＝0.90，即设备低负荷工作。

第三节 生产能力的规划

一、能力规划的基本概念

（一）能力规划的含义

能力规划是对企业满足目前和未来需求量的生产能力水平所作的选择。生产能力规划包含两个层次：一是长期生产能力规划，二是短期生产能力规划。长期生产能力规划涉及新设施或新设备投资，需要进行投资决策。短期生产能力规划主要指一年以内的生产能力计划，它的最大特点是固定资产的数量是一定的，一般不涉及固定资产投资问题。年内生产能力规划的主要内容是将计划生产能力与生产计划对生产能力需求量之间进行平衡，且平衡的措施基本上是非投资性的。这一部分在上一节中已阐述。本节主要讨论长期生产能力规划的内容。

（二）能力运行水平的种类

1. 最佳运行生产能力

最佳运行生产能力一般是指设备除正常维修、保养时间以外连续运转的最大产出，通常人们关心的是单位成本的最小化。管理经济学告诉我们，生产成本是产量的函数，产量与平均单位成本之间的关系如图8-2所示。曲线的极值点表示的产品单位成本最小，除此之外，不管实际产量是大于这个数量（设备过度利用)还是小于它(设备利用不足),单位产品成本都不是最小的。因此,把此时的生产量就定义为最佳运行生产能力。这个概念的实际意义不在于引导我们去寻找成本曲线,而是提醒,在企业固定资产相对稳定的条件下,存在着一个使单位产品成本最小的生产量。因此在制定计划时,对计划方案要进行成本测算。

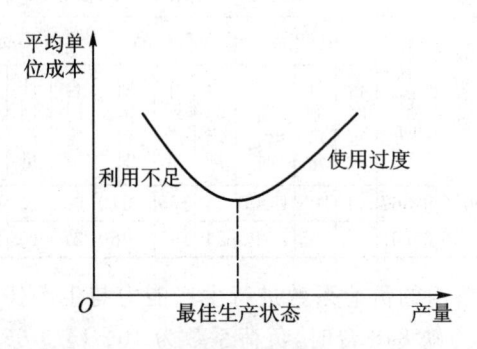

图 8-2 产量与平均单位成本的关系

2. 经济规模运行能力

这个概念的基本含义是指:当一个企业的规模扩大时,由于产量的增加,会使平均成本降低,因此扩大规模是有利的。成本随产量增加而呈下降趋势的原因是多方面的,部分原因是分摊到每件产品的设备费用随产量上升而下降。一台设备与另一台用途相同而能力大一倍的设备相比,它们的价格不是成正比增加的,能力虽然大一倍,而价格往往相差不大,即设备费用不变。此外,当产量足够大时,非制造成本,如市场营销费用、研究与开发费用、企业管理费等,分摊到每件产品的份额会变得很小。而当企业规模扩大时,由于设备以及其他资源的充分利用提高了资源的使用效率,导致成本下降。

经济规模与最佳运行生产能力是两个不同的概念。最佳运行生产能力是在某一规模下单位成本最低的产出能力,而经济规模是指在不同规模的最佳运行能力中单位成本最低的生产规模。

但是,平均单位成本不可能无限制地减少。当生产规模扩大到一定程度时,管理的难度增加,系统效率反而会降低,虽然投入增加了,但产出没有成比例增加,这时企业达到了它的规模经济生产能力。经济规模与最佳运行生产能力之间的关系如图 8-3 所示。图中标出了企业的生产规模分别为 100 台、200 台、300 台、400 台时的单位成本曲线,以及每一规模下的最佳运行生产能力。企业生产规模从 100 台到 200 台,再到 300 台,它的单位成本呈下降趋势;在 300 台时,单位产品成本达到最小;当生产规模再继续扩大到 400 台时,单位产品成本反而开始上升。因此,该厂的经济规模就是 300 台,此时的运行能力就是经济规模运行能力。要注意的是,仅仅依据一条曲线是无法判断经济规模的,因为它是在工厂规模不变的条件下取得的。只有通过扩大规模（需要有投资行为），当发现到了一定规模单位成本转向上升，如图8-3中达到400台规模，才能作出判断。

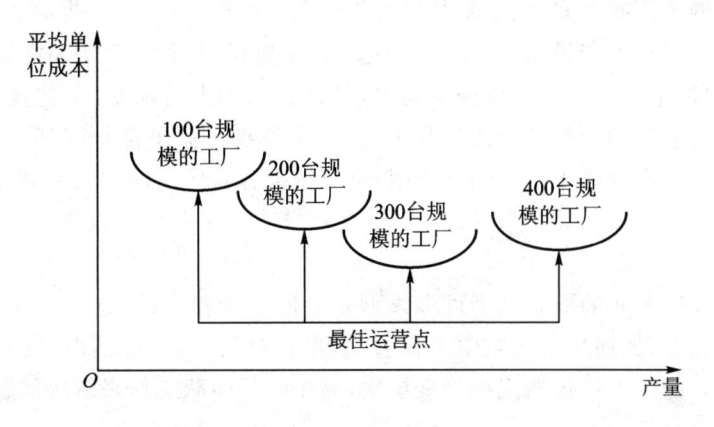

图8-3 经济规模与最佳运行生产能力

3. 柔性生产能力

生产能力的柔性是指生产能力的可变性与适应性。柔性生产能力是指当市场需求波动幅度较大时，企业生产能力可以在调整费用很低的情况下迅速增加或减少的能力。或者，生产能力从加工一种产品迅速转移到生产另一种产品的能力。这种应变能力在市场需求多样化、个性化的时代，对于企业是非常重要的。它包括三层含义：柔性工厂、柔性生产过程和柔性工人。理想状态的柔性工厂转换产品的调整时间为零，它使用可移动设备，可装卸内墙，以及易于装配和重组的生产线，这样的工厂可以实现快速转换。柔性生产过程也具有快速转换特性，生产线可以从制造一种零件方便地调整到制造另一种零件，并且这种调整成本是非常低的。有时把具有这种特性的生产能力称作范围经济，其含义是：与分别制造各种产品相比，多种产品组合起来生产成本可以更低。柔性工人指的是生产工人掌握多种技能和能力，他们可以很容易地从一种工作调换到另一种工作。与专业化的工人相比，他们需要得到更广泛的技能培训。此外，在生产现场需要管理者能够迅速调整工人的生产作业任务。

4. 单元生产能力

大规模生产虽然有助于降低生产成本，但存在着柔性低、应变能力差等缺点。随着市场竞争焦点的变化，只有经济生产规模已经不能确保竞争优势。技术快速更新、产品生命周期缩短对生产设施柔性方面提出了愈来愈高的要求，这使得维持具有大规模生产能力设施的经济性愈来愈困难。企业必须变大规模生产为一个个生产设施单元。

生产设施单元化是指企业通过缩小生产设施的规模及范围，在保持其柔性的同时,集中精力于优势产品或项目,提高生产经营绩效。自1970年起,许多企业开始从大规模生产设施转向生产设施单元化。例如,将原来生产各种类型产品的大型工厂重新组合成若干个专业技术性较强,分别只生产为数不多的几种产品的小型工厂或车间,以便将其精力集中在所生产的产品上,提高效率。即使是在一个大规模生产设施中,生产设施单元化也可通过组建"厂中厂"来实现。在每一个"厂中厂",即生产设施单元中,机器设备和人员配备、工艺技术和生产过程根据所生产的产品进行设计与组合,突出特点与竞争优势。某一生产设施单元与其他生产设施单元之间的界限,可以根据各自所占的空间来划分,也可以通过生产组织之间的关系来界定。单元生产能力就是各生产设施单元具有的生产能力。

生产设施单元的概念已为许多大型企业所接受和采纳,这些企业中不乏世界级著名企业,如通用电气航空工程公司、惠普公司、美国电话电报公司等。生产设施单元的优点还包括减少管理层次,易于实行团队工作来解决问题,改善沟通方式和途径等。

生产设施单元的概念同样适用于服务行业,如专业连锁店,在位置比较显眼的场所开设小型分店,充分发挥自身特长,注重为特定顾客服务。

二、能力规划应考虑的因素

规划生产能力时需要考虑的因素有很多,尤其应重视以下三方面问题:备用生产能力的大小、扩展生产能力的时机与规模、备用生产能力与生产战略的关联性。

(一) 备用生产能力的大小

一般来说,生产设施的平均利用率不应太高,如若太接近100%的话,意味着需要增加生产能力,否则会因为生产能力不足而失去顾客订单反而使生产率下降。规划生产能力首先要考虑的因素是备用生产能力。备用生产能力是指生产设施的平均利用率低于100%的程度,亦即设计生产能力超出预计产出的程度,以百分比表示,可用下式表述:

$$C_b = 1 - \mu$$

式中:C_b——备用生产能力;

μ——生产设施(能力)平均利用率。

备用生产能力低意味着生产设施平均利用率高,备用生产能力高则意味着生产设施平均利用率低。不同行业和企业,其最佳备用生产能力的确定也有所差异。对于资本密集型行业,如造纸业,设备投资成本很高,备用生产能力以低于10%为宜;而对于供电企业,虽然也属于资本密集型产业,但倾向于备用生产能力达到15%~20%,以避免供电不足而影响对顾客的服务。对于服务行业来说，如一个银行职员，每天接待顾客的业务能力是一定的，但由于顾客的需求并非均匀的，在一周内某些天（如星期一）顾客的需求可能会高于一周中的其他天，甚至在一天中各时间段的顾客需求也会有较大差别。诸如此类的需求，尤其是在服务行业，不可能通过产品库存的方式或长时间等候使之均衡化，而只能要求在顾客到来之后为其尽快提供服务。因此，这种即时性服务的特点要求具备足够充裕的备用生产能力来应付高峰期的需求。通常会有这样的现象，如在超级市场购物，如果在出口处付款排队等候的时间稍长一点，即使只延长了几分钟，也会增加顾客的不耐烦情绪。

在未来需求不确定以及可供生产或服务调用的资源缺乏灵活性的情况下，需要较大的备用生产能力。另外，还应考虑到缺勤、假日和节日以及其他种种因素，留有一定余地；否则，会因加班或任务外包而导致生产成本增加。因此，必须慎重考虑和权衡备用生产能力的高低。

但是应注意到，对于资本密集型企业，由于生产设施昂贵，保持低水平备用生产能力是非常重要的。表 8-3 列出了根据阿贝尔（Abell）和哈芒德（Hammond）的调查统计得到的在不同备用生产能力程度下资本密集型行业的投资回报率（ROI）。

表 8-3 资本密集程度与投资回报率

资本密集程度 （投资强度）	备用生产能力		
	较低水平 （低于 15%）	中等水平 （15%～30%）	较高水平 （高于 30%）
	投资回报率（ROI）*（%）		
低	28	21	25
中等	24	17	20
高	17	11	7

* ROI=税前收益/平均投资额

由表 8-3 中数据知，对于资本密集程度高的企业，备用生产能力高（高于 30%）时，投资回报率只有 7%；备用生产能力低（低于 15%）时，投资回报率增至 17%。可见，对于资本密集型产业，投资回报率与备用生产能力之间存在着较强的相关关系，保持低水平的备用生产能力对资本密集型高的企业来说是重要的。需要指出的是，这种较强的相关关系并不存在于劳动密集型企业之中。无论劳动密集型企业的生产能力利用程度如何，投资回报差别都不大，这是因为在不同的劳动密集型企业中，生产设施所需投资差异不很大，生产设施利用率的高低对企业投资回报率的影响也不大。低程度的备用生产能力还可以避免由于保持高水平备用生产能力而造成的成本耗费，即被高水平备用生产能力所隐藏的低效率乃至无效率。例如，缺勤或生产供应缺乏可靠性等问题被过多的备用生产能力所掩盖。因此,生产经理要善于发现和识别这类问题,并寻求解决的最佳途径。

(二) 扩展生产能力的时机与规模

规划生产能力要考虑的第二个因素是,何时需要在现有生产能力基础上进行扩展以及扩展到多大的规模。图8-4给出了三种策略。一种是进攻型策略(图8-4(a)),即生产能力扩展规模较大,持续时间较长,但扩展次数较少。进攻型策略下的生产能力通常超前于生产需求(即能力线在需求线的上方),拥有较高的备用生产能力,可减少因生产能力不足可能导致的销售损失。另一种是保守型策略(图8-4(b)),即生产能力每次扩展规模较小,持续时间较短,扩展次数相对频繁。保守型策略下的生产能力扩展滞后于生产需求(即能力线在需求线的下方),灵活性较强,通常可依赖短期措施以应付和弥补生产能力的不足。例如延长工作时间、雇用临时员工、租赁设备、将工作任务外包、容忍缺货、延迟设备的防护性维修等。当然,这些短期措施也存在一定的弊端,如延长工作时间使工资成本增加,并有可能降低生产率。尽管如此,综合采用不同的短期措施,在某些场合下也不失为保守型策略的最佳选择。还有一种是介于前两者之间,叫中间型策略(图8-4(c))。

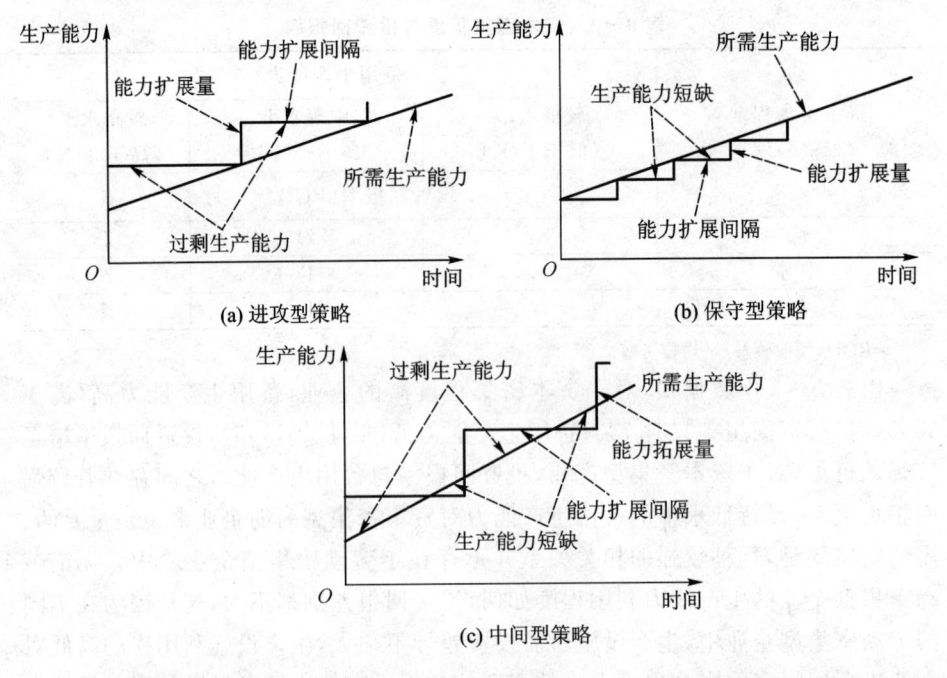

图8-4 能力规划策略

在经济规模效应和学习效应比较明显的情况下,实行进攻型策略是有利的。企业可降低生产成本实行价格竞争策略,以强大的生产能力抢先占有市场,并以此作为竞争优势来扩大市场份额。保守型策略承受的风险较低,在此策略下,企业生产能力的扩展可通过对生产设施的技术改造与革新来实现。企业对某一设施投资愈多,对该设施成功应用的依赖性就愈大。采用保守型策略可以降低风险,这些风险可能来自对需求的预测过分乐观,技术进步导致现有设备过时,以及对竞争对手估计过低等。保守型策略具有短期行为特征,在短期间内以较低的资本投入来保持较高的投资回报率,但由于技术更新上的落后,会逐渐失去市场份额,与企业的长期经营目标和利益相违背。

需要指出的是,上述两种极端策略并不一定经济。就进攻型策略而言,生产能力大规模扩展通常意味着昂贵的设备购买成本,并在一定期间内会形成过剩的生产能力,使生产成本增加;对于保守型策略,虽然设备购买成本相对较低,但较为频繁的设备更新会增加生产设施更换成本和人员培训费,同时会使原有设备闲置而产生机会成本。

企业在生产能力规划决策中可以选择上述任何一种策略,也可以权衡利弊,对两者进行综合运用。比如,可以采取跟随进攻型的策略。若他人进攻型策略在实施中前景看好,自身企业也与之不相上下;若他人在进攻型策略中生产能力扩展过度,企业也与之相差不大。此外,充分利用外部资源,如与他人共享某一生产能力资源(在不同时间段使用同一生产服务设施),也是常见的方式之一。这样不但弥补了生产能力不足的缺陷,还可以节省扩展生产能力所需要的投资。

(三)备用生产能力与生产战略的关联性

备用生产能力与企业生产战略有着紧密联系。有关生产系统布局、资源灵活调用和库存等方面的决策通常都会影响到备用生产能力的确定。表 8-4 列举了备用生产能力与生产战略的关联性。

表 8-4 备用生产能力与生产战略的关联性

生产战略	决策目的与效果	备用生产能力的调整
竞争优势 (供货速度)	更加注重快速供货	在需求不稳定或不确定时,较高的备用生产能力可提供快速的市场应变能力
质量管理	减少原材料消耗	由于减少不可预见的产出损失,只需较低的备用生产能力
生产工艺流程设计 (资本密集型)	提高生产过程自动化	保持较低的备用生产能力,以提高设备平均利用率,并获得较满意的投资回报率
生产资源灵活调用	员工作业相对稳定	较高的备用生产能力有助于减少超负荷生产,但通常会伴随着员工灵活性的降低
库存管理 (低存货水平)	均衡生产依赖于库存水平	较高的备用生产能力有助于满足高峰期需求
生产作业计划	创造稳定的生产环境	由于生产作业计划安排相对稳定,只需较低的备用生产能力

从表 8-4 可知，企业竞争优势的保持与其备用生产能力的高低相关联，相对充裕的备用生产能力有助于提高企业的应变能力和供货速度。资本密集型企业的备用生产能力拥有较高的自动化水平，易于达到较高的生产能力平均利用程度，通用性程度较高的备用生产能力则更适用于满足顾客多样化需求。

第四节　服务能力的规划

一、服务能力的特殊性

服务业的运营能力简称服务能力，它的规划在许多方面与制造业没什么本质区别，但有几个重要的特点：一是服务能力的时效性，二是服务能力的地域性，三是服务能力需求的易变性。这三个特点对服务能力规划有特殊要求。

（一）时效性

服务业的产品不同于制造业产品，它不能被存储起来以备后用，所以，当一次服务需求到来时，必须有运营能力去满足需求。例如，宾馆业的客房服务，顾客不可能将客房服务买回家放到以后消费，宾馆也不可能将淡季多余的床位（即多余的能力）存储起来，放到繁忙季节以补充能力不足。同样，当某次航班已经满员，航空公司不可能告诉顾客为他安排了上一航班中空出的座位。

（二）地域性

制造业可以在一个地方生产，然后把产品运到其他地方消费，运营与消费是可以分开的。与制造业不同，服务必须设置在顾客附近，服务与消费在同一地点同一时间发生。在服务以前，必须有足够的服务能力，才能提供顾客所需的服务。例如，在其他城市的空余客房是不能提供给本地顾客的。

（三）易变性

服务系统的需求表现出很高的易变性，其原因有三：其一，服务不能储存，这就意味着服务业不可能利用库存满足顾客未来的需求变化。其二，顾客的不同个性会直接影响服务系统。每个顾客常常有不同的要求，对服务过程有不同程度的感受，需要有不同的服务员提供服务。这些因素会使得每个顾客的服务时间存在很大的差异，导致服务系统的最小服务能力很难确定。其三，顾客行为和社会环境的变化导致需求的易变性。例如，大学生毕业离校以前，学校附近的餐馆生意兴隆；而到了暑假，则生意清淡。在一天中，餐馆的生意也是不均衡的，服务业的短期服务能力常常以 10~30 分钟这样的时间长度做计划。制造业的短期能力计划的时间跨度就比较长，可以是一周以上。

二、服务能力规划

为服务企业制定运营能力发展规划,无论是短期的还是长期的,都必须考虑日常的能力利用率与服务质量之间的关系。图 8-5 描述了排队服务系统的服务能力利用的一般规律。大多数服务企业属于排队服务系统,因而,该图具有普遍意义。

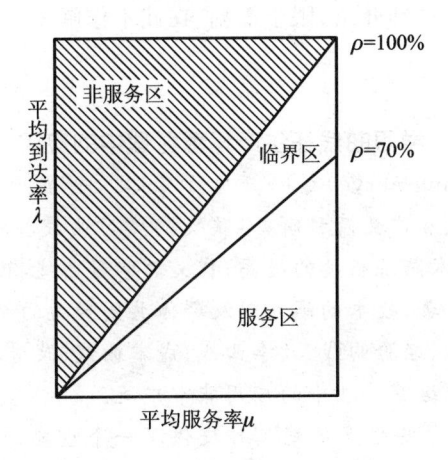

图 8-5 能力利用率与服务质量的关系

关于服务系统能力利用率有两个基本参数:一个是顾客平均到达率 λ,即平均每小时到达的顾客数;另一个是平均服务率 μ,即平均每小时服务的顾客数。服务能力利用率 ρ 由以下公式给出:

$$\rho = \frac{\lambda}{\mu}$$

一般认为最合理的服务能力利用率在 70% 左右。在这个比率下,既可以使服务人员处于工作状态,没有过多的空闲时间,也可以使他从容地为顾客服务,同时,也有足够的备用能力。图 8-5 中的临界区,表示顾客能够得到服务,但由于服务能力比较紧张,服务质量会下降;位于顶部的非服务区,表示进入服务系统的顾客太多,超出了服务系统的能力,部分顾客不可能得到服务。

对某一服务企业,最佳的服务能力利用率由其自身的特点决定。当顾客到达时间与服务时间具有很大的不确定性,或者因能力不足不能及时提供服务会造成严重后果时,利用率应该定得低一些。例如,医院的急诊部、消防站等,它们的服务关系到人的生命与财产,必须保证随时有足够的力量投入抢救;反之,对那些计划性强的服务系统,如计算机训练班,或者不直接与顾客接触的系统,如邮件分拣,能力利用率可以定得高一些。有趣的是,还存在着另一类服务系统,希望达到百分之百的利用率,如体育比赛,主办单位希望门票供不应求,不仅要每张门票能产生利润,而且希望爆满的运动场所创造出特殊的气氛,刺激运动员表现得更出色,令观众获得满足,进而能促进以后比赛门票的销售。戏院、酒吧也有这个特点。另外,百分之百的利用率还是航空公司所希望的。

服务能力规划通常涉及新的投资,具有较大的风险性,因此,对服务能力规划必须进行充分的调查、论证,多方案的评价选择及风险分析等。关于这部分内容在相关的学科中有详细介绍,限于篇幅,在此不作阐述。

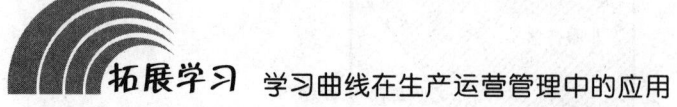

拓展学习 学习曲线在生产运营管理中的应用

学习曲线(learning curve)最早产生于第二次世界大战时的飞机制造业。学习曲线通常有狭义和广义两种解释:狭义的学习曲线指操作人员个人的学习曲线,反映了个人技术熟练程度的提高;广义的学习曲线指某一行业或企业生产方式、设备、管理的改善,技术的革新以及群体共同努力的结果。因此,学习曲线又称为制造进步函数、经验曲线、效率曲线、成本曲线、改进曲线等。

学习曲线在生产运营管理中的应用非常广泛。

(1) 学习曲线现象给生产计划工作提供了一个重要的分析工具,可以帮助企业较精确地估计未来的劳动力需求量和生产能力,估计成本和编制预算,制定计划和安排作业进度。

(2) 学习曲线在制定产品生产定额、计算产品销售价格、预测制造工时、考核员工工作绩效、估算成本等许多决策中扮演着重要的角色。企业可以运用学习曲线制定产品成本计划、培训计划等。此外,根据学习效应理论,当一个企业选择低成本竞争策略时,为了维持一定的利润,必须有足够的产量。因此,企业通常总是尽快增加产量,以使得成本降到学习曲线的最低点。

(3) 学习曲线对于防止竞争对手进入自己的市场也很有作用。例如,在电子元器件工业,开发一种集成电路的成本是昂贵的,因此产品最初的价格往往很高,但随着产品累积生产数量的增加,成本会迅速下降,价格也随之降下来,这对于先开发产品、先进入市场的企业十分有利。而后来的加入者一开始就必须以低价格在市场上出现,但实际上企业生产初期的成本是很高的,这种学习阶段的价格低于成本造成的损失,只能由加入者自己承担。

学习曲线在新产品开发频繁、产品重复性大、产品生命周期较短、手工作业时间所占比例较大的制造业中应用更为广泛。目前,学习曲线在很多领域也都取得了很好的应用效果。不同企业努力建立符合自身特性的学习曲线,以便动态实时地了解自身的生产情况,及时地发现自身存在的问题。

网上学习

1. 登录中国工厂管理网,学习有关约束理论方面的最新知识。
2. 登录畅享网站,学习有关生产运营能力方面的文章。
3. 登录 M&M's 朱古力公司网站,了解公司发展历程,理解该公司是如何利用在线游戏等服务方式提高公司服务能力的。
4. 登录麦格劳—希尔公司网站,查看有关运营能力方面的专题网页,浏览其中一个虚拟工厂的主页,思考该工厂是如何提高自身的运营能力的。

思考与练习

1. 影响企业生产运营能力的因素有哪些?
2. 如何查定(核定)制造型企业的生产能力?
3. 某车床组共有 4 台车床,在车床上加工甲产品的台时定额为 20 小时。两班制生产(制度规定时间为 15.5 小时),设备停修率为 10%,每个月按 22 天计。试确定车床组的月运营能力。
4. 某公司生产一种面点食品供早餐用,其生产设施的使用效率为 90%,生产能力平均利用率为 80%。该公司有 3 条生产线用于生产此种早餐食品,每条生产线每周工作运转 7 天,每天 3 个班次,每班工作 8 小时。每条生产线的设计生产能力为每小时可生产 120 份标准型早餐面点。试计算这 3 条生产线 1 周的额定生产能力。

第九章 综合计划与主生产计划

内容提要

市场需求变化总是客观存在的,企业的运营系统必须具有足够的柔性来应对这种变化,以便在需要的时候、按需要的量,提供满意的产品或服务,这样就离不开周密的计划。无论是制造业还是服务业,均存在编制运营计划问题。本章叙述制造型企业的分层计划体系,讨论综合计划编制方法及主生产计划制定策略,介绍几种典型服务业综合计划的编制技巧,最后介绍收益管理在服务业的应用。

第一节 计划管理概述

一、分层计划体系

企业计划按计划跨度可以划分为长期计划、中期计划和短期计划三个层次。长期计划一般一年做一次,即每年根据企业外部环境和内部条件的变化和实践执行的情况,将计划修订更新一次,即计划的计量单位为年。长期计划的计划跨度一般为一年以上,具体的计划跨度因行业的不同而不同。对于那些需要数年时间来规划和建造厂房以及安装特殊设备的行业(如大型化工企业),计划跨度一般是5～10年,或更长一些;而对于那些可以不断扩增能力的行业来说(如服装业和其他服务行业),计划跨度一般是2～5年,或更短一些。中期计划可涵盖6～18个月,一般为一年,故常称为年度计划,可以每隔一个月或一个季度滚动更新一次,即计划的计量单位为月或季度。短期计划的时间跨度在6个月以内,一般为月或跨月计划,通常每周滚动更新一次,即计划的计量单位为周。与长期计划一样,中期计划和短期计划的具体计划跨度也因行业的不同而不同。图9-1表示了制造型企业的分层计划体系。

流程规划是处理生产某种产品或提供某种服务所需的特定技术和程度,能力规划则是确定运营系统的长期能力(如大小、范围)。综合计划对于制造业和服务业大致相同,其主要区别在于:生产者是利用库存的增加与减少来稳定生产。在综合计划阶段之后,生产与服务的计划活动则有相当大的区别。

在服务业中,一旦服务人员的数量确定了,工作的重点就落到了每周或每天

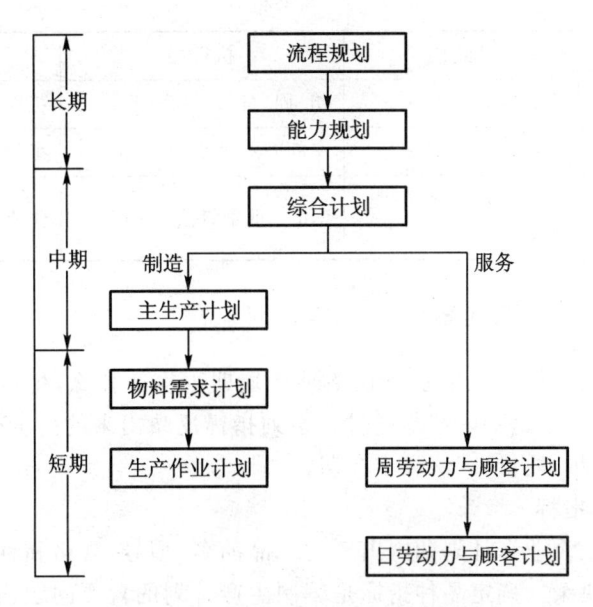

图 9-1 制造型企业的分层计划体系

以小时为单位的劳动力与顾客计划上。劳动力计划是计划顾客能获得的服务小时数、相关时间段内某一时间能得到的特殊服务技能等。许多服务工作有特定的时间和法律限制，这些限制影响着计划的制定，而典型的制造行业则没有这些限制。飞机机组人员就是一个很好的例子，他们的计划比生产人员的计划要复杂得多。顾客（或需求）计划则处理顾客指定或预订的服务并当他们到达时为他们安排接受服务的先后顺序。当然这其中有正式预订系统，也有简单的签约单。本章重点研究制造业计划编制问题。

上述生产计划体系还可以按其粗细程度不同分为计划层、执行层和操作层，各层次之间的特征比较见表 9-1。

表 9-1 生产计划各层次的特征比较

项目	计划层	执行层	操作层
计划形式与种类	综合计划、主生产计划	零部件投入出产计划、原材料（外购件）需求计划	生产作业计划、关键机床加工计划
计划对象	产品、工装配件	零件（外购件、外协件）、毛坯、原材料	工序
基础数据	生产周期、成品库存	产品结构、制造提前期、零件、原材料、毛坯库存	加工路线、加工时间、在制品库存
编制部门	经营计划处	生产处	车间计划科
计划期限	1年	1月、1季	双日、周、旬

续表

项目	计划层	执行层	操作层
时间单位	季、月	旬、周、日	工作日、小时、分
空间范围	全厂	车间及有关部门	工段、班组、工作地
优化方法	线性规划、运输问题、搜索决策法则等	MRP、批量算法	作业排序方法

二、生产计划的指标体系

生产计划最终要体现出企业在整个计划期内生产什么，生产多少，如何生产，什么时候出产。这些内容是通过一系列指标反映出来的。生产计划的主要指标有品种、产量、质量、产值和出产期。

（一）品种指标

品种指标是企业在计划期内出产的产品品名、型号、规格和种类数，它涉及"生产什么"的决策。确定品种指标是编制生产计划的首要问题，它决定着企业的行业类型及产品方向。

（二）产量指标

产量指标是企业在计划期内出产的合格产品的数量，包括成品及准备出售的半成品数量。它涉及"生产多少"的决策，关系到企业能获得多少利润。产量可以用台、件、套表示。有些产品用一种实物单位计量，不能充分表明其使用价值的大小，则用复式计量单位，如拖拉机用"台/马力"、电动机用"台/千瓦"等。

（三）质量指标

质量指标是企业在计划期内产品应达到的质量水平。它反映了企业生产的产品能够满足用户使用要求的程度，也反映了企业的生产技术水平和组织管理水平。常用的综合性质量指标有产品品级指标，它以企业在计划期内出产的各种质量等级产品产量在全部产品产量中应达到的百分比表示，如一等品率、合格品率、优等品率等；除了产品质量指标外，生产计划中还列有反映生产过程工作质量的指标，如废品率、返修率、成品交验一次合格率等。

（四）产值指标

产值指标是用货币表示的产量指标，它能综合反映企业生产经营活动的成果，便于不同行业经济效益的比较。根据包括的具体内容与作用不同，产值指标可分为商品产值、总产值与净产值三种。

1. 商品产值

商品产值是企业在计划期内出产的可供销售的产品价值，它是编制成本计划、销售计划和利润计划的依据。商品产值的内容包括：本企业自备原材料生产的成品和半成品价值、外单位来料加工的产品加工价值、承担的工业性劳务的加工价值。只有完成商品产值指标，才能保证流动资金正常周转。

2. 总产值

总产值是企业在计划期内完成的以货币计算的生产活动总成果。总产值包括：商品产值、期末期初在制品价值的差额、订货者来料加工的材料价值。总产值一般按不变价格计算。

3. 净产值

净产值是企业在计划期内通过生产活动新创造的价值。它扣除了部门间的重复计算，能反映计划期内为社会提供的国民收入。净产值指标算法有两种：生产法和分配法。按生产法计算，净产值＝总产值－所有转入产品的物化劳动价值；按分配法计算：净产值＝工资总额＋福利基金＋税金＋利润＋属于国民收入初次分配的其他支出。

(五) 出产期指标

出产期是为了保证按期交货所确定的产品出产期限。正确地决定出产期很重要。因为出产期太紧，保证不了按期交货，会给用户带来损失，也给企业的信誉带来损失；出产期太松，不利于争取顾客，还会造成生产能力浪费。

对以上的指标体系，需要做如下说明：

（1）不同企业编制生产计划时决策的重点不一样，指标的构成也不一样。比如，备货型企业主要确定品种和产量指标，而订货型企业，主要确定交货期和产品价格指标。

（2）生产计划指标体系的构成内容还必须满足国家宏观调控和国民经济核算的需要。比如，目前许多企业就按照要求计算"增加值"而不是"净产值"。

三、生产计划的分类

制造业生产计划的构成可按不同的标志进行分类。按计划的对象可分为综合计划、主生产计划和物料需求计划；按计划的执行部门，可分为厂级生产计划、车间生产计划和班组生产计划；按照计划的时间单位长短可分为年度生产计划和生产作业计划。一般来说，综合计划、主生产计划和厂级生产计划属于年度生产计划；物料需求计划、车间生产计划和班组生产计划属于生产作业计划。

本书按照综合计划、主生产计划和物料需求计划这一分类体系，介绍计划编制的方法。

(一) 综合计划

综合计划是对企业未来较长一段时间内预计资源消耗量和市场需求量之间

的平衡所做的概括性设想,是根据企业所拥有的生产能力和需求预测对企业未来较长一段时间内的产出内容、产出量等问题所做的概括性描述。

(二) 主生产计划

主生产计划,又称为产品出产计划,是确定各最终产品在每一具体时间段内的生产数量。这里的最终产品,主要指对于企业来说最终完成、要出厂的产成品,它可以是直接用于消费的消费品,也可以是供其他企业使用的部件或配件。主生产计划通常是以周为单位,在有些情况下,也可能是旬或月。根据表9－2的综合计划所制订的主生产计划见表9－3。

表9－2　G公司的综合计划

产量(台)	1月	2月	……	12月
产品系列A	2 000	3 000	……	4 000
产品系列B	6 000	6 000	……	6 000

表9－3　G公司A产品系列的主生产计划　　　　　单位:台

周次 产品	1月				2月				……	12月			
	1	2	3	4	5	6	7	8		45	46	47	48
A1型产量		320		320		480		480			640		640
A2型产量	300	300	300	300	450	450	450	450		600	600	600	600
A3型产量	80		80		120		120			160		160	
合　计	2 000				3 000					4 000			

(三) 物料需求计划

在主生产计划确定之后,为了使之能顺利实施,下一步要做的工作是确保规定的最终产品所需的全部物料(原材料、零件、部件等)以及其他资源在需要的时候能及时供应。所谓物料需求计划,就是制定企业生产所需的原材料、零件和部件的生产与采购计划,包括:采购什么,生产什么,用什么物料,必须在什么时候订货或开始生产,每次订货量是多少,生产量是多少等。物料需求计划要解决的是主生产计划规定的最终产品在生产过程中相关物料的需求问题,而不是这些物料的独立的、随机的需求问题。这种相关需求的计划和管理比独立需求要复杂得多,对于一个企业来说也十分重要。因为即使在物料需求计划中漏掉或延误一个零件,也会导致整个产品的生产不能完成或延误。

综合计划、主生产计划以及物料需求计划之间的关系流程如图9-2所示。

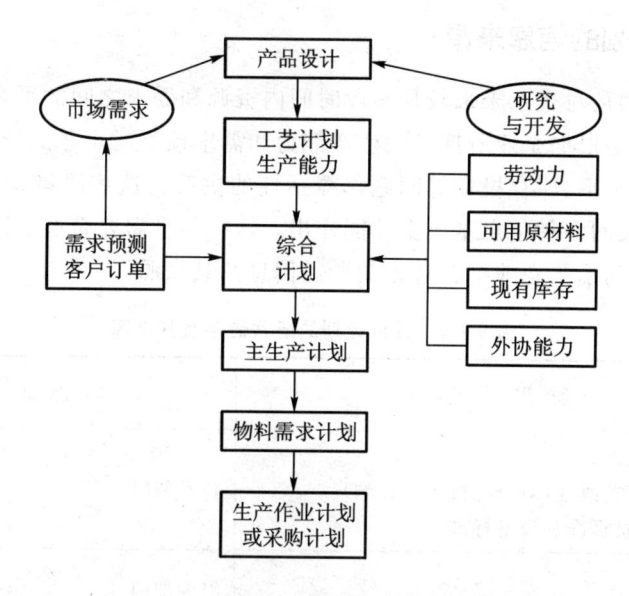

图 9-2　各生产计划之间的关系流程图

第二节　制造型企业的综合计划

一、综合计划的主要目标

综合计划是企业的整体计划,它不是一个部门计划,其目标与部门目标有时是矛盾的。因此,在综合计划的制定过程中必须处理好企业整体与部门之间的关系,妥善解决矛盾才能实现企业的整体经营目标。

综合计划的主要目标可概括如下:
(1) 制造成本最小或利润最大;
(2) 库存费用最小;
(3) 生产率稳定(生产均衡化程度高);
(4) 人员水平变动最小;
(5) 设施、设备的有效利用率高;
(6) 顾客满意度最大化。

很显然,这几个目标之间往往会发生冲突。例如,最大限度地满足顾客提出的快速、及时的交货要求,可以通过增加库存来实现,但这又与最小库存费用目标相矛盾。因此,在制定综合计划时,需要权衡这些目标因素,同时结合一些非定量因素进行决策。

二、综合计划的信息来源

综合计划是对企业未来较长一段时间内资源和需求之间的平衡所作的概括性的设想,它是根据企业所拥有的生产能力和需求预测对企业的产出内容、产出速度、劳动力水平、库存投资等问题作概括性的决策。这些决策,必须在与企业生产经营有关的多种信息基础上才能作出。这些信息需要企业不同的部门来提供。表9-4列示了企业综合计划的所需信息及其来源。

表9-4 综合计划的所需信息及其来源

所需信息	信息来源
新产品开发情况 主要产品和工艺改变(对资源投入的影响) 工作标准(人员标准和设备标准)	技术部门
成本数据 企业财务状况	财务部门
劳动力市场状况 现有人力情况 培训能力	人力资源管理部门
现有设备能力 劳动生产率 现有人员水平 新设备计划	制造部门
市场需求预测 经济形势 竞争对手状况	市场营销部门
原材料供应情况 现有库存水平 仓储能力 供应商能力	物料管理部门

由于综合计划对一个企业来说是非常重要的,因此各种信息应尽量正确,并保证及时提供。并且,每一个部门应有一个级别较高的人来负责此事,提供信息,并参与综合计划的制定。

三、综合计划指标的确定

综合计划并不具体制定每一品种的生产数量、生产时间,以及每一车间、人员的具体工作任务,而是按照以下方式对产品、时间和人员作安排。

(一) 产品

按照产品的需求特性、加工特性、所需人员和设备上的相似性等,将产品综合为几大系列,以系列为单位来制定综合计划。例如,服装厂可根据产品的需求特性分为女装和童装两大系列,自行车厂可根据车轮大小分为 24 型和 28 型两大系列,空调可根据款式分为柜式和窗式两大系列。

(二) 时间

综合计划的计划期通常是年(有些生产周期较长的产品,如大型机床等,可能是两年、三年或五年),在该计划期内,使用的计划单位是月、双月或季。对于采用滚动计划方式的企业,还有可能在执行期采用的计划时间单位是月,而滚动期的计划单位是季。

(三) 人员

综合计划中人员数量的确定要需考虑到需求变化引起的变动,决定是采取加班,还是增加人员等基本方针。人员的安排方式常采用以下两种:将人员按照产品系列所需人员水平分成相应的组,或将人员根据产品的工艺特点和人员所需的技能水平分组等。

四、综合计划的制定步骤

计划管理是指按照计划来管理企业的生产经营活动。计划管理通常包括制定计划、执行计划、检查计划完成情况和制定改进措施四个阶段,科学合理的生产计划直接影响到企业的生产经营效果。为了实现上述目标,编制计划必须遵循一定的步骤,见图 9-3。

确定目标 → 评估当前条件 → 预测未来环境 → 确定计划方案 → 计划实施结果评价

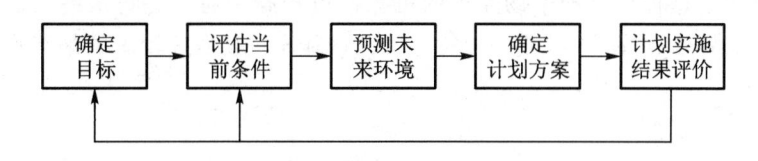

图 9-3 编制计划的一般步骤

(一) 确定目标

根据上一期计划的执行情况,确定本期要实现的目标。目标要尽可能具体化、定量化,如利润、成本、市场占有率等。

(二) 评估当前条件

当前条件分为外部环境与内部条件。外部环境主要包括:市场情况、原材料、燃料、动力、工具等供应,以及协作关系情况;内部条件包括:设备状况、工人状况、劳动状况、新产品研制及生产技术准备状况、各种物资库存及在制品占用量等情况。分析当前条件,目的是为了弄清楚现状与目标间的差距。

(三) 预测未来环境

综合分析国内外政治、经济、社会和技术等因素,预测未来,把握现状,找出达到目标的有利因素及不利因素。

(四) 确定计划方案

拟订实现目标的可行计划方案,并从中选择一个较优的计划方案。

(五) 计划实施结果评价

周密安排监督计划的实施过程,并将实施结果与目标比较,检查目标是否达到。如未达到,要找出原因,修改计划,并提出改进措施等。

第三节 制造型企业的主生产计划

一、主生产计划的对象

主生产计划需确定企业的最终产品在每一具体时间段内的生产数量。所谓最终产品,是指对于企业来说最终完成的、要出厂的可以直接销售的产品。不同生产类型的企业,最终产品的构成方式不同,因而主生产计划的计划对象也有所不同。

(一) 备货型

备货型生产(make-to-stock)的最终产品对于企业来说是最终完成的要出厂的产品,但实际上,这主要是对大多数"备货生产型"的企业而言。在这类企业中,虽然可能要用到多种原材料和零部件,但最终产品的种类一般较少,且大都是标准产品,这种产品的市场需求的可靠性也较高。通常是将最终产品预先生产出来,放置于仓库,随时准备交货。因此,MPS一般是按较少的最终产品为对象编制。

(二) 订货型

对于订货型生产(make-to-order)而言,企业的最终产品和主要部件、组件都是顾客订货的特殊产品,这些最终产品和主要部件、组件的种类比它们所需的主要原材料和基本零件的数量可能要多得多。如特殊医疗器械、模具等生产企业。在这种情况下,类似于组装生产,主生产计划也可能是以主要原材料和基本零件为对象来制订的。

(三) 组装型

在组装型生产(assemble-to-order)情况下,特别是随着市场需求的日益多样化,企业要生产的"变型"的最终产品是很多的。所谓变型产品,往往是若干标准模块的不同组合。以汽车生产为例,传统的汽车生产是一种大批量备货生产类型,但在今天,顾客对汽车的车身颜色、驱动系统、方向盘、座椅、音响、空调系统等不同部件可以自由选择,最终产品的装配只能根据顾客的需求来决定。车的基本型号也是由若干不同部件组合而成的。例如,一个汽车厂生产的汽车,顾客可选的部分包括:3种大小不同的发动机、4种传动系统、2种驱动系统、3种方向盘、3种轮胎尺寸、3种车体、2种平衡方式、4种内装修风格、2种制动系统。基于顾客的不同选择,可装配出的汽车种类有 3×4×2×3×3×3×2×4×2=10 368 种,但主要部件和组件一共只需 3+4+2+3+3+3+2+4+2=26 种。即使再加上每辆车都有的那些相同部件,部件种类的总数仍比最终产品种类的总数要少得多。对于这类产品,一方面,对最终产品的需求是非常多样化和不稳定的,很难预测,因此保持最终产品的库存是一种很不经济的做法;而另一方面,由于构成最终产品的组合部件的种类较少,因此预测这些主要部件的需求要容易得多,也精确得多。在这种情况下,通常只需持有主要部件和组件的库存,只有当最终产品的订货到达以后,才开始按订单生产。在这种生产类型中,若以要出厂的最终产品编制主生产计划,由于最终产品的种类很多,该计划将大大复杂化,而且由于难以预测需求,计划的可靠性难以保证。因此,在这种情况下,主生产计划是以主要部件和组件为对象来制定的。例如,在上述汽车厂的例子中,只以 26 种主要部件为对象制定主生产计划。当订单来了以后,只需将这些部件作适当组合,就可在很短的时间内提供顾客所需的特定产品。

二、主生产计划中的成本

(一) 相关成本

主生产计划涉及五种相关成本,它们是:

(1) 基本生产成本,是指计划期内生产某种产品的固定成本和变动成本,包括直接和间接劳动力成本、正常工资和加班工资。

(2) 与生产率相关的成本,包括雇用、培训及解雇员工相关的成本。雇用临时工是避免这种成本支出的方法之一。

(3) 库存成本,主要包括存货所占用的资金,另外还有存储费用、保险费、税收及损坏与折旧造成的损失等。

(4) 延期交货成本,通常这类成本很难计算,包括由于延期交货支出的成本,如赶工成本、企业信誉损失和销售收入下降造成的损失。

(二) 总成本和边际成本

在编制主生产计划之前,首先需要区分主生产计划的总成本和边际成本之间的差异。

(1) 主生产计划的总成本,是指与主生产计划相关的现金支付成本,包括物料成本、劳动力成本以及其他直接可变成本。

(2) 主生产计划的边际成本,指与主生产计划方案相关的特有成本。不管采用何种计划方案,主生产计划的边际成本都先要假设给定计划期内预测的总需求量是已知的,因此,边际成本就是超过该产量的最小经济意义上的成本。边际成本包括聘用和解聘成本、库存成本、加班费用等。

(三) 编制主生产计划的策略

如何在满足市场需求的前提下,保证企业生产过程的均衡性,是主生产计划要解决的核心问题。解决这一问题常见的有三种基本策略:改变库存水平、改变生产率和改变工人数量。

1. 改变库存水平

改变库存水平指通过库存来调节生产,维持生产率和工人数量不变。如图9-4所示,当需求不足时,由于生产率不变,库存量就会上升;当需求过大时,将消耗库存来满足需要,库存就会减少。这种策略可以不必按最高生产负荷配备生产能力,因而,节约了固定资产投资,是处理非均匀需求常用的策略。成品库存的作用好比水库,可以蓄水和供水,既防旱又防涝,以保证水位正常。但是,通过改变库存水平来适应需求的波动,会形成库存费;同时,库存也破坏了生产的准时性。对纯劳务性生产,不能采用这种策略。纯劳务性生产只能通过价格折扣等方式来转移需求,使负荷曲线比较平缓。

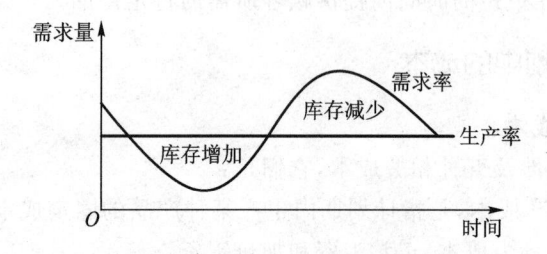

图 9-4 通过改变库存水平来适应需求波动

2. 改变生产率

改变生产率指使生产率与需求率匹配。需要多少就生产多少,这是准时生产制(JIT)所采用的策略,它可以消除库存。生产任务紧时加班加点,松时把工人调到其他生产单元或做清理工作。当任务超出太多时,可以采取转包或外购的办法。这种策略引起的问题是生产不均衡,同时会多付加班费。

3. 改变工人数量

改变工人数量就是在需求量大时多雇工人,在需求量小时裁减工人。这种做法不一定永远可行。对技术要求高的工种一般不能采取这种策略,因为技术工人不是随时可以雇到的。另外,工人队伍不稳定会引起产品质量下降和一系列的管理问题。

以上三种策略也可以通过反复试验法任意组合,形成不同的混合策略。反复试验法是在管理实验中应用最广的方法。面对复杂的管理对象,人们很难找到最优的处理方法,可以通过直觉和经验得出一种方法,将这种方法用于实践,取得经验,发现问题,对方法做出改进,再用于实践,如此反复。虽然不一定能得到最优解,但是一定可得到可行且令人满意的结果。在制定主生产计划中,也可采用反复试验法。下面举例说明反复试验法的应用。

[例 9-1] 某公司将某一预测期的市场需求转化为生产需求,如表 9-5 所示。该产品单件加工时间为 20 小时,工人每天工作 8 小时。招收工人需广告费、考试费和培训费,折合雇一个工人需 300 元,裁减一个工人需付解雇费 200 元。假设生产中无废品和返工。为了应付需求波动,有 1 000 件产品作为安全库存。每个月单位产品维持库存费为 6 元。设每年的需求类型相同,在计划年度开始时的工人数等于计划年度结束时的工人数,相应地,库存量也近似相等。现提出以下三种不同策略,进行比较分析,选择最佳方案。

表 9-5 某公司产品预计月生产需求量计算表

月份	月需求量（件）	累计月需求量（件）	月工作日（天）	累计月工作日（天）
4	1 600	1 600	21	21
5	1 400	3 000	22	43
6	1 200	4 200	22	65
7	1 000	5 200	21	86
8	1 500	6 700	23	109
9	2 000	8 700	21	130
10	2 500	11 200	21	151
11	2 500	13 700	20	171
12	3 000	16 700	20	191
1	3 000	19 700	20	211
2	2 500	22 200	19	230
3	2 000	24 200	22	252

方法一:采取改变工人数量策略。

假定该公司可以随时雇到他们所需要的工人,且工人的技术水平符合要求。若采取改变工人数量策略,总费用计算过程见表 9-6。

表 9-6 改变工人数量的策略的总费用计算表

月份 (1)	预计 月产量 (2)	月所需 生产小时 (3)= 20×(2)	月工 作日 (4)	每人每月 生产小时 (5)= 8×(4)	每月所需 工人数 (6)= (3)÷(5)	月初增加 工人数 (7)	月初裁减 工人数 (8)	变更费 (9)=300×(7) 或 200×(8)
4	1 600	32 000	21	168	190		37	7 400
5	1 400	28 000	22	176	159		31	6 200
6	1 200	24 000	22	176	136		23	4 600
7	1 000	20 000	21	168	119		17	3 400
8	1 500	30 000	23	184	163	44		13 200
9	2 000	40 000	21	168	238	75		22 500
10	2 500	50 000	21	168	298	60		18 000
11	2 500	50 000	20	160	313	15		4 500
12	3 000	60 000	20	160	375	62		18 600
1	3 000	60 000	20	160	375			
2	2 500	50 000	19	152	329		46	9 200
3	2 000	40 000	22	176	227		102	20 400
合计						256	256	128 000

维持 1 000 件安全库存，全年需库存费为：1 000×6×12=72 000 元。

总费用=128 000+72 000=200 000 元。

方法二：采取改变库存水平策略。

采用改变库存水平策略进行分析时，必须允许晚交货。由于 252 天内需生产 24 200 件产品，则平均每个工作日生产 96.03 件，需 96.03×20=1 920.6 小时，每天需工人 1 920.6/8=240.08 人，取 241 人，则每天平均生产 241×8/20=96.4 件产品。采取改变库存水平策略，总费用计算过程如表 9-7 所示。

表 9-7 改变库存水平策略的总费用计算表

月份 (1)	累计月工作日 (2)	累计月产量 (3)=(2)×96.4	累计月需求量 (4)	月末库存量 (5)=(3)-(4) +1 000	维持库存费 (6)
4	21	2 024	1 600	1 424	7 272
5	43	4 145	3 000	2 145	10 707
6	65	6 266	4 200	3 066	15 633
7	86	8 290	5 200	4 090	21 468

续表

月份(1)	累计月工作日(2)	累计月产量(3)=(2)×96.4	累计月需求量(4)	月末库存量(5)=(3)-(4)+1 000	维持库存费(6)
8	109	10 508	6 700	4 808	26 694
9	130	12 532	8 700	4 832	28 920
10	151	14 556	11 200	4 356	27 564
11	171	16 484	13 700	3 784	244 200
12	191	18 412	16 700	2 712	19 488
1	211	20 340	19 700	1 640	13 056
2	230	22 172	22 200	972	7 836
3	252	24 293	24 200	1 093	6 195
合计					209 253

注：维持库存费＝单位产品维持费×[(月初库存量＋月末库存量)/2]；
4月初库存量为1 000件。

从表9-7可知，总费用计算结果为209 253元。

方法三：采取混合策略。

本例按改变生产率与改变工人数量的混合策略进行分析。考虑到需求的变化，在前一段时间采取相对较低的均匀生产率，在后一段时间采取相对较高的均匀生产率。4月初需生产1 600件，平均每天需生产76.19件。设4—9月份采用每天80件的生产率，则每天需20×80/8=200人。生产到8月底，累计109天生产了109×80=8 720件。在余下的252－109=143天内，要生产24 200－8 720=15 480件产品，平均每天生产15 480/143=108.25件，需108.25×20/8=270.6人，取271人。因此，9月初要雇用271－200=71人，从9月份至下一年3月份每天安排生产271×8/20=108.4件产品，并于下一年3月份末再裁减71人。这种混合策略的总费用计算过程见表9-8。

表9-8 混合策略的总费用计算表

月份(1)	累计月工作日(2)	生产率(3)	累计月产量(4)=Σ(2)×(3)	累计需求量(5)	月末库存量(6)=(4)-(5)+1 000	库存费(7)	工人变更费(8)
4	21	80	1 680	1 600	1 080	6 240	
5	43	80	3 440	3 000	1 440	7 560	

续表

月份(1)	累计月工作日(2)	生产率(3)	累计月产量(4)=∑(2)×(3)	累计需求量(5)	月末库存量(6)=(4)-(5)+1 000	库存费(7)	工人变更费(8)
6	65	80	5 200	4 200	2 000	10 320	
7	86	80	6 880	5 200	2 680	14 040	
8	109	80	8 720	6 700	3 020	17 100	
9	130	108.4	10 996	8 700	3 296	18 948	21 300
10	151	108.4	13 273	11 200	3 073	19 107	
11	171	108.4	15 441	13 700	2 741	17 442	
12	191	108.4	17 609	16 700	1 909	13 950	
1	211	108.4	19 777	19 700	1 077	8 958	
2	230	108.4	21 836	22 200	636	5 139	
3	252	108.4	24 221	24 200	1 021	4 971	14 200
合计						143 775	35 500

表9-8说明如下:4月初库存量为1 000件,库存费的算法与表9-7相同;9月份至次年3月份中每个月累计产量由两种生产率确定,应分别计算求合计。如:9月份累计产量=8 720+(130-109)×108.4=10 996(件)。9月份和3月份工人变更费分别为:71×300=21 300元,71×200=14 200元。

因此,总费用=库存费+工人变更费=143 775+35 500=179 275元。

上述三种不同方法下的总费用分别为:200 000元、209 253元和179 275元,可见方法三所描述的混合策略较优。反复试验法不能保证获得最优策略,但可以不断改进所采取的策略。读者还可选择其他混合策略来验证总费用是否可以更少。

从理论上讲,可以通过多种数学模型来求得上述问题的最优策略,最常用的数学模型就是线性规划。在线性规划模型中,约束条件表现为一个时期到另一个时期的存储的平衡、加班时间的使用、生产能力水平、劳动力数量等,其目标函数是使生产成本最小。但由于实际问题较复杂,线性规划模型的建立比较困难,因而,人们更愿意用试算法确定最优策略。

除了上述三种基本策略外,实际中还可以采用转包、使用非全日制雇员、外购等方法来调节运营能力与市场需求之间的矛盾。

第四节 服务型企业的综合计划

一、服务型企业综合计划的特殊性

综合计划在服务业和制造业中虽然有某些相似之处,但也存在一些重要差异,主要表现为:

(一)服务计划的重点在于服务人员配备

服务业的综合计划要考虑目标顾客的需求、服务设施的能力以及劳动力的生产能力,由此产生的计划是一个以时间为基础的服务员工需求计划。而制造业的综合计划的重点在于加工对象安排。

(二)服务中在提供时发生

服务系统也是根据订单生产或提供服务,而且生产和服务不可分离,因此,服务计划不涉及最终产品的库存问题。

(三)服务需求难以预计

服务需求的变化很大,有些情况下顾客需要即时服务(如警察、消防、医疗急诊等),而其他情况下顾客只是想要及时服务罢了,如果需要得不到满足,他们就会去别的地方。这些因素为服务提供者预计需求带来了更加沉重的负担。因而,服务提供者要特别注意必须根据顾客需求的变化规划服务能力,在较短的时间内确定服务作业。服务计划系统通常只是较短时间的计划,如每周、每天,甚至每小时。

(四)服务质量主要取决于服务提供者的个体行为

服务人员的业务水平、行为方式对于系统的成功更为重要。服务人员彬彬有礼、从容不迫的行为方式,会减轻顾客因等待时间过长造成的压力,减少顾客的不满情绪。另外,对员工进行多种职业培训可以提高服务系统的柔性,从这一点讲,编制服务业综合计划比制造业容易。

二、服务型企业综合计划的编制

服务型企业综合计划有两种极端的情况。一种是对于规模较小的服务系统,几乎不需要制定正式的运营计划,如私人医生和规模较小的零售商等。他们经常采用事先安排和先到先服务的规则确定顾客服务的优先权,当遇到无法预料的高需求时,雇用雇员和启用闲置的设备,以满足临时性需要。另一种是对于较为复杂的服务系统,其运营计划的复杂程度甚至超过了制造业计划。有些规模较大的服务系统,开发标准的服务运营计划,往往需要进行大量的工作,消耗大量的人力、资金和时间。例如,美国航空运输业目前所拥有的在线计算机服务系统。

尽管服务运营计划与制造生产计划存在上述不同,但是两者也有类似之处。对于标准化的服务企业,处理过程与制造业的生产线形式类似,服务过程一旦开始就按顺序完成,一般不会出现显著的延迟。这些服务组织一般只是编制综合运营计划,如:银行、航空公司、快餐店货运公司等。而对于非标准化的服务系统,运营计划分为不同的层次,首先要制定全年、每个月以至每周的人员需求计划,然后在此基础上,通过作业排序方法,把这样的人员需求计划转换成为每一个人的日常排班计划。

根据所提供的服务类型不同,编制综合计划的方法也不同。

拓展学习　　收益管理在服务业的应用

收益管理的应用始于20世纪80年代中期的美洲航空计算机服务系统(SABRE),目的是及时调整不同航线的票价,设法争取每一位具有相应购买力的顾客。目前收益管理已发展成为一门由运筹学、管理科学、经济学等学科融合而成的边缘交叉学科,其核心是通过制定一套灵活的且符合市场竞争规律的价格体系,再结合现代化的微观市场预测及价格优化手段对公司资源进行动态调控。

适用收益管理理论的行业一般具有共同的应用特征。

1. 相对固定的产能

以航空、酒店等行业为例。由于行业特征,都存在前期投资规模大(如购买新的飞机、修建新的酒店、开设新的营业网点等),最大生产或服务能力在相当长一段时间内固定不变,短期内不可能通过改变其生产或服务能力来满足需求变化的特点。企业只有在有限的产能条件下,通过提高管理水平来提高企业收益。

2. 需求可预测性

航空、酒店、银行等服务型企业的资源可分为有形资源(如飞机座位、酒店客房、银行服务窗口)和无形资源(如酒店入住时间、银行窗口排队时间等),其顾客可分为预约顾客和随机顾客,其销售可分为旺季和淡季。企业只有通过对计算机或人工预订系统收集的顾客、市场信息进行分析预测,管理者才能够了解不同顾客需求变化的规律,实现需求转移,并以此制定出合理的资源存量配置和定价机制,实现企业收益最大化。

3. 产品或服务具有易失性

与传统制造业的产品不同,航空、酒店、银行等服务型企业的产品或服务具有易失性,即时效性。其产品或服务的价值随着时间递减,不能通过存储来满足顾客未来的需要。如果在一定时间内销售不出去,企业将永久性地损失这些资源潜在的收益。企业只有通过折扣等管理手段降低资源的闲置率,以实现企业收益增长的目标。

  4. 市场可细分性

  航空、酒店、银行等行业面临的是以顾客为中心、竞争激烈和需求多元化的市场。不同顾客对企业产品或服务的感知和敏感度各不相同,采用单一价格策略将会造成顾客流失或潜在收入流失。对市场进行有效细分,为不同需求层次的顾客制定不同价格和分配不同资源,是解决企业资源闲置或潜在收益流失的重要途径。

  5. 随机波动性需求

  航空、酒店、银行等行业顾客需求不确定,呈季节性或时段性波动。企业采用收益管理,在需求旺季时提高价格,增加企业的获利能力;在需求淡季时通过折扣等策略来提高资源利用率,减少资源闲置。

  6. 高固定成本和低边际成本

  航空、酒店、银行等行业的经营属于前期投资较大的行业,短期内改变生产或服务能力比较困难,但增售一个单位资源的成本非常低。因而,对于航空公司来说,多载旅客能在不明显增加成本的基础上获取更大的利润,提高企业的总收益。

  7. 产品或服务的可预售性

  面对需求多元化的顾客,一方面通过预订,以一定折扣价格将资源预售给对价格敏感的顾客,降低资源闲置率;另一方面设置限制条件防止对时间或服务敏感的顾客以低价购买资源,造成高价顾客的潜在收益流失。同时,对预订数据进行分析和预测,根据不同需求层次的顾客购买资源的概率分布情况,在确保资源不闲置的基础上,尽量将资源留给愿出高价的商务顾客。

  收益管理在航空业的成功应用,不仅推动了该理论发展,而且其应用领域将逐步向酒店、汽车租赁、交通运输、电信、电力等服务性行业拓展。

网上学习

  1. 登录麦格劳—希尔公司网站,考察公司运营计划软件的使用,然后写一篇关于应用运营计划软件的短文。

  2. 登录 Maximal 软件公司网站,考察线性规划方法的使用,寻找综合计划问题的最优解决方案。

  3. 登录方案文档网站,阅读网站上生产运营管理计划表,写出你的收获。

  4. 登录运营网,进入按运营的职能划分的专业论坛,讨论你所感兴趣的话题。

  5. 登录中国工厂管理网,学习有关生产计划与物料控制方面的知识。

6. 登录 Excel 精英培训网，学习 Excel 使用技巧，用来解决运营管理中的生产计划编制问题。

思考与练习

1. 按照计划的编制对象不同，将生产计划分为哪几类？
2. 生产计划的主要指标有哪些？它们的经济含义是什么？
3. 编制主生产计划有哪些基本策略，其应用条件及限制如何？
4. 某公司预测下一年度内产品的月需求量如表 9-9 所示。

表 9-9　产品的月需求量

月份	1	2	3	4	5	6	7	8	9	10	11	12	总计
需求量	418	414	395	381	372	359	386	398	409	417	421	425	4 795

现有 40 名工人，平均每人每月生产 10 件代表产品；若有 10% 的加班时间，则每月生产 11 件代表产品；若有 20% 的加班时间，则每月生产 12 件代表产品。聘用和解雇一名工人需分别支付 500 元和 450 元，正常工作时间每月支付员工 1 250 元，而加班时间则支付 1.5 倍的报酬。单位库存的成本为 4 元/月，现在库存为 800 件。要求：

(1) 制定一个混合策略的生产计划来满足预测需求。
(2) 这个策略的总成本是多少？
(3) 请简要说明，还有没有使成本更低的策略？

5. 某公司生产 A 和 B 两种型号的电器，受焊接、装配、包装三个生产车间生产能力的限制，公司每月有 50 000 分钟的焊接能力，每件产品需要 1 分钟焊接时间；该公司每月有 200 000 分钟的装配能力，而每件 A 型产品需 5 分钟装配，每件 B 型产品需 2.5 分钟装配；该工厂每月有 300 000 分钟的包装能力，每件 A 型产品需 3 分钟包装，而每件 B 产品需要 8 分钟包装；A 型产品每件的利润和费用分别为 10 元而 B 型产品为 8 元。请计算最佳的产量组合及总利润。

提示：可利用 Excel 软件求解最优化策略。

第十章 物料需求管理

内容提要

物料需求分为独立需求和相关需求,不同类型的需求其物料管理机制不同。解决独立需求问题可采用传统的库存管理方法;解决相关需求问题需要用到物料需求计划方法。物料需求计划(MRP)是制定最终产品相关物料生产计划和时间进度安排的方法。本章分析独立需求和相关需求的区别,重点讨论 MRP 与 MRP Ⅱ 的基本原理、主要输入输出信息、处理逻辑及粗能力需求的计算方法,最后介绍新一代 ERP 的发展趋势。

第一节 独立需求和相关需求

一、独立需求和相关需求的含义

物料的需求可分为独立需求(dependent demand)和相关需求(independent demand)。独立需求是指将被顾客消费或使用的最终产品;相关需求也称从属需求,是指每一个物料项的需求都是由更高一层的物料项的需求所引发的。

对于企业来说,很多产品,尤其是最终产品的需求通常属于独立需求,如汽车、冰箱、自行车、个人计算机等,也就是说,这些产品的需求与其他产品的需求无关。另外还有一些产品的需求属于相关需求,如组成这些最终产品的部件和组件的需求并不是独立的,因此它们的需求量取决于那些使用它们的最终产品的需求,如对汽车轮胎的需求就是依赖于市场对汽车的需求,同样,对个人计算机显示器的需求也要依赖于市场对个人计算机的需求。由此可见,不管是汽车还是个人计算机,一旦确定了对于最终产品的需求,那么构成这些最终产品的部件和组件的需求就能很容易确定下来。

二、独立需求和相关需求的特征

当一个库存项目在数量及时间方面与其他库存项目的需求无关,而是取决于市场上用户的需求时,称之为独立需求。独立需求最明显的特征是需求的对象和数量不确定。比如服装的需求,受季节、消费者年龄、性别、气质、观念、流行趋势等因素影响,有很大的随机性。再如对于一个维修工厂来说,顾客送来维修的设备种类和数量等都是随机的,工厂对于各种维修设备用零配件与耗材的需要数量和时间事先无法预知,因此,对于这类需求,只能通过预测方法粗略地估计。

与独立需求不同,相关需求的库存项目在时间和数量上取决于另一项目,这种依赖关系可能是"纵向"的。例如,一个零件的需求量取决于其上层组件的需求量,组件的需求量又取决于其上层总成件的需求量,总成件的需求量又取决于最终产品的需求量。库存项目间的依赖关系也可能是"横向"的,如随同产品发货的附件,其需求量取决于产品的需求量。

独立需求一旦随季节变化达到定量供应,就会相对稳定下来;而相关需求则趋于偶发性或"成块"性,不需要的时候为零,一旦需要就是一批。例如,生产草坪和园艺设备的企业会储备较多的产成品,如修剪器、割草机以及小型拖拉机等。假设各种产品都是定期生产:这个月生产推式割草机,下个月生产覆盖式割草机,第三个月生产拖拉机。有些元件会用于绝大多数产品项(如螺母、螺钉、螺杆等),因为经常使用,所以始终保持这些零部件库存很有意义。还有些零部件只用于某一产品项,因而这些零部件的需求只发生于生产那种特定产品项之时。它们或许每隔八九周才能用到一次,其余时间的需求则是零。因此,需求是"块状"的。由于这种特征的存在,独立需求的物料项必须经常持有,而相关需求的物料项则只要在生产过程使用它之前储存好即可。另外,相关需求的可预知性意味着不需要设置安全库存。

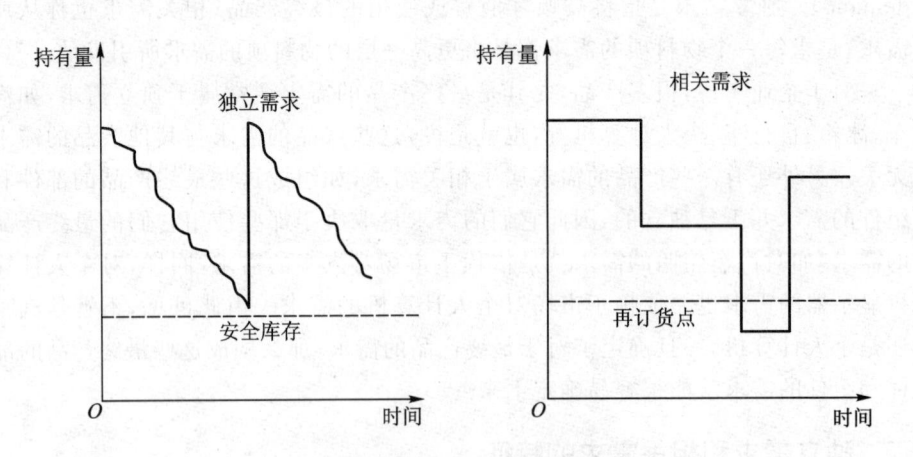

图 10-1 独立需求与相关需求

图10-1表明了独立需求与相关需求的区别。对产成品的需求(独立需求)由企业外部多个用户的需求所决定,如果对产品的需求比较均匀,那么产成品的库存水平变化的总轮廓呈锯齿状;而对原材料的需求(相关需求)是由产成品的

需求所决定的。没有组织产品生产前,原材料的需求维持高水平,开始生产后要从原材料库中取出大批的原材料。此时,原材料的库存水平未降到订货点以下,所以不必提出订货。于是,原材料的库存水平又维持不变。随着时间的推移,当下一次组织产品的装配后,又要消耗一部分原材料库存。如果这时原材料的库存水平降到订货点以下,就要组织原材料的订购了。所以,即使在产品的需求率均匀变化的条件下,由于采用订货点方法,也造成对原材料的需求率不均匀,使其呈"块状"。

第二节 物料需求计划

一、物料需求计划系统概述

(一) 物料需求计划的概念

物料需求计划(material requirements planning,MRP)是20世纪60年代发展起来的一种将库存管理与生产进度计划结合为一体的计算机辅助生产管理系统。MRP是一个符合逻辑的、容易理解的方法系统,它可以用来计算物料需求量和需求时间,从而降低库存量。MRP还能提供各种物料、零部件何时订购或生产的时间计划表。

早在19世纪70年代,制造商们就已经认识到区分独立需求与相关需求,以及对这两类需求采取不同控制方法的重要性。MRP是基于计算机的方法。一方面,由于现代工业产品的结构极其复杂,一件产品常常由成千上万种零部件构成,用手工方法不能在短期内确定如此众多的零部件的需求量和需求时间。据报道,在使用电子计算机以前,美国有些公司用手工计算各种零部件的需求量和时间,一般需要6~13周时间,称这样编制生产作业计划的方式为"季度订货系统"。由于这样制订的计划只能每季度更新一次,因此计划不可能很详细、很准确,且计划的应变性很差。另一方面,由于企业处于不断变化的环境之中,实际情况必然容易偏离计划的要求,其原因可能是对产品的需求预测不准确,引起产品的交货时间和交货数量的改变;也可能是外协件、外购件的原材料的供应不及时;还可能是其他一些偶然因素,如出废品、设备故障、工人缺勤等,使生产不能按计划进行。当计划与实际执行情况已经出现较大偏差时,必须修订计划。但是修订计划和制定计划一样费事,计划制订得越细致,修改计划的工作量就越大、越困难。而且,修订计划要求在很短的时间内完成,否则,修订后的计划就跟不上变化。显然,手工方式是无法及时对计划作出修订和调整的。MRP的出现,是电子计算机应用于生产管理的结果。

(二) MRP 的基本思想

传统的存货控制方法只能用于处理独立需求问题,而 MRP 是基于相关需求的。它的基本思想是:当物料短缺而影响整个生产计划时,应该很快提供物料;当主生产计划延迟且推迟物料需求时,物料供应也应该被延迟。传统的做法是,当订单落后于计划时,要付出很大的努力让其重新回到计划的控制之下。但是,反过来并不总是正确的。当订单由于某种原因完成时间延迟时,在计划中并未作适当的调整。结果导致单方面的效应——较晚的订单被加快,而较早的订单却不被重新列入计划而推迟。除了尽可能地减少能力资源的占用,在真实需求之前最好不储存原材料和在制品,因为库存会冻结资金,占用存放空间,妨碍设计变化,阻止取消和推迟订货。

MRP 按反工艺顺序来确定零部件、毛坯直到原材料的需求量和需求时间。从预订日期开始,MRP 把产成品的生产计划转换成零部件与原材料的需求,用生产提前期及其他信息决定何时订货以及订多少货。因此,对最终产品的需求产生了对被计划分解开来的底层组件的需求,使订货、制造与装配过程都按确定的时间进度及时完成,并使存货保持在合理的水平上。

MRP 始于最终成品的时间进度安排,再由它转换为特定时间生产成品所需的部件、组件以及原材料的时间进度安排。因此,MRP 回答了 3 个问题:需要什么,需要多少以及何时需要?

(三) MRP 的作用

(1) 向生产和供应部门提供准确和完整的物料清单,包括它们的需求期限。

(2) 充分利用库存来控制进货量和进货时间,在保证满足生产需求的前提下最大限度地降低库存。

(3) 按产品的出产进度要求,并根据零部件的工艺路线和定额工时,提出对各时间周期内有关生产单位的生产能力需求量计划。

(4) 对物料项目做出优先顺序的安排,提出每一时间周期应予优先处理的项目,以保证生产活动始终按产品出产进度计划的要求进行。

(5) 动态跟踪计划的实施。根据生产实际进度、生产能力及厂级计划的变化,更新物料需求计划。

二、MRP 系统的输入与输出

(一) MRP 的系统结构

MRP 系统的工作原理是:依据主生产计划(master production schedule, MPS)、物料清单(bill of material,BOM)、库存信息等资料,计算出物料生产与采购计划,同时提出各种订单补充建议。MRP 的系统结构可用图 10-2 表示。

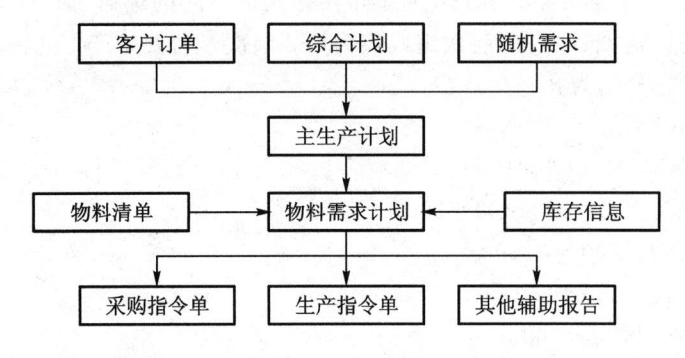

```
        ┌─────────┐   ┌─────────┐   ┌─────────┐
        │ 客户订单 │   │ 综合计划 │   │ 随机需求 │
        └────┬────┘   └────┬────┘   └────┬────┘
             │             │             │
             └─────────────┼─────────────┘
                           ▼
                    ┌─────────────┐
                    │  主生产计划  │
                    └──────┬──────┘
                           ▼
   ┌─────────┐      ┌─────────────┐      ┌─────────┐
   │ 物料清单 │─────▶│  物料需求计划 │◀────│ 库存信息 │
   └─────────┘      └──────┬──────┘      └─────────┘
                   ┌───────┼───────┐
                   ▼       ▼       ▼
             ┌────────┐┌────────┐┌──────────┐
             │采购指令单││生产指令单││其他辅助报告│
             └────────┘└────────┘└──────────┘
```

图 10 – 2 MRP 系统结构

（二）MRP 系统的输入信息

从图 10 – 2 可知，MRP 系统的输入信息主要包括：主生产计划、物料清单和库存信息。

1. 主生产计划

综合计划只确定某一产品类别的计划，没有确定具体的产品项目。综合计划的下一层次就是主生产计划。主生产计划（MPS）表明了企业生产哪些具体产品、何时生产以及生产多少等。

2. 物料清单

物料清单（BOM），也称产品结构树图，用来说明一件最终产品是由哪些部件、组件、零件、原材料等物料构成，以及这些物料在时间和数量上的相互关系是什么。在 MRP 系统中，物料一词有着广泛的含义，它是所有产品、半成品、在制品、原材料、配套件、协作件、易耗品等与生产有关的物资的统称。BOM 不仅是 MRP 系统中重要的输入数据，而且是财务部门核算成本、制造部门组织生产等的重要依据。

编制 BOM 的步骤如下：

（1）将最终产品分解，对所需的全部物料项目（料项）进行分层编码。

（2）以最终产品为 0 层，与其有直接"母子"关系的料项为 1 层，以下以此类推。

（3）当同一料项出现在产品结构的不同层次时，则按照最低层次编码的原则逐级展开。

（4）根据 BOM 计算每一料项的需要数量和时间时，从上至下，n 层未处理完之前，不能处理 $n+1$ 层。

图 10 – 3 是一个物料清单示意图。图中括号内数字表示的是单位母物料所需子物料的数量，即一件最终产品 A 由 2 个 B、3 个 C 和 1 个 D 组成；一个部件 B 由 2 个 U 和 1 个 D 组成；一个部件 D 由 1 个 V 和 2 个 W 组成。部件 D 既处

于第 1 层,又处于第 2 层。这时,该部件就有几种不同的编码可供选择,按照最低层次编码原则,部件 D 的层次编码应为第 2 层次。若要生产 100 件 A,那么各料项的需求量分别为:

部件 B:2×100=200;
部件 C:3×100=300;
部件 D:1×200+1×100=300;
部件 U:2×200=400;
零件 V:1×300=300;
零件 W:2×300=600。

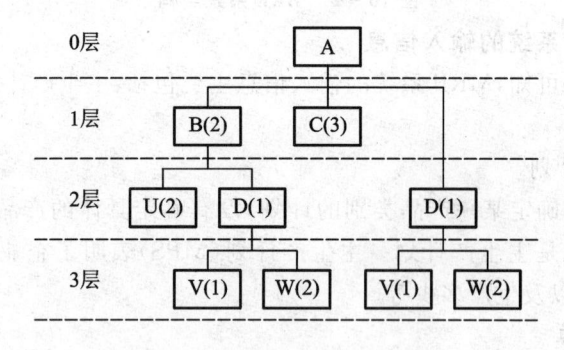

```
0层                    A
                      / \
1层                 B(2) C(3)
                   /  \    \
2层             U(2)  D(1)  D(1)
                      / \   / \
3层                V(1) W(2) V(1) W(2)
```

图 10-3 物料清单示意图

3. 库存信息

库存信息又叫库存记录文件(inventory records file),记录所有产品、零部件、在制品、原材料的库存状态信息。库存信息内容包括项目的库存状态信息和计划参数。前者记录了库存量的动态变化过程,如库存量、可供应量、已分配量等;后者主要是一些用于订货的固定数据,如订货提前期、安全库存、订货批量等。

(三) MRP 系统的输出信息

MRP 系统的输出信息主要包括采购指令单和生产指令单,统称为措施提示信息。

1. 采购指令单

采购指令单指外购订单的应发出时间以及对预计入库量、入库时间的调整。例如,如果计划发出订货量是非零数值,MRP 系统就会给出"发出新订单"的提示信息。但是,MRP 系统虽然可以生成这样的提示信息,但有关这些提示信息的决策最后还是需要计划人员来做。计划人员看到这样的措施提示信息后,首先会查看所提示物料项的全部 MRP 记录,以及构成该物料项的全部子项的库存记录。如果这些子项的现有库存不足以支持提示信息中的新订货要求,计划人员就会按提示发出订货指令,然后更新相应的 MRP 记录。这个新订单在重新生成的 MRP 记录中将显示在计划订货入库量相应栏中。

2. 生产指令单

生产指令单指加工工件开始生产的时间。如果措施提示信息的物料来自加工件,相应的指令将会送到车间,授权其领取所需的物料并开始生产;如果是外购件,相应的指令将变成向供应商订货的新订单。

除了这两项基本输出信息外,MRP 系统还可根据需求生成各种辅助报告,如库存和需求预测报告、生产绩效分析报告、反映严重偏差的例外报告。例外报告包括超出某种范围的错误、过期的订单、过多的残料或所缺的零件表、近期关键任务表等。

三、MRP 系统的运行

(一) MRP 的处理逻辑

MRP 系统是通过计算机程序来实现的。MRP 程序对主生产计划、库存信息和物料清单的处理程序如下:由物料清单文件中列出所需的物料和零部件及其现有数量、已订货数量,MRP 程序处理库存信息(按时区分段);同时不断查询物料清单文件来计算每一物料需求量;然后,根据现有库存量对每一物料的需求量进行修正,再将所确定的净需求量按该物料的提前期推算出计划下达期的计划投入量(或下达订单)。整个过程按反工艺顺序倒推,直到全部物料在订货周期内所有层次上的需求量算完为止,如图 10-4 所示。

(二) MRP 的计算项目

任何计划都包含两种基本的决策变量:数量和时间期限。MRP 也同样如此。具体地说,MRP 中共有六个计划项目。

(1) 总需求量,又称毛需求量,一般来自两个方面:一是经常订货,指为满足其父项物料需求而需要该项物料提供的数量。这种需要量是分时间周期(周)提出的,用 $G_j(t)$ 代表总需要量,其中:j 代表物料编号,t 代表周期编号。必须说明的是,总需求量来自该项物料的直接母项,而不是最终成品对它的需求量。零层物料,即产品的总需求量就是主生产计划的产品产量。二是不确定性订货,即当有临时订货任务时,所需零部件或物料的需求量。

$$毛需求量 = 相关需求量 + 独立需求量$$
$$= 上层物料计划订单的投入数量 \times 物料清单中每个组装件的用量$$
$$+ 独立需求量$$

(2) 计划入库量,这是已经投产或已经订购,预计可在计划周期 t 到货入库的物料数量。该项变量用 $S_j(t)$ 表示。

(3) 可用库存量,指在满足总需要量后尚剩余可供下个周期使用的存货量。

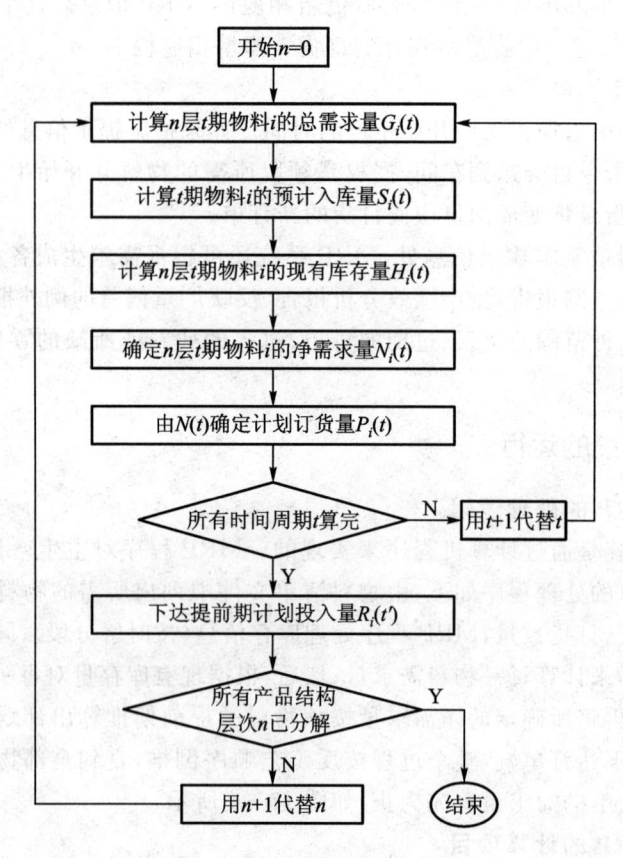

```
                    ┌─────────────┐
                    │  开始 n=0    │
                    └──────┬──────┘
                           ↓
    ┌─────→ ┌──────────────────────────────┐
    │       │ 计算n层t期物料i的总需求量Gᵢ(t) │←──┐
    │       └──────────────┬───────────────┘   │
    │                      ↓                    │
    │       ┌──────────────────────────────┐   │
    │       │ 计算t期物料i的预计入库量Sᵢ(t)  │   │
    │       └──────────────┬───────────────┘   │
    │                      ↓                    │
    │       ┌──────────────────────────────┐   │
    │       │ 计算n层t期物料i的现有库存量Hᵢ(t)│   │
    │       └──────────────┬───────────────┘   │
    │                      ↓                    │
    │       ┌──────────────────────────────┐   │
    │       │ 确定n层t期物料i的净需求量Nᵢ(t) │   │
    │       └──────────────┬───────────────┘   │
    │                      ↓                    │
    │       ┌──────────────────────────────┐   │
    │       │ 由N(t)确定计划订货量Pᵢ(t)     │   │
    │       └──────────────┬───────────────┘   │
    │                      ↓                    │
    │                  ╱ 所有 ╲    N  ┌────────┐│
    │                ╱ 时间周期t ╲────→│用t+1代替t│
    │                ╲  算完    ╱      └────────┘
    │                  ╲      ╱
    │                      ↓ Y
    │       ┌──────────────────────────────┐
    │       │ 下达提前期计划投入量Rᵢ(t')    │
    │       └──────────────┬───────────────┘
    │                      ↓
    │                  ╱ 所有产品╲  Y
    │                ╱ 结构层次n ╲────┐
    │                ╲ 已分解   ╱     │
    │                  ╲     ╱       ↓
    │                      ↓ N   ┌──────┐
    │       ┌─────────────────┐  │ 结束 │
    └───────│  用n+1代替n     │  └──────┘
            └─────────────────┘
```

图 10-4　MRP 的处理逻辑

习惯上，用周期末的库存量代表，以 $H_j(t)$ 表示。每期的可用库存量用下式计算：

$$H_j(t) = H_j(t-1) + S_j(t) - G_j(t) - A_j(t)$$

式中：$A_j(t)$ ——已预留给其他产品使用的数量，即预留库存量。

（4）净需求量，当可用库存量不足该期总需求量时，其短缺数量就转化为净需求量，以 $N_j(t)$ 表示。

$$N_j(t) = G_j(t) - H_j(t-1) - S_j(t)$$

当计算结果为负数时，则 $N_j(t)$ 取为零，表示该物料不需要订货。

（5）计划订货量，指向生产部门或供应部门下达的订货任务量。但在实际生产或供应时，需考虑它们的经济性和计划节奏性等因素，对净需求量加以调整。常用的调整方法有固定订货批量法、经济订货批量法、直接批量法、固定订货间隔期法、最小总成本法等。按批量规则将净需求量调整为生产批量或采购批量就是计划订货量，用 $P_j(t)$ 代表。其中 t 是预定的交货时间。

(6) 计划投入量,指投入生产或提出采购的数量。用 $R_j(t')$ 表示。它在数量上一般等于计划订货量,只是将时间从订货量的交货时间反推一个提前期,以得到投入的时间。

$$R_j(t') = P_j(t-L)$$

式中:L——该项物料的制造提前期或采购提前期。

这里的提前期是物料在所处的生产阶段中,所需要的制造周期,如部件的提前期是部件装配的生产周期,零件的提前期则是它的机械加工的生产周期。

下面通过一个实例,详细介绍 MRP 的处理流程。

[例 10-1] 某公司对电表及其零件的需求量如表 10-1 所示,物料清单如图 10-5 所示(括号中数字表示每单位母项物料所需本物料的数量),库存信息可能包括许多附加数据,比如供应商标识、价格和提前期等。本例中只给出了现有库存量和提前期数据,如表 10-2 所示。假定已知的需求根据当月的顾客要求按计划交货,而满足随机需求的物料则必须在当月的第一周就可以交货。

试确定该产品的主生产计划,各种产品、部件和零件的需求计划。

表 10-1 电表 A、B,部件 D 和零件 E 的需求量

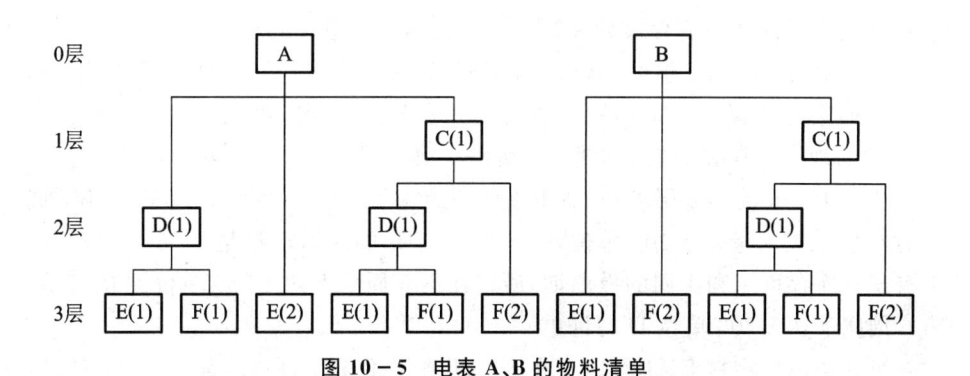

月份	电表 A 订单	电表 A 随机	电表 B 订单	电表 B 随机	部件 D 订单	部件 D 随机	零件 E 订单	零件 E 随机
3	1 000	250	400	60	200	70	300	80
4	600	250	300	60	180	70	350	80
5	300	250	500	60	250	70	300	80
6	700	250	400	60	200	70	250	80
7	600	250	300	60	150	70	200	80
8	700	250	700	60	160	70	200	80

图 10-5 电表 A、B 的物料清单

表 10-2 库存信息相关数据

物料	现有库存	提前期 L(周)
A	50	2
B	60	2
C	40	1
D	30	1
E	30	1
F	40	1

第一步,确定主生产计划。

为简便起见,由表 10-1 可确定一个针对 3 月、4 月份的主生产计划,并将每个月的需求列在该月的第一周内,见表 10-3。

表 10-3 公司电表的主生产计划

物料	周　次								
	9	10	11	12	13	14	15	16	17
电表 A	1 250				850				550
电表 B	460				360				560
部件 D	270				250				320
零件 E	380				430				380

第二步,编制物料需求计划。

由表 10-3 可知,第 9 周、第 13 周、第 17 周所需产品或零部件的总需求量(毛需求量),如第 9 周共需 1 250 单位的 A、460 单位的 B、270 单位的 D 和 380 单位的 E。按照逻辑运算流程,当一个物料要进行加工处理时,它的所有子项必须已准备就绪。因而母项物料计划投入量的日期就成了子项物料的毛需求日期。逻辑流程如下:

由于 A 的现有库存量是 50 单位,所以 A 的净需求量是 1 200 单位。为了在第 9 周生产出电表 A,在提前期为 2 周的情况下,该订单必须在第 7 周下达。产品 B 也经过同样的流程得到在第 7 周下达的 400 单位的订单。

从图 10-5 的第 1 层可知,每 1 单位的 A 和 B 均需 1 单位的 C,所以第 7 周关于 C 的毛需求量是 1 600 单位(A 需 1 200 单位,B 需 400 单位)。由于 C 有 40 单位的现有库存和 1 周的提前期,所以在第 6 周安排 1 560 单位 C 的订单。

从图 10-5 的第 2 层可知,每 1 单位的 A 和 C 均需 1 单位的 D,而在第 7 周 A 对 C 的毛需求量是 1 200 单位,第 6 周 C 对 D 的毛需求量是 1 560 单位。由于有现有库存可用和 1 周的提前期,所以在第 5 周应下达 1 530 单位 D 的订单,第 6 周应下达 1 200 单位 D 的订单。

第 3 层包括物料 E 和 F,由于在多处用到了 E 和 F,所以,表 10-4 清晰地标识了母项以及每一母项的需求量和需求时间。每单位物料 A 需 2 单位的物料 E，因此在第 7 周 1 200 单位 A 的计划订单下达，将在同期产生 2 400 单位的物料 E 的毛需求。此外每 1 单位 B 要用到 1 单位 E，所以在第 7 周，400 单位 B 的计划订单下达就将在第 7 周产生 400 单位 E 的毛需求。物料 E 以 1:1 的比例用于物料 D 中，因此 D 在第 5 周的 1 530 单位的计划订单将产生 E 在第 5 周的 1 530 单位的毛需求。考虑到 E 有 30 单位的现有库存和 1 周的提前期，所以 E 在第 4 周应有 1 500 单位的计划订单下达。同理，第 6 周物料 D1 200 单位的计划订单会产生 E 在第 6 周的 1 200 单位的毛需求，因而在第 5 周 E 应有 1 200 单位的计划订单下达。

表 10 - 4 物料 C、D、E、F 的母项等数据

物料	母项	单位母项需求量	毛需求	毛需求时间(周)
C	A	1	1 200	7
C	B	1	400	7
D	A	1	1 200	7
D	C	1	1 560	6
E	A	2	2 400	7
E	B	1	400	7
E	D	1	1 530	7
E	D	1	1 200	6
F	B	2	800	7
F	C	2	3 120	6
F	D	1	1 200	6
F	D	1	1 530	5

物料 B、C、D 均用到物料 F。B、C、D 计划订单的下达将产生同期对 F 的毛需求。由于使用比例为 2:1，所以 400 单位 B 和 1 560 单位 C 的计划订单下达分别产生 800 单位和 3 120 单位 F 的毛需求。表 10 - 4 为物料 C、D、E、F 的母项，物料毛需求和需求时间。

第 9 周物料 D 的 270 单位的独立需求可被当作当期 D 的毛需求来处理，这又将分别产生物料 E 和 F 第 8 周各 270 单位的毛需求。另外，380 单位 E 的独立需求也将直接累加到 E 的毛需求上。

每个物料的最低一行数据可作为生产系统的建议工作量，最终的生产计划是由人工形成的或由公司的产品软件包产生。如果这个计划不可行或者工作量不能接受，那么主生产计划将作调整，而 MRP 要根据新的主生产计划重新运行。

(三) MRP 中相关指标的确定

1. 物料清单(BOM)

一般根据产品类型将物料清单分为四类：①用许多组件生产出几种重要产品。这类产品有船舶、公共汽车、大型机床、重型机械、建筑用起重机与卷扬机、电梯等。②用许多组件制造出许多系列产品，它们具有显著相似性。这类产品包括小型家庭用具、厨房与工场工具、电动机、食品、药品与化妆品。③用相对少数组件的子群可以装配出非常多的模块组合。这类产品包括汽车、计算机、机床、电动机、家用空调器、农机设备等产品。④用极少数组件或原料可制造出很多种成品，而且有多种不同的包装。

除了第一类可以按每种具体产品绘制 BOM 外，其余三类如果按各具体产品分别画 BOM，则 BOM 的数量会很多，且每种 BOM 中绝大部分料项是重复的。这将占用大量的时间和存储空间。以小轿车为例，车身有 2 个门和 4 个门 2 种选择，发动机有 3 种选择，空调有 3 种选择，轮胎有 4 种选择，变速器有 3 种选择，颜色有 10 种选择，则共有 $2 \times 3 \times 3 \times 4 \times 3 \times 10 = 2\,160$ 种变型产品。按各具体产品，则有 2 160 种 BOM。若以变型产品为最终产品编制 MPS，则绘制 BOM 将会大大简化。因此，可用模块代替变型产品，建立模块物料清单（modular bill of materials）。对于本例，仅 $2+3+3+4+3+10=25$ 种模块物料清单。只需将模块作适当组合，就可在短时间内提供顾客所需的特定产品。

2. 批量规则

无论是物料采购还是生产，为了节省订货费用或生产调整准备费用，都要形成一定的批量。对于 MRP 系统，批量确定十分复杂。常用的批量规则有两大类：一类为静态批量规则，另一类为动态批量规则。

（1）静态批量规则，是指每次订货批量的大小都相同。典型的静态批量规则是采用固定订货量（fixed order quantity，FOQ）。在这种规则之下，批量大小预先确定，例如，FOQ 可以是由设备能力上限所决定的量。对于外购件，FOQ 可以是可得到价格折扣的最小量、整车量，或被限定的最小购买量。MRP 零件层批量问题是离散型周期需求下的批量问题，它不同于连续均匀需求下的批量问题，因此不能用 FOQ 求解。

（2）动态批量规则，是指每次订货批量的大小可以不同，但至少要大到足以防止缺货发生。一种动态批量规则是采用周期性批量。在这种规则之下，批量大小等于未来 P 周（从收到货物的当周起）的粗需求加上安全库存量，再减去前一周的现有库存量。这样的批量可以保证安全库存量和充分保证 P 周的粗需求，但并不意味着每隔 P 周必须发出一次订单，而只是意味着，当确定批量时，其大小必须足以满足 P 周的需求。因此，在实际操作中，可首先根据理想的批量（例如，FOQ）除以每周的平均需求量来确定 P，然后，用 P 周的需求表示目标批量，并取与之最接近的整数。

3. 安全库存

从理论上讲,相关需求库存不需要设置安全库存,因为一旦产品出产计划确定,对各料项的需要量就已经计算出来,从而无须设置安全库存。这是 MRP 的主要优点之一。然而,尽管是相关需求,仍有不确定性。比如,不合格品的出现、外购件交货延期、设备故障、停电、缺勤等。一般仅对产品结构中的最低层料项设置安全库存,而不必对其他层次的料项设置安全库存。对零件可能延迟的情况,可设置安全期。

4. 提前期

需要分外购件和自加工件两种情况考虑:对于外购件,提前期是指从订单发出直至物料验收入库的时间间隔。对于这类物料来说,如果所设置的提前期比实际所需的时间长,会导致库存费用增加;如果提前期太短,会导致缺货发生,或产生催促费用,或二者同时出现。对于企业内的自加工件,提前期包括加工时间、作业交换时间、物料在不同工序间移动所需的时间以及等待时间等。

MRP 采用固定提前期,即不论批量如何变化,事先确定的提前期均不改变。这实际上假设生产能力是无限的,是 MRP 的一个根本缺陷。

四、MRP 系统的改进

(一) 能力需求计划的概念

前面介绍的 MRP 只局限在物料需求方面,一般称为基本 MRP。基本 MRP 是为产品零部件配套服务的库存控制系统,主要功能是解决产品订货所需要物料项目、数量和供货时间等问题。但这类系统只是提出物料需求的任务,而没有考虑生产能力的约束条件。虽然它在主生产计划阶段做过能力平衡,却仅仅是粗略的平衡,只是按车间或设备组概算生产能力需求,又是在相当长的提前期之前做出的,因此没有考虑也考虑不到生产现场实际发生的生产能力的动态变化,因而使它们在物料生产的进度安排上缺乏可行性和可靠性。

20 世纪 70 年代中后期,提出了能力需求计划(capacity requirements planning,CRP)的概念。能力需求计划不是用现有能力去限制需求,而是根据需求计划来预见未来各个时段对能力的需求,进而对能力进行规划与调整,如合理组织生产,改善和提高工艺技术水平,进行外包、外协、分割任务等。

能力需求计划的计算流程是由物料需求计划取得物料任务的数量和需求时间,按照物料的工艺路线,计算出各个工艺的加工周期,推算出初始的工序进度计划,再分别按照工作中心汇总每个时间周期内所需的台时数量,即可得到。

然后将各工作中心的生产能力与生产能力需求计划进行对比,如果生产能力不足,则返回,并采用适当的措施调整初始的工序进度计划、物料需求计划或主生产计划,重新计算生产能力需求计划。通过如此反复,直至生产任务与生产能力平衡。最后根据平衡结果,输出工序进度计划。

(二) 粗能力需求计划的编制

一般情况下,粗能力需求计划(rough cut capacity planning,RCCP)的编制方法有两种,即资源清单法和分时间周期的资源清单法。这两种方法的主要区别在于前者比较简单,不考虑各种提前期,往往会过高地估计负荷;后者比较复杂,考虑各种提前期,平衡结果比较准确。下面介绍资源清单法。

资源清单法的编写过程如下:

第一步,定义关键资源。

第二步,从 MPS 中的每种产品系列中选出将要进行 RCCP 的代表产品。

第三步,依据 MPS、BOM、工艺路线、定额工时以及 BOM 中每个零件的平均批量等,确定生产每个单位代表产品的关键资源需求量。

第四步,对每个产品系列,确定其 MPS 的计划产量。

第五步,将 MPS 中的计划产量与能力清单中的资源需求量相乘。

第六步,将没有产品系列所需要的能力加起来,得到对应计划的总能力需求。

[例 10-2] 假设某产品 A 的 BOM 如图 10-6 所示,MPS 如表 10-5 所示,工艺路线和工时定额如表 10-6 所示。需要注意的是,由于 D 零件是外购零件,不需要企业内部的生产能力,因此 RCCP 不考虑该因素。

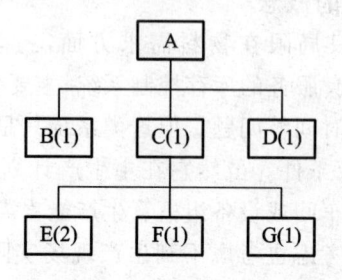

图 10-6 A 产品的 BOM 结构

表 10-5 A 的主生产计划

周	1	2	3	4	5	6	7	8	9	10
MPS	110	110	120	120	120	120	120	150	150	150

表 10-6 A 对应的工艺路线和工时定额

物料项	工序号	工作中心	单件加工时间	生产准备时间	平均批量	单件准备时间	单件总时间
A	10	60	0.75	1.30	30	0.043	0.793
B	10	50	0.56	1.10	20	0.055	0.615
C	10	40	0.60	1.80	25	0.072	0.672
	20	25	0.35	1.20	20	0.06	0.41

续表

物料项	工序号	工作中心	单件加工时间	生产准备时间	平均批量	单件准备时间	单件总时间
E	30	25	0.60	1.10	15	0.073	0.673
F	10	20	0.70	1.50	20	0.075	0.775
	20	10	0.50	1.35	35	0.039	0.539
G	10	20	0.90	1.25	50	0.025	0.925

假设工作中心10、20、25、40、50和60都是关键资源。表10-6列出了单件加工时间、生产准备时间和平均批量,时间单位是小时。在这里,生产准备时间指的是整个批量的生产准备时间。单件准备时间的计算公式如下(计算结果见表10-7):

单件准备时间＝生产准备时间/平均批量

现在计算每一个工作中心上全部零件的单件加工时间,计算公式如下:

$$某工作中心上全部零件的单件加工时间 = \sum_{i=1}^{n} 加工件数 i \times 单件加工时间$$

式中:i——在该工作中心上加工的物料;

n——在该工作中心上加工的全部物料数量。

表10-7 按工作中心单件加工时间、单件准备时间及单件总时间

工作中心	单件加工时间	单件准备时间	单件总时间
60	1×0.75=0.75	1×0.043=0.043	0.75+0.043=0.793
50	1×0.56=0.56	1×0.055=0.055	0.56+0.055=0.615
40	1×0.60=0.60	1×0.072=0.072	0.6+0.072=0.672
25	1×0.35+1×0.60=0.95	2×0.073+1×0.06=0.206	0.95+0.206=1.756
20	1×0.70+1×0.9=1.6	1×0.075+1×0.025=0.1	1.6+0.1=1.7
10	1×0.50=0.5	1×0.039=0.039	0.5+0.039=0.539

得到物料A的能力清单之后,根据其MPS即可计算出该产品的RCCP。物料A的RCCP等于MPS中每个周期的计划产量和能力清单中各个工作中心的单件总时间之积。计算结果如表10-8所示。

表10-8 计 算 结 果

工作中心＼周	1	2	3	4	5	6	7	8	9	10
10	59.29	59.29	64.68	64.68	64.68	64.68	64.68	80.85	80.85	80.85
20	187	187	204	204	204	204	204	255	255	255
25	193.16	193.16	210.72	210.72	210.72	210.72	210.72	263.4	263.4	263.4

续表

周 工作 中心	1	2	3	4	5	6	7	8	9	10
40	73.92	73.92	80.64	80.64	80.64	80.64	80.64	100.8	100.8	100.8
50	67.65	67.65	73.8	73.8	73.8	73.8	73.8	92.25	92.25	92.25
60	87.23	87.23	95.16	95.16	95.16	95.16	95.16	118.95	118.95	118.95
合计	688.25	688.25	729	729	729	729	729	911.25	911.25	911.25

（三）闭环 MRP

MRP 与 CRP 一起形成计划管理的闭环系统，称为闭环 MRP 系统。该系统增加了生产能力需求计划和车间作业控制两个子系统，真正实现了生产任务与生产能力的统一计划与管理。

闭环 MRP 是在 MRP 生成物料需求计划后，进入生产能力需求计划的功能模块。在这里，首先利用工艺路线资料对生产这些物料所需要的生产能力进行计算，制定出生产能力需求计划。然后从工作中心资料取得它们在各时段可用能力的数据，将需用能力与可用能力比较，来检查这个计划的可行性。若需用能力与可用能力不平衡，则返回去修改生产能力需求计划。在需用能力与可用能力达到平衡后，进入车间作业控制子系统，监控计划的实施过程，即在实施计划的过程中仍要随时反馈实际进度的信息。使管理人员能根据情况的变化，进一

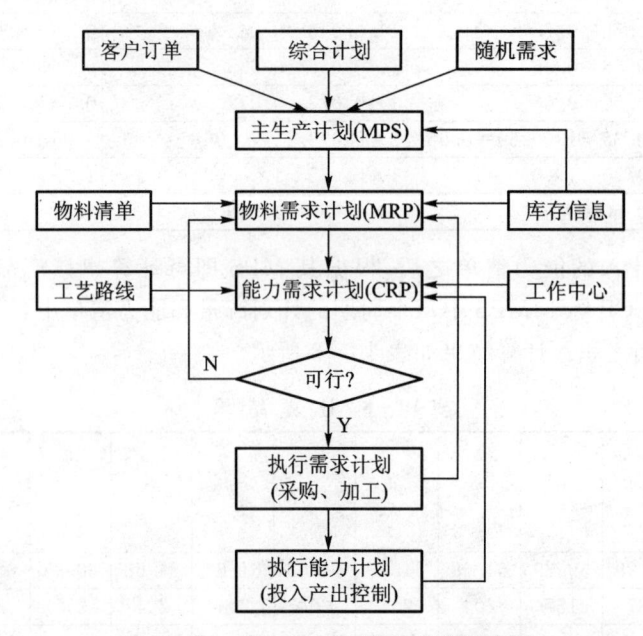

图 10－7 闭环 MRP 系统的逻辑流程图

步调整计划,来指导生产的进行。这样,使整个计划与控制工作形成有机的闭环回路系统,即所谓闭环 MRP。它的逻辑流程过程如图 10-7 所示。

闭环 MRP 系统具备两个功能:一是作业分派,二是作业统计。作业分派是指为每个工作中心排出一个时间周期的任务计划,即根据工作中心当期的能力情况和在执行任务的实际进度,确定应下达的任务量,然后按照优先规则进一步规定任务的投入顺序和应完工的时限;作业统计的任务是监控计划的实施,采集生产现场的实际进度数据,以供查询和编制生产报告,同时提供给生产能力需求计划子系统与作业分派模块,用于下一周期计划的制订。

闭环 MRP 各功能子系统相互联系,构成一个有机整体,使其既能适应市场需求变化,又能保持任务与能力的动态平衡,从而真正成为一个有效的计划与控制系统。

第三节 制造资源计划(MRP Ⅱ)

一、MRP Ⅱ 概述

(一) MRP Ⅱ 的产生

20世纪80年代初,随着计算机技术的发展,闭环 MRP 系统进一步与企业的财务、经营和技术等方面的管理职能相连接,产生了一种新的综合计划管理系统。众所周知,制造企业中,生产活动是一切管理活动的基础,无论是财务、销售,还是技术、人事,都必须以生产计划为依据来计划和组织各自的经营业务活动。当 MRP 系统在全企业内得到推行后,自然地会对它提出新的要求,希望它能同时反映财务信息,如要求把产品销售计划用销售金额来表示,要求对物料赋予货币属性以计算成本并方便报价,要求用金额表示能力和采购、外协计划以编制预算,要求用金额表示库存量以反映资金占用,等等。总之,要求财会部门能同步地从生产系统获得货币信息以加强财务管理。更进一步地,还要求这种货币信息反映的情况必须符合企业长远经营目标,满足销售和利润规划的要求。这样,闭环 MRP 系统进一步发展,将物料流与资金流结合起来,使生产部门与销售、经营部门取得沟通,又将日常的作业计划与控制同企业的长远规划结合起来,形成一个完整的经营生产管理计划系统。这种计划系统被定名为制造资源计划(manufacturing resources planning,MRP),由于它的缩写也是 MRP,故加上尾缀 Ⅱ 以示区分,称为 MRP Ⅱ。

MRP Ⅱ 可以简单定义为:对企业的制造资源进行计划、控制和管理的系统。其中的制造资源分三类:一是生产资源,包括物料、人、设备等;二是市场资源,包括销售资源、供应资源等;三是财务资源,包括资金来源和支出以及工程制造资源,如工艺路线和产品结构等。

MRPⅡ的最大成就在于对企业经营的主要信息进行集成。在物料需求计划的基础上向物料管理延伸,实施对物料的采购管理,包括采购计划、进货管理、供应商账务管理及档案管理、库存账务管理等;系统已经记录的大量的制造信息,包括物料消耗、加工工时等,在此基础上扩展到产品成本核算、成本分析;主生产计划和生产计划大纲的依据是客户订单,据此向前又可以扩展到销售管理业务。因此已不能从字面上来理解"制造资源计划"(MRPⅡ)的含义。

(二) MRPⅡ的特点

MRPⅡ由闭环 MRP 系统发展而来,在技术上,它与闭环 MRP 并没有多大的区别。但它包括了财务管理和模拟的能力,这是本质的区别。MRPⅡ系统的特点可从六个方面来说明,每一个特点都含有管理模式的变革和人员素质或行为规范的变革。

1. 计划的一贯性和可行性

MRPⅡ系统是一种计划主导型的管理模式。计划层次从宏观到微观,从战略到战术,由粗略到逐层细化,但始终保持与企业经营战略目标一致。"一个计划"是 MRPⅡ系统的原则精神,它把通常的三级计划管理统一起来,编制计划集中在厂级职能部门,车间班组只负责执行计划、调度和反馈信息。计划下达前反复进行能力平衡,并根据反馈信息及时调整,处理好供需矛盾,保证计划的一贯性、有效性和可执行性。

2. 管理的系统性

MRPⅡ系统是一项系统工程,它把企业所有与生产经营直接相关部门的工作联成一个整体,每个部门都从系统整体出发做好本岗位工作,每个员工都清楚自己的工作同其他职能的关系。只有在"一个计划"下才能成为系统。条框分割、各行其是的局面将被团队精神所取代。

3. 数据共享性

MRPⅡ系统是一种管理信息系统。企业各部门都依据同一数据库的信息进行管理,任何一种数据变动都被及时地反映给所有部门,做到数据共享,在统一数据库支持下按照规范化的处理程序进行管理和决策,改变了过去那种信息不通、情况不明、盲目决策、相互矛盾的局面。为此,要求企业员工用严肃的态度对待数据,专人负责维护,保证数据的及时、准确和完整。

4. 动态应变性

MRPⅡ系统是一个闭环系统,要求跟踪、控制和反馈瞬息万变的生产实际。管理人员可随时根据企业内外部环境条件的变化迅速做出响应,及时决策调整,保证生产计划正常进行。它可以保持较低的库存水平,缩短生产周期,及时掌握各种动态信息,因而有较强的应变能力。为了做到这一点,必须树立全员的信息意识,及时准确地把动态数据输入系统。

5. 模拟预见性

MRPⅡ系统是生产经营管理客观规律的反映,按照规律建立的信息逻辑必然具有模拟功能。它可以预见相当长的计划期内可能发生的问题,事先采取措施消除隐患,而不是等问题发生了再花几倍的精力去处理。这将使管理人员从忙忙碌碌的事务堆里解脱出来,致力于实质性的分析研究和改进管理工作。

6. 物流、资金流的统一

MRPⅡ系统包罗了成本会计和财务功能,可以由生产经营活动直接产生财务数据,将实物形态的物料流动直接转换为价值形态的资金流动,保证生产和财会数据一致。财会部门及时得到资金信息用以控制成本,通过资金流动状况反映物流和生产作业情况;随时分析企业的经济效益,参与决策,指导经营和生产活动,真正起到会计师和经济师的作用。同时也要求企业全体员工牢牢树立成本意识,把降低成本作为一项经常性的任务。

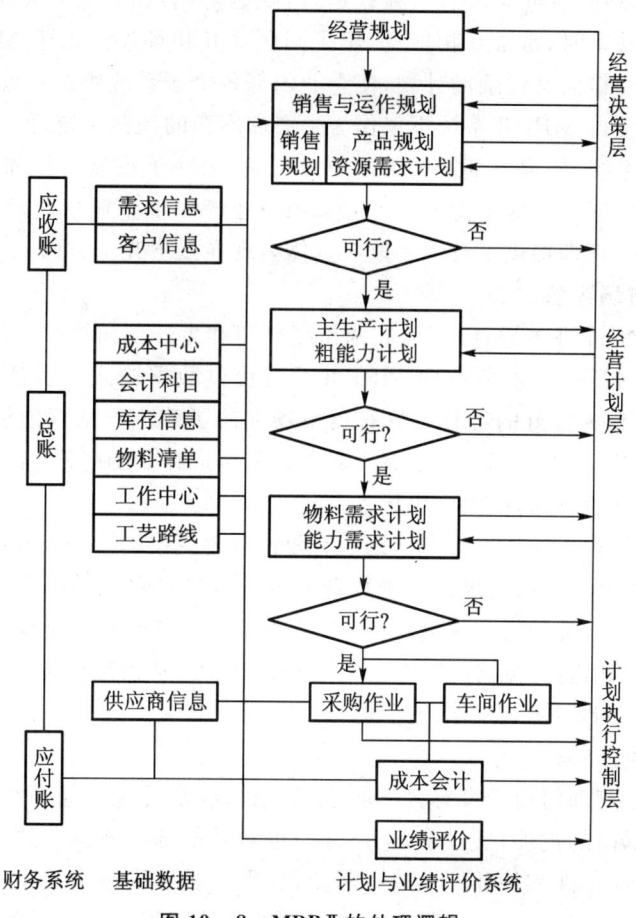

图 10-8　MRPⅡ的处理逻辑

二、MRPⅡ的处理逻辑

MRPⅡ的处理逻辑如图 10-8 所示。

在图 10-8 中，最右侧是计划与控制流程，它包括了经营决策层、经营计划层和计划执行控制层，这些功能层次构成了企业的经营计划管理流程。该流程左侧是计划与业绩评价系统，即对 MRPⅡ 的业绩进行评议，以便进一步改进和提高。图的中间部分是基础数据。这些数据以数据库的形式储存在计算机数据库管理系统中，以便各部门沟通和共享，达到信息的集成。左侧是财务管理系统，有总账管理、应收账管理和应付账管理等。

三、MRPⅡ的集成管理模式

一个企业往往有多个系统，如生产系统、财务系统、销售系统、供应系统、技术系统等。以往，这些系统各自独立运行，缺乏协调，相互关系并不密切。当各个系统发生联系时，常常互相扯皮，出了问题又互相埋怨。由于 MRPⅡ 系统能够提供一个完整而又详细的计划，使企业内部各个子系统协调一致，形成了一个整体。这就使得 MRPⅡ 系统不仅作为生产和库存的控制系统，而且还成为企业的整体计划系统，使得各部门的关系更加密切，消除了重复工作和不一致性，提高了整体的效率。从这个意义上来说，MRPⅡ 统一了企业生产经营活动，为企业进行集成化管理提供了有力手段。具体表现在以下几个方面。

（一）市场销售

MRPⅡ 是企业的总体计划，它为市场部门和生产部门提供了从未有过的联合机会。市场部门不但负有向 MRPⅡ 系统提供数据输入的责任，而且还可把 MRPⅡ 系统作为极好的工具。只有当市场部门了解生产部门能够生产什么和正在生产什么，而生产部门也了解市场需要其生产什么的时候，企业才能生产出更多适销对路的产品，投放到市场上。

市场部门对于保持主生产计划的有效性有着直接的责任。在制定主生产计划的时候，由市场部门提供的预测数据和客户订单是首先要考虑的信息。在对主生产计划进行维护的常规活动中，市场部门的工作也非常重要。这里的关键是通过及时的信息交流，保持主生产计划的有效性，从而确保主生产计划作为市场部门和生产部门协调工作的基础。

（二）生产管理

过去，生产部门由于没有科学的管理工具，经常受到市场销售部门、财务会计、技术等部门的批评；反过来，生产部门也对其他部门不满。这些抱怨主要起因于企业内部条件和外部环境的不断变化，生产难以按预定的生产作业计划进行。因此，一方面，生产计划部门无法提供给其他职能部门所需的准确信息；另一方面,第一线的生产管理人员也不相信计划,认为计划只是"理想化"的,永远跟不上变化。有了 MRP Ⅱ 以后,计划的完整性、周密性和应变能力大大加强,使调度工作大为简化,工作质量得到提高。总之,从 MRP Ⅱ 得到的最大好处在于从经验管理走向科学管理,使生产部门走向正规化。

（三）采购管理

采购人员有一个最难处理的问题,称为"提前期综合征"。一方面是供方要求提早订货;另一方面是本企业不能提早确定所需物料的数量和交货期。这种情况往往导致他们早订货和多订货。自从有了 MRP Ⅱ 系统,采购部门就有可能做到按时、按量地供应各种物料。而且,由于 MRP Ⅱ 的计划期可以长达一至二年,能将产品所需的外购物料提前相当长时间告诉采购部门,并能准确地提供各种物料的"期"和"量"方面的要求,避免了盲目多订和早订。同时,由于 MRP Ⅱ 不是笼统地提供一个需求的总量,而是要求按计划分期分批地交货,也为供方组织均衡生产创造了条件。

（四）财务管理

实行 MRP Ⅱ,可使不同部门采用共同的数据。事实上,一些财务报告在生产报告的基础上是很容易做出的。例如,只要将生产计划中的产品单位转化为货币单位,就构成了经营计划;将实际销售、生产、库存与计划数相比较就会得出控制报告;当生产计划发生变更时,马上就可以反映到经营计划上,可以使决策者迅速了解这种变更在财务上造成的影响。

（五）技术管理

过去,技术部门并未从企业整体经营的角度来考虑自身的工作,似乎超然于生产活动以外。但是,对于 MRP Ⅱ 这样的正规系统来说,技术部门提供的却是该系统赖以运行的基本数据。它不再是一种参考性的信息,而是一种起控制作用的信息。这就要求产品的物料清单必须正确,加工路线必须正确,而且不能有丝毫含糊之处。同时,修改设计和工艺文件也要经过严格的手续,避免造成混乱。

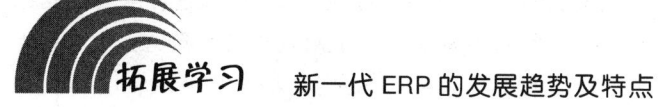

拓展学习 新一代 ERP 的发展趋势及特点

1. ERP 技术的发展趋势

ERP 代表了当代的先进管理模式与技术,并能够帮助企业提高整体效率和市场竞争力。随着信息技术、先进制造技术的不断发展,以及企业对于 ERP 需求的日益增加,进一步促进了 ERP 技术向新一代 ERP 发展。未来 ERP 技术的发展方向和趋势是：

（1）ERP 与客户关系管理（CRM）的进一步整合。

(2) ERP 与电子商务、供应链管理、协同商务等的进一步整合。

(3) ERP 与产品数据管理(PDM)的整合。

(4) ERP 与制造执行系统(EMS)的整合。

(5) ERP 与工作流管理系统的进一步整合。

(6) 加强数据仓库和联机分析处理(OLAP)功能。

(7) ERP 系统动态可重构性。

(8) ERP 系统的实现技术和集成技术。

ERP 技术的不断发展和完善,将最终促进基于 Internet/Extranet 支持的、全球化企业合作与敏捷虚拟企业的集成化经营管理系统的产生与不断发展。

2. 新一代 ERP 的特点

目前,关于未来 ERP 的说法甚多,如 e-ERP、后 ERP、iERP 等。这些说法都是站在不同的角度对 ERP 发展方向和趋势进行的描述。根据 ERP 管理思想与管理软件系统的发展过程与趋势,新一代 ERP 应当具备以下主要特点:

(1) 管理思想的先进性与适应性。新一代 ERP 应当在继承当前 ERP 管理思想的基础上,不断吸纳最新的先进管理思想或模式,如敏捷制造与敏捷虚拟企业组织管理模式、供应链环境下的精益生产管理模式、基于电子商务的企业协同管理模式、跨企业的协同专案管理模式等,并将其管理思想与 ERP 业务处理模型结合。

(2) 电子商务环境下的企业间协同性。在网络化信息时代,制造业的竞争焦点已从单一企业间的竞争转化为跨企业的生产体系间的竞争。企业正在把基于内部功能最优化的垂直一体化组织转变为更灵活的以核心能力为基础的实体组织,并努力使企业在供应链和价值网络中找到最佳定位。这种定位不仅与所从事的 B2B 和 B2C 电子商务相关,还参与了协同商务过程。新一代 ERP 应当支持这种扩展型企业在电子商务环境下的企业间协同经营与运作。

(3) 面向企业商务过程的功能可扩展性。新一代 ERP 将越来越面向企业的商务过程、产品全生命周期的相关过程及资源的管理,其业务领域与功能不断扩充。新一代 ERP 除了具有传统的制造、财务、分销等功能外,还将不断吸纳新的功能,如产品数据管理(PDM)、客户关系管理(CRM)、供应链管理(SCM)、电子商务、制造执行系统(MES)、决策支持系统(DSS)、数据仓库与联机分析处理(OLAP)、办公自动化(OA)等,从而构成了功能强大的集成化企业管理与决策信息系统。因此,新一代 ERP 应当具有很好的功能可扩展性。

(4) 基于工作流的管理过程性。随着 ERP 业务领域与功能的不断扩充,ERP 系统将变得十分庞大和繁杂,加强业务处理过程的管理非常必要。新一代 ERP 将以工作流引擎作为业务处理的核心机制,使其成为集成的、基于规则的、自动和连贯的 ERP 工作管理程式,保证企业内外部物流、信息流、价值流与责任流的有机集成。与此同时，采用工作流模型及其管理引擎也有利于新一代 ERP 系统的可定义、可配置与可重构性的实现。

（5）基于知识的管理智能性。随着 ERP 系统从管理执行层向管理决策层的渗透，新一代 ERP 将通过集成数据仓库、数据仓库与联机分析处理（OLAP）、商务智能、决策支持等加强其对企业知识的管理功能，把企业高层领导从规模庞大、事无巨细的数据中解脱出来，构成集综合查询、报表和 OLAP 为一体的智能决策信息系统，以帮助企业家进行宏观决策和制定经营策略。

（6）经营生产计划与控制的及时性。为了克服 MRPⅡ/ERP 的"重计划、轻控制"的弱点，新一代 ERP 将进一步加强"事前计划、事中控制、事后核算"的集成功能，加强 ERP/MES/SFC 或 ERP/MES/PCS（process control system，PCS）的实时化集成，并实现经营生产计划与控制的有机结合，增强企业 ERP 系统的应变能力和现场管理能力。

（7）基于软构件的系统动态可变性。与 ERP 功能的不断扩展的趋势相对照，ERP 软件的发展趋势则是在新的模块化概念下规模越来越可变（scalable）。并能够做到"可剪裁、可配置、可重构"，为企业用户"特制"。新一代 ERP 软件系统应当具备上述特点，通过采用软构件技术实现系统的可剪裁与可重构，并形成针对各类典型行业的专业化系统。另外，针对企业组织或过程重组和业务处理调整的需求，新一代 ERP 系统应当做到动态可重构，迅速适应企业的变化。采用软构件技术可以很好地满足这一需求。

（8）基于快速实施工具的系统可实施性。ERP 的实施周期对于 ERP 系统应用成功率影响甚大，支持 ERP 应用的快速实施应是新一代 ERP 系统的重要特征。新一代 ERP 系统需要集成一系列 ERP 实施辅助工具，其中包括企业诊断方法及工具、企业建模方法及建模工具、基于企业建模的 ERP 快速实施与数据分析辅助工具、ERP 系统快速配置及动态重构辅助工具、各类企业参考模型、ERP 报表自动生成器、ERP 系统界面、面向客户的个性化系统定制工具等，为企业管理咨询与诊断、ERP 快速应用实施提供技术支撑。

可以看出，ERP 的管理领域早已超出了企业内部资源计划与管理的范畴，步入电子商务环境下企业间协同管理的阶段，并将最终导致面向全球化生产体系的新一代 ERP 系统的出现和发展。

网上学习

1. 登录中国 ERP 知识库网站，了解 ERP 动态，系统学习 ERP 基本理论与方法，包括 MPS、BOM、MRP、RCP 等，阅读 HR、PDM、CRM、SCM、LS、KM、CAPP、CAE 等专栏。

2. 登录中国 ERP 大全网站，全面关注 ERP 技术、ERP 论文、ERP 实施、

ERP 产品、ERP 案例、ERP 人才库等,以及 ERP 密切相关的 HR、PDM、CRM、SCM、LS、KM、CAPP、CAE、管理工程等专栏。

3. 登录 ERP 世界网,进行专题学习与讨论,了解业界动态,掌握 ERP 最新发展趋势。

4. 登录用友公司网站,学习面向中小企业的 ERP/U8 软件的主要功能和使用方法,了解面向企业集团管理的用友 ERP/NC 软件,结合典型案例分析我国 ERP 实际情况。

5. 登录 SAP 中国网站,了解 R/3 软件的主要功能和使用方法,考察企业实际应用情况。

思考与练习

1. MRP 的基本思想是什么?
2. 物料清单的主要功能是什么?物料清单不准确会产生什么后果?
3. 简述 MRP 的三个主要输入信息。
4. 简述 MRPⅡ 与 MRP 的区别。
5. 产品 M 由 2 个单位的 N 与 3 个单位的 P 制成。N 由 2 个单位的 R 与 4 个单位的 S 制成。R 由 1 个单位的 S 与 3 个单位的 T 制成。P 由 2 个单位的 T 与 4 个单位的 U 制成。要求:

(1) 画出产品 M 的物料清单。

(2) 如果需要 200 单位的 M,每一种子项各需要多少?

6. 某产品 X 由 2 个单位的 Y 与 3 个单位的 Z 组成。Y 由 1 个单位的 A 与 2 个单位的 B 组成。Z 由 2 个单位的 A 与 4 个单位的 C 组成。它们的提前期分别为:X,1 周;Y,2 周;Z,3 周;A,2 周;B,1 周;C,3 周。要求:

(1) 画出产品 X 的物料清单。

(2) 如果第 10 周需要 100 单位的 X(假设这些物料目前无库存),试计算各项物料的净需求量、计划订货量、计划投入量及对应的时间。(可用 Excel 建模求解)

第十一章 独立需求的库存管理

内容提要

库存管理是运营管理的主要内容。不仅制造业会遇到库存管理问题，有些服务业同样需要考虑库存问题。本章阐述库存的含义、作用及分类，重点讨论两种最基本的多周期库存控制模式——定量控制模式和定期控制模式，最后介绍库存管理的发展趋势。

第一节 库 存 概 述

一、库存的作用与分类

（一）库存的含义

"库存"（inventory）有时被译为"存储"或"储备"，它无论对制造业还是服务业都十分重要。从直观上理解，库存是指存放在仓库中以备后用的物品，这是对库存的狭义理解。现代意义上的库存不仅仅是指存放在仓库中的物品，还包括正处在转换系统中的所有资源，因为这些资源都处于资产状态，它们均占用了一定量的资金。从一般意义上来说，库存是为了满足未来需要而暂时闲置的资源。资源的闲置就是库存，与这种资源是否存放在仓库中没有关系，与资源是否处于运动状态也没有关系。汽车运输的货物处于运动状态，但这些货物是为了未来需要而暂时闲置的，就是库存，是一种在途库存。制造企业持有的原材料、部件、在制品、产成品，以及机器、工具的备用部件和其他物资，包括银行的现金，都是库存。百货公司持有的服装、家具、文具、礼品和玩具，医院储存的药品药剂、医疗器械和床位等，超级市场存储的新鲜食物、包装好的和冷冻的食品、家居用品、杂志及其他商品等，也都是库存。

一般地说，人、财、物、信息各方面的资源都有库存问题。专门人才的储备就是人力资源的库存，计算机硬盘储存的大量信息是信息的库存。

（二）库存的作用

库存既然是资源的闲置，就一定会造成浪费，增加企业的开支。那么，为什么还要维持一定量的库存呢？这是因为库存有其特定的作用。

1. 缩短订货提前期

当制造厂维持一定量的成品库存时,顾客就可以很快采购到他们所需的物品。这样缩短了顾客的订货提前期,加快了生产的速度,也使供应厂商争取到了顾客。

2. 保证生产稳定性

处于激烈竞争的社会中,外部需求的不稳定性是正常现象。生产的均衡性又是企业内部组织生产的客观要求。外部需求的不稳定性与内部生产的均衡性是矛盾的。既要保证满足需方的要求,又使供方的生产均衡,就需要维持一定量的成品库存。成品库存将外部需求和内部生产分隔开,像水库一样起着均衡作用。

3. 分摊订货费用

如果需要一件就采购一件,可以不设库存,但这样不一定经济。订货需要一笔费用,这笔费用若摊在一件物品上,将是很高的。如果一次采购一批,分摊在每件物品上的订货费就少了,但这样会有一些物品暂时用不上,造成库存。同样,对生产过程采取批量加工,可以分摊调整准备费用,但批量生产又会造成在制品库存。

4. 防止短缺损失

维持一定量的库存可以防止短缺。为了应付自然灾害和战争,一个国家必须有储备。同样,为了防止因资源短缺而影响企业的生产经营活动,也需要一定的储备。

5. 防止生产过程的中断

在生产过程中维持一定量的在制品库存,可以防止生产中断。显然,当某道工序的加工设备发生故障时,如果工序间有在制品库存,其后续工序就不会中断。同样,在运输途中维持一定量的库存,可以保证供应,使生产正常进行。例如,某工厂每天需要 100 吨原料,供方到需方的运输时间为 2 天,则在途库存为 200 吨,才能保证生产不中断。

尽管库存有如此重要的作用,但生产管理的努力方向不是增加库存,而是不断减少库存。实际上,正如准时生产制所主张的,库存掩盖了生产经营过程中的各种矛盾,是应该消除的。库存控制的难点在于在充分发挥库存功能的同时,尽可能地降低库存成本。

(三)库存的分类

1. 按库存物资在生产中的作用分类

(1)主要原材料,指直接用于生产过程,构成基本产品实体的原料或材料,如铸铁、铸钢、钢材、木材、塑料和有色金属等。

(2)辅助材料,指用于生产过程,能够帮助产品生产,但本身并不加入产品,或者加入产品但并不构成产品实体的各种物资。辅助材料还可以进一步细分为工艺用辅助材料(如模具等)、设备用辅助材料(如润滑油、皮带蜡)、工人劳动保护用具以及包装材料等。

(3) 燃料和动力,指生产过程中耗费的能源与动力资源。通常包括石油、煤炭、木材、电力、蒸汽、压缩空气等。

(4) 维修用备件,指设备维修中需要经常更换的易损零件,包括轴承、齿轮、丝杠等。

2. 按库存物资的存在状态分类

(1) 原材料库存,指已购入尚未开始加工的原材料。

(2) 在制品库存,指生产过程中正处于加工、运输、装配或检验状态的工件。

(3) 产成品库存,指已经生产完毕但尚未出售的产成品。

3. 按库存用途分类

(1) 经常性库存,指前后两次订货时间间隔期内,为保证正常生产所必须耗用的物资储备量。

(2) 在途库存,又称中转库存,指尚未到达目的地,正处于运输状态或等待运输状态而储备在运输工具中的库存。

(3) 安全库存,指为防止由于物料供应可能出现的延误或其他无法预料事件发生而设置的物资储备量。

(4) 季节性库存,指企业为防止物资季节性的变化影响进货或销售而设立的物资储备量。

4. 按库存的表现特征分类

根据对物品需求的重复次数不同可将物品需求分为单周期需求与多周期需求。

(1) 单周期需求,指仅仅发生在比较短的一段时间内或库存时间不可能太长的需求,也被称作一次性需求。单周期需求的产品具有如下特征:一是需求只在一个需求周期内有效,二是需求变动性很大,三是产品的残值或产品过期后的价值远远低于产品的初始成本。例如,奥运会纪念章或新年贺卡属于第一种情况,易腐物品(如鲜鱼)或易过时的商品(如日报和期刊)等属于第二种情况。对单周期需求物品的库存控制问题称为单周期库存管理。

(2) 多周期需求,指在足够长的时间里对某种物品重复的、连续的需求,其库存需要不断地补充。与单周期需求相比,多周期需求的问题普遍得多,如汽车生产厂需用的钢材、玻璃、橡胶等原材料或零部件。对多周期需求的库存控制问题称为多周期库存管理。本章第二节、第三节分别介绍两种基本的多周期库存控制模式。

二、库存管理系统与库存管理费用

(一) 库存管理系统

库存管理系统为库存管理与控制提供了管理机制和运营模式。它负责订货与收货,确定订购时机,跟踪订购什么、订购多少、向谁订购等事项。同时必须回答以下问题:供应商是否收到订单,货物是否已经发出,发货日期与数量是否准确,是否建立了再订货及退货程序?

库存管理系统的基本运营模式有定量控制模式和定期控制模式。定量控制模式的缺点是需要不断盘点库存,定期控制模式的缺点是需要较高的安全库存。为了克服这两种模式的缺点,就出现了最大最小控制模式,它实质上是一种定期控制模式,只不过需要确定一个订货点。当经过固定的订货间隔期时,如果现有库存量降到订货点及以下,则发出订货;否则,再经过下一个订货间隔期后,观察现有库存量,再考虑是否发出订货。本章重点介绍定量控制和定期控制两种基本模式。

(二) 库存管理费用

在进行库存决策时,需要对库存费用进行分析,明确其变化特征,判断其与库存决策的相关性。与库存有关的费用可分为两类:

1. 随库存量增加而增加的费用

这类费用的大小与库存量的变化方向相同,主要包括:

(1) 存货成本。库存资源本身有价值,占用了资金,这些资金本来可以用于其他活动创造新的价值,而库存使这部分资金闲置起来,造成机会损失。存货成本是维持库存物品本身所必需的花费。

(2) 仓储空间费用。要维持库存必须建造仓库、配备设备,还要供暖、照明、修理、保管等。这些方面的开支都是维持仓储空间的费用。

(3) 物品变质和陈旧损失。在闲置过程中,物品会变质和陈旧,如金属生锈、药品过时、油漆褪色、鲜货变质。这会造成一部分损失。

(4) 税收和保险费。

2. 随库存量增加而减少的费用

这类费用的大小与库存量的变化方向相反,主要包括:

(1) 订货费。订货费与发出订单活动和收货活动有关,包括定价谈判、准备订单、通信、收货检查等。它一般与订货次数有关,而与每次订货量多少无关。一次订货量越多,分摊在每项物资上的订货费就越少;反之则越多。

(2) 调整准备费。在生产过程中,准备图纸、工艺和工具,调整机床、安装工艺装备等都需要消耗一定的调整准备时间和费用。如果消耗一次调整准备时间加工的零件越多,则分摊在每个零件上的调整准备费用就越少,但这又会使库存量增加,引起储存费用增加。

(3) 采购费和加工费。每次的采购量越大,可能会有价格折扣;每次加工的批量越大,可降低单位产品加工费用。

(4) 生产管理费。加工批量大,每批工件占用的管理工作量就越少,分摊的生产管理费用就少。

(5) 缺货损失费。采购或生产批量越大,则发生缺货的可能性就越少,缺货损失就越少。

(三) 库存总费用的计算

计算库存总费用一般以年为时间单位。归纳起来,年库存费用包括以下四项:

(1) 年维持库存费(holding cost),以 C_H 表示,是维持库存所必需的费用。包括存货成本、仓库及设备折旧、税收、保险、陈旧化损失等。这部分费用与物品价值和平均库存量有关。

(2) 年补充订货费(reorder cost),以 C_R 表示,与全年发生的订货次数有关,与每次订货量多少无关。

(3) 年采购费(或加工费)(purchasing cost),以 C_P 表示,与订货价格和订货数量有关,一般情况全年需求量不变。

(4) 年缺货损失费(shortage cost),以 C_S 表示,反映失去销售带来的机会损失、信誉损失以及影响生产造成的损失。它与缺货多少、缺货次数有关。

若以 C_T 表示年库存总费用,则:

$$C_T = C_H + C_R + C_P + C_S$$

库存管理的目标就是要使 C_T 最小。

第二节 定量控制模式

一、定量控制模式的含义与管理流程

(一) 定量控制模式的含义

定量控制模式又称为 Q 模型或连续检查控制模式,指经常盘点库存物资,当现有库存量降到预先设定的订货点(reorder point,ROP)及以下时,便发出订货指令,每次订货量均为一个固定的量。由于从订货指令发出到所购物资到货入库,通常需要一段时间,在此期间库存储备不断减少,物资不断地投入生产环节,转换成产品,直到库存储备降到最低点。当订货物资到货时,库存储备得到补充,达到最大值。上述库存储备的变化周而复始。图 11-1 表明了定量控制模式下的库存变化状况。

从图 11-1 中可见,库存控制有如下特点:①每次订货批量 Q 是固定的。②订货点储备量也是固定的。③订货间隔期通常是变化的。订货间隔期是指相邻两批订货入库的时间间隔,其大小主要取决于需求量的变化情况;需求量大则时间间隔短,需求量小则时间间隔长。④订货提前期(lead time,LT)通常是变

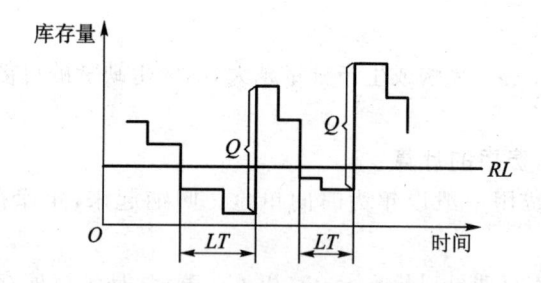

图 11-1 定量控制模式示意图

化的。订货提前期是指从提出订货(即订货点)到货物进厂验收入库为止所需的时间,由供应商的生产与运输能力等外界因素决定,与企业对物资的需求状况没有直接联系。

在定量控制模式中,尽管每次的订货批量基本相等,但由于各期物资需求(领用)的速度不同,造成各期的实际库存储备最大量或最小量不同。这种模式适用于需求量大且价格昂贵的重要物资库存控制。

(二) 定量控制模式的管理流程

定量控制模式是"事件驱动",即当库存量到达事先规定的订货水平时,才引发订货行为。这一事件可能随时发生,主要取决于对该物资的需求情况。定量控制模式的管理流程如图 11-2 所示。运用定量控制模型时,必须连续监控剩余库存量,因此,该系统是一种永续盘存系统。它要求每次从库存里取出货物或者向仓库增添货物时,必须刷新纪录以确认是否已达到订货点。

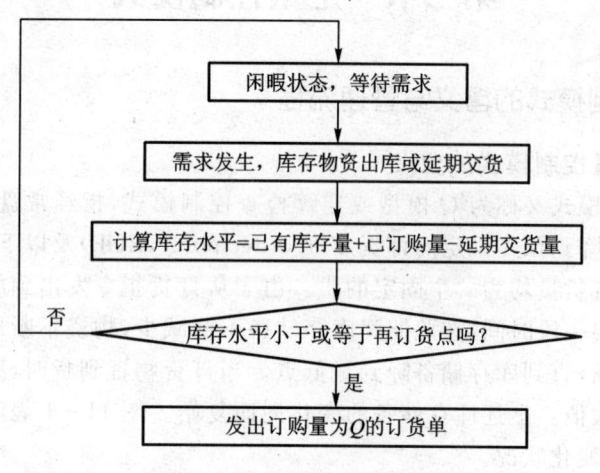

图 11-2 定量控制模式

二、控制参数的确定

根据定量控制模式的基本原理,实施定量控制模式的重点是要确定两个基本参数:订货量与订货点。下面分不同情况分别讨论这两个参数的确定方法。

(一) 理想情况下订货量与订货点的确定

理想情况下的库存模型建立在如下假设基础上:

(1) 物品需求是已知的、固定的,且在整个时期内保持稳定不变。

(2) 提前期是固定的。

(3) 单位物品的价格是固定的(无数量折扣)。

(4) 订货成本与调整准备成本是不变的。

(5) 不允许延期交货或缺货。

(6) 物品的需求是独立的,与其他产品的需求无直接关系。

理想情况下的库存控制模式如图 11-3 所示。

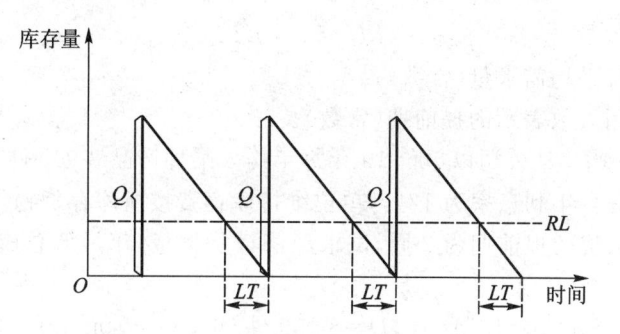

图 11-3 理想情况下的库存控制模式

理想情况下的库存费用变化如图 11-4 所示。最佳订货量应该是使库存总成本最低的订货量,又称为经济订货批量(economic order quantity,EOQ)。

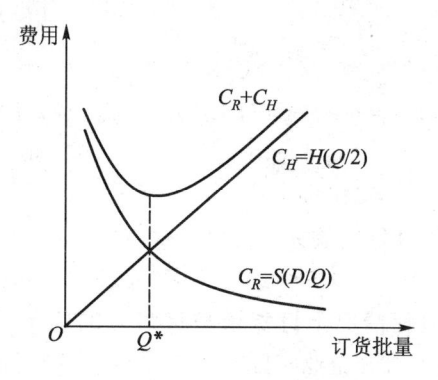

图 11-4 经济订货批量

设:Q 为订货量,D 为全年需求量,S 为每次订货费,H 为单位维持库存费,C 为单位生产成本。

假设订货方式为整批订货在某一时刻同时到达,补充率为无限大。也就是满足即时入库、均匀消耗的条件,则有,年订货次数为 D/Q,平均库存量为 $Q/2$。

年订货成本 C_R 与年维持库存费 C_H 可用公式分别表述为：

$$C_R = \frac{D}{Q}S \text{ 与 } C_H = \frac{Q}{2}H$$

则有

$$C_T = C_R + C_H = \frac{D}{Q}S + \frac{Q}{2}H$$

对决策变量 Q 求解 C_T 的极值，可得到最优解：

$$Q^* = \sqrt{\frac{2DS}{H}}$$

式中：Q^*——最佳订货量或经济订货批量。

由于该模型假定需求和提前期都不变，即无须安全库存，则订货点 RL 可简单表示为：

$$RL = d \cdot LT$$

式中：d——日平均需求量（常数）；

LT——用天数表示的提前期（常数）。

[例 11-1] 某公司以单价 10 元每年购入某种产品 8 000 件。每次订货费用为 30 元，资金年利息率为 12%，单位维持库存费按所库存货物价值的 18% 计算。若每次订货的提前期为 2 周，试求经济订货批量、年最低总成本、年订购次数和订货点。

解：由题意知，$p=10$ 元/件，$D=8\,000$ 件/年，$S=30$ 元，$LT=2$ 周。H 由两部分组成：资金利息和仓储费用，即

$$H = 10 \times 12\% + 10 \times 18\% = 3(\text{元/件·年})$$

因此，$\quad Q^* = \sqrt{\dfrac{2DS}{H}} = \sqrt{\dfrac{2 \times 8\,000 \times 30}{3}} = 400\,(\text{件})$

年最低总费用为：

$$C_T = p \cdot D + (D/Q^*)S + (Q^*/2)H$$
$$= 8\,000 \times 10 + (8\,000/400) \times 30 + (400/2) \times 3$$
$$= 81\,200\,(\text{元})$$

年订货次数 $n = D/Q^* = 8\,000/400 = 20$

订货点 $RL = (D/52)LT = 8\,000/52 \times 2 = 307.7\,(\text{件})$

（二）边补充边消耗情况下订货量与订货点的确定

上述模型的假设不符合企业实际。一般来说，当物资在入库的同时，是被逐渐领用的。也就是说，当生产率（入库速度）大于需求率（领用速度）时，库存是逐渐增加的。要防止库存无限增加，应当在库存达到一定量时，停止生产一段时间。由于生产系统调整准备时间的存在，在补充成品库存的生产中，需要确定一个最佳的生产批量，这就是经济生产批量问题。经济生产批量（economic production lot, EPL）模型，又称经济生产量（economic production quantity, EPQ）

模型。

图 11-5 描述了在经济生产批量模型下库存量随时间变化的规律。生产在库存量为 0 时开始进行,经过生产时间 t_p 结束。由于生产率 p 大于需求率 d,库存将以 $(p-d)$ 的速率上升。经过时间 t_p,库存达到最大量 I_{max}。生产停止后,库存按需求率 d 下降。当库存量减少到 0 时,又开始了新一轮生产。Q 既是在 t_p 时间内的生产量,又是补充周期 T 内的消耗量。

图 11-5 中,p 为生产率(单位时间产量);d 为需求率(单位时间出库量),$d < p$;T_p 为生产时间;I_{max} 为最大库存量;Q 为生产批量;RL 为订货点;LT 为生产提前期。

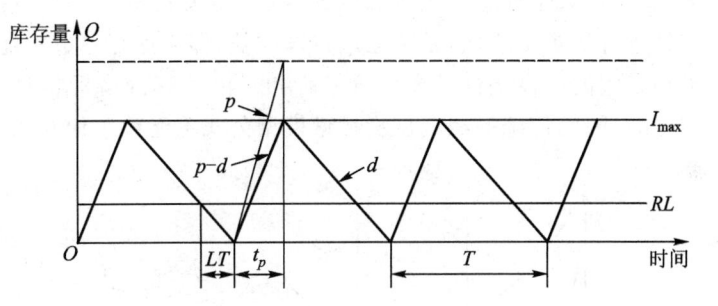

图 11-5　经济生产批量模型假设下的库存量变化示意图

在 EPL 模型的假设条件下,C_s 为零,C_p 与生产批量及大小无关,为常量。与 EOQ 模型不同的是,由于补充率不是无限大,这里平均库存量不是 $Q/2$,而是 $I_{max}/2$。于是:

$$C_T = C_H + C_R + C_P = H(I_{max}/2) + S(d/Q) + cd$$

由图 11-5 可以看出:

$$I_{max} = t_p(p-d)$$

由 $Q = pt_p$,可得 $t_p = Q/p$,故,

$$C_T = H(1 - d/p)Q/2 + S(d/Q) + cd$$

对决策变量 Q 求解 C_T 的极值,可得到最优解:

$$Q^* = \sqrt{\frac{2dS}{H(1-d/p)}}$$

此时的订货点仍为:　　　　$RL = d \cdot LT$

EPL 模型对分析问题十分有用。一般地,每次生产准备费 S 越大,则经济生产批量就应该越大;单位维持库存费 H 越大,则经济生产批量应该越小。例如,在机械加工行业,毛坯的生产批量通常大于零件的加工批量,是因为毛坯生产的准备工作比零件加工的准备工作复杂,而零件本身的价值又比毛坯高,从而单位维持库存费较高。

(三) 价格折扣情况下订货量与订货点的计算

在现实经济生活中，供应商为了刺激需求，对于大宗订货往往给予价格优惠，即当订货数量大于某一数量时，产品（物料）售价随订货批量的增加而降低。订货量不同，产品单价也不同，且一次订货量越大，享受的折扣优惠也越大。对于库存控制决策来说，如果每次订货量大于供应商规定的折扣限量，订货厂商自然乐于接受优惠价格。但是，当每次订货量小于供应商规定的折扣限量时，订货厂商要权衡是否扩大订货量以便接受优惠价格。因为，订货厂商为争取折扣优惠，往往要扩大订货量。而扩大订货量，一方面使订货次数减少，订货总成本降低，缺货损失降低；但另一方面又使平均库存增大，库存保管成本增大，并且减缓了流动资金周转，加大了利息支出等。因此，权衡的关键是，扩大订货量以享受折扣优惠与经济订货批量相比，是否能取得净收益，即年库存总成本能否降低。

价格折扣模型的假设条件是允许价格折扣。由于有价格折扣时，物资的单价不再是固定的，因而传统的经济订货批量模型公式不能简单地套用。

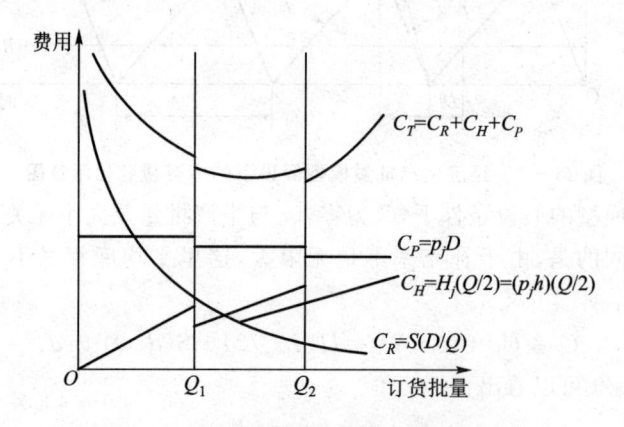

图 11－6　有两个折扣点的价格折扣模型

图 11－6 所示为有两个折扣点的价格折扣模型。年订货费 C_R 与价格折扣无关，其费用是一条连续的曲线。年维持库存费 C_H 和年购买费 C_P 都与价格折扣有关，两者的费用曲线均为不连续的折线。由这 3 条曲线叠加构成的总费用曲线也是一条不连续的曲线。最经济的订货批量仍然是总费用曲线 C_T 上最低点所对应的订货数量。因为价格折扣模型的总费用曲线不连续，所以，总成本最低点既可能是曲线斜率为零的点，也可能是曲线的中断点。求有价格折扣的最优订货批量可按以下步骤进行。

（1）取最低价格代入无价格折扣情况下的基本公式，求出最佳订货批量 Q^*。若 Q^* 可行（即所求的点在曲线 C_T 上），则 Q^* 为最优订货批量，计算过程结束；否则，转入步骤（2）。

（2）取次低价格代入基本公式，求出 Q^*。如果 Q^* 可行，分别计算出订货量

为 Q^* 和所有大于 Q^* 的折扣点（曲线中断点）所对应的总费用，取其中最小总费用所对应的数量即为最优订货批量，计算过程结束。

(3) 如果 Q^* 不可行，重复步骤(2)，直到找到一个可行的 Q^* 为止。

[例 11-2] 某产品对某种物料的年需求量 D 为 2 400 单位，一次订货成本 S 为 32 元，库存保管成本 H 为物料单价 p 的 20%。设供应商提供价格优惠的数量条件如表 11-1 所示。试求最佳订货批量及最小库存总成本。

表 11-1 价格折扣条件及其经济订货批量

一次订货数量	单价（元）
200 单位以下	5.2
200～400	5.0
400～600	4.6
600～800	4.0

解：由公式可得

$$Q^* = \sqrt{\frac{2DS}{H}} = \sqrt{\frac{2DS}{0.2p}}$$

可求得各价格段的经济订货批量分别为：

$p_1 = 5.2 \quad Q_1^* = 384$

$p_2 = 5.0 \quad Q_2^* = 391$

$p_3 = 4.6 \quad Q_3^* = 408$

$p_4 = 4.0 \quad Q_4^* = 438$

显然，第一、第四价格段的订货批量 $Q_1^* = 384$ 和 $Q_4^* = 438$ 是不可行的。因为，按 $Q_1^* = 384$ 订货可以享受第二价格段的优惠即 5.0 元；而按 $Q_4^* = 438$ 订货不满足此价格段的优惠条件，实际只能享受 400～600 件的优惠价 4.6 元。第二、第三价格段的订货批量 $Q_2^* = 391$ 和 $Q_3^* = 408$ 符合优惠条件。根据年库存总成本计算公式

$$C_T = \frac{D}{Q}S + \frac{Q}{2}H + DP$$

分别计算 $Q_2^* = 391$、$Q_3^* = 408$ 及中断点 $Q_4 = 600$ 时的库存总成本，结果如下：

当 $Q_2^* = 391, p_2 = 5.0$ 时，$TC_2 = 12\ 391.9$（元）；

当 $Q_3^* = 408, p_3 = 4.6$ 时，$TC_3 = 11\ 415.9$（元）；

当 $Q_4 = 600, p_4 = 4.0$ 时，$TC_4 = 9\ 968.2$（元）。

上述年库存总成本最低者为 $TC_4 = 9\ 968.2$ 元，因此，应选择每次订货量 600 单位作为最佳订货批量，享受 4.0 元的价格优惠。

此时的订货点仍为： $RL = d \cdot LT$

（四）随机需求情况下订货量与订货点的确定

前面的模型都假定需求量是已知并且不变的。然而，大多数情况下，需求量都是随机的，而且是每天都在变化，必须持有安全库存以对缺货作出某种程度的预防。图 11-7 表明随机需求情况下的库存变化情况。

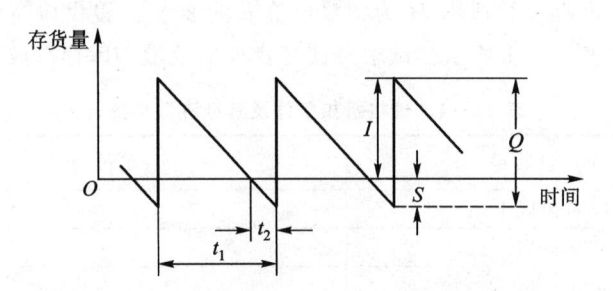

图 11-7　随机需求情况下的库存变化情况

在随机性需求库存控制模型中，库存由两部分构成：第一部分是经常性库存，用于满足订货间隔期内的正常（平均）需求。经常性库存量通常为经济订货批量。第二部分为安全库存。安全库存的设置，不是为了满足对库存物料的日常消耗或需求，而是用于预防随机性需求影响而造成的缺货现象。它是对订货提前期内实际需求量（率）超过期望需求量（率），或实际订货提前期超过期望订货提前期时，所产生的需求的一种供货保证。

随机性需求库存控制模型的实质，是在确定性需求库存控制模型的基础上加上安全库存。将随机性的、不可控的需求控制问题转化为对安全库存的设置问题。通过经济订货批量的确定，满足随机性需求中的平均需求（需求期望值）；通过设置安全库存，解决随机性需求中的需求波动问题，预防或消除缺货损失，保证生产系统较高的服务水平。

按照这一思路，随机需求情况下订货量的确定应考虑的相关成本包括：订货成本、存储成本和缺货成本。

假定缺货成本与缺货数量以及时间成正比，则单一订货间隔期内的缺货成本和存储成本分别为：

$$\text{缺货成本} = \frac{1}{2}(Q-I)t_2 C_s$$

$$\text{存储成本} = \frac{1}{2}I(t_1-t_2)H$$

式中：I——订货间隔期内最大库存量；

　　　Q——每次订货量；

　　　C_s——单件缺货成本；

　　　H——单件存储成本；

t_1——进货间隔期；

t_2——缺货期。

考虑订货成本以及订货次数因素，并注意到 $t_1=Q/D, t_2=(Q-I)/D$，因此 $t_1-t_2=I/D$，故全年库存成本可表示如下：

$$CT = S\frac{D}{Q} + \frac{H}{2} \times \frac{I^2}{D} + \frac{C_s}{2} \times \frac{(Q-I)^2}{D}$$

可解得此时经济订货批量 Q^* 和最大库存量 I^* 的计算公式分别为：

$$Q^* = \sqrt{\frac{2SD}{H} \times \frac{C_s+H}{C_s}}$$

$$I^* = \sqrt{\frac{2SD}{H} \times \frac{C_s}{C_s+H}}$$

由于随机需求情况下的需求率和订货提前期呈现随机变动趋势，安全储备量的确定可采用概率论与数理统计方法研究，通过对历史数据的统计分析，了解缺货发生的大致情况，在此基础上，确定安全储备量。

下面举例说明随机性需求定量控制模型订货点的确定。

[例 11-3] 表 11-2 给出了某一物资近 10 天内的实际需求变化情况。已知该物资的经济订货批量为 50 件，订货提前期为 10 天，按平均需求量计算，应该在库存储备量为 40 件时开始订货。如果该生产系统要保证 95％以上的服务水平，订货点库存量为多少？

表 11-2 实际需求情况

需求量	<37	37	38	39	40	41	42	43	44	>44
剩余库存	>3	3	2	1	0	−1	−2	−3	−4	<−4
发生概率	0.022	0.063	0.092	0.151	0.191	0.190	0.153	0.090	0.027	0.022
累计概率	0.022	0.085	0.177	0.328	0.519	0.709	0.862	0.952	0.978	1.000

从表 11-2 中数据可知，需求量为 40 件或 41 件两种状态发生的概率最大，库存出现过多或过少的机会又基本上相等，故得知提前期的平均需求量为 40 件。但如果将订货点简单地定为 40 件，则只能有 51.9％的把握保证不发生缺货问题，远未达到服务水平的要求。因此，必须考虑增设安全储备量，此时订货点的库存量＝提前期平均库存量＋安全储备量。

解：如果增设 1 件安全储备，加上经常性库存 40 件，订货点的库存量为 41 件。在此条件下，10 天内需求只要不超过 41 件均不会发生缺货。

但是，由表 11-2 可知，10 天当中需求量不超过 41 件的累计概率为 70.9％，故此时的服务水平只有 70.9％。同理可知，当安全储备量分别为 2 件、3 件、4 件时，生产系统的服务水平分别为 86.2％、95.2％和 97.8％。因此，安全储备量定为 3 件，既可满足服务水平的要求，同时也保证了较低的总库存水平，减少了库存总成本。此时,订货点的库存量＝40＋3＝43(件)。

研究发现,随机需求大多服从正态分布。因此,可以运用概率论的原理,通过查表的方式简化计算过程。当提前期内需求率的变化服从正态分布时,则安全储备量的确定取决于两个因素:一是需求分布的分散度。需求变化的分散度较大,必须设置较多的安全储备量。在正态分布中,用标准差表明它的分散度。于是,安全储备量应与标准差成正比关系。二是要求的服务水平。服务水平要求高,就意味着所设的安全储备量应覆盖较大的需求变化累计概率密度;而正态分布的累计概率密度大小是由概率因子 Z 决定的。不同 Z 值下的累计概率密度值可由正态分布表查到。服务水平相当于累计概率密度。这样,安全储备量又与概率因子 Z 有关。于是,得到安全储备量 I_s 的计算公式如下:

$$I_s = Z S_L$$

式中:S_L——提前期内需求量变化的标准差。

若统计到的是每日需求量变化的标准差,则可用下式将 S_L 转化为提前期内的标准差:

$$S_L = S_0 \sqrt{L}$$

式中:S_0——日标准差;

L——订货提前期。

[例 11-4] 某商品的需求率服从正态分布,其日平均需求量为 200 件,标准差为 25 件。订购的提前期为 5 天,要求的服务水平为 95%。求该商品的订货点。

(1) 提前期内的平均需求量＝200×5＝1 000(件);

(2) 查正态分布表可得,与服务水平相应的 Z 值为 1.65;

(3) 安全储备量 $I_s = 1.65 \times 25 \times \sqrt{5} = 92$(件);

(4) 订货点 $R' = 1\,000 + 92 = 1\,092$(件)。

第三节 定期控制模式

一、定期控制模式的含义与管理流程

(一) 定期控制模式的含义、特点

1. 定期控制模式的含义

定期控制模式又称为 P 模型或周期检查控制模式,指每经过一个事先规定的相同的时间间隔(周期可以是 1 周、2 周或 1 个月),发出一次订货,订货量为将现有库存补充到一个最高目标水平所需的量。可见,每次订货量取决于需求大小,当需求增加或储备较少时,可以适当地增加订货批量;反之,则可以减少订

货批量。图 11-8 表明了定期控制模式下库存储备的变化情况。

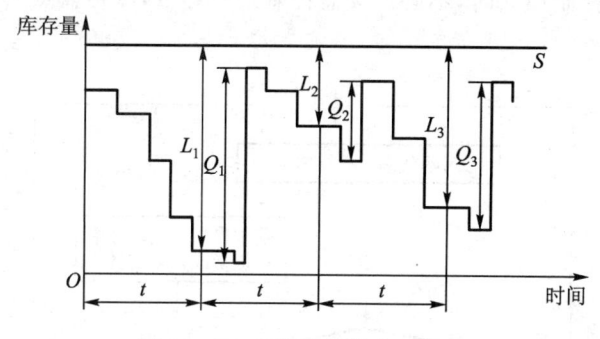

图 11-8 定期控制模式示意图

2. 定期控制模式的特点

从图 11-8 可见,定期控制模式具有以下几个特点:

(1)订货间隔期是固定的。通常按月或季来划分,有利于企业科学管理。例如,采用定期控制模式的企业,从客观上比较容易制定出统一的采购计划,将一段时间需要采购的物资汇总采购,更容易获得价格优惠。

(2)目标库存量是固定的,订货批量通常是变化的。订货批量为补充现有库存到目标库存量所需要的数量,因此,在目标库存量不变的情况下,每期的订货批量是变化的。

(3)订货点储备量通常是变化的。由于各期物资的需求(领用)速度不同,每次提出订货时的订货点储备量就不一定相同。

(二)定期控制模式的适用情形

定期控制模式适用于下列情况:

1. 需多次小量提货

由于需要多次从库存提取物资且提取的数量不大,如果每次提货都登记有一定困难,就可采用定期订货模式。例如,电子与机械制造业中的零件供应业务、汽车零件供应店、食品超级市场以及类似的零售业属于这一类型。

2. 订货成本比较小

这发生在从一个来源收到许多不同物品的订单或从一个中心仓库向分支仓库转移许多存货物品的订单的场合。

3. 多种物品可以合并订货

例如,可使该系列物品的设备调整合并起来,或通过一个组合订单定期向某一供应商订货,等凑满一部运输工具后发货,以获得价格折扣,降低运费。

(三)定期控制模式的管理流程

定期控制模式是"时间驱动",即只要到达预定时期末,就引发订货行为。模型中唯一的驱动因素就是时间的变化。定期控制模式的管理流程如图 11-9 所示。运用定期控制模式时,不必连续监控剩余库存量,库存盘点只在规定间隔期发生。

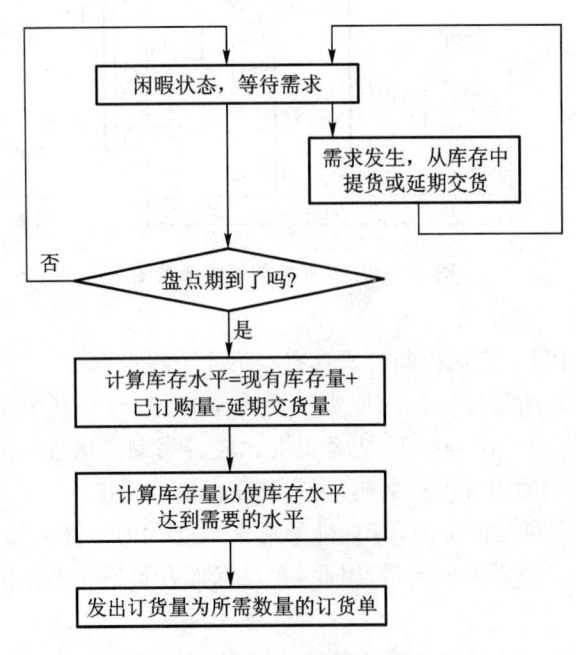

图 11-9 定期控制模式

二、控制参数的确定

根据定期控制模式的基本原理,在实施定期控制模式过程中,重点应确定两个基本参数:订货间隔期和目标库存量。下面讨论随机需求情况下这两个参数的确定方法。

(一) 订货间隔期的确定

确定订货间隔期通常考虑生产经验,并尽可能与计划的周期同步。常见的订货间隔期是月或季度,以便于定期地进行盘点和采购物资。当然,根据经济订货批量计算出的经济订货次数也可以作为确定订货间隔期的参考因素。

$$经济订货次数 = 年需求量 / 经济订货批量$$

$$订货间隔期 = 1 / 经济订货次数$$

(二) 目标库存量的确定

由于定期控制模式的库存储备量变化波动较大,因此,一旦订货间隔期确定后,日常的库存控制工作主要是确定每次订货量和库存总体水平。此时的订货量要满足两方面用途:一是满足订货间隔期与订货提前期内的平均需求量,二是满足保险储备的需要。具体的计算原则与随机需求情况下定量控制模式的订货点计算原则相似。在计算经常性库存量时,不仅要满足订货间隔期的平均需求量,还要加上订货提前期内的平均需求量。

$$M=(T+L)d+ZS_M$$

式中:M——目标库存量;
　　　T——订货间隔期;
　　　L——订货提前期;
　　　Z——概率因子;
　　　d——日平均需求量;
　　　S_M——订货间隔期和提前期内的需求变动标准差。

若给出日需求变动标准差 S_0,则 $S_M=S_0\sqrt{T+L}$

依据目标库存水平,可得到每次订货批量:

$$Q=M-I_J$$

式中:I_J——盘点库存量。

[例 11-5] 若例 11-2 的商品采用定期控制模式,它的检查周期为 24 天,本次盘点的库存量为 500 件。

解:(1) 计算 $(T+L)$ 期内的平均需求量:

$$(24+5)\times200=5\,800 \text{ 件}$$

(2) 计算 $(T+L)$ 期内的标准差:

$$S_M=25\sqrt{24+5}=135 \text{ 件}$$

(3) 计算目标库存量,查正态分布表得,$Z=1.65$

$$M=5\,800+1.65\times135=6\,022.75 \text{ 件}$$

(4) 计算订货批量:

$$Q=6\,022-500=5\,522 \text{ 件}$$

从计算结果可以看出,在同样的服务水平下,定期控制模式的安全储备量和订货量都要比定量控制模式的要大。这就是为什么对一些关键物资及价格昂贵的物资不用定期控制模式,而用定量控制模式的缘故。

拓展学习　　库存管理的最新趋势

目前,人们已经认识到库存并不是一项资产,而是一项负债。近几年,随着企业产品销售数量不断增加,相关库存费用却在不断下降。主要原因在于:第一,企业集中精力不断降低订货成本或调整准备成本,从而使得经济订货批量可以越来越小。第二,企业与其供应商的合作关系日益紧密,缩短了供应商的产品出产时间,从而使得订货提前期大大缩短;同时,也降低了企业的库存持有水平。第三,由于技术飞速发展,许多企业已经建立了按客户订单定制的方式,取代了利用库存应对客户需求变化的方式,从而降低甚至取消了产成品库存。

网上学习

1. 登录美国生产与库存管理协会网站,了解协会最新动态并作为小组讨论课题。

2. 登录库存控制关联网站,按照网站提供的库存、生产和配送方面的网站链接,选择你感兴趣的链接学习。

3. 登录高效库存管理公司网站,阅读一两篇该网站上的文章,写一篇简短摘要。

4. 登录CISS公司主页,在你的计算机上下载并安装演示版本的库存控制系统,然后进行评论。

5. 浏览零售库存控制软件系统,根据你了解到的主要特性写一篇短评。

6. 登录沃尔玛公司网站,了解公司的库存管理模式。

思考与练习

1. 什么是库存?怎样认识库存的作用?

2. 试区别经常性库存、在途库存、安全库存和季节性库存。

3. 库存控制的基本模型分为哪几种?各有什么使用条件?

4. 某自行车公司计划下年度生产特种轮胎40 000个。生产率为每天200个,一年按250天计算。一次生产准备费用为200元,提前期为5天。单位生产费用为15元,单位维持库存费为5元。试求经济生产批量、订货点和最低总费用。

第十二章 作业计划与控制

内容提要

无论从事什么性质的运营活动,都必须编排作业计划。制造业必须为工人工作、设备运行、原材料采购等做出时间安排;医院必须指派好门诊、急诊、外科、护理等,并安排好饮食、安全、维护、清洁等辅助性服务;学校必须对教室、教师、学生和课程做出时间安排。有效的作业计划有助于提高企业生产率、资源利用率和服务水平。本章探讨制造业作业排序的准则、方法及作业控制的主要工具,介绍几种典型服务行业的人员安排技巧。最后,给出不同生产类型企业的作业排序方法。

第一节 作业排序概述

一、排序与作业计划

排序(sequencing)是指确定工件在机器上的加工顺序或服务人员的工作顺序或优先级,即安排不同工件在同一设备上的加工顺序,不同工件在整个生产过程中的加工顺序及设备和员工等资源的分配问题。

作业计划(scheduling)是指在排序的基础上,确定机器加工每个工件或人员服务的开始时间和完成时间。作业计划要解决的问题是:通过组织具体的生产活动,以最小的成本按期完成各项订单任务。

排序与作业计划之间有相似性,编制作业计划的关键是解决排序问题,因此,人们常常将排序与编制作业计划这两个术语不加区别地使用。但也存在不同,排序只是编制作业计划的基础,排序结果本身不能用于指导生产过程,只有作业计划才能指导每个工人的生产活动。本章中所用的"工作地"、"机器"、"人员"等均抽象地表示"提供服务者",而"工作"、"工件"、"顾客"等均抽象地表示"接受服务者",这些名词不过是应用的场合不同而已。

二、排序问题的分类

(一)按是否考虑能力约束分

按照排序时是否考虑能力约束,可将排序问题分为有限负荷(finite loading)排序和无限负荷(infinite loading)排序两种类型。

(1) 有限负荷排序,根据每一个订单所需的调整和运行时间,对每种资源进行详细的排序。它明确规定了在工作日的每一时刻,每一种资源(设备、人员等)要做的工作。

(2) 无限负荷排序,指在排序时,只需要考虑每项工作所需的时间,检查关键资源是否超负荷,而不考虑总体的资源能力限制,也不考虑资源在完成这项工作时的实际顺序。

(二) 按确定排序对象的先后次序分

根据确定排序对象的先后次序不同,可将排序问题分为前向排序(forward scheduling)和后向排序(backward scheduling)两种类型。

(1) 前向排序,指当接到一个订单后,对完成订单的作业按照从开始到结束的方向排序,从而可以得到订单的最早完工时间。

(2) 后向排序,指当接到一个订单后,对完成订单的作业按照从结束到开始的方向排序,即从未来的某个时期(可能是一个交货日期)为起点后向倒推,从而得到完成订单的最晚开工时间。

不同的工艺类型适合不同的排序方法。大批量生产多使用自动化的专用装备,按产品专业原则布置,其典型的排序方法是有限负荷、前向排序;而小批量生产的自动化程度比较低,产品种类丰富,按工艺专业化原则布置,其典型的排序方法是无限负荷、后向排序。

(三) 按排序问题所属行业分

制造业和服务业都存在排序问题。按照排序问题所属行业不同,可将排序问题分为生产作业排序和劳动力排序两大类。

(1) 生产作业排序,是指将不同工件安排到不同设备上进行加工。

(2) 劳动力排序,是指安排不同的服务人员从事不同的工作。

制造业和服务业排序问题关注的重点不同。在制造业中,生产作业排序是主要的,因为企业的许多绩效度量标准都直接与工件的排序方法有关,例如按时交货率、库存水平、制造周期、成本和质量等。因此加工的工件是其关注的焦点。在服务业中,劳动力排序是主要的,因为服务的及时性是影响公司竞争力的主要因素,很多绩效标准,例如顾客等待时间、排队长度、设备(或人员)利用情况、成本和服务质量等,都与服务提供的及时性有关。

当然,有些制造业和服务业中两种作业排序问题都可能存在,此时应集中精力注意其主要的或占主导地位的方面。例如,对于制造业而言,除非企业采用三班制工作制度或雇用了大量的临时工人,否则劳动力排序问题就是次要的。

第二节　制造业中的作业排序

一、制造业作业排序的种类

制造业作业排序可以按机器、工件、目标函数和参数的特征等进行分类。

（1）按机器的种类和数量不同，可以分为单台机器的排序问题和多台机器的排序问题。对于多台机器的排序问题，按工件加工路线的特征，可以分成非流水作业（或单件作业）排序问题和流水作业排序问题。工件加工路线不同，是非流水作业排序问题的基本特征；而所有工件的加工路线完全相同，则是流水作业排序问题的基本特征。

（2）按工件到达车间的情况不同，可以分成静态排序问题和动态排序问题。当进行排序时，所有工件都已到达，可以一次对它们进行排序，这是静态排序问题；若工件是陆续到达，要随时安排它们的加工顺序，这是动态排序问题。

（3）按目标函数的性质不同，也可划分不同的排序问题。譬如，同是单台机器的排序，目标是使平均流程时间最短和使误期完工工件数量最少，实质上是两种不同的排序问题。按目标函数的情况，还可以划分为单目标排序问题与多目标排序问题。

（4）按参数的性质不同，可以划分为确定型排序问题与随机型排序问题。所谓确定型排序问题，指加工时间和其他有关参数是已知确定的量；而随机型排序问题的加工时间和有关参数为随机变量。这两种排序问题的解法存在着本质上的不同。

二、影响作业排序的因素

（一）生产任务的到达方式

在实际生产过程中，尤其是在单件小批量生产的条件下，反映生产任务订单的到达方式有两种：一种是静态到达，另一种是动态到达。静态到达并不意味着用户同时提出订单，而是计划人员将一段时间内的订单汇总，一起安排作业计划；而在动态到达情况下，要求对生产作业计划不断进行修改，追加生产任务。

（二）设备种类和数量

设备数量的多少对作业排序有明显的影响。如果只有一台设备，作业排序问题将非常简单；当设备数量种类增多时，各种生产任务将在多台设备上加工，则问题将变得较为复杂，有时甚至找不到最佳的排序方法。

（三）工作人员数量

在进行生产作业任务的排序时,不仅要将生产任务分配给设备,同时也要分配给相应的操作人员。对于服务系统,当服务人员较少时,人员排序成为排序时必须考虑的关键资源。

（四）生产工艺流程方式

在单件小批量生产条件下,生产任务在车间内的流动路线是多种多样的。如果所有工件的流动路线相同,称为流水线车间;如果所有工件的流动路线不完全相同,则称为非流水线车间。对于非流水线车间的排序问题,关键是按照概率分布从一台设备流向满足加工需要的另一台设备,将其转化为流水线车间或随机路线车间。这类排队服务系统在医院中是常见的。

三、作业排序的任务

一个企业应该有一个行之有效的作业排序系统,这样才能保证生产计划的顺利执行。因此,在作业排序系统的设计中,必须满足各种不同功能活动的要求。有效的作业排序系统应能够做到:

(1) 对将要做的工作进行优先权设定,以使工作任务按最有效的顺序排列。

(2) 针对具体设备分配任务及人力,通常以可利用和所需的能力为基础。

(3) 为目标分配工作,使工作任务按期完成。

(4) 不断监督以确保任务的完成;周期性检查是保证已分配的工作如期完成的最常用方法。

(5) 对实施过程中出现的问题或异常情况进行辨识。这些问题或异常情况有可能改变已排序工作的状况,需要探索、运用其他解决问题的方法。

(6) 基于现存状况或订单变化情况对目前的作业排序进行检查和修改。

作业排序系统的设计必须反映企业及运用该系统的工作过程的需要。许多组织运用各种作业排序技术的组合来管理所要进行的工作。如果一种作业排序系统没有监督跟踪体制,该系统将是无效的。作业排序系统的设计应当能够处理计划的偏离、纠正操作中的问题,并尽快返回原计划状态,以便维护计划和作业排序过程的有效性。

四、排序问题的假设

为了便于分析研究,建立排序问题数学模型,有必要提出一些假设条件。

(1) 一个工件不能同时在几台不同的机器上加工。

(2) 每台机器同时只能加工一个工件。

(3) 每道工序只在一台机器上完成。

(4) 工件在加工过程中采取平行移动方式。

(5) 工件在加工过程中不允许中断。即一个工件一旦开始加工,必须一直进行到完工,不得中途停止,插入其他工件。

(6) 工件数、机器数和加工时间均已知,加工时间与加工顺序无关。

在下面的讨论中,如不作特别说明,都认为满足以上假设条件。

五、作业排序方案的评价标准

不同的排序方案可导致不同的结果,在选择之前,首先需要确定评价的标准或优化目标。下面是一些最常用的标准:

(1) 总流程时间最短。总流程时间是指一批工件从开始加工到这一批工件完成所经过的全部时间。一批工件在一台设备上的加工时间为一常数,则总流程时间也为常数,与这批工件在该设备上的加工顺序无关。

(2) 平均流程时间最短,指各种工件流程时间的平均值要最小。

(3) 最大延迟时间或最大误期最短。延迟实质上是工件的实际完工时间与预定交货期之间的差额。这里既包括实际完成时间比预定交货期晚,也包括实际完成时间比预定交货期早的情况。提前完成生产任务并不一定是好事,因为这意味着库存量增加及生产资金被占用。

(4) 平均延迟或平均误期最短,指各种工件误期时间的平均值要最小。

(5) 平均在制品占用量最小。平均在制品占用量与平均流程时间有密切的关系,平均流程时间越短,则平均在制品占用量越少。

(6) 总调整时间最短。在工件加工过程中,每加工同一批工件,设备需要调整一次,每批工件的调整时间之和称为总调整时间。

除了上述标准之外,还有延期罚款最小、生产费用最小、总利润最大、设备利用率最大等标准。这些标准都能用具有平均值和偏差的统计分布来表示,但这些标准彼此之间并不完全独立。例如,使工件流程时间的平均值较小,也就是要减少在制品库存和提高利用率。在流水车间(所有工件和加工路线都一致)中,使一组工作的全部完工时间最小也就意味着要提高设备利用率。

六、作业排序的优先规则

在进行作业排序时,需用到优先规则。这些规则可能仅需根据一种数据信息对作业进行排序。这些数据可以是加工时间、交货日期或到达的顺序等。按照这些优先规则,可赋予不同工件不同的优先权,可以使生成的排序方案按预定目标优化。当然,这些优先规则的简单性掩盖了排序工作的复杂性。实际上,要将多种工件在多个工作地(机器)上的加工顺序确定下来是一件非常复杂的工作,需要有大量的信息和熟练的排序技巧。这些信息分为两大类:加工要求信息和现状信息。加工要求信息包括预定的完工期、工艺路线、标准的作业交换时间、加工时间、各工序的预计等；现状信息包括工件的现在位置（在某台设备前排序等待或正在被加工），现在完成了多少工序，每一工序的实际到达时间和离去时间，实际加工时间和作业交换时间，各工序所产生的废品以及其他的有关信息。优先规则就是利用上述的部分信息确定每个工件的加工顺序，其余的信息可以用来判断正在使用的机器是否需要被替代以及是否需要物料搬运等。这些优先规则主要有：

（1）FCFS（first come first served）规则：优先选择最早进入排序集合的工件。

（2）SPT（shortest processing time）规则：优先选择加工时间最短的工件。

（3）EDD（earliest due date）规则：优先选择完工期限要求最紧（即交货期最短）的工件。

（4）SCR（smallest critical ratio）规则：优先选择临界比最小的工件。临界比为工件允许停留时间与工件余下加工时间之比。

（5）MWKR（most work remaining）规则：优先选择余下加工时间最长的工件。

（6）LMWR（least most work remaining）规则：优先选择余下加工时间最短的工件。

（7）MOPNR（most operations remaining）：优先选择余下工序数最多的工件。

上述的优先规则可以分为局部优先规则和整体优先规则两类。局部优先规则主要用于解决多个工件在单个工作地中的排序问题，如 FCFS、SPT、EDD 规则。另外，也可用于多工作地的排序问题。此时，每一个工作地被看做独立于其他工作地。当工作地空闲时，优先规则被应用于那些在此等待加工的工件，其中具有最高优先权的首先被加工。当加工结束后，该工件会按照工艺路线转向下一个工作地，等到具有该工作地的最高优先权时才能被加工。整体优先规则用于解决多个工件在多个工作地中的排序问题，它不仅要考虑正在排序的工作地，而且还要考虑到其他工作地的信息。如 SCR、MWKR、LMWR 及 MOPNR 规则。

迄今为止，人类已提出了 100 多种优先排序规则，不同的规则有不同的特点。在具体排序时，应结合排序方案的标准进行选择。有时仅采用单一规则还不能完全确定加工顺序，需要采用优先规则的组合进行排序。

七、生产作业排序方法

（一）单台设备排序问题

单台设备排序是最简单的排序问题，它实质上是 n 项任务的一个全排列问题。在单台设备上不论作何种加工顺序的安排，n 项任务的最大流程时间总是一个固定数值。所以，排序的优化目标通常是使平均流程时间最短或使最大延期量最小，为此可采用 SPT 或 EDD 优先规则。现举例说明如下。

[例 12-1] 设某生产小组只有一台大型加工设备，计划期初接到 6 项任务，所需加工时间及交货期见表 12-1。试确定最优加工顺序。

表 12-1 各项任务所需加工时间及交货期

生产任务编号 J_i	J_1	J_2	J_3	J_4	J_5	J_6
加工时间 t_i（天）	4	8	2	5	9	3
交货期 d_i（天）	24	23	8	6	32	13

解法一：按 SPT 优先规则排序。加工顺序为：
$$J_3—J_6—J_1—J_4—J_2—J_5$$

各项任务预计流程时间和交货延期量见表 12-2。

表 12-2 各项任务流程时间及交货延期量

生产任务编号 J_i	J_3	J_6	J_1	J_4	J_2	J_5
完成时间 C_i（天）	2	5	9	14	22	31
交货延期量 L_i（天）	0	0	0	8	0	0

由表 12-2 可知，各项任务的最大延期量 $L_{max}=8$ 天，平均延期量为：$8/6=1.33$ 天；平均流程时间为：

$$F=\frac{1}{6}\sum_{i=1}^{6}F_i=\frac{1}{6}(2+5+9+14+22+31)=13.8（天）$$

解法二：按 EDD 优先规则排序。加工顺序为：
$$J_4—J_3—J_6—J_2—J_1—J_5$$

各项任务预计流程时间和交货延期量见表 12-3。

表 12-3 各项任务流程时间及交货延期量

生产任务编号 J_i	J_4	J_3	J_6	J_2	J_1	J_5
完成时间 C_i（天）	5	7	10	18	22	31
交货延期量 L_i（天）	0	0	0	0	0	0

由表 12-3 可知，各项任务的最大延期量和平均延期量均为零，而平均流程时间为：

$$F = \frac{1}{6}\sum_{i=1}^{6}F_i = \frac{1}{6}(5+7+10+18+22+31) = 15.5(\text{天})$$

比较上述两种排序结果可知,分别应用 SPT 和 EDD 两种规则可以达到不同的优化目标。应用 SPT 规则可以使平均流程时间最短,使滞留在加工过程的平均在制品占用量最少,有利于节约流动资金,节约厂房、仓库面积和保管费用。但是,由于未考虑交货期,所以可能发生交货延期。而应用 EDD 规则,可以保证按期交货或使交货延期量最小,减少违约罚款损失,但缺点是平均流程时间增加,不利于节约在制品占用资金。

(二) 流水型排序问题

1. $2/n/F$ 型排序问题及解法

n 种零件在两台设备上加工,它们的工艺顺序相同,即流水作业排序问题。此时可采用约翰逊—贝尔曼规则求解。

设零件 $J_i(i=1,2,\cdots,n)$ 的加工顺序是从设备 A 到设备 B,t_{iA} 和 t_{iB} 分别是零件 J_i 在 A 和 B 上的加工时间,则安排加工顺序的约翰逊—贝尔曼规则步骤如下:

(1) 以零件编号为列,零件在机床上的加工时间为行列表(按加工顺序由上到下列表)检查表中 t_{iA} 和 t_{iB} 的各数值,找出其中最小值(如果有多个最小值,可任取一个)。

(2) 如果上述最小值属于 t_{iA} 行,则对应零件应尽先安排;如果上述最小值属于 t_{iB} 行,则对应零件应尽后安排。

(3) 将已经排定的零件除去,再重复上述(1)、(2)两步,直到全部零件排完为止。

[例 12-2] 设有五种零件,均需先在车床 A 上加工,再到铣床 B 上加工。车床与铣床各有一台。各零件在机床上加工所需时间如表 12-4 所示。

表 12-4 各零件在 A、B 上的加工时间

零件编号 J_i 加工时间(小时)	J_1	J_2	J_3	J_4	J_5
t_{iA}	6	8	12	3	7
t_{iB}	11	9	5	3	4

按约翰逊—贝尔曼规则确定加工顺序如下:

$J_4—J_1—J_2—J_3—J_5$ 或 $J_1—J_2—J_3—J_5—J_4$

对于已排定的加工顺序,可绘制甘特图或采用矩阵表法确定总流程时间。对于第 1 种排序方案,采用矩阵法计算总流程时间为 40 小时,见表 12-5。

表 12-5　各零件在 A、B 上的总流程时间矩阵表

加工时间(小时) \ 零件编号 J_i	J_4	J_1	J_2	J_3	J_5
t_{iA}	3 / 3	6 / 9	8 / 17	12 / 29	7 / 36
t_{iB}	3 / 6	11 / 20	9 / 29	5 / 34	4 / 40

注：表中每一格斜线左上方表示加工时间，右下方表示流程时间。

同样，可求得第 2 种排序方案的总流程时间也为 40 小时。但不同之处在于，两种排序结果中机床 B 的加工、停歇时间不同，因而设备利用率不同。

2.3　n/F 型排序问题及解法

n 种零件在三台设备上加工，它们的工艺顺序相同，即流水作业排序问题。此时可采用约翰逊—贝尔曼规则的扩展方法求解。

设有 A、B、C 三台加工设备，在符合 $\min t_{iA} \geqslant \max t_{kB}$ 或 $\min t_{iC} \geqslant \max t_{kB}$ 两项条件之一的情况下，可将三台设备变换为两台假想设备 G 与 H，且：

$$t_{iG} = t_{iA} + t_{iB}；t_{iH} = t_{iB} + t_{iC}$$

于是问题转化为两台设备的流水作业排序问题，此时，可采用约翰逊—贝尔曼规则确定加工顺序。如果三台设备上的零件加工工时均不符合上述两项条件，则此方法也可以得到近似最优方案。

[例 12-3]　设有 4 种零件在三台机床上加工，工艺顺序相同，各机床只有一台。各零件在机床 A、B 和 C 上加工所需时间如表 12-6 所示。

表 12-6　各零件在 A、B、C 上的加工时间

加工时间(小时) \ 零件编号 J_i	J_1	J_2	J_3	J_4
t_{iA}	15	8	6	12
t_{iB}	3	1	5	6
t_{iC}	4	10	5	7

因为 $\min t_{iA}(=6) \geqslant \max t_{kB}(=6)$，故可将三台设备变换为两台假想设备 G 与 H，并求出各零件在 G、H 上的加工时间，如表 12-7 所示。

表 12-7　各零件在 G、H 上的加工时间

加工时间(小时) \ 零件编号 J_i	J_1	J_2	J_3	J_4
t_{iG}	18	9	11	18
t_{iH}	7	11	10	13

按约翰逊—贝尔曼规则确定加工顺序如下：

$$J_2—J_4—J_3—J_1$$

采用甘特图或矩阵表法可求得此方案总流程时间为 48 小时。

3. $m/n/F$ 排序问题及解法

对于此类问题有多种求解方法。其中分支定界法是一种可以得到最优排序方案的解法。但是，当 m 和 n 较大时，计算过程很复杂，工作量大。较为简便的方法有：约翰逊—贝尔曼规则扩展法、关键零件法、最小排序系数法等，但这些方法只能得到近似最优排序方案。下面分别予以简述：

方法一：约翰逊—贝尔曼规则扩展法。

该方法的具体步骤如下：

第一步，将零件在第 1 台设备与第 m 台设备上的加工看做两台设备流水排序问题，按约翰逊—贝尔曼规则排出第 1 个加工顺序方案。

第二步，将零件在第 1 台与第 2 台设备上的加工时间合并，第 $(m-1)$ 台与第 m 台设备上的加工时间合并，所得到的两组加工时间，按约翰逊—贝尔曼规则排出第 2 个加工顺序方案。

第三步，将零件在第 1 台、第 2 台、第 3 台设备上的加工时间合并，第 $(m-2)$ 台、$(m-1)$ 台、第 m 台设备上的加工时间合并，所得到的两组加工时间，按约翰逊—贝尔曼规则排出第 3 个加工顺序方案。

第四步，重复以上运算。最后将第 $1,2,\cdots,$ 第 $(m-1)$ 台共 $(m-1)$ 台机床的加工时间合并，以及第 $2,\cdots,$ 第 m 台共 $(m-1)$ 台机床的加工时间合并，所得到的两组加工时间。按约翰逊—贝尔曼规则排出第 $(m-1)$ 个加工顺序方案。

第五步，根据以上 $(m-1)$ 个方案，分别作甘特图，求出它们的总流程时间。其中总流程时间最短者为最优或近似最优方案。

方法二：关键零件法。

关键零件法是以总工时最大的零件作为关键零件，其余零件按照一定规则排列在关键零件之前或之后，可得到近似最优的加工顺序安排方案。具体步骤如下：

第一步，找出总工时最大的零件，作为关键零件 J_k。

第二步，除 J_k 之外，将满足 $t_{i1}<t_{im}$（i 为零件编号，m 为机床编号）的零件，按 t_{i1} 值的大小，由小到大排列在 J_k 之前。

第三步，除 J_k 之外，将满足 $t_{i1}>t_{im}$ 的零件，按 t_{im} 值的大小，由大到小排列在 J_k 之后。

第四步，若遇到 $t_{i1}=t_{im}$ 的情况，则相应的零件既可以排在 J_k 之前，也可以排在 J_k 之后。这样得到多个排序方案，选择其中总流程时间最小者为较优方案。

方法三：最小排序系数法。

最小排序系数法简单易行,能求得近似最优的排序方案。其步骤如下:

第一步,将各零件在机床上的加工工时排列成表,并确定中间机床或中间线。

第二步,计算排序系数。所谓排序系数,就是某种零件在前半部机床上加工工时与在后半部机床上加工工时的比值。若机床数为奇数,最中间机床的加工工时平分于前后两部分。

第三步,按照排序系数的值由小到大排列,得到相应的加工顺序安排方案。

(三) 非流水作业排序

对于 $m/n/R$ 型排序,即 n 项任务在 m 台设备上的非流水作业排序问题,目前还没有很好的求解方法。下面仅就 $m/2/R$ 型排序,即 2 项任务在 m 台设备上的非流水作业排序问题,提出一种二维坐标图解的方法。举例说明如下。

[例 12-4] 设有 J_1、J_2 两种零件,在 A、B、C、D 四种机床上加工,其工艺顺序及所需时间如表 12-8 所示。要求合理安排每台机床上零件的加工顺序,以便使总流程时间最短。(A、B、C、D 四种机床各一台)

表 12-8 零件在四台机床上的加工顺序及时间

零件		机 床
J_1	工艺顺序	A—B—C—D
	时间(小时)	2 1 8 2
J_2	工艺顺序	A—D—B—C
	时间(小时)	1 4 1 4

根据给定数据,绘制二维坐标如图 12-1 所示。图中的 x 轴与 y 轴均以时间(小时)为单位。沿 x 轴正向绘 J_1 的加工顺序,沿 y 轴正向绘 J_2 的加工顺序,由此将坐标系分成许多小区域。如果遇到两种零件须同时使用一台机床的地方,因互相冲突,图中用阴影表示。在确定总流程时间最短的加工顺序时,如果开始是未冲突区域,则由起点画一条 45°斜线;如果遇到冲突区域,则只能沿该区域边线向垂直或水平方向前进,这表示一台机床仅能进行一种零件的加工。以此类推,画出两个零件在四台机床上加工过程的折线,符合该要求的最短折线就表示最优的加工顺序。

求解最短的总流程时间可采用最短折线上的时间之和。在本例中:
$$F = 2+1+8+2+(2) = 15(小时)$$
式中:带括号数字表示单独加工零件 J_2 占用的时间。

本例除了图 12-1 中折线表示的加工顺序外,还可以绘出其他折线,但其总流程时间均不是最短。读者可以自己验证。

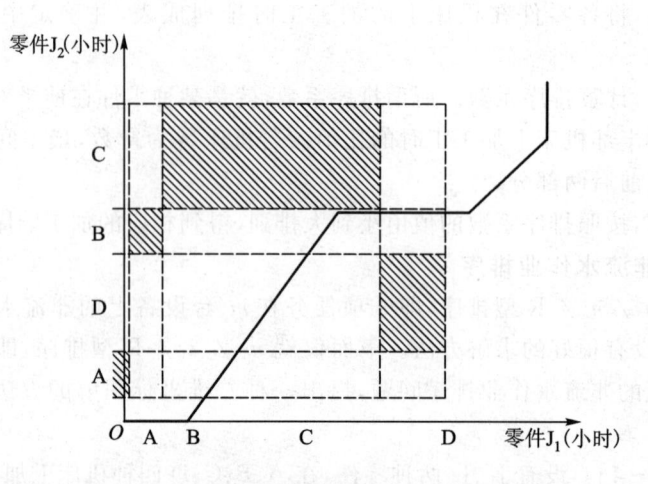

图 12－1　两种零件的非流水作业排序的图解

（四）作业排序中的人员调度问题

上述介绍的排序问题，都符合这样的假设：设备数量有限、操作人员无限、即可利用的设备有限，但只要有空闲机器，工作不会因操作人员短缺而等待。但在实际中，还有可能存在另外一种情况，即人员数量有限、设备数量无限，或者实际人员数小于设备需要的人员数。这种约束条件给作业排序增加了又一维决策要素。在这种作业排序中，当安排工件的下一台加工设备时，也必须同时安排相应的人员，此时可以用类似前面所讲的优先规则来做出人员安排决策。但应该注意到，在人员有限的条件下，除了培养"多面手"，利用人员技能多样化来提高作业的灵活性之外，还可采用下列人员调度规则：

（1）把人员优先安排到已排队等待时间最长的工作地。
（2）把人员优先分配到等待工作数量最多的工作地。
（3）把人员优先分配到有最大标准工作量的工作地。
（4）把人员优先分配到需要最早完工的工作地。

第三节　生产作业控制

一、生产作业控制的主要任务

生产作业排序只是作业控制的一个方面。生产作业控制（production activity control）是利用来自车间的数据和数据处理文件，来维护和传递车间工单和工作中心状态信息的系统。它的主要任务包括：

(1) 为每个车间的工单指派作业优先级（排序）。
(2) 控制在制品数量。
(3) 将车间工单信息传递给各职能部门。
(4) 提供实际产出数据，以便进行能力控制。
(5) 根据车间工单对机位的要求，为在制品库存管理提供数量信息。
(6) 测量人员和设备的效率、利用率和产量。

作业控制的基本过程如图 12-2 所示。

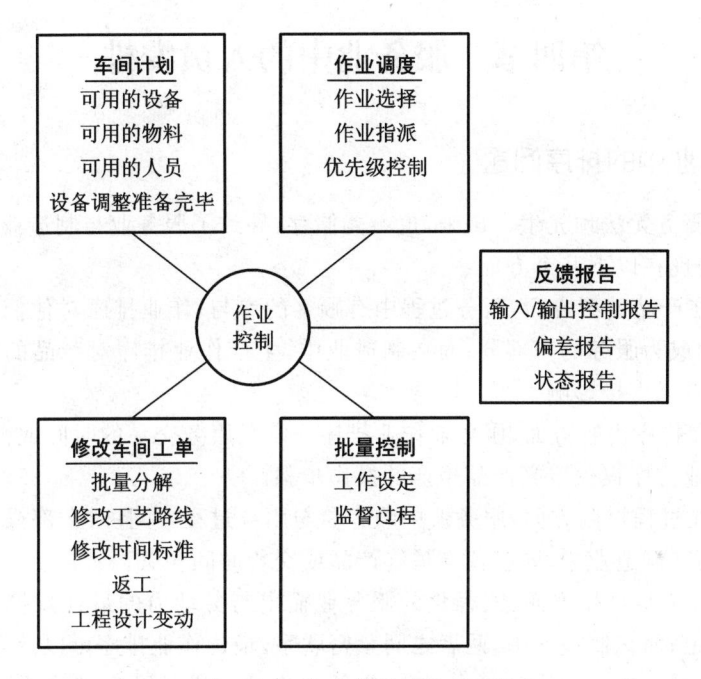

```
车间计划                 作业调度
可用的设备              作业选择
可用的物料              作业指派
可用的人员              优先级控制
设备调整准备完毕

           作业
           控制
                         反馈报告
                         输入/输出控制报告
                         偏差报告
                         状态报告

修改车间工单            批量控制
批量分解                工作设定
修改工艺路线            监督过程
修改时间标准
返工
工程设计变动
```

图 12-2 作业控制的基本过程

二、生产作业控制的主要工具

（一）日常调度单

一般每天生成调度单，调度单告诉主管当天哪些作业需要完工、这些作业的优先级以及作业时间。

（二）异常报告

异常报告告诉主管需要处理的特殊状况和问题，通常这些报告每周提供一次。车间作业计划负责人检查是否有严重的、会影响主生产计划的延期。

（三）状态报告

状态报告是指将车间的运营状况总结后告诉主管，通常包括按期完工的作业数量和比例、延期并完成的作业、产出量等。废品报告和返工报告是两种典型的例子。

(四) 输入/输出控制报告

输入/输出控制报告是指对工作中心的作业流程和序列程度进行监控,是制造计划和控制系统的一个主要特征。它的主要原则是,工作中心的输入永远不能超过工作中心的输出;否则,工作中心就会超负荷,就会产生积压,作业的效率也会下降,下游工作中心的工作也会受到影响。输入/输出控制报告的目的就是分析输入/输出之间的差异,找到问题的根源,采取适当的控制措施,从而有效地控制生产作业,使工作中心的输入/输出达到平衡。

第四节 服务业中的人员安排

一、服务业中的排序问题

由于服务无法预先生产出来,也不能储存,导致了服务业与制造业的排序不同,具体表现在以下几个方面:

(1) 在产品类型方面,服务过程中有顾客的参与,作业排序对他们有直接影响,并因此成为服务的一部分;而在制造业中,生产作业排序对产品的最终使用者或消费者无直接影响。

(2) 在排序内容方面,服务业作业排序要定义服务交易的时间或消费点;而制造业作业排序仅仅定义产品生产的操作步骤。

(3) 在过程控制方面,服务业中顾客参与服务过程,并且对全部操作时间施加影响;而在制造业中,顾客仅与最终产品或交货时间相关。

(4) 在人员规模方面,顾客化的服务业输出与劳动力的最佳规模之间的关系很难确定;而在制造业中,两者之间紧密联系,最优作业排序可以计算出来。

因此,服务作业的排序更为复杂,需要在有效地满足顾客需求的同时,实现不必要的劳动力成本最小化。

二、服务系统中的排序准则

根据排队理论,服务系统排序应遵循下列准则:

(一) 先到先服务准则

该准则依据顾客到达队列中的先后顺序来排序,顾客接受服务的次序与其他特征无关。

(二) 顾客平均等待时间最短准则

可以通过确定服务台的数目,调整服务能力,从而保证预期的顾客等待时间。例如,一位饭店老板为了增加饭店的销售收入,规定必须在顾客平均等待5分钟之内上餐。之所以这么规定,是因为手表通常被分割为5分钟一个刻度,排队等待的顾客只有在至少5分钟之后才会意识到自己已经等了多久。

(三) 响应顾客服务的概率最大准则

对于公共服务来说,必须保证指定的服务水平,这个服务水平表述为:顾客在规定时间内可以接受服务的可能性(响应服务的百分比)。例如,救护车、消防车、警车的反应时间一般为95%。

(四) 总成本最小准则

在有些服务系统中,顾客和服务人员都是同一个组织中的成员,顾客等待成本和服务成本构成了服务系统的总成本。例如旅游公司或计算机中心,当通过提高员工服务质量或增加服务台数目来提高服务能力时,服务成本就会上升。但是,这可以抵消部分等待成本,由此确定出使总成本最小的最佳服务能力。

(五) 销售损失最小原则

这一准则更多地考虑等待区域的容纳能力,而非提供服务的能力。等待区域过小可能导致潜在顾客退出该系统,转向其他地方寻求服务,尤其在到达的顾客能够看到等待区域的情况下,更要考虑这个问题。应估计出原有系统的容纳能力和退出系统的顾客数。

(六) 预期利润最大准则

该准则不依赖于排队模型的运用,而是依赖于边际分析原理,使服务过程预期收入超过预期损失。这类能力问题通常发生在设施的设计阶段,当服务能力不足和过剩时,可以利用这种方法进行能力决策。例如,决定在饭店或电影院设置多少个座位的问题。边际分析除了需要估计每个顾客会带来的单位利润和可能的损失之外,还要用到服务需求的概率分布。

三、服务业作业计划编制

各种服务组织所提供的服务可以分为两大类:标准化服务和顾客化服务。标准化服务主要借助设备、工具提供服务。如在交通运输业中,不考虑个别顾客的要求,事先规定好运行时刻表。而邮件分发、垃圾回收及清洁街道等服务,是根据路径计划以及最大限度地有效使用工具设备的目的来进行的。大多数服务组织向客户提供顾客化服务,服务系统既要与其所服务的顾客直接接触,同时又有许多设施单独处理有些服务项目,如银行或医院,分为前台和后台服务。顾客化服务的作业排序实际上是一个顾客参与决策的过程。在某种程度上,顾客也是作业排序过程中的一部分,而且常常是作为驱动者,这就给作业排序带来了很大的难度。

一般来说,服务作业排序应考虑三个因素:需求变化、服务时间变化和提供服务人员的变化。据此提出以下几种服务业作业计划编制方法。

(一) 预订系统

预订系统通常被用于顾客接受服务时需占据或使用相关的服务设施的情

况。例如,顾客预订旅馆房间、火车票、飞机票、音乐会门票、体育比赛门票等都属于预订系统。预订系统的主要优点在于,给予服务人员一段提前期,来规划设施的充分利用。而且这种方式通常要求预付一定款额,这样可减少违约损失。例如,许多旅馆在预订房间时,需预交一定的定金;参加学术会、展销会、交易会等,通常需要事先交纳一定注册费等。

(二) 预约系统

预约系统是按照事先规定的优先准则排序的方法,主要用于协调顾客需求和服务能力的差异,优点在于顾客服务及时和服务人员效率高。医生、律师是使用预约系统提供服务的典型例子。采用这种方式容易出现两个问题:一是由于排序出错而使预约好的顾客等待较长时间。为此,需要针对每个顾客的不同情况分别安排足够的时间,而不是让每位顾客的服务时间相等。二是由于顾客迟到,或约好不来,预约系统的运营绩效也会受到很大影响。

使用预约系统需要事先约定排序的优先准则。先到先服务是最常用的优先准则。这一准则只根据顾客在队伍中的位置来决定下一位接受服务的顾客,不需要任何其他信息,因而是一种静态的排序规则。其缺点是忽视了特殊顾客(如短时间服务的顾客、服务量较大的顾客及老顾客等)的服务需求。采用顾客平均等待时间最短准则可以缩短顾客在系统中的平均等待时间。例如,计算机设置总是对等待任务中运行时间最短的一项任务优先处理。这一准则一般很少单独使用;否则,需要较长服务时间的顾客就会不断让位于较后到达,但需要较短服务时间的顾客,从而导致前者过久等待,甚至有可能退出服务系统。

有些服务组织需要根据顾客的某些属性(特征)或等待排序的状况,自行确定排序的优先准则,进行动态排序。例如,医院确定病人就诊顺序时,可能使用先到先服务的优先准则,也可能根据病人症状决定优先准则。

在使用任何准则前必须考虑两大问题:一是确保顾客了解并遵守法则,二是保证有一个能使雇员对队列进行管理的系统。

(三) 轮班排序

这种方法是指确定服务人员的数量、他们的上班时间及休息时间,以适应服务需求的变化。下面分两种情况介绍其排序方法。

1. 全部雇用专职人员情况下的排序

是指在专职服务人员数量一定的情况下,安排他们的工作顺序及时间。此时,如果每天安排固定数量的服务人员,并使他们在统一规定的时间上班及休息,即各服务人员每周工作 5 天,每天工作 8 小时,则几乎不存在排序问题。但实际情况往往是,由于顾客需求的随机性,服务系统每周都需要工作 7 天,而且每天工作时间都超过 8 小时。例如,商店每周 7 天营业,一般每天营业 14 小时;有多条运行路线的汽车运输公司,日运营 20 小时,一年 365 天都在运营;对于紧急性很强的服务系统,如救火和救护部门,每天必须提供 24 小时不间断的服务。

因此,服务系统人员排序的主要约束条件是服务人员的实际需求和精神需求。前者相对简单,一般表现为人员需求计划;而后者使得排序工作复杂化,尤其当这些精神需求在劳动合同中明确规定了的情况下。例如,员工可能要求每周有连续的休息日,或至少连续休息日不得少于百分之几;可能要求每年有一定天数的轮休,或要求法定休息日全休等。解决这类要求的方法之一就是采用轮班排序计划,充分考虑每个人各自的工作日和休息日要求。这种轮班排序计划有三种形式:第一种是连续休息日下的人员安排。即确定一周内每一天人员的轮班顺序,实际中是以员工连续休息两天的五日工作制为前提,并使得所需雇员人数最少;第二种是日工作制下的人员安排。即确定每一天各项职能工作的人员需求量;第三种是小时工作制下的人员安排。即确定每一天每一小时内的人员需求量。由于篇幅原因,此部分仅介绍第一种形式的排序问题。

下面以娱乐业为例,介绍连续休息两天的五日工作制下的人员安排方法。

[例 12-5] 某健身俱乐部经理经过长期观察发现,每天早上前来健身的俱乐部会员较少,而下午会员较多。而且早上来俱乐部的会员经常参加正式的健身计划,需要较多的指导。而下午来的会员大多数是来消遣的,需要较少时间的服务与指导。因此,尽管每天需求不均,但是雇员的平均工作负荷基本一致。现该健身俱乐部希望安排一个连续休息两天的五日工作制员工轮班计划,以避免每周特定时间的需求过多现象,同时减少服务人员加班工作产生的附加成本。具体分析如下:

第一步,估计每天雇员人数。根据需求预测,一周内每天需要的雇员人数见表 12-9。

表 12-9 健身俱乐部一周内每天需要的雇员人数

星期	周一	周二	周三	周四	周五	周六	周日	轮班合计
雇员需求量	6	6	6	6	10	10	10	54

理论上,每日平均至少需要雇员 11 人,即

$$雇员平均人数 = \frac{每周雇员工作轮班的总数量}{每个雇员每周的轮班数} = \frac{54}{5} = 10.08 \approx 11(人)$$

但实际上,因为雇员每周有五个连续工作日、两个连续休息日,所以,每日所需的实际雇员人数不一定都是 11 人。

第二步,从每周的雇员需求量中,找出连续两日需求量之和最小者。如果有两个或多个连续两日的需求量之和相同,可任选一组,或按照预先约定选择其一(如果有约定的话),一般优先选择周六和周日。表 12-9 中,周一至周四每日需

要雇员人数最少,都为6人,因此可以任选连续两天,都能保证其所需雇员人数之和最小,即为12人;而其他连续两日雇员需求量之和都较大,如周四与周五连续两天所需雇员人数为16人;周五与周六、周六与周日连续两天所需雇员人数之和较大,都为20人。周一与周日尽管在日期排列中处于两端,但是也可以选作两个连续日,其雇员需求量之和为16人。

第三步,指定雇员1在上述找出的连续两日需求量之和最小的日期休息,这样做是为了保证对雇员需求量较大的工作日能分配到雇员;然后从其余准备安排该雇员工作的各日需求量中减去1人,得到新一轮每日雇员需求量,列在表的第二行,表明这些工作日可少雇一人。因为第一名雇员已被分配到这些工作日休息。本例中,先安排雇员1在周一和周二休息,周三至周日工作。这样周三至周日5天所需雇员人数分别变为:5、5、9、9、9。

第四步,重复上述第二、第三两步,直至每日需求量全部被满足,或所有雇员的工作都被安排。本例中,在安排雇员2时,连续两日雇员量之和最少的是周三和周四,可以在这两天安排雇员2休息。以此类推,可得出该健身俱乐部每位雇员的上班和休息时间,分析结果见表12-10。

表12-10 一周内雇员轮班安排过程

雇员编号	每日需要安排的雇员人数						
	周一	周二	周三	周四	周五	周六	周日
1	(6	6)	6	6	10	10	10
2	6	6	(5	5)	9	9	9
3	(5	5)	5	5	8	8	8
4	5	5	(4	4)	7	7	7
5	(4	4)	4	4	6	6	6
6	4	4	(3	3)	5	5	5
7	(3	3)	3	3	4	4	4
8	3	3	(2	2)	3	3	3
9	(2	2)	2	2	2	2	2
10	2	2	(1	1)	1	1	1
11	1	1	1	1	(0	0)	0
上班人数	6	6	6	6	10	10	11
休息人数	5	5	5	5	1	1	0

注:括号表示雇员连续休息的两日,其中雇员11也可安排在周六到周日休息

从表12-10可以看出,该健身俱乐部最少需雇用专职人员11人。这样既适应了每日需求的变化,又不会造成太多的人员空闲,减少了运营成本。在此基

础上，可编制出该健身俱乐部的雇员轮班计划，如表12-11所示。

表12-11 健身俱乐部雇员轮班计划

雇员号	1	2	3	4	5	6	7	8	9	10	11
工作日	三～日	五～二	三～日	五～二	三～日	五～二	三～日	五～二	三～日	五～二	日～四
休息日	一～二	三～四	一～二	三～四	一～二	三～四	一～二	三～四	一～二	三～四	五～六

该方法同样适用于安排接受服务人员的约定计划。只是表中数字含义不同，在约定计划中此数据表示每日约定接受服务的顾客人数。

2. 雇用部分兼职人员情况下的排序

这种情况下的排序在人数安排上比较灵活，可以避免作业排序中雇员过多或过少的现象。另外，兼职人员不享受专职人员所拥有的额外福利，不用提供午餐，他们的劳动力成本低于专职人员，可以减少运营费用。使用该方法的前提是，这些兼职人员必须保证及时到位，并具有提供相同服务的能力。

解决这类排序问题的一种有效方法是线性规划法。例如，银行员工的排序，在使用线性规划法时，需要考虑劳动力需求、专职员工可能被其他公司聘用、银行的经济性等多种限制条件，因此模型约束变量很多，计算很复杂。1991年，美国航空公司耗费相当于一个人15年的时间建立的线性规划模型，能在12个城市指派机组成员。计算该模型每月要消耗500个主机时，但每年可节约2 000多万美元。作为此类问题的最佳排序方法，该线性规划模型被美国航空公司卖给了其他10家航空公司和1家铁路公司，实施该方法均获得了显著的效果。

以上介绍了几种服务作业排序方法。在实际执行这些轮班计划时，服务管理人员还应采用一定的管理艺术与管理技巧。具体要注意以下几个问题：

(1) 根据顾客愿意等待的时间范围，为顾客确定一个可接受的等待时间。

(2) 在顾客等待过程中应尽可能分散他们的注意力。通过播放音乐、录像或使用其他娱乐形式，使顾客暂时淡忘其正在等待。

(3) 及时告诉顾客有关服务情况。当顾客等待时间比通常情况要长时，必须告诉他们为什么要等待这么长的时间，以及服务系统将如何缓解这种情况。

(4) 将顾客按某种特征进行灵活分类，决定适合自身特点的排序优先准则。

(5) 绝不能让顾客看到雇员并未工作。如果雇员本应该为顾客提供服务，但却没能做到，那么顾客将会感到非常恼怒，愤而离去。

(6) 对服务人员进行培训，使他们的服务态度更友好。问候一下顾客或给予特殊关照，可以在很大程度上消除长时间等待的负面影响。

(7) 建议顾客在服务非高峰期到达。告诉顾客一般在哪些时间段不必排队等待就可享受服务，哪些时间是顾客到达的高峰期。这既有利于减少顾客等待时间,也有助于服务工作负荷均衡化。

(8) 制定改善服务的长期计划。

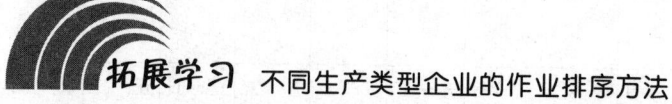

拓展学习 不同生产类型企业的作业排序方法

"资源"具有普遍意义。在排序时,需要首先确定排序对象。一般来说,能力有限是指机器是有限的或者劳动力是有限的。在机器有限条件下,设备是排序的关键资源;在劳动力有限条件下,人员是排序的关键资源。在实际排序时,大多数情况是或者劳动力有限,或者机器有限,幸运的是,并非两者情况同时存在。表 12-12 描述了不同生产类型企业的作业排序方法。

表 12-12 不同生产类型企业的作业排序方法

类型	产品	特点	典型排序方法
流程型生产	化工产品、钢铁产品、金属线和电缆、液体产品(啤酒、饮料)、罐装食品	完全自动化,产品成本中的劳动力成本比较低,单一产品专用设计	有限负荷,前向排序;机器有限
大批生产	汽车、电话、紧固件、纺织品、摩托车、家用电器	自动化设备,半自动化处理搬运装配线,生产线上的大多数设备	生产线上的有限负荷,前向排序(生产率是关键);机器有限,在使用准时生产时将部分产品拉到生产线上
中批生产	工业用产品、最终消费品	成组技术单元,专业化微型工厂	无限负荷,前向排序,优先控制;劳动力有限或机器有限;常与客户的准时化订单或 MRP 交货日期相适应
小批生产	定做的或标准的设备、专业化工工具、少量的工业产品	按制造功能(不是在生产线上)组织的机器中心;产品成本中劳动力比重较高,通用设备准备结束时间比较长;材料搬运自动化程度低,产品种类丰富	无限负荷,前向排序;通常是劳动力有限,但特定功能上可能是机器有限(热处理工序或精密设备中心),由 MRP 交货日期决定优先顺序

网上学习

1. 登录中国工厂管理网,学习有关生产计划与物料控制(PMC)方面的知识。

2. 登录美国生产与库存控制学会网站,阅读一些关于生产作业进度安排技术和调度方面的文章。

3. 登录中国制造业信息化门户,了解生产管理改进的新途径,并作为小组讨论议题。

4. 登录北京精诚智博科技有限公司主页,了解"精诚 EAS-MES"生产制造执行系统,并下载、试用 MES。将 MES 的作业排序和调度功能作为小组讨论议题。

5. 登录上海灵蛙科贸有限公司,了解灵蛙制造执行系统,并简要列出制造执行系统为离散型和流程型生产模式提供计划与排序管理的解决方案。

思考与练习

1. 排序与作业计划的含义及其相互关系。

2. 排序问题分为哪些类型?讨论在大学、医院、超市、铁路等行业的运作中会遇到哪些排序问题?

3. 作业排序方案的评价标准有哪些?

4. 流水型生产作业排序的方法有哪些?

5. 服务业与制造业排序有何区别?

6. 设某生产车间只有一台大型加工设备,计划期初接到 6 项任务,所需加工时间及预定交货期如表 12-13 所示。试分别按 SPT 和 EDD 优先规则确定最优加工顺序。

表 12-13 各项任务所需加工时间及预定交货期

生产任务编号 J_i	J_1	J_2	J_3	J_4	J_5	J_6
加工时间 t_i(天)	8	9	4	5	3	2
预定交货期 d_i(天)	32	23	13	24	6	8

7. 在某工作中心有 5 项等待加工的作业,需要进行加工的时间如表 12-14 所示。

表 12-14 各项作业所需加工时间

作业	A	B	C	D	E
作业时间/小时	10	14	6	5	12
预定交付期/小时	25	12	20	9	15

试分别使用 SPT、EDD 和 SCR 优先规则确定作业顺序。

8. 有 6 项任务都需要先完成第一步操作后,再进行第二步操作,每项任务相应的加工时间如表 12-15 所示。

表 12-15 各项任务所需加工时间

任务	第一步所需时间(小时)	第二步所需时间(小时)
A	3.0	1.2
B	2.0	2.5
C	1.0	1.6
D	3.0	3.0
E	2.5	2.0
F	3.5	1.5

试根据约翰逊—贝尔曼规则安排工作顺序。

9. 设有 J_1、J_2、J_3、J_4 四种零件,工艺顺序均为车床—铣床—磨床,加工时间如表 12-16 所示。试按约翰逊—贝尔曼规则确定最优加工顺序,并计算最短总流程时间?

表 12-16 四种零件在机床上的加工时间

加工时间(小时) \ 零件编号 J_i	J_1	J_2	J_3	J_4
车床(t_{iA})	7	8	6	5
铣床(t_{iB})	3	4	5	6
磨床(t_{iC})	8	10	6	7

第十三章 项目管理

内容提要

与重复性的生产运营不同,项目型生产运营具有临时性、一次性和创造性特点。项目管理包括两方面内容:一方面强调组织和人的行为,另一方面侧重于技术方法的运用。本章介绍项目与项目管理的概念、项目管理知识体系,重点讨论项目进度计划编制技巧——网络计划技术。最后介绍一种有效的项目管理工具——Microsoft Project 软件。

第一节 项目管理概述

一、项目和项目管理的定义

(一) 项目

项目是一种一次性的工作。它应当在规定的时间内,在明确的目标和可利用资源的约束下,由专门组织起来的人员运用多学科知识来完成。项目的定义有多种多样,但一般定义包括以下四个基本的要素:

(1) 项目都有一个特定的目标。通常是为了实现某种目标而组织项目。

(2) 项目实质上由一系列工作所组成。项目是一个跨组织、跨部门的任务,需要来自多个职能部门的人员同时协助,因此,在项目执行中可能会与职能部门为了人员等资源而发生冲突。

(3) 项目是一次性的过程。项目管理要求在规定的期限内完成预期的目标。一旦目标实现,项目管理的任务就结束了,项目小组也将解散。这种一次性特征决定了项目经理的工作是一项创造性工作。而由于项目的复杂性,以及许多不确定因素的存在,因此项目管理具有很高的风险。

(4) 项目受资金、时间等多种资源条件的约束。项目的时间期限一般很严格,同时有着明确的费用预算。

实际中,工程施工、产品研发、软件开发、课题研究等都是一次性的任务,并且需要在一定的时间约束和费用约束下,获得预期的结果,因此都属于项目。

但是事实上,很多项目在某些方面都是可以重复的,或者其经验又可以被具有类似背景的其他项目或产品所借鉴。一个项目的结果可能与另一个项目的产出相同。

（二）项目管理

项目管理是指对项目进行计划、组织和控制，旨在实现项目的特定目标。项目管理一方面强调组织和人的行为，另一方面侧重于技术方法的运用。

一般业务流程管理与项目管理之间有着一些明显的不同。其一，组织结构不同。与一般重复性业务流程管理采用的正式组织结构不同，项目管理需要由来自不同职能部门的不同专业人员组成一个项目团队，共同完成一个项目，而当项目结束后项目团队也就解散了。项目管理这种临时性的组织结构形式，特别需要项目管理者的沟通技能，从而使团队成员组成能够配合默契、责任心强、积极性高的高效团队。其二，管理的任务本身不同。项目的一次性和特殊性特征使得无法在项目开始之前就能够完整地理解和清晰地定义项目内容，因此项目计划就显得非常重要。有效的项目管理要求在项目生命周期内中不断地监控、更新或重新制定项目计划。

（三）项目管理知识体系

项目管理知识体系（project management body of knowledge，PMBOK）是项目管理专业领域知识的总称。它是20世纪80年代由美国项目管理学会（Project Management Institution，PMI）总结了项目管理实践中成熟的理论、方法、工具和技术所提出的。其后经过数次修订，目前最新版是PMBOK2004，现已成为项目管理从业人员专业资质培训认证的主要内容，可以项目管理从业人员的知识能力进行评估。

项目管理知识体系重点从知识领域的角度将项目管理过程组成九个项目管理知识领域：项目综合管理、项目范围管理、项目时间管理、项目成本管理、项目质量管理、项目人力资源管理、项目沟通管理、项目采购管理和项目风险管理。

项目管理九个知识领域的作用如下：

（1）项目综合管理。其作用是保证各种项目要素协调运作，对冲突目标进行权衡折中，最大限度地满足项目相关人员的利益要求和期望。

（2）项目范围管理。其作用是保证项目计划成功地完成所需要进行的所有工作，分为产品范围和项目范围。产品范围指将要包含在产品或服务中的特性和功能，产品范围的完成与否用需求来度量；项目范围指为了完成规定的特性或功能而必须进行的工作，项目范围的完成与否是用计划来度量的。二者只有很好地结合，才能确保项目的工作符合事先确定的规格。

（3）项目时间管理。其作用是保证在规定时间内完成项目。

（4）项目成本管理。其作用是保证在规定预算内完成项目。

（5）项目质量管理。其作用是保证满足承诺的项目质量要求。

（6）项目人力资源管理。其作用是保证最有效地使用项目人力资源完成项目活动。

(7) 项目沟通管理。其作用是保证及时准确地产生、收集、传播、储存以及最终处理项目信息。

(8) 项目采购管理。其作用是从机构外获得项目所需的产品和服务。

(9) 项目风险管理。其作用是识别、分析以及对项目风险作出响应。

二、项目计划

(一) 项目计划的目的

项目计划实质上是规定项目活动的一系列时间计划,包括各项活动的作业时间、开工时间、完工时间,有时还需要确定各项活动所需要的资金、设备、材料及人数等资源状况。其主要目的如下:

(1) 预测在不同时间所需的资金等资源的级别,以便赋予项目以不同的优先级。

(2) 通过资源优化,使各项资源配置合理。

(3) 保证各项资源按质、按时供给。

(4) 满足所要求的完工时间约束。

(5) 保证项目按期完工并获取盈利,以补偿项目实施过程中的资源消耗。

上述目的中,最为重要的是第一个,它是项目管理存在的目的;其次是第二个,它是项目可行的前提;第三和第四个目的只是第一个目的的具体化;第五个目的常常用于相同项目的费用和质量综合权衡。

(二) 项目计划的表现形式

项目计划有两种表现形式:带日期的工作任务分配表和甘特(Gantt)图。

1. 带日期的工作任务分配表

带日期的工作任务分配表是指在工作分解结构图的给定级别上,带有部分或全部时间日期的列表。进度计划的这种形式能够给出一个综合性的清单,但不够直观。表 13-1 是某高校计算机实验室局域网布建的工作任务分配表。尽管这个清单显示了时差,但是时差的具体体现不够直观。

表 13-1 某高校计算机实验室局域网布建工作任务分配表

活动代号	活动名称	活动时间(天)	最早开始时间(天)	最早结束时间(天)	时差(天)
A	机房装修	25	0	25	0
B	房间布置	10	25	35	0
C	网络布线	15	25	40	5
D	硬件安装	10	35	45	0
E	软件调试	5	45	50	0

2. 甘特图

甘特图又称为横道图、条形图。它可使进度计划更为直观。有时,也可以在图中用箭线画出活动间的逻辑关系。

甘特图是一种将各项工作环节与完成期限的关系表示成二维图形的技术,这种图形直观地表示了达到项目目标必须经历的各中间环节及每一环节所需的时间。具体地说,就是在纵坐标上标出项目的工作环节或工序,在横坐标上标出项目的持续时间,由纵横两坐标确定的条形线表示其起止时间。这种方法简单、直观、易于编制,因而成为小型项目管理中编制项目计划的主要工具。即使在大型工程项目中,它也是高级管理层了解全局、基层安排进度的有效工具。但是,由于甘特图不表示各项活动之间的相互关系,也不指出影响项目工期的关键活动,因此,对于复杂的项目来说,甘特图就不能胜任。

(三) 项目计划的编制方法

1. 关键日期法

关键日期法又称里程碑系统,是一种最简单的进度计划和控制工具,它是根据项目的工作环节确定重大的关键事件。这些关键事件综合了各种因素,针对项目目标的重要性而定,它可能在网络图的关键线路上,也可能不在关键线路上。其内容包括:项目的结束日期,主要工作环节的完成日期,保证项目成功的关键性决策的日期。在关键日期图中,还应标明关键事件必须完成的时间界限,任何关键事件不管采取什么措施都必须在里程碑所标的时间之前完成各项预定任务;否则就会影响整个项目的进度,甚至影响企业的整个战略。图 13-1 中,有 A、B、C、D、E 五项关键事件,在时间坐标上,可以标出这些关键事件完成的截止时间。

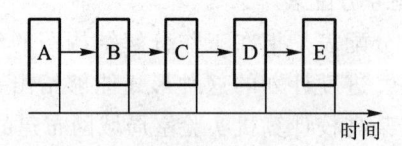

图 13-1 里程碑系统示意图

2. 网络计划技术

网络计划技术是指通过绘制网络图和计算时间参数来反映项目全貌的一种有效的项目进程控制方法。关键线路法(Critical path method,CPM)和计划评审技术(program evaluation and review technique,PERT)是它的最早应用形式。CPM 和 PERT 是 20 世纪 50 年代后期几乎同时出现的两种计划方法。随着科学技术和生产的迅速发展,出现了许多庞大而复杂的科研和工程项目,它们工序繁多、协作面广,常常需要动用大量人力、物力和财力。因此,如何合理有效地把它们组织起来,使之相互协调,并在资源有限的条件下,以最短的时间和最低的费用,最好地完成整个项目,就成为一个突出的问题。CPM 和 PERT 就是在这种背景下出现的。在上述方法基础上,后来还陆续提出了一些新的网络技术,如图示评审技术(graphical evaluation and review technique,GERT)、风险评审技术(venture evaluation and review technique,VERT)等,使网络计划技术的应用更加广泛,适用性更强。

(四) 项目计划编制方法的比较与选择

采用不同的项目计划与控制方法,所需的时间和费用是不同的。关键日期法在图中只列出关键事件,其他非关键事件均未考虑,因而编制时间最短,费用最低;甘特图法根据以往同类项目的资料与要求,直接在图中绘制所有活动,所需时间要稍长一些,费用也高一些;CPM 要把每个活动都加以分析,同时标明所需资源,如果活动数目较多,还需用计算机求出总工期和关键线路,因此花费的时间和费用将更多;PERT 法不仅需要各个专业和部门的专家对项目安排进行全面分析,还要进行各种复杂的计算。所以,它是项目计划编制方法中最复杂的一种,所花费的时间和费用也最多。

另外,采用不同的项目计划与控制方法,提供的有效信息量也不同。关键日期法只安排了一些关键事件的日期和顺序,所以每一个关键事件只是阶段工作的进度目标,而不是完成项目任务的手段;网络图则提供了大量信息,既可用于宏观控制,也可用于微观管理,所以它是进行项目控制的最重要手段;甘特图则介于两者之间。提供信息量的多少与这一方法所需的时间和费用存在对应关系,时间越长、费用越高,提供的信息量越大。

一般情况下,在选择项目计划编制方法时,主要应考虑下列六种因素。

1. 项目规模

项目规模越大,一般所涉及的专业和领域越多,投资也较大,项目周期也会相对地较长。因此,在做进度安排时,需全面权衡和科学预测,尽量采用比较复杂的方法。如果项目规模小、工作内容少、任务容易实现,则可采用简单的方法。

2. 项目复杂程度

项目规模大,复杂程度并不一定总是高;有时,项目规模小,复杂程度反而较高。例如修一条公路,虽然规模不小,但内容单一、涉及面较窄,并不太复杂,可以用较简单的进度计划方法;而研制一个小型的电子仪器,步骤复杂,要用到很多专业知识,需要进行综合分析,统筹协调各个方面,所以需要较复杂的进度计划方法。

3. 项目紧急性

在项目管理中,如果对工期没有特别要求,就应详细分析各种不确定因素,防止任何不正常的延误事件发生,这时,可选用网络计划方法;若用甘特图与之配合,效果会更好。如果对工期要求很强,在项目实施开始阶段,需要对各项工作发布指示,以便尽早开始工作,此时,如果用很长时间去编制进度计划,就会延误时间。

4. 对项目细节掌握的程度

在制定项目控制计划时,如果各工作环节都已确定,就可以用关键线路法和计划评审技术等先进的方法来编制进度计划;如果项目的各工作环节无法确定,CPM 和 PERT 法就无法应用,而只能粗略地安排。

5. 项目的创新程度

如果项目是从未实施过的或有很多新内容,就应充分做好前期准备工作,充分考虑到各种可能发生的事件。这时宜综合采用 CPM 和 PERT 法安排进度。相反,若项目是非常熟悉的,凭经验就可安排得足够合理,就没有必要采用复杂的方法。

6. 资源的保证程度

项目所需资源包括人员、技术、设备、资金等。没有相应的设备,CPM 和 PERT 就难以应用;没有受过良好训练的合格技术人员,也无法应用复杂的方法编制进度计划;没有充足的资金,就不可能编制复杂的进度计划。但是,为了保证项目目标的顺利实现,不管资金的紧缺程度如何,都应给计划工作留出足够的资金。

在进行项目计划与控制时,一般需要把几种方法综合使用,相互补充。仅使用一种方法,容易产生片面性,并给实际工作带来不便。以时间因素为例,在大多数项目中,项目晚几天完成只会减少收益,不会造成项目完全失败。只有少数项目具有严格的时间期限,如奥运会体育场馆工程、彗星科学观测项目等。因此,在项目计划与控制时,要避免只将时间管理作为主要内容的做法,把项目的完成时间与所需费用协调考虑,使项目实施达到综合最优。本章重点介绍网络计划技术。

第二节　网络计划技术

一、概述

(一) 网络计划技术的基本原理

网络计划技术是以网络图的形式编制计划,以求得最优计划方案,并据以组织生产和控制进度,达到预定目标的一种科学的计划管理方法。用这种方法编制的计划称网络计划。

网络计划技术的基本原理是:利用网络图表达计划任务的进度安排及各项活动(或工作)间的相互关系;在此基础上进行网络分析,计算网络时间参数,找出关键活动和关键线路,并利用时差不断改进网络计划,求得工期、资源与费用的优化方案。在计划执行过程中,通过信息反馈进行监督与控制,以保证达到预定的计划目标。

(二) 网络图的种类

随着网络计划技术的广泛应用,出现了多种类型的网络图,主要有以下几种:

(1) 按节点与箭线所代表的含义不同,网络图可以分为箭线型和节点型两类。箭线型网络图用箭线代表活动,也可用箭线两端的一组节点编号代表活动,因此又称为双代号网络图;节点型网络图是以各节点代表每项活动,活动之间的相互联系则用箭线来表示,这种网络图又称为单代号网络图。在没有特别说明的情况下,本章所叙述的网络图是指箭线型网络图。

(2) 按作业时间估计方法不同,网络图可分为确定型和非确定型两类。确定型网络图中各项活动的作业时间值是确定的;而非确定型网络图中每项活动的作业时间是不确定的,可以有几个估计值。

(3) 按网络图所包括对象的范围不同,网络图可分为网络总图和网络分图。网络总图一般由高层管理者使用,它是对一项大型工程的总体描述。网络总图经过细化可以分解为多个网络分图,便于基层管理者使用。

二、网络图的构成

网络计划技术的一个显著特点,就是借助网络图对项目的进展过程及其内在逻辑关系进行综合描述,它是进行网络时间参数计算的基础。因此,研究和应用网络计划技术首先要从网络图入手。网络图由活动、事件和线路三个要素组成。

(一) 活动

活动指一项具体工作(作业或工序),它需要消耗一定的资源(人力、物力、财力),经过一段时间才能完成。在网络图中用箭线代表一项活动。活动包含的内容可多可少,范畴可大可小。例如,它可以是一项设计工作,或者是一个零件制造的全过程,也可以仅仅是零件加工过程中的某一道工序。箭线表示一项活动的作业过程,其中箭尾表示活动的开始,箭头表示活动的结束。通常把活动的代号和作业时间分别标在箭线的上方和下方,以便于识别和计算。在不附设时间坐标的网络图中,箭线的长短与活动所需消耗的时间长短无关。有时,在网络图中还需要引入虚箭线,虚箭线代表虚活动。它不消耗时间和资源,主要用于表明活动之间的相互关系,消除活动间模棱两可、含糊不清的现象,特别是在应用计算机求解时,便于判断运算。另外,根据活动的重要性可将活动分为关键活动和非关键活动。

(二) 事件

事件指某一活动的开始或结束,它是网络图中两条或两条以上箭线的交接点,又叫节点或结点,用"○"表示。一项或几项活动完成的时刻,是后续活动的开始时刻。事件不消耗时间和资源。在网络图中事件可分为始点事件、中间事件和终点事件。第一个事件称为始点事件,它是一个工程项目或一项计划的开始;最后一个事件为终点事件,它是一个工程项目或一项计划的结束。除始点事件与终点事件外,其余事件均为中间事件。它们有双重含义,既代表前项活动的结束,亦代表后项活动的开始。为了便于识别、研究、检查和计算机运算,对事件要进行编号。编号可标在圆圈内,由小到大,可采用连续编号,也可采用非连续编号。把某项活动开始的事件用号码 i 表示,其结束事件用号码 j 表示。用一组编号 $(i \sim j)$ 表示相邻两个事件的对应活动,且满足 $i < j$。

(三) 线路

线路指从网络的始点事件开始,顺着箭线方向,连续不断到达终点事件的一条通道。线路中各项活动的作业时间之和就是该线路所需要的时间。在一个网络图中,可能有多条线路,每条线路所需要的时间有长有短。其中时间最长的一条线路称为关键线路,关键线路上的活动称为关键活动。关键线路所需要的时间就是完成整个计划任务所需要的时间。

下面以某一设备的维修为例,说明活动、事件及线路的含义。网络图见图13-2。

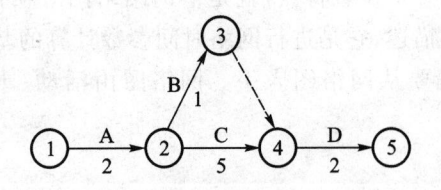

图13-2 某一设备维修网络图

在图13-2中,A 表示设备拆卸;B 表示电器部分修理;C 表示机械部分修理;D 表示设备安装调试。活动 A 完成后,B、C 才能开始,B、C 都结束后,D 方可开始。节点2既表示 A 的结束,同时又可表示 B、C 的开始,但 B、C 不一定同时开始。另外,图中的虚箭线仅为了表明活动间的相互关系。

三、网络图的绘制规则

规范化、标准化的网络图表现形式,便于项目管理人员的使用。为此,必须遵循下列规则。

(1) 网络图是有向图,图中不能出现回路,也就是箭线从某一节点出发,只能从左向右前进,不能出现回路。

（2）活动与箭线应保持一一对应，每项活动在网络图上必须且只能用一条箭线来表示。

（3）相邻两个节点间只允许有一条箭线直接相连，但进入某一节点的箭线可以有很多条。当两个相邻节点出现多项活动需平行进行时，其中一项活动可用实箭线表示，其余活动的表示均应增加节点，引入虚箭线。

（4）箭线的首尾必须有节点，不能从一条箭线中间引出另一条箭线；一条箭线的箭头也不能直接指到某一箭线上；一条箭线必须从一个节点开始，到另一个节点结束。

（5）每个网络图必须也只能有一个始点事件和一个终点事件。不允许出现没有先行事件或没有后续事件的中间事件。如果在实际工作中发生这种情况，可以将没有先行活动的事件同网络始点事件连接起来，将没有后续活动的事件同网络终点事件连接起来。

四、网络计划时间参数的计算

任何一个工程项目总是在一定的时间内进行的，因此，在把工程项目的各项活动绘制成网络图后，要进行时间值的计算。只有对各项活动赋予一定的时间值，才能动态地模拟工程项目的进程，网络图也才能作为编制计划的依据。网络计划的时间值包括：各项活动的作业时间，节点的最早开始时间和最迟结束时间，各项活动的最早开始时间和最早结束时间、最迟开始时间和最迟结束时间，时差和线路持续时间。

（一）活动作业时间

作业时间是指在一定的生产技术组织条件下，完成一项活动所需的时间。用"$T_{i,j}$"表示完成活动($i \sim j$)所需的时间。作业时间的单位一般采用日或周，也可用小时或月。由于网络图中各项活动的性质和所包括的工作内容不同，因此在确定作业时间值时，要弄清活动的全部工作内容。若活动是某零件的加工过程，则作业时间即为该零件的生产周期。它应包括零件的工艺工序时间、工序间检验、运输、等待加工的时间以及不可避免的生产中断时间等。由于网络计划技术多用于一次性的工程项目，如新产品研制、设备大修等，其作业时间值的确定通常采用两种估计方法。

1. 单值估计法

单值估计法指对各项活动的作业时间仅估计一个时间值。估计时，应以完成各项活动可能性最大的时间为准。这种方法适用于有类似的工时资料或经验数据可借鉴，且完成活动的各有关因素比较确定的情况。

2. 三点估计法

三点估计法指对活动的作业时间预计三个时间值，据此确定该项活动的作业时间。这三个时间值分别为：

（1）最乐观时间，指在顺利情况下，完成某项活动可能需要的最短时间，以 a 表示。

（2）最保守时间，指在不利情况下，完成某项活动可能需要的最长时间，以 b 表示。

（3）最可能时间，指在正常情况下，完成某项活动最可能需要的时间，以 m 表示。

用三点估计法确定时间值时，要对设备、人员、组织及技术条件等因素进行综合考虑。根据统计规律，m 发生的可能性是 a 及 b 的两倍，则作业时间 T 的加权平均值计算公式为：

$$T = \frac{a+4m+b}{6}$$

又由于作业时间受多种因素的影响，各项活动作业时间值的变动遵循概率法则，因此可用方差反映作业时间概率分布的离散程度。其计算的公式为：

$$方差 \sigma^2 = \left(\frac{b-a}{6}\right)^2$$

$$标准差 \sigma = \frac{b-a}{6}$$

上式中，σ 的数值愈大，表明作业时间概率分布的离散程度愈大，平均作业时间 T 的代表性就愈差；σ 愈小，则 T 的代表性愈好。计算出方差和标准差后，由此可得出整个计划任务按规定日期完成的可能性。

用三点估计法确定作业时间的网络图为非确定型网络图，它适用于无先例可循、不可控制因素较多的项目，如研究与试制工程、新开发项目等。

（二）节点时间参数

1. 节点的最早开始时间（T_E^i）

节点的最早开始时间指从该节点开始的各项活动最早可能开始的时间。在此时刻之前，各项活动不具备开始工作的条件。

计算各节点最早开始时间，应从网络图的始点事件开始，自左向右，按节点编号由小到大的顺序来确定其他节点的最早开始时间，直至终点事件。因终点事件无后续活动，所以它的最早开始时间也就是它的结束时间。通常将网络始点事件的最早开始时间规定为零，当某工程项目有具体规定的开工时间时，始点事件的最早开始时间应取这一规定时间。

箭尾节点 i 的最早开始时间加上活动作业时间，就是该项活动箭头节点 j 的最早可能开始时间。当到达节点 j 的箭线不止一条时，应分别计算每个节点 i 的最早开始时间，并加上其相应活动的作业时间，然后从中选择一个最大值作为该箭头节点 j 的最早开始时间。选择最大值是由于 j 的后续活动必须等它前面所有活动完成(只要它前面延续时间最长的活动完工)后才能开始工作。计算节点最早开始时间的公式为：

$$T_E^j = \max\{T_E^i + T_{i,j}\} \quad (i < j)$$

式中：T_E^i——箭尾节点 i 的最早开始时间；

T_E^j——箭头节点 j 的最早开始时间；

$T_{i,j}$——活动($i \sim j$)的作业时间。

2. 节点的最迟完工时间(T_L^i)

节点的最迟完工时间指到达该节点时结束的各项活动最迟必须完工的时间。

计算各节点的最迟完工时间应从网络图终点事件开始，自右向左，逆着箭线方向确定其他节点的最迟完工时间，直至始点事件。网络终点事件的最迟结束时间一般即为其最早开始时间，但如果上级部门或合同中有特别规定的工期要求，则应以规定的工期作为最迟完工时间。

箭头节点 j 的最迟完工时间减去活动作业时间，就是该项活动箭尾节点 i 的最迟完工时间。如果从节点 i 引出的箭线不止一条时，就会有多个箭头节点 j。这时应分别计算每个节点 j 的最迟完工时间，并减去相应活动的作业时间，然后从中选择一个最小值作为该箭尾节点 i 的最迟完工时间。选择最小值是由于先行活动必须保证其各后续活动最早开工的需要。计算节点最迟完工时间的公式为：

$$T_L^i = \min\{T_L^j - T_{i,j}\} \quad (i < j)$$

式中：T_L^j——箭头节点 j 的最迟完工时间；

T_L^i——箭尾节点 i 的最迟完工时间；

$T_{i,j}$——活动 $i \sim j$ 的作业时间。

节点时间参数的计算方法有图上计算法和矩阵法两种。图上计算法是直接计算各节点的时间参数，将计算出的节点最早开工时间和最迟完工时间分别填写在"□"和"△"内，并标在相应节点的旁边；而矩阵法则是通过编制节点矩阵表进行计算的一种方法。

(三) 活动时间参数

1. 活动的最早开工时间(ES)。

活动的最早开工时间指某项活动最早可能开始的时间。它等于该活动箭尾节点的最早开工时间。其计算公式为：

$$ES_{i,j} = T_E^i$$

2. 活动的最早完工时间(EF)

活动的最早完工时间指活动最早可能完工的时间。它等于该活动最早开工时间加上其作业时间。其计算公式为：

· 245 ·

$$EF_{i,j} = ES_{i,j} + T_{i,j} = T_E^i + T_{i,j}$$

3. 活动的最迟完工时间(LF)

活动的最迟完工时间指为了不影响紧后活动的按期开工，某项活动最迟必须完工的时间。它等于代表该活动箭头节点最迟完工时间。其计算公式为：

$$LF_{i,j} = T_L^j$$

4. 活动的最迟开工时间(LS)

活动的最迟开工时间指为了不影响紧后活动的按期开工，某项活动最迟必须开工的时间。它等于该活动箭头节点的最迟完工时间减去该活动的作业时间。其计算公式为：

$$LS_{i,j} = LF_{i,j} - T_{i,j} = T_L^j - T_{i,j}$$

由此可见，在已知节点时间参数的条件下，可以计算出各项活动的最早开工与最早完工时间、最迟开工与最迟完工时间。以便分析和找出各项活动在时间衔接上是否合理，是否有潜力可挖。这一问题的判断，取决于时差的计算。

（四）时差

活动的时差是指在不影响整个工程工期的条件下，某项活动在开工时间安排上可以机动使用的一段时间。时差又称为宽裕时间或缓冲时间。计算和利用时差是网络计划技术中的一个重要问题。它既是确定关键线路的依据，又为计划进度的安排提供了机动性。时差越大，机动时间就越多，潜力也就越大。利用时差可以求得计划安排和资源分配的较优方案。时差可分为活动总时差、节点时差和线路时差三种。

1. 活动总时差($S_{i,j}$)

活动总时差指在不影响整个工程周期的前提下，某项活动最迟开工时间与最早开工时间之差。它表明该项活动在开工时间上允许推迟的最大限度，也可以用活动的最迟完工时间与最早完工时间之差求得。其计算公式为：

$$S_{i,j} = LS_{i,j} - ES_{i,j}$$
$$= LF_{i,j} - EF_{i,j}$$
$$= T_L^j - T_E^i - T_{i,j}$$

式中：$S_{i,j}$ 表示活动($i \sim j$)的总时差。

2. 节点时差(R_i)

节点时差指某一节点最迟完工时间与最早开工时间之差。其计算公式为：

$$R_i = T_L^i - T_E^i$$

3. 线路时差(L)

线路时差指在一个网络图中，关键线路持续时间与非关键线路持续时间之差。

(五) 关键线路的确定

1. 最长线路法

在网络图中,从始点事件顺着箭头方向到终点事件,有许多可行线路,其中持续时间最长的线路就是关键线路。

2. 关键节点法

在一个网络图中,如果节点时差为零,则该节点为关键节点。从关键节点连接成的箭线中,持续时间最长的线路就是关键线路。

3. 时差法

总时差为零的活动为关键活动,由关键活动所组成的线路就是关键线路。

上述三种确定关键线路的方法中,在未进行节点和活动时间参数计算时,可选用关键线路法;若只计算出节点时间参数,可选用关键节点法;若既计算了节点参数又计算出了活动时间参数和时差,则选用时差法较为方便。如果网络图涉及的节点多、活动多且关系复杂,用人工计算不仅费时还容易出错,这时就有必要用计算机进行计算。确定出关键线路后,一般要用粗箭线或红箭线表示,以示区别。关键线路决定着整个项目的工期,要想缩短整个项目的工期,必须在关键线路上想办法,即压缩关键线路上的作业时间;反之,若关键线路工期延长,则整个项目完工期就拖长。

下面举例说明网络时间参数的计算及关键线路的确定方法。

[例 13-1] 已知某工程项目各项活动时间及活动间的关系如表 13-2 所示。试绘制网络图,计算各项时间参数,并确定关键线路。

表 13-2 某工程项目活动明细表

活动代号	活动时间(天)	紧前活动
A	2	—
B	4	A
C	4	A
D	3	A
E	5	B
F	5	D
G	4	D
H	2	C,E,F
I	6	C,F
J	1	G

解:根据给出的活动明细表,绘制工程项目网络图,如图 13-3 所示。其中节点时间参数已采用标号法在图中标出。

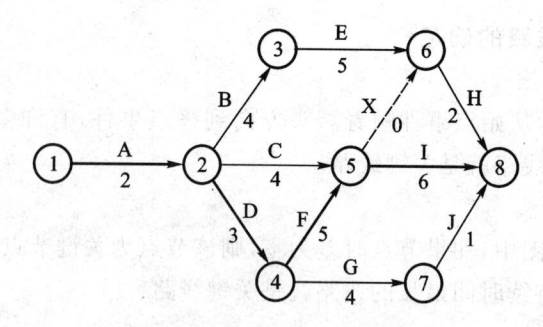

图 13-3 工程项目网络图

采用列表法计算活动时间参数及时差,要注意表中活动的顺序应按照节点编号由小到大排列。本例中,各项活动的最早开工时间、最迟开工时间、最早完工时间、最迟完工时间及时差的计算结果如表 13-3 所示。

表 13-3 活动时间参数计算表

活动代号	节点编号 i	节点编号 j	$T_{i,j}$	$ES_{i,j}$	$EF_{i,j}$	$LS_{i,j}$	$LF_{i,j}$	$S_{i,j}$	关键活动
A	1	2	2	0	2	0	2	0	√
B	2	3	4	2	6	5	9	3	
D	2	4	3	2	5	2	5	0	√
C	2	5	4	2	6	6	10	4	
E	3	6	5	6	11	9	14	3	
F	4	5	5	5	10	5	10	0	√
G	4	7	4	5	9	11	15	6	
X	5	6	0	10	10	14	14	4	
I	5	8	6	10	16	10	16	0	√
H	6	8	2	11	13	14	16	3	
J	7	8	1	9	10	15	16	6	

从计算结果可知,活动 A、D、F、I 的时差均为零,因此均为关键活动。由此组成的关键线路为:

①→②→④→⑤→⑧

五、网络计划的调整与优化

通过绘制网络图、计算时间参数和确定关键线路,可以得到一个初始的计划方案,但一般不是最优方案。为此,在初始计划方案确定以后,通常都需要进行调整与改进,使方案不断优化。而最优化方案的标准,应根据编制计划的要求,综合考虑进度、费用和资源等因素,寻求一个工期短、资源消耗少、成本低的计划方案。根据资源限制条件不同,网络计划的优化分为时间优化、时间—费用优化和时间—资源优化三种类型。

(一) 时间优化

时间优化就是在人力、物力、财力等条件基本上有保证的前提下,寻求缩短工程周期的措施,使工程周期符合目标工期的要求。在计划任务比较紧急,目标工期小于关键线路持续时间的情况下,需要进行时间优化。为了争取某项新产品早日试制成功投放市场,以提高其市场占有率,有必要对网络计划进行调整和优化。着眼点是缩短产品的研制周期。

首先,根据目标工期,计算出各条线路的线路时差,即用目标工期减去各条线路的持续时间,线路时差为负者必须进行调整。调整应从关键线路入手,因为其线路持续时间最长,线路时差的负值也最大。为了缩短线路的持续时间,可采用以下主要措施:

(1) 压缩活动时间。采取技术革新,采用新技术、新工艺,增加班次等措施,缩短活动作业时间。

(2) 进行活动分解。改变活动的衔接关系,尽量组织平行交叉作业,以提高活动之间的平行性程度。

(3) 利用时差。从非关键线路上抽调适当的人力、物力集中于关键线路上的某些活动,以缩短其作业时间及关键线路的持续时间。

其次,在关键线路消除负线路时差后,再解决其他非关键线路的负线路时差。必须注意,由于活动分解及作业时间值的变动,网络图上的节点编号、活动及线路的各项时间值都将随之变动。因此,在调整过程中,要根据变动情况重新计算各项时间值。

[例 13-2] 某一工程网络图如图 13-4 所示,从设计到投产顺序进行共需 19 个月。若要求一年内完成,试问原计划应如何调整?

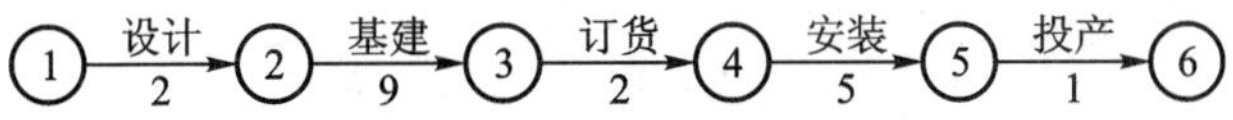

①—设计2—②—基建9—③—订货2—④—安装5—⑤—投产1—⑥

图 13-4 工程初始网络图

显然,订货工作不必等基建工作全部完成以后再进行,可与基建工作同时进行。这样周期缩短 2 个月,但仍未达到一年的期限要求。再进一步分析,把基建工作分为 A、B 两个阶段进行,并与安装工作周密协调,在基建工作 A 完成后,便可投入安装。这样工程周期就有可能在 12 个月内完成。优化后的网络计划如图 13-5 所示。

(二) 时间—费用优化

在编制网络计划中,需要计算项目不同完工时间所对应的总费用。网络的时间—费用优化,就是找出一个缩短项目工期的方案,使得为完成项目任务所需的总费用最低。能使项目总费用最低的完工时间,称为最低费用工期。工程项目的总费用可分为直接费用和间接费用。直接费用是指人工、材料、能源等与各

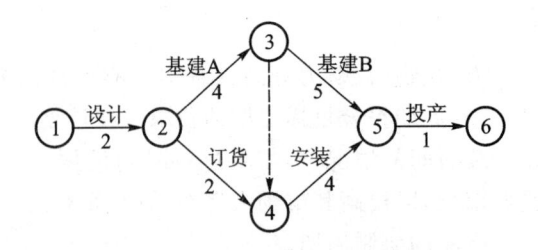

图 13－5　优化后的工程网络图

项活动直接有关的费用。活动作业时间越短，直接费用就越大。如为了缩短作业时间采用先进工艺，就会增加设备投资。间接费用是指管理费用、销售费用等其他费用。它与各项活动时间无直接关系，而与工程周期长短直接相关。一般来说，缩短工期会引起间接费用的减少，而延长工期会引起间接费用的增加。工程费用与工期的变化关系如图 13－6 所示。

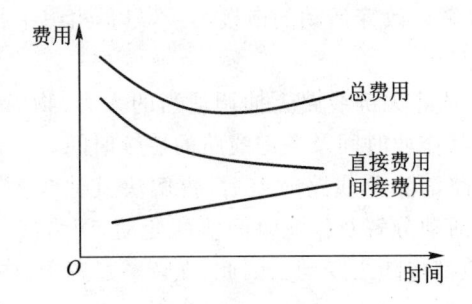

图 13－6　费用与时间关系

经分析表明，间接费用大致与工程周期成正比关系，在时间—费用坐标图上表现为一条直线。当给出单位时间间接费用额 C_j 时，可以计算出任一工期 T_x 对应的间接费用 C_J。其公式为：

$$C_J = C_j T_x$$

从图 13－6 中还可以看出，直接费用对工期的增减反应灵敏，间接费用所受的影响较小，因而，在网络计划中，着重分析的是直接费用与工期的关系。为简化计算，假定直接费用与工期为线性关系，如图 13－7 所示。

图 13－7 中 M 与 N 两点间为一直线，由此可得到某项活动单位时间直接费用变动率 K 的计算公式如下：

$$K = \frac{C_M - C_N}{T_N - T_M}$$

式中：K——单位时间直接费用变动率，其他符号与图 13－7 中含义相同。

　　　　C_N——当工期延长到一定程度，直接费用不能再随之下降时的费用。对应正常费用的工期，称作正常工期 T_N。

　　　　C_M——当工期缩短到一定程度，即使再增加直接费用，工期也不能再缩短

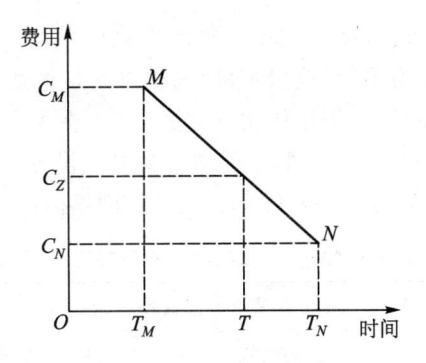

图中：C_M 为极限费用，C_N 为正常费用，T_M 为极限工期，T_N 为正常工期；T 为压缩后的作业时间；C_Z 为作业时间压缩后的直接费用

图 13-7 直接费用与时间关系

时的费用。对应极限费用的工期，称作极限工期 T_M。

K——活动作业时间每缩短或延长一个单位时间所需增加或减少的费用。活动直接费用变动率大，说明缩短工期而增加的直接费用多。因此，在进行时间—费用优化时，首先要缩短关键线路上 K 值最小的活动作业时间，以保证在压缩工期的同时，使直接费用增加得最少。

某项活动在正常工期基础上进行作业时间压缩后的直接费用 C_Z 为：

$$C_Z = T \cdot K = C_N + K \cdot \Delta T$$

式中：$\Delta T = T_N - T$——活动作业时间的变动值。

由此可得，每次调整后工程项目的总费用为：

$$C = \sum C_Z + C_J$$

式中：$\sum C_Z$——每次优化后各项活动直接费用之和。

为了找到使总费用最低的项目计划方案，目前已有多种方法，如手算法、线性规划法等。手算法的基本思路是通过压缩关键活动的作业时间来取得不同方案的总费用与总工期，从中比较，选出最优方案。

网络计划进行时间—费用优化的基本原则如下：

(1) 关键线路上的活动优先。

(2) 直接费用变化率小的活动优先。

(3) 逐次压缩活动的作业时间以不超过赶工时间为限。

具体步骤如下：

(1) 确定初始计划方案。用正常作业时间计算网络节点参数、活动时间参数、活动直接费用变化率及工程周期。

(2) 计算正常作业时间条件下的工程总费用。

(3) 以正常工期计划方案为基础，按时间—费用优化的基本原则逐渐压缩关键线路的延续时间,进行逐步优化。每次优化以后,会引起关键线路的变化。因而,需要重新绘制网络图,寻找出关键线路,看它是否达到预期的目标。

下面举例说明时间——费用优化的方法。

[例 13-3] 仍以例 13-1 的工程项目为例。设该项工程的间接费用每天 110 元,直接费用资料如表 13-4 所示。试进行网络时间—费用优化。

表 13-4 工程项目的有关资料

活动代号	节点编号 i	节点编号 j	正常情况 时间	正常情况 费用	极限情况 时间	极限情况 费用	相差数 时间	相差数 费用	直接费用变动率
A	1	2	2	2 000	1	2 100	1	100	100
B	2	3	4	1 400	3	1 500	1	100	100
D	2	4	3	700	1	860	2	160	80
C	2	5	4	800	3	950	1	150	150
E	3	6	5	1 200	4	1 400	1	200	200
F	4	5	3	2 000	2	2 200	1	200	100
G	4	7	4	800	2	900	2	100	50
I	5	8	6	900	3	1 350	3	450	150
H	6	8	2	700	1	850	1	150	150
J	7	8	1	950	0.5	1 150	0.5	200	400

首先,计算正常工期网络计划方案。由图 13-2 可知,该工程正常工期为 16 天。根据表 13-4 资料可算出该方案此时的直接费用总额为 11 450 元,间接费用为 110×16=1 760 元,总费用为 11 450+1 760=13 210 元。

然后,以正常工期计划方案为基础,按照压缩作业时间的优先原则,整个优化过程用七个不同方案来表示,如表 13-5 所示。

表 13-5 工程项目时间—费用优化过程

计划方案	较前方案变动点	总工期(天)	直接费用(元)	间接费用(元)	总费用(元)	关键线路
Ⅰ	—	16	11 450	1 760	13 210	①→②→④→⑤→⑧
Ⅱ	工序 D 压缩两天	14	11 450+160=11 610	14×110=1 540	13 150	同上
Ⅲ	工序 A 压缩一天	13	11 610+100=11 710	13×110=1 430	13 140	同上
Ⅳ	工序 F 压缩一天	12	11 710+100=11 810	12×110=1 320	13 130	①→②→④→⑤→⑧ ①→②→③→⑥→⑧

· 252 ·

续表

计划方案	较前方案变动点	总工期（天）	直接费用（元）	间接费用（元）	总费用（元）	关键线路
Ⅴ	工序 B 压缩一天 工序 F 压缩一天	11	11 810+200=12 010	11×110=1 210	13 220	①→②→④→⑤→⑧ ①→②→③→⑥→⑧ ①→②→⑤→⑧
Ⅵ	工序 H 压缩一天 工序 I 压缩一天	10	12 010+300=12 310	10×110=1 100	13 410	同上
Ⅶ	工序 E 和 I 各压缩一天	9	12 310+350=12 660	9×110=990	13 650	同上

在表 13-5 所示的各方案中，方案Ⅳ的总费用最低，相应的工期为最佳工期。由此求得该工程的最佳工期为 12 天，最低成本为 13 130 元。（如果只要求找出最低直接费用，则优化过程到方案Ⅴ即可结束）

(三)时间—资源优化

资源常常是影响项目进度的主要因素。时间—资源优化就是在一定的资源条件下，使工程周期最短；或在一定的周期条件下，使投入的资源量最小。这里所说的资源包括人力、物力及财力。一定的资源条件通常是指单位时间或某一时段内的资源供应量。工程项目每项活动的进行都要消耗一定量的资源，增加资源，可以加快项目进度，缩短工期；减少资源，则会延缓项目进度，延长工程工期。而一个工程项目在一定时间内所得到的资源，总是有一定限度的。资源有保证，网络计划才能落实；资源利用得好，分配合理，才能带来好的经济效益。网络计划初始方案的资源需求量是不均衡的，在某些时段内超过了规定的限量，而在另外一些时段资源却有富余，这就需要对工程项目的工期与资源需求状况综合考虑，进行计划的调整和优化。

在大型复杂项目中，时间—资源优化中的变量和约束条件变化会很大。通常要综合考虑以下因素：

(1) 活动的作业时间。

(2) 活动的最早开始、最迟开始、最早完工和最迟完工时间。

(3) 活动的时差，包括总时差、自由时差。

(4) 紧前活动或紧后活动的数量。

(5) 最长活动序列的持续时间。

(6) 具有最大资源需求的活动序列。

网络计划的时间—资源优化分为两种情况：一种是在资源一定的条件下，寻求最短工期；另一种是在工期一定的条件下，通过平衡资源，求得工期与资源的最佳组合。在这种情况下，通常是按照每天的需求量，根据资源对完成项目计划的重要性，对不同资源分别进行安排与调配。下面以某项目所需人力资源的安排与调整为例，说明在资源有限情况下合理安排项目进度的一般方法。

[例 13-4] 某项目各项活动的作业时间及每天所需的人力资源如图 13-8 所示。图中箭线上方括号中数字为作业时间，下方数字为所需人数，粗箭线表示关键线路。下面对其进行资源优化分析。

按各项活动的最早开工时间安排进度，项目工期为 11 天，项目每天所需人数如图 13-9 所示。此图称为资源负荷图。

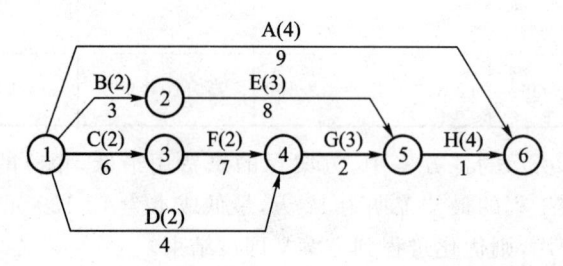

图 13-8 项目初始计划网络图

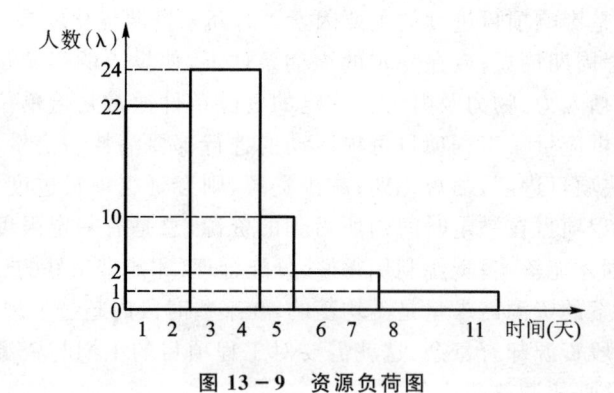

图 13-9 资源负荷图

现假定人力资源的限制为每天工作人数不超过 10 人，所有人都可以被指派完成任意一项工作。从图 13-9 可以看出，如按各项活动的最早开工时间安排人员，则项目前期所需人数过多，超过限制；而后期所需人数较少，人员有富余，整个周期内人力分配很不均匀。这就需要考虑在保证项目完工时间不变的条件下，调整各项活动的时间安排，使每天使用人数既满足限量要求又尽量保持均匀。

进行项目资源优化的一般步骤是，先假设没有资源使用方面的限制，从关键线路着手进行分析；然后检查资源分配结果是否可行。如果出现资源的需求量超过可供利用的资源量的情况，就应按照资源分配的优先原则，将项目中具有最低优先权的

活动向后延期,一直到有充足的可供使用的资源为止。资源分配的优先原则有:

(1) 首先保证各项关键活动的资源需求量。

(2) 利用非关键线路上各项活动的时差,调整各项非关键活动的开工时间与完工时间。

从图 13-8 可以看出,A 为非关键活动,时差为 7 天,且无紧前活动,根据 A 活动的时差尽可能推迟开工,即从第 8 天开工;在第 3 天和第 4 天进行的活动 E 为非关键活动,可将其开工时间推迟到第 4 天开始。另外活动 B 处于非关键线路上,将其开工时间推迟到第 2 天。这样经过调整与平衡,得到一个比较均匀的人力分配方案,并使每天所需总人数不超过所限制的数量。读者可以绘制调整后的项目进度及资源负荷图验证。

以上简要说明了总人数受限制时,在保证项目完工时间不变的前提下,如何合理安排各项活动的进度,使人力分配均匀并不超过允许数量的方法。这种方法同样适用于有限的能源、材料、设备能力等资源的安排与调配问题。

第三节 非确定型网络计划

一、非确定型网络计划方法的特点

前面所讨论的网络计划方法有两个特点:一是各个活动之间的逻辑关系是确定不变的,只有当紧前活动完成后,紧后活动才能开始;二是每个活动都有一个确定的完成时间,因此称为确定型网络计划方法,即关键线路法(CPM),也叫关键路径法。然而,活动间的逻辑关系和活动持续时间往往受各种随机因素的影响从而是不确定的。为了满足计划编制的需要,人们提出了各种非确定型网络计划方法,其中应用最广的是计划评审技术(PERT)和图示评审技术(GERT)。它们与确定型网络计划方法区别见表 13-6。

表 13-6 不同网络计划方法比较表

计划方法	类型	活动的作业时间	活动的流向	逻辑关系
关键线路法(CPM)	确定型	t 为确定值(肯定型)	所有活动均由始点流向终点,不允许有环路	所有节点及活动都必须实现(完成)
计划评审技术(PERT)	概率型	t 为概率型,用期望值表示	同上	同上,但条件改变时,可预测实现概率
图示评审技术(GERT)	随机型	t 为概率型,按随机变量分析	活动的流向不受限制,允许有环路存在	节点与活动有不同的逻辑关系,不一定都实现

从表13-6可以看出，CPM及PERT实际上都是GERT的特殊情况。如果当所有活动的流向都一致沿着从起点到终点的方向，没有环路存在，而且所有活动都要实现时，GERT就变为PERT；如果每个活动的作业时间等参数值确定不变，那么PERT就变成CPM。本节只讲PERT法。

二、工程项目完成概率分析

前面计算各项时间值时，所利用的作业时间都假定为一确定的数值，因此，所得到的工程工期也是一个确定值。但实际上各项活动的作业时间可能是用三点估计法求出的平均作业时间，亦即它是一个符合正态分布的随机变量，因此，可以认为计算所得的工期也是符合正态分布的变量。为了保证工程项目的按期完工，必须考虑工程在规定时间内完成的概率，这是计划评审技术的特殊性质。计划人员借此估计不确定性对完成项目时间的影响，从而为计划管理提供重要的决策资料。

工程项目完成概率分析的步骤如下：

(1) 计算各项活动作业时间及标准差。

(2) 计算工程总周期的标准偏差。为了估算整个工程按规定日期完成的概率，需要计算工程总周期的标准偏差。其计算公式如下：

$$\sigma_0 = \sum \sigma$$

式中：σ_0——工程总周期的标准偏差；

σ——关键活动的标准偏差。

(3) 计算工程完成的概率系数。工程按规定日期完成的概率系数，可以通过下面的公式求得：

$$T_S = T_K + \lambda \sum \sigma$$

式中：T_S——工程规定的完工日期或目标工期；

T_K——工程项目最早可能完成的工期，即关键线路上各项活动平均作业时间的总和；

λ——概率系数。

若网络图中关键线路有多条，则 $\sum \sigma$ 不止一个，这时应按下列原则选用：

当 $T_S - T_K > 0$ 时，则选 $\sum \sigma$ 中最大者；

当 $T_S - T_K < 0$ 时，则选 $\sum \sigma$ 中最小者。

(4) 查正态分布函数表，求工程按规定时间完成的概率 $P(\lambda)$。计算结果可能出现以下三种情况：

当 $P(\lambda) = 0$ 时，表明工程在指定时间内不可能完成，应采取措施压缩作业时间，或者改变规定的完工时间；

当 $P(\lambda)=1$ 时,表明工程在指定时间内是可以完成的,而且留有较大余地,即计划工期可以压缩;

当 $0.30 \leqslant P(\lambda) \leqslant 0.70$ 时,表明工程在指定时间内完成是可能的,而且计划工期规定得比较合适。

第四节 网络计划的执行

一、网络计划的应用步骤

任何计划在执行过程中都会因受到外界各种因素的影响而需要不断修正与调整,网络计划也是如此。在执行过程中,人员、物资供应及生产设备等资源状况的变化,都将改变原计划执行结果。因此,在计划执行过程中采取相应措施来进行管理,是非常重要的。不但要随时掌握项目实施动态,检查计划的执行情况,而且应随环境因素的变化对计划进行调整,这对保证计划目标的顺利实现有决定性的意义。

(一)确定目标,进行准备工作

确定目标,指决定将网络计划技术应用于哪一个工程项目,并提出对工程项目和有关技术经济指标的具体要求,如在工期、费用等方面要满足什么要求。如何依据企业现有的管理水平、技术水平和资源状况,利用网络计划技术,寻求实现工程项目最合适的方案。

目标确定以后,对与完成该工程项目有关的人力、物力、财力等资源情况作充分的调查、了解和估计,收集有关资料,为编制网络图及进行时间值的计算做好准备工作。

(二)分解工程项目,列出活动明细表

一个工程项目是由许多活动组成的,所以在绘制网络图前,要将工程项目分解成各项活动。活动划分的粗细程度视工程项目应用范围以及不同单位要求而定。通常情况下,若工程项目所包含的内容多、范围大可划分粗些;反之则细些。项目分解得越细,网络图的节点和箭线就越多。对于上层领导机关,网络图可绘制得粗些,主要是用于通观全局、分析矛盾、掌握关键、协调工作进行决策;对于基层单位,网络图就要绘制得细些,以便具体组织和指导工作。

对于一个大型工程项目,往往可以分成若干个子项目,则相应的网络图就可以分为总图和分图。总图的活动可以分得粗一些,分图则可分得细一些;这样有粗有细,由粗到细,粗细结合,使用效果更好。

把工程项目分解成活动后,还要对活动进行以下分析:

(1)该项活动开始前,有哪些先行活动?

(2) 该项活动在进行时,有哪些活动可以与之平行进行?

(3) 该项活动完工后,有哪些活动应接着开始?

通过上述分析,明确各项活动之间的先后逻辑关系。在此基础上,估算每项活动作业时间及所需的人力、物力的资源,列出活动明细表。活动明细表包括的内容有:活动名称、活动代号、作业时间、紧前(紧后)活动等。它是绘制网络图的依据。

(三) 绘制网络图,进行节点编号

根据活动明细表,可绘制网络图。网络图的绘制方法有顺推法和逆推法两种。

(1) 顺推法是指从始点时间开始,根据每项活动的直接紧后活动,逐一绘出各项活动的箭线,直至终点事件为止。

(2) 逆推法是指从终点事件开始,根据每项活动的直接紧前活动,逆箭头方向逐一绘出各项活动的箭线,直至始点事件为止。

同一工程项目用上述两种方法画出的网络图是相同的。一般对于按反工艺顺序安排计划的企业,如机器制造企业,采用逆推法较方便;而建筑安装等企业,则大多采用顺推法。

按照各项活动之间的关系绘制网络图后,要进行节点的编号。编号方法是从左至右,采用连续或不连续方式编号。

(四) 计算网络时间参数,确定关键线路

根据网络图和各项活动的作业时间,可计算出网络全部时间参数,并根据时差确定关键线路。

(五) 进行网络计划的优化

找出关键线路,也就初步确定了完成整个计划任务所需要的工期。这一工期是否符合合同或计划规定的时间要求,是否与计划期的劳动力、物资供应、费用等计划指标相适应,需要进一步综合平衡并通过优化,选取最优方案。然后绘制正式网络图,编制各种进度表,以及工程预算等各种计划文件。在实际工作中,由于影响每项活动及计划执行的因素多且大多是变化的,因此,需要采用计算机进行计划的调整与优化。目前,这方面的软件产品越来越多,为网络计划技术的推广应用提供了便利条件。

(六) 网络计划的执行与控制

执行和控制网络计划,定期对实际进展情况做出报告和分析。必要时修改和更新网络图,决定新的措施和行动方案,以指导生产实际。

二、计划执行中的检查与调整

网络计划的定期检查是监督计划执行最有效的方法。调整的目的是根据实际进度情况,对网络计划作必要的修正,使之符合变化的实际情况,以保证其顺

利实现。具体检查与调整的内容有以下方面。

（一）对关键活动的检查与调整

对于关键线路上的活动必须集中精力，经常分析、研究是否有可能提前或延后，并找出原因，采取对策。当关键线路上的活动作业时间缩短了，则有可能出现关键线路转移，后续活动的最早可能开始时间、最迟必须开始时间以及时差的大小都有可能发生变化，因此，后续活动的作业时间也可能需要进行必要的修正，并重新计算时间参数。当关键线路上的活动作业时间延长了，势必影响整个项目进度，为确保按期完工，计划也必须进行调整。

调整的方法有两种：一是在原网络计划的基础上，采取组织措施或技术措施缩短关键线路上后续活动的作业时间，以弥补前面的时间损失；二是重新安排活动次序，调整力量，重新编制网络计划。

（二）对非关键线路上工作的检查与调整

当非关键线路上某些活动的作业时间延长了，但不超过时差范围时，则不致影响整个项目进度，计划也就不必调整了；当非关键线路上某些活动的作业时间延长了，而且超过了时差范围时，则势必影响整个项目进度，关键线路就会转移。这时，调整方法就与关键线路的调整方法相同了。

（三）网络逻辑关系的检查与调整

有时，由于编制网络计划时，活动间的逻辑关系考虑欠妥，或由其他原因所致需要增加某些活动时，就需要重新调整网络逻辑和检查网络编号，计算调整后的各时间参数、关键线路和工期。考虑到活动间逻辑关系调整的需要，一般在原始网络图中节点编号采用不连续编号的方式，以便增加节点后，不至于影响原节点的编号。

总之，在计划执行中的调整，归纳起来有以下三种情况：

（1）将由某种原因所致需要取消的活动从原网络图中删除。

（2）由于编制网络计划时考虑不周或因设计变更，需要在网络图上增添新的活动。

（3）由于实际项目进度有提前或延期的现象，要修正某些活动的作业时间。

拓展学习　　一种有效的项目管理工具——Microsoft Project

Microsoft Project 是一个十分出色的项目管理软件，具有辅助计划、分配、平衡资源以及控制成本和生成质量图表与报告等功能。下面是使用 Microsoft Project 的十大理由：

（1）有效地管理和了解项目日程。使用 Project 设置对项目组、管理和客户的现实期望，以制定日程、分配资源和管理财务。

（2）快速提高工作效率。项目向导工具可以根据不同的用途进行自定义，它能够引导用户完成创建项目、分配任务和资源、跟踪和分析数据以及报告结果等操作。

（3）利用现有数据。Project可以与其他Microsoft Office System程序强大的报表以及指导性的计划、向导和模板进行集成，对所有信息了如指掌；控制项目的工作、日程和财务状况，与项目组保持密切合作并提高工作效率。

（4）构建专业的图表和图示。"可视报表"功能可以基于项目数据生成Microsoft Office Visio Professional图示和Excel图表的模板。可以使用该功能通过专业的报表和图表来分析和报告项目数据。

（5）有效地交流信息。根据负责人的需要，轻松地将Project数据导出到Word中以用于正式文档，导出到Excel中以用于自定义图表或电子表格，导出到PowerPoint中以用于演示文稿或导出到Visio中以用于图示。

（6）进一步控制资源和财务。可以轻松地为任务分配资源，还可以调整资源的分配情况以解决分配冲突。通过"预算跟踪"，可以为项目和计划分配预算，从而控制财务状况。通过"成本资源"和新的财务字段，可以改进成本估算。这些字段可以轻松映射到项目的会计和财务系统中。

（7）快速访问所需信息。可以按任何预定义字段或自定义字段对Project数据进行分组、合并，快速查找和分析特定信息，从而节约了时间。

（8）根据需要跟踪项目。可以使用一组丰富的预定义或自定义衡量标准来帮助用户跟踪所需的数据（完成百分比、预算与实际成本、盈余分析等），可以通过在基准中保存项目快照来跟踪项目进行期间的项目性能情况。

（9）根据需要自定义Project。可以专门针对用户的项目日程，自定义显示字段，修改工具栏、公式、图形指示符和报表。

（10）及时获得帮助。Microsoft Project为用户提供了丰富的帮助功能，包含一个强大的帮助搜索引擎，各种智能标记、向导以及在线访问功能（需要Internet连接）。

网上学习

1. 登录项目管理者联盟网站，浏览项目管理的最新话题，选择自己感兴趣的题目进行讨论。

2. 登录中国项目管理网，学习项目管理知识体系与实际应用案例，了解项目管理最新动态。

3. 进入Microsoft公司网站，选择Project项目管理软件，针对主要特征、计划能力、进度安排以及控制项目写一篇短文。下载模拟版本的Project98，了解其功能与用法。

4. 登录项目管理网站，了解项目管理人才的应聘职位。研究职位表的内容，并在课堂上讨论项目管理领域可以得到的职位类型和数目。

5. 登录 Excel 精英培训网，学习 Excel 使用技巧，会用来解决运营管理中的 PERT/CPM 问题。

思考与练习

1. 网络图由哪些要素构成？绘制网络图应遵循哪些规则？
2. 什么是关键线路？找到关键线路在管理上有什么重要意义？
3. 进行网络计划时间—费用优化的原则是什么？
4. 根据表 13-7 给出的工程项目作业明细表，绘制网络图。

表 13-7 工程项目的作业明细表

活动代号	A	B	C	D	E	F	G	H
紧前活动	—	A	A	B	B	C	D	E,F

5. 根据表 13-8 给出的项目作业明细表，绘制网络图，并计算网络图的时间参数，找出网络图的关键线路，并求出该项目的期望完成时间。

表 13-8 项目的作业明细表

活动	A	B	C	D	E	F	G	H	I	J	K	M
紧后活动	C,B	D	I	I	F	M	M	—	H	K	—	—
期望时间/天	5	8	2	6	3	5	4	11	3	9	4	15

6. 表 13-9 给出了某工程项目各活动间的相互关系、作业时间及费用资料。每天间接费用为 2 元。要求：

(1) 绘制工程项目网络图。
(2) 计算各节点最早开工时间和最迟完工时间。
(3) 计算各项活动的最早开工时间和最迟开工时间，最早完工时间和最迟完工时间，时差。
(4) 确定关键线路及总工期。
(5) 进行网络时间—费用优化。

表 13-9 工程项目活动明细表

活动代号	紧前活动	作业时间（天）		直接费用（元）	
		正常时间	极限时间	正常费用	极限费用
A	—	5	1	3	5
B	—	6	3	4	5
C	A	6	2	4	7

续表

活动代号	紧前活动	作业时间(天) 正常时间	作业时间(天) 极限时间	直接费用(元) 正常费用	直接费用(元) 极限费用
D	B	7	5	4	10
E	B	5	2	3	6
F	C,D	6	4	3	6
G	C,D	9	5	6	11
H	F	2	1	2	4
I	G,E	4	1	2	5

7. 某企业进行一项工厂扩建项目,其各作业的顺序、正常与赶工情况下的费用见表13-10。项目的间接成本为1 500元/周。试进行该项目的时间—费用优化,确定最低的项目费用及其对应的工期。

表13-10 工厂扩建项目的费用明细表

活动代号	A	B	C	D	E	F	G	H
紧前活动	—	—	A	A、B	C	D	B	E
正常时间(周)	5	14	13	10	5	8	12	16
赶工时间(周)	3	12	10	9	5	7	11	14
正常费用(元)	600	2 500	1 800	2 000	1 800	2 600	3 200	1 500
赶工费用(元)	800	2 900	3 000	2 500	1 800	2 900	3 500	2 800

8. 表13-11给出了项目的活动明细表,要求:
(1) 绘制网络图。
(2) 找出关键线路和项目完成时间。
(3) 计算项目在49天后完成的概率。

表13-11 工程项目活动明细表

活动代号	预期时间(天)	方差	紧前活动
A	7	2	—
B	3	1	A
C	9	3	A
D	4	1	B,C
E	5	1	B,C
F	8	2	E
G	8	1	D,F
H	6	2	G

第十四章 设备管理

内容提要

设备是企业生产产品和提供服务的物质基础。设备管理水平的高低对企业的生产效率、产品质量、产品成本和其他技术经济指标有直接影响。本章简单介绍设备管理的发展阶段,分析设备综合管理的内涵,介绍设备选择应考虑的因素及设备的经济性评价方法,重点阐述设备的磨损与故障规律、设备的使用与维修方法、设备的改造与更新策略。最后介绍现代设备管理的新趋势。

第一节 设备综合管理概述

一、设备与设备管理

(一)设备

设备是社会生产力的重要因素,是企业固定资产的重要组成部分,是企业进行生产活动的重要物质条件。现代企业的设备是指在企业中可供长期使用并在使用过程中基本保持其原有实物形态,能连续使用或反复使用的劳动资料和其他物质资料的总称。设备的含义十分广泛,按照其用途的不同,可以将设备分成以下几类。

(1)生产制造工艺设备,指用以改变劳动对象形状或性能,使其发生物理或化学变化的那部分设备,如机械制造业中金属切削机床、炼油厂的反应罐等。

(2)辅助生产设备,指用于生产服务的各种设备,如电力、蒸气、压缩空气等动力供应设备,吊车、传送装置、起重机械、各种运输搬运设备,内部设施中的照明、通风、调温、调湿设备等。

(3)科学研究设备,指用于科学试验的各种设备,如测试、计量设备。

(4)管理用设备,指用于管理部门的各种设备,如计算机、复印机、传真机、打印机等。

(5)用于第三产业的设备,指广泛用于通信、医疗、餐饮等服务业的设备。

(二)设备管理

设备管理是以企业生产经营目标为依据,以设备为研究对象,以追求设备寿命周期费用最经济和设备效能最高为目标,应用一系列理论、方法,通过一系列技术、经济组织措施,对设备的物质运动和价值运动进行从规划、设计、制造、选型、购置、安装、使用、维护、修理直至报废的全过程的科学管理。

设备在运动过程中,存在着两种状态:一是设备的物质运动状态,包括设备的选购、进厂验收、安装、调试、使用、维护、修理,以及设备的革新、改造、更新等;二是设备运动的价值状态,包括设备的最初投资,维修费用支出,折旧、更新、改造资金的筹措、积累、支出等。前者叫设备的技术管理,后者叫设备的经济管理,这两种状态是互相对应的。设备管理包括了对两种运动状态的管理。主要任务包括以下几个方面。

(1) 要以设备的寿命周期作为设备管理的对象,追求设备的综合效率最优化。

(2) 根据技术先进、经济合理、生产可行、技术服务好的原则正确选择和购置所需设备,保证企业设备的各项总体能力均能满足生产与服务的发展需要。

(3) 在保证机器设备始终处于良好的技术状态的前提下,努力降低设备管理维护和维修费用,不断提高设备管理的经济效益。

(4) 对企业现有的设备进行技术更新和改造,有计划地挖掘现有设备的技术潜力,促进企业技术不断进步。

(三) 设备管理的发展阶段

随着科学技术的发展,设备使用功能的不断改进,先进的设备成为企业获得良好生产效益的前提条件之一。当然,随着设备复杂程度的增加,企业对设备管理能力的要求逐步提高,设备管理逐渐成为一项独立的工作。从总体上看,设备管理的发展历史伴随着设备维修方式的演变,大致可分为下面几个阶段。

1. 事后维修阶段

在这一时期,只有当机器设备出现故障时才进行修理,而且,修理工作仅限于修复原来的功能。此阶段的显著特点是:设备不坏不修,坏了才修。在此阶段,由于缺乏设备管理方面的计划,设备故障经常影响生产计划的顺利执行。而且由于修理内容、时间长短等问题具有很大的随机性,很难适应现代化生产的要求。

2. 预防维修阶段

随着机器设备构造日益复杂化,企业的管理者逐渐发现,采用事后维修方式不仅浪费大量时间,而且严重影响生产的连续性。因此,为防止设备突发性事故,提出预防维修的概念,开始了由事后维修向定期预防维修的历史性转变。几乎在同一时间,美国人提出了预防维修制,而苏联人则提出了计划预修制。尽管方法有所不同,但其原理基本是一致的。由于历史的原因,我国的国有企业多采用计划预修制。

3. 设备综合管理阶段

人们常把前两个阶段称为传统设备管理时期。这一时期的设备管理模式均以维护修理为中心点,存在很大的局限性,是一种片面的、封闭式的管理方式。为弥补传统设备管理方式的缺陷和不足,20世纪70年代逐步形成了设备综合管理的基本理论。同时,产生了全员维修制,强调设备管理工作的全过程与全员性。

二、设备综合管理

(一) 设备综合管理的含义

设备综合管理(total plant management,TPM)是在总结新中国成立以来设备管理实践经验的基础上,吸收了国外设备综合工程学等观点而提出的设备管理模式。其具体内容是:坚持依靠技术进步、促进生产发展和以预防为主的方针;在设备全过程管理工作中,坚持设计、制造与使用相结合,维护与计划检修相结合,修理、改造与更新相结合,专业管理与群众管理相结合,技术管理与经济管理相结合的原则;运用技术、经济、法律的手段管好、用好、修好、改造好设备;不断改善和提高企业技术装备素质,充分发挥设备效能;以达到良好的设备投资效益,为提高企业经济效益和社会效益服务。

从管理的范围来说,设备综合管理包括机器设备、装置、器械等各类设备的管理,即生产设备综合管理;同时也包括交通运输设备、研究实验设备等的管理,即辅助设备的管理。

从管理工作的性质和内容来说,设备综合管理包括从设备的选购、进厂验收、安装调试、使用、维护与修理、更新与改造,直到报废等环节的管理,即设备的物质形态全过程的技术管理;同时也包括设备的最初投资,设备的折旧,维修费用的支出,更新、改造资金的筹集、积累、支出等管理,即设备的价值运动形态全过程的经济管理。

综上所述,设备综合管理就是设备运动全过程的计划、组织和控制。加强设备综合管理,使机器设备经常处于良好的技术状态,是保证企业生产按正常秩序进行的基本条件,也是改善企业经营效果的重要环节。

(二) 设备综合管理的内容

现代设备综合管理的具体内容包括以下几个方面:

(1) 实行设备的全过程管理。这是指从选购设备或自行设计制造设备开始,在生产领域内使用、维护、修理,直到报废退出生产领域为止的全过程管理。选择和购置所需设备主要从技术性、经济性及生产可行性等几个方面进行选择。

(2) 追求寿命周期费用最经济、综合效率最高。设备的寿命周期费用,是设备一生的总费用,是与设备物质运动全过程相对应的一个经济指标。在设备决策的方案论证中,应追求设备的寿命周期费用最优化,而不能单纯地只考虑某一阶段的经济性。在此基础上,还要求设备的综合效率最高。组织安装、调试设备、合理使用设备。通过正确合理地使用设备,减轻设备磨损、延长设备使用寿命,预防事故的发生。

(3) 为满足生产发展的需要,及时提供先进适用的技术装备。随着科学技术的进步,市场与用户的需要不断发展变化,生产所需要的产品品种不断增多,质量要求不断提高。因此,要求设备部门及时提供能够满足生产发展需要、先进适用的技术装备。所以,现代企业的设备综合管理,必须是能够保证技术进步的动态型的设备综合管理。

(4) 进一步加强设备的维修工作,保证正常的生产秩序。设备维修工作是现代设备综合管理中工作量很大的一部分工作,是企业日常设备综合管理的主要工作内容。及时检修与精心维护设备,正确认识设备运行的基本规律,合理地制定检查、维护、修理等各项规章制度,以保证设备的顺利运行。

(5) 掌握时机,适时改造与更新设备。在对设备进行及时的改造和更新生产的前提下,尽可能地实现技术进步。

(6) 其他日常管理。比如设备的分类、编号、报废等。

此外,在加强设备技术管理的同时,还应加强设备的经济管理和组织管理,实行设备的全员管理。

(三) 设备综合管理的理论

设备综合管理有两个典型的代表理论:一是设备综合工程学,二是全员生产维修制。

1. 设备综合工程学

20 世纪 70 年代初,英国首创了设备综合工程学。1974 年,英国工商部对设备综合工程学所下的定义是"为了谋求经济的寿命周期费用而把适用于有形资产的有关工程技术、管理、财务以及其他业务工作加以综合的科学"。该理论推广后引起了设备管理模式的重大变革,因而备受世界各国的企业界人士关注,是设备综合管理的主要代表理论。其主要特点有:

(1) 把设备的寿命周期费用作为评价设备管理工作的重要指标,要求达到寿命周期费用最经济的目的。

(2) 把与设备有关的工程技术、组织管理、财务成本等问题综合起来,成为对现代化设备进行全面管理和研究的独立科学。

(3) 重视研究设备的可靠性、维修性设计,使设备故障减少,便于维修。

(4) 把设备的"一生"作为研究和管理的对象,即对设备从规划、设计、制造、安装、调试、使用、维修、改造直到更新的各环节进行系统研究。

(5) 强调做好设计、使用及费用的信息反馈工作,包括企业内部及外部的相关信息。

总之,设备综合工程学是一门以设备一生为研究对象,以提高设备综合效率,使其寿命周期费用最经济为目的的综合性管理科学。

2. 全员生产维修制

全员生产维修制,又叫全员设备维修制,即全体人员参加的生产维修、维护体制。全员生产维修制与设备综合工程学比较而言,两者在本质上是一致的,只是设备综合工程学更侧重于理论,全员生产维修制则更具有可操作性。其要点包含以下内容。

(1) 强调"三全",即全效率、全系统、全体人员。全员是基础,全系统是载体,全效率是目标。

(2) 目标是达到最高的设备综合效率。

(3) 涉及设备寿命周期、各部位的维护保养及整个工作环境的改善,建立包括设备整个寿命周期的生产维修全系统。

(4) 涉及与设备管理有关的所有部门,包括所有部门都参加,并以小组活动为基础的生产维修活动。如设备规划、设备使用、维修部门等。

(5) 全员生产维修制要求从最高管理部门到基层员工人人参与,加强思想教育,实行机动管理,通过小组活动推进生产维修活动。

此外,全员生产维修制强调作风保证,开展5S管理活动,包括：

(1) 整理。把乱的东西收起来,把不用的东西清理掉,按次序排放好。

(2) 整顿。整顿操作次序,把必要的图纸、工具等准备齐全,条理摆放,取用快捷。

(3) 清扫。把工作环境打扫得干干净净,不留污物。

(4) 清洁。保持环境清洁,无污染。

(5) 素养。素养是指职工的举止、态度和作风,培养职工良好的工作习惯和生产习惯。

第二节　设备的选择与评价

一、设备选择的一般步骤

设备的选择是企业设备管理的首要环节之一。由于机器设备的日益大型化、精密化和自动化,对设备的投资会越来越大,与机器设备有关的费用在产品成本中所占的比重也不断提高。因此,正确选择设备,既要保证满足生产需要,又要为节约购置资金和降低设备使用费用创造条件,以充分发挥设备投资的效益。首先应研究设备的技术经济特征,进行技术性和经济性评价,提出可供选择的多种方案,然后挑选出最优方案。设备选择的原则是:技术上先进、生产上适用、经济上节约。设备具体选购过程一般可分为三个步骤:

(1) 广泛收集设备市场货源信息。

(2) 与有关制造厂和用户联系,了解产品的各种技术参数、货源及供货时间、价格等,初步选出几个机型和厂家。

(3) 进一步深入调查研究,选出方案,办理订货合同。设备若从国外引进,还要考虑其成套性、维修条件、运输与安装条件以及相关涉外法规。

二、设备的技术性评价

设备的选择首先是应对设备的技术性进行评价。具体来说,要综合考虑下列因素。

(一) 设备的工艺性

设备的工艺性要求设备具有满足加工要求的精度或性能,并有较好的成套性和适应性。设备的成套水平是形成生产能力的重要标志之一。

(二) 设备的生产率

设备的生产率也叫设备的生产效率,主要是指设备的功率、效率、行程等技术指标。某些设备则用单位时间内生产的产品(或零部件)数量表示。

(三) 设备的可靠性

设备的可靠性反映设备精度或性能的保持性、零件的耐用性、设备运行的安全性。高的可靠性表现为设备的使用故障少、寿命长、运转安全。

(四) 设备的维修性

设备的维修性是指设备系统所具有的易于保养与维修的程度大小。衡量维修性的主要指标是维护保养和维修所需的时间、劳动量和费用。

(五) 设备的节能性

设备的节能性是指设备节约能源的性能指标。设备的能源消耗是衡量设备好坏的重要因素。高节能性体现为热效率低、能源利用率高、能源消耗量少。

(六) 设备的环保性

设备的环保性是指设备对环境的污染程度。主要是设备产生的"三废"、噪声污染等要符合国家环保要求。

以上都是影响选择设备的重要技术性因素,但能兼顾以上各点的完美的设备在现实中是难以找到的,其中有些因素甚至是相互矛盾、相互制约的。因此,企业选择设备时必须统筹兼顾,根据自身的生产技术要求,全面地权衡利弊关系,选择综合起来比较有利的设备。

三、设备的经济性评价

前面关于设备选择的技术性评价主要是从定性角度进行分析,需要补充一些定量分析方法。事实上在选择设备时,不应仅仅考虑该设备技术上是否先进,还应考察它在经济上是否合理。只有这样,才能拥有技术先进而又经济合算的理想设备。常用的设备经济性评价方法有以下两种。

(一) 投资回收期法

投资回收期法也称为资本回收期法,是指设备投资所得的净收益抵偿设备投资额所需的时间,是评价设备投资效益的主要方法之一。采用该方法时,首先计算不同设备的投资费用,其中主要是购置费,其他还有运输、安装等各项费用;然后再计算新设备所带来的净收益或费用节约额;最后根据投资费用与净收益或节约额计算不同设备的投资回收期,从而确定设备优劣并最终决策。一般情况下,如果各方案的其他条件相同,则投资回收期最短的设备为最优设备。可按照如下公式计算投资回收期:

投资回收期(年)＝设备投资额(元)/采用新设备后年净收益或节约额(元/年)

(二) 费用效率分析法

若采用费用效率分析法来分析选择设备方案,其公式如下:

$$费用效率 = 系统效率/寿命周期费用$$

式中:寿命周期费用包括设备购置费和设备维持费两项;而系统效率则是关于选择和评价设备的一系列因素所表示的综合效果,包括生产效率、能源和原材料的节约、生产安全性、人们的舒适程度、成套性等。

第三节 设备的使用与维修

一、设备的磨损

设备在使用或闲置过程中均会发生磨损,从而降低设备价值。磨损达到一定程度可使设备完全丧失使用价值。按设备磨损的形态可分为有形磨损和无形磨损(见图 14-1)。

$$设备磨损 \begin{cases} 有形磨损 \begin{cases} Ⅰ种有形磨损 \\ Ⅱ种有形磨损 \end{cases} \\ 无形磨损 \begin{cases} Ⅰ种无形磨损 \\ Ⅱ种无形磨损 \end{cases} \end{cases}$$

图 14-1 设备磨损的分类

(一) 设备的有形磨损

设备在使用过程中发生的实体磨损或损失,称为有形磨损或物质磨损,这种磨损可以通过感官察觉到。根据其产生的原因不同,可分为以下两种:Ⅰ种有形磨损和Ⅱ种有形磨损。

1. Ⅰ种有形磨损

该种磨损主要是设备在使用、运转过程中,其零部件受摩擦、震动、应力及疲劳等影响,致使设备实体发生的磨损,也称为使用磨损。通常表现为:设备零部件尺寸甚至形状发生改变,公差配合性质改变使性能、精度降低,零部件损坏等。由于这种有形磨损致使设备精度降低、劳动生产率下降,故达到一定程度时,就会导致设备整体功能下降,引发故障。

2. Ⅱ种有形磨损

这种磨损与生产过程的影响无关,而是源于自然力的作用所产生的磨损,故又称之为自然磨损。设备长期闲置或封存常会有生锈、腐蚀、老化等现象,致使设备丧失精度和工作能力,从而引发故障。

这两种有形磨损均会导致设备贬值和发生故障。要消除有形磨损,就必须要研究有形磨损的发生规律,针对不同阶段的磨损程度,有计划地进行维修保养。

3. 设备有形磨损曲线

设备的有形磨损过程具有一定的规律性,设备的有形磨损程度与时间的关系如图14-2所示,大致可以分为三个阶段。

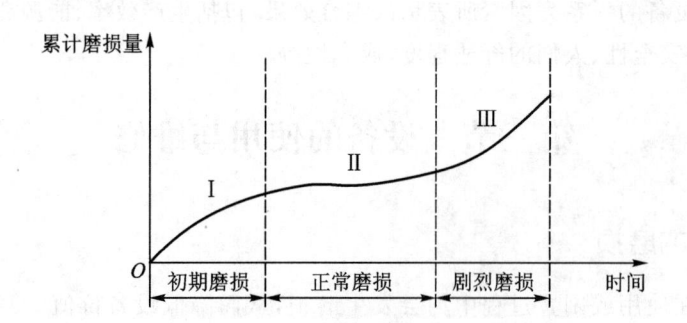

图14-2 设备有形磨损曲线

(1) Ⅰ阶段为初期磨损阶段。在该阶段,零件表面粗糙不平的部分迅速被磨去,因此磨损速度较快,但这一阶段时间跨度短。

(2) Ⅱ阶段为正常磨损阶段。在该阶段,设备处于最佳运行状态,磨损速度缓慢、磨损量小,曲线呈平稳状态。只要精心维护,合理使用设备,就能最大限度地延长设备的使用寿命,达到最佳的经济效果。

(3) Ⅲ阶段为剧烈磨损阶段。由于零件磨损超过一定限度,正常磨损关系被破坏,接触情况恶化,磨损速度加快,设备工作性能迅速降低。在进入此阶段之前应对设备及时修理;否则,设备发生事故的概率将急剧上升。

4. 设备有形磨损的度量

设备有形磨损的程度可用以下公式估算：
$$a_P = \frac{R}{R_1}$$
式中：a_P——设备有形磨损程度（用占其再生产价值的比重表示）；
    R——修复全部磨损零件所用的修理费用；
    R_1——确定设备磨损时该种设备的再生产价值。

（二）设备的无形磨损

设备在使用或闲置过程中，除有形磨损外还遭受无形磨损。无形磨损又称为经济磨损或精神磨损，是由非使用和非自然力作用引起的机器设备价值的损失，在实物形态上看不出来。设备的无形磨损也有两种情况。

1. Ⅰ种无形磨损

由于设备制造工艺不断改进，劳动生产率不断提高，生产同样设备所需的社会必要劳动耗费减少，反映到市场流通领域，表现为同类设备价格的不断下降，使得原来已购买的该类设备相对地不断贬值。该现象与有形磨损不同的是，无形磨损不影响设备性能。

2. Ⅱ种无形磨损

由于科学技术的进步和应用，创新出性能更完善、生产效率更高、原材料和能源耗费更少的新型设备，使原有设备显得陈旧落后，经济效益相对降低而发生贬值。

显然，在这两种情况下，原设备的价值已不取决于其最初的生产耗费，而取决于其再生产的耗费。

（三）设备的综合磨损及其补偿

从前面的叙述中，已经了解到，设备在有效使用期内同时遭受有形磨损和无形磨损的作用，两种磨损都导致设备的贬值，因此有必要研究设备的综合磨损。一般地，如果设备的有形磨损期与无形磨损期接近，当设备需要大修时正好出现了效率更高的新设备，这时便无须进行旧设备的大修理，而用新设备更换同时遭受两种磨损的旧设备；如果有形磨损期早于无形磨损期，则需对旧设备进行大修；如果无形磨损期早于有形磨损期是继续使用原设备还是更换未折旧完的旧设备则取决于其经济性。

设备综合磨损形式不同，补偿磨损的方式也不同。设备磨损的补偿方式分为大修、更新与现代化改装。大修用于可消除性的有形磨损；更新用于不可消除性有形磨损、Ⅱ种无形磨损，是实现企业技术进步，提高经济效益的主要途径；现代化改装可用于Ⅱ种无形磨损。设备综合磨损形式及其补偿方式的相互关系见图14-3。

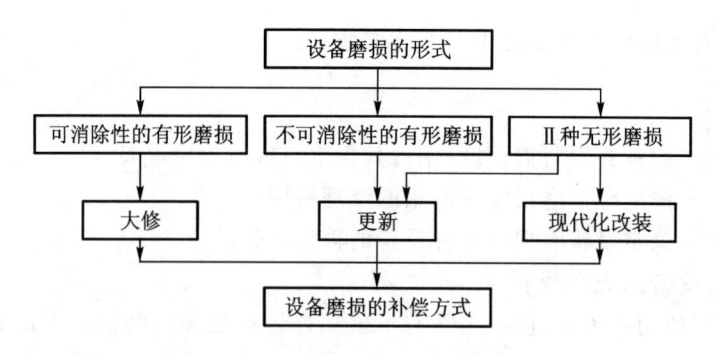

图 14-3　设备磨损形式及其补偿方式

二、设备的故障

（一）故障类型

设备在其寿命周期内，由于磨损或操作使用等方面的原因而暂时丧失其规定性能的状况称为故障。设备故障严重地影响企业生产的正常进行，因此研究设备故障及其发生规律，减少故障发生率，是设备管理的一个重要内容。

机器设备的故障一般可分为两类，即突发故障和劣化故障。突发故障即突然发生的故障，其特点是发生故障的时间是随机性的，较难预料。故障一旦发生就可能使设备完全丧失功能，需要停产修理。劣化故障是由于设备性能的逐渐劣化所造成的故障，这类故障往往具有一定的规律，而且发生速度比较缓慢，多表现为设备局部功能的损坏。

（二）故障曲线

在设备使用的不同时间阶段，设备的故障发生率是不同的。故障发生率是指单位时间内故障发生的比率。实践研究证明，可维修设备的故障率随时间的推移呈如图 14-4 所示的曲线形状，这种曲线即设备故障率曲线，也叫做浴盆曲线。

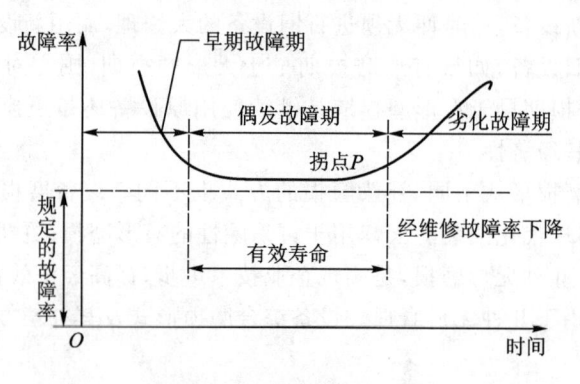

图 14-4　设备故障率曲线

按照故障曲线,可将设备故障率随时间的变化大致分为早期故障期、偶发故障期和劣化故障期三个阶段。

1. 早期故障期

早期故障期对于机械产品又叫磨合期。在此期间,开始的故障率很高,但随时间的推移,故障率迅速下降。在此期间发生的故障主要是由设计、制造上的缺陷以及装配失误或操作不当所造成的。该时期的特点是故障率由高到低发生变化。

2. 偶发故障期

在该阶段故障率低而且大致处于稳定状态,这是设备的正常工作期或最佳状态期。发生的故障多是由零部件某些无法预测的缺陷、操作失误及维护不力所造成的。在此期间发生的故障可以通过提高设计质量、改进管理和维护保养使故障率降到最低。

3. 劣化故障期

这个时期的特点是设备故障率急剧升高。在设备使用后期,由于大多数零部件经过长期运转后,发生磨损、疲劳、老化、腐蚀等,故障率不断上升,有效寿命结束。因此认为如果在劣化故障期开始时(拐点 P)即进行大修,可经济而有效地降低故障率。

三、设备维修

(一) 设备维修的原则

设备维修是生产中一个必不可少的环节。设备维修的目的是使机器设备处于良好技术状态和延长机器设备的使用寿命,以保证产品质量,有利于生产顺利进行。在设备维修工作中,必须坚持以下原则:

1. 贯彻以预防为主、护修并重的原则

设备在使用过程中,要尽量避免发生故障,以免影响生产和人身安全。因此,必须贯彻预防为主的方针。不能等到设备已经损坏,造成事故后才去修理,而要防患于未然。贯彻预防为主,同时还必须坚持维护和维修并重的原则。

2. 贯彻先维修、后生产的原则

生产和维修在实际工作中常会发生矛盾,解决这个矛盾应该遵循先维修、后生产的原则。生产和维修本来就是对立统一、互相依存的,生产必须有良好的设备;维修是为了保证生产和促进生产。有计划有组织地维修设备,提高维修质量和效率,压缩维修时间,相对地就增加了生产时间。如果只顾生产,让设备超负荷运转,甚至使设备带病工作,就会造成设备非正常磨损,从而降低设备使用寿命,甚至造成安全事故,结果是付出的时间、劳力、资金更多,对生产的影响更大,"欲速"非但"不达",而且"得不偿失"。

3. 贯彻专群结合、群管群修的原则

企业应有专业维修部门和专业维修队伍。但是,要充分发挥设备的作用,还必须依靠广大工人正确合理地使用设备,精心维护、保养设备,并同专业维修人员结合起来,共同管好、用好、修好设备。不过,专业维修部门也要充分发挥自己的作用,合理组织全厂机器设备的维修工作,指导并监督操作工人正确、合理地使用机器设备并做好经常的维修保养工作。

(二) 设备维修的种类

设备维修是指使设备性能得以恢复所从事的一切活动,可分为两项:一是设备的维护保养,包括对设备的检查和维护;二是设备的修理,包括设备的小修、中修和大修。

1. 设备的维护保养

设备的维护保养是一项经常性的工作,贯穿于设备使用的全过程。设备在使用过程中常会不可避免地出现一些不正常的现象。例如,零部件松动、干摩擦、声音异常等都会造成设备过快磨损。因此,必须按照操作规程经常检查设备运转情况,及时地对设备进行清洁、润滑、紧固、调整、防腐等工作,尽量减少不正常运转因素,减少磨损,延长设备使用寿命,避免不应有的损失。这就是设备的维护保养。设备的维护保养包括以下内容。

(1) 设备检查。设备的检查是对机器设备的运转情况、工作性能、磨损程度进行检查和校验。通过检查全面地掌握机器设备的技术状况变化和磨损情况,及时地发现问题,清除隐患,并能针对所发现的问题,提出维护措施,为制定设备预修计划提供必要的技术数据支持。

① 按设备检查的周期,可分为日常检查和定期检查。

日常检查主要是由操作工人每天对设备进行一般性的检查,通常与日常维护结合起来。如发现一般的不正常情况,应立即加以消除;如发现较大的问题,应立即报告,及时组织修理。

定期检查是按计划由专业维修人员负责、操作工人参与对设备定期进行的检查,目的是掌握设备的技术性能,零部件的实际磨损程度,以便确定修理的时间和修理的种类。定期检查可分为年、月、周、日检查等。在检查中,可以对设备进行清洗和换油。

② 按技术性能划分,可分为性能检查和精度检查。

性能检查就是对设备的各项性能进行检查与测定。如检查设备的密封是否严密,防尘效果是否良好,设备耐高温、高速、高压等性能能否达到要求等。

精度检查是对设备的实际加工精度进行检查和测定,通过采用科学的方法和先进的技术装备检测以全面准确地把握设备的磨损、老化、劣化、腐蚀的部位、程度及其他情况。检测结果以精度指数表示,可以为设备的验收、修理和更新提供较为科学的依据。

（2）设备的维护保养。根据设备检查结果，在没有必要进行修理的情况下，一般进行维护保养。设备的维护保养是设备在使用过程中自身运行的客观要求，是为保证设备正常工作以及消除隐患而进行的一系列日常维护工作。根据维护内容的广度、深度可以分为下面几种：

① 日常保养，主要在设备的外部，一般由操作人员负责完成。其重点是对设备进行清洁、润滑，紧固易松动的零部件并检查其状况等，是一种不占用工时的保养，又叫例行保养。

② 一级保养，是由操作人员在专业维修人员指导下完成，占用一定量工时的保养活动。其内容是对设备内部普遍地进行清洁和润滑，并对设备进行局部体解、检修和调整。

③ 二级保养，是以专业维修人员为主，操作人员协助，占用较多工时的保养活动。其内容主要是对设备的主体部分进行体解、清洗、润滑、恢复和更换易损件等。

设备"三级保养制"是我国工业企业常用的设备维护保养修理制度。在实际工作中，不同类型的企业对维护保养所规定的具体内容各不相同，有的建立四级保养制度，如某些石油企业的生产设备和泵站设备。

2. 设备的修理

良好的维护保养可以大大减缓机器设备的磨损速度，但是还不能完全消除设备的正常磨损，也不能完全恢复已经损坏了的机能。要使损坏的机能得到恢复，就必须进行修理。维护是使设备保持在正常条件下运转，尽量减少不正常运转的因素；修理是使已经处于不正常运转中的设备恢复到正常运转状态。机器设备的修理就是更换与修理已经磨损的零件、部件以及附属件设施，恢复设备的工作性能、精度和工作效率，对设备磨损或损坏进行的补偿或修复活动。其实质是补偿设备的物质磨损。

（1）设备修理的类别。根据规模、费用以及工作量，修理可以分为小修、中修和大修三种类别。

① 小修。小修是工作量最小的修理，主要对设备进行局部的修理。针对日常检查和定期检查发现的问题，拆卸少量的磨损零部件进行清洗、修复和更换，调整设备的使用性能。

② 中修。中修是工作量较大的一种修理，主要是更换和修复设备的主要零部件和数量较多的其他磨损机件，并校正机器设备的基准，保证设备主要精度达到规定的工艺要求。

③ 大修。大修是工作量最大的修理活动，是指在长期使用后，为了全面恢复设备原有的精度、性能和效率而进行的一种彻底修理的方式。大修要把设备

全部拆卸分解,更换或修复主要大型零件以及所有不符合要求的其他零部件,以全面恢复设备的工作能力,达到设备出厂的精度标准和工作效率。

实际工作中,设备维修工作一般采用三级保养大修制。包括日常保养、一级保养、二级保养和设备大修。实行三级保养大修制,把小修的全部内容和中修设备的部分内容放在三级保养中同时进行;一部分中修的内容又放到大修中去;同时要求把设备大修与更新改造结合起来。较好地把保养、修理和改造结合起来,有利于设备的有效控制及其正常地、经济地发挥功能。

(2) 设备修理的组织方式。设备修理的组织方式应根据企业的规模、生产特点及设备修理复杂程度来确定。一般有集中型、分散型和混合型三种组织方式。

① 集中型修理是全企业的设备修理工作,全部由专业的修理车间负责。这种组织形式的主要优点是,有利于集中修理力量,提高修理技术水平;缺点是,不利于调动生产部门的积极性,容易出现生产与修理的矛盾或脱节。

② 分散型修理是企业各生产车间均设立维修工段或小组,全面负责各车间的设备维修工作。它的优点是,有利于把生产和修理工作统一起来,修理工作比较方便灵活;其缺点是修理力量分散,往往容易出现忙闲不均现象,不利于提高修理技术水平。

③ 混合型修理就是技术复杂的大修理工作由专业的机修部门负责,一般的修理工作由生产车间维修部门负责;或者是大型、精密、关键设备的修理工作由专业的机修部门负责,一般的修理工作由各生产车间维修部门负责。这种组织形式既有集中型又有分散型,是目前我国多数企业所采用的一种组织形式。

(三) 设备维修制度

设备维修制度是对设备进行维护、检查、修理所制定的一系列规章制度。下面主要介绍计划预防修理制、计划保修制和全员生产维修制这几种常见的维修体制。

1. 计划预防修理制

计划预防修理制,简称计划预修制,是我国在 20 世纪 50 年代从苏联引进并开始普遍推行的一种设备维修制度。其核心思想是根据设备结构、性能、工艺等特点和使用条件,通过计算确定在设备的使用寿命周期内进行设备检查、小修、中修、大修的次数及相应的修理工作定额,据此编制修理计划,并严格按计划强制执行。

计划预修制强调有计划修理,其优点在于克服了事后修理制的缺陷,可以及时发现设备隐患,防止设备发生意外损坏,避免设备急剧磨损,延长设备的使用寿命,在一定程度上实现了设备管理的基本要求,同时有利于做好修理前的准备工作,缩短修理时间,提高维修效率,所以广泛应用于实际生产中。计划预修制的主要缺点是其还不够完善,不能很好地解决修理计划切合设备实际需要的问题,常会有过剩修理和失修同时发生的情况;强调恢复性修理,而改善性修理未作相应规定;对生产人员参加维护保养限制较多,不利于调动广大生产人员管好、用好设备的积极性;维修费用较高。

2. 计划保修制

计划保修制是 20 世纪 60 年代我国企业管理者在计划预修制的基础上建立的一种专群结合、以防为主、防修结合的设备维修制度,也是目前我国机械行业中广泛采用的一种维护制度。计划保修制的核心在于有计划地进行三级保养加大修理。目的是通过加强维护保养的方法来减少修理次数,提高经济效益。

由于每个企业的设备情况不尽相同,所实施的计划保修制的内容也不一样。有的企业采用三级保养加大修方式,有的企业实行三级保养、小修加大修方式,还有的企业则实行三级保养、小修、中修和大修的方式。

计划保修制与计划预修制相比有了一定的进步,如克服了计划预修制重修理不重保养的缺陷。但由于其发展基础是计划预修制,因此仍然没能从根本上克服计划预修制的主要缺点。

3. 全员生产维修制

这种维修制度是日本企业在学习欧洲生产维修经验的基础上,结合其国内企业管理的特色,建立起来的一种比较完整的设备管理和维修制度。本章在设备综合管理的理论中讲到过这种制度。从维修方面来说,它的主要内容有日常点检、定期检查、计划修理和改善修理。这种维修制要求企业将设备按一定标准分成 A、B、C 三类,不同类别的设备有不同的维修内容和要求。我国的许多企业已开始采用这种维修制度。

第四节 设备的改造与更新

一、设备的寿命

设备更新的时机主要取决于设备的寿命。设备的寿命就是指设备的服役年限。从不同角度考虑,设备的寿命表现为以下四种形式。

(一)设备的物理寿命

设备的物理寿命亦称设备的自然寿命,指设备从投入使用,到无法运行报废为止所经历的时间。设备的物理寿命是根据设备的有形磨损确定的,物理寿命的长短取决于设备的质量高低、使用程度和维修保养的状况。

(二)设备的技术寿命

设备的技术寿命是指设备从投入使用到因科学技术的发展,出现技术性能更优越的设备或设备所生产的产品已不为市场所需要时,而在设备物理寿命尚未结束之前就被淘汰所经历的时间。它的长短取决于设备的Ⅱ种无形磨损。通常,技术发展越快,设备的技术寿命就越短。

(三) 设备的经济寿命

设备的经济寿命也称为设备的价值寿命(见图 14-5)。由于设备的使用年限越长,每年所分摊的设备购置费越少。但随着设备使用时间的增加,一方面需要更多的维修费用来维持设备的使用;另一方面设备的使用成本及能源消耗费也会增加,这样就会存在某个年份,总的费用最少,即经济效益最好。把设备从投入使用到总费用最小的使用年限称为设备的经济寿命。经济寿命消耗完时应淘汰旧设备,购置新设备。此外,也可利用设备综合经济效益来确定经济寿命,即当设备所创造的经济效益(多以利润表示)已无法抵消为维持设备运行而支出的总费用时,设备经济寿命即告终结。

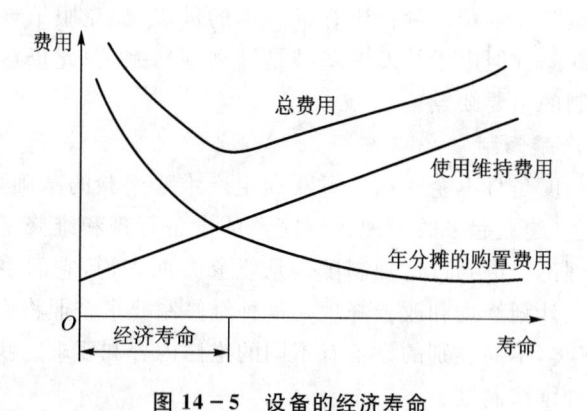

图 14-5 设备的经济寿命

(四) 设备的折旧寿命

设备的折旧寿命亦称为设备折旧年限,是指财务部门为了收回设备投资以便日后重置或更新设备而把设备投资逐步摊入产品成本,使设备在财务账簿上的价值的余额折旧到接近于零时所经历的时间。设备的折旧寿命一般是根据设备的有形磨损和无形磨损确定的,其对企业作出是否淘汰旧设备的决策影响很大。其计算的准确程度直接影响到设备决策的正确性,必须根据经济形势的需要和技术进步的情况,合理地确定设备的折旧方案。

随着技术进步、产品开发速度加快,企业之间竞争加强,确定设备最佳使用年限时,应把物理寿命、经济寿命和技术寿命三者综合加以考虑,以求获得最佳技术经济效果。

二、设备的改造

(一) 设备改造的类型

设备的改造是一种广义的设备更新方式,是针对设备的无形磨损而采取的局部补偿的设备更新方式,往往与设备的大修同时进行,是扩大设备的生产能力、提高设备技术水平的重要途径。设备的改造包括两种类型:一是设备改进,二是设备改装。

(1) 设备改进是指为了延长设备使用寿命,提高设备自动化程度,增强设备零件的坚固性和耐磨性,加强设备的薄弱环节及改善生产劳动条件,使设备、配件适应国家标准而改变设备技术状态。

(2) 设备改装是指为了满足生产工艺要求,扩大使用范围,提高产品质量与加工精度而改变设备的状态。

设备改造通常比更换新设备投入的资金更少,并能够有针对性地改善企业现有设备的技术性能,尤其在设备更新换代速度缓慢的行业中,实施设备改造是一项意义深远的工作。

(二) 设备改造的原则

设备改造的目标是提高企业整体经济效益。在进行改造的过程中,必须遵循以下原则:

1. 以促进技术进步为基础的原则

设备改造应以技术进步为基础,没有技术进步,设备改造也就失去了存在的意义。

2. 以产品开发为中心的原则

由于产品的生产及销售是企业赖以生存的前提,企业技术改造要围绕提高产品质量与性能、降低成本、促进产品更新换代的目标,以生产出符合市场需要的产品。这既是为了满足人民物资、文化生活的需要,也是维持和扩大企业再生产的必要条件。

3. 以内涵式扩大再生产为主的原则

因为从我国现有的工业基础及人力、物力、财力等资源看,不适宜过多地扩张,应该通过技术改造,用先进的技术、工艺、设备取代落后的技术工艺、设备,充分挖掘已有企业的生产潜能,实现内涵式扩大再生产。这种内涵式扩大再生产具有投资少、时间短、见效快的特点,更适合我国目前经济发展的现状。

4. 以提高经济效益为目标的原则

不论从什么角度看,设备改造项目能否成功主要取决于它是否提高了企业的经济效益。当然,不仅要考虑当前利益还要考虑长远利益,不仅要考虑企业利益还要考虑国家和社会的利益。

(三) 设备改造方案的经济评价

1. 基本要求

经济评价是对设备改造方案进行评价的最重要的方面之一。设备改造的方案是否可行,主要取决于经济评价的结果。进行经济评价时,要采取正确的评价方法,定性分析与定量计算相结合。要利用各种评价指标对改造前和改造后的效果进行比较,判断不同方案的优劣,选取最优改造方案。

2. 主要的评价方法

常用的设备改造方案的经济评价方法有两种:一是净现值法,即通过比较各种方案在服务年限内收益的净现值,选取净现值最大的方案;二是投资回收期法,即通过计算各种方案的投资回收期的时间,选取投资回收期最短的方案。

设备的改造与更新,要同整个企业的技术改造结合起来,尤其要同企业开发新产品和改造老产品的工作结合起来,成为企业技术改造的有机组成部分。通过设备的改造和更新,促进和保证新产品的开发。

三、设备的更新

(一)设备更新的方式

设备更新是用新型设备或技术先进的设备更换原有的技术落后或经济上不合理的旧设备。设备更新是维护和扩大社会再生产的重要保证,设备更新的目的是促进技术进步,发展企业生产,提高经济效益。从广义上来说,凡是对因磨损(包括有形和无形磨损)而消耗掉的设备进行补偿都可视为设备更新。从更新的方式来看,设备更新可分为两种类型:

1. 设备的原型更新

设备的原型更新指当原设备因有严重磨损而不能继续使用时用结构、功能相同的新设备简单地更换老设备。原型更新主要解决设备损坏的问题。

2. 设备的新型更新

设备的新型更新指当原设备已经损坏或由于经济原因不宜继续使用时,用结构更先进、技术更完善、效率更高、性能更好、耗能和原材料更少的新型设备去更换。

从技术进步角度看,新型更新比原型更新意义更大。采用何种更新类型应视实际情况而定,原则上在没有合适的新型设备可供选择时,可采用原型更新;而在条件具备时,应尽可能采用新型更新,不仅能解决设备损坏的补偿问题,而且能促进企业的技术进步,以更快地提高企业装备的现代化水平。

(二)设备更新的对象

由于企业用于设备更新的资金有限,因此如何选择更新对象,是使企业的总体装备水平得到更快提高的重要条件。一般来说,企业在选择设备更新对象时,应重点考虑下列设备:已使用较长时间的设备,性能、制造质量不高的设备,经过多次大修已无修复价值的设备,技术落后的设备,不能满足新产品开发要求的设备,浪费能源的设备。

（三）设备更新决策

一般来说，在制定设备更新的决策时，应从技术和经济两个方面进行分析评价。在进行技术性分析时应考虑的因素有：新设备的规格和参数是否满足生产的要求，新设备的技术性能是否有所改进，新设备在结构和装置上是否符合技术进步的要求，新设备是否有利于劳动条件和环境保护的改善；在进行经济性评价时，应着重分析新设备的投资回收情况，新旧设备的经济性指标对比，确定设备更新的最佳时机等内容。

拓展学习　现代设备管理的新趋势

随着工业化、经济全球化、信息化的发展，机械制造、自动控制、可靠性工程及管理科学出现了新的突破，使现代设备的科学管理出现了新的趋势，主要表现在以下几方面：

（1）设备管理信息化。实质是对设备实施全面的信息管理。

（2）设备维修社会化、专业化、网络化。实质是建立设备维修供应链。

（3）可靠性工程在设备管理中的应用。实质是预测设备的行为和工作状态，进而估计设备在使用条件下的可靠性，从而避免设备意外停止作业或造成重大损失和灾难性事故。

（4）状态监测和故障诊断技术的应用。实质是事先发现故障，避免发生较大的经济损失和事故。

（5）从定期维修向预知维修转变。目的在于降低事故率，使设备在最佳状态下正常运转，保证生产按预定计划完成。

以上现代设备管理的新趋势并不是相互孤立的，它们之间相互依存、相互促进：信息化在设备管理中的应用可以促进设备维修的专业化、社会化，预知维修又离不开设备的故障诊断技术和可靠性工程，设备维修的专业化又促进了故障诊断技术、可靠性工程的研究和应用。这些新趋势带来了设备管理水平的提升。

网上学习

1. 登录中国设备管理协会门户网站，浏览网站的主要栏目及内容，了解国家设备管理的方针政策、法律法规以及中国设备管理协会的重要文件和信息。

2. 登录《设备管理与维修》杂志社网站，浏览杂志的主要栏目与文章，了解设备管理理论与方法发展的现状。

3. 登录中国设备管理资源网，浏览网站的主要栏目及内容，了解网站提供的设备管理资源和服务项目。

4. 登录中国设备网，浏览设备的分类列表，了解网上交易的流程。

思考与练习

1. 设备综合管理有何意义?
2. 如何进行设备选择时的经济评价?
3. 如何才能做到设备的科学合理使用?
4. 论述设备的磨损规律和故障发生规律。
5. 如何区分四种设备寿命的概念?

第十五章　质量管理

内容提要

多年来,质量管理一直受到广泛的重视,如何保证并不断提高产品质量已成为企业在日趋激烈的市场竞争中立于不败之地的关键。本章介绍质量管理的相关术语,分析全面质量管理的特点和基本思想,重点叙述常用的质量管理统计方法及抽样检验方法,简单介绍 ISO 9000 系列标准和 ISO 14000 标准。最后,介绍一种质量管理新理念——六西格玛管理。

第一节　质量管理概述

一、质量管理的相关术语

(一) 质量

ISO 9000:2000 标准关于质量(quality)的定义为:"一组固有特性满足要求的程度。"

1. 特性

特性是指可区分的特征,如物理的(如机械的、电的、化学的和生物学的特性)、感觉的(如嗅觉、味觉、视觉、听觉)、行为的(如礼貌、诚实、正直)、时间的(如准时性、可靠性、可用性)、人体工效的(如生理的特性或有关人身安全的特性)、功能的(如飞机的最高速度)。

特性可以是固有的或赋予的。所谓固有特性,是指某事或某物中本来就有的,尤其是那种永久的特性。它是通过产品、过程或体系设计和开发以及其后的实现过程形成的属性。例如,产品的尺寸、体积、重量,机械产品的机械性能、可靠性、可维修性,化工产品的化学性能、安全性等。而赋予特性是指完成产品后因不同的要求而对产品所增加的特性,如产品的价格、交货期、保修时间、运输方式等。

固有特性与赋予特性是相对的。某些产品的赋予特性可能是另一些产品的固有特性。例如,交货期及运输方式对硬件产品而言,属于赋予特性,但对运输服务而言就属于固有特性。

2. 要求

要求指明示的、通常隐含的或必须履行的需求或期望。"明示的"可以理解为规定的要求,如在销售合同中或技术文件中阐明的要求或顾客明确提出的要求。"通常隐含的"是指组织、顾客和其他相关方的惯例或一般做法,所考虑的需求或期望是不言而喻的,如化妆品对顾客皮肤的保护性等。一般情况下,顾客或相关方的文件中不会对这类要求给出明确的规定,供方应根据自身产品的用途和特性进行识别,并作出规定。"必须履行的"是指法律法规要求的或有强制性标准要求的,如环境保护法等。供方在产品实现的过程中,必须满足这类要求。

质量的要求除考虑满足顾客的需求外,还应考虑组织自身的利益、提供原材料和零部件等供方的利益和社会的利益等多种需求,如需考虑安全性、环境保护、节约能源等外部的强制要求。因此组织在确定产品满足的要求时,应兼顾各相关方的要求。同时,随着技术的发展、生活水平的提高,对产品、过程或体系会提出新的质量要求。因此,应定期评定质量要求,修订规范,不断开发新产品、改进老产品,以满足已经变化的质量要求。

(二) 产品

ISO 9000:2000 标准对产品(product)的定义是:"过程的结果。"

产品是一个广义的概念,包括硬件(如发动机机械零件)、软件(如计算机程序、字典)、流程性材料(如润滑油)、服务(如运输)。

1. 硬件

硬件是指由制作的零件和部件组成或由其组装的产品,如发动机机械零件、电视机、手机等。

2. 软件

软件是指由承载在媒体上的信息组成的智力产品。软件能以概念、记录或程序的形式存在,如计算机程序、咨询方案等。

3. 流程性材料

流程性材料是指由固体、液体、气体或其他组合体构成的产品,包括粒状材料、块状、丝状或薄板状结构的最终产品或中间产品。它常用容器包装或以管线或成卷交付,如汽油、润滑油、洗发水等。

4. 服务

服务是指"在供方和顾客接口处完成的至少一项活动的结果"。服务的提供可涉及:

(1) 在顾客提供的有形产品(如维修的汽车)上所完成的活动。

(2) 在顾客提供的无形产品(如为准备税款申报书所需的收益表)上所完成的活动。

(3) 无形产品的交付(如知识传授方面的信息提供)。

(4)为顾客创造氛围(如在宾馆和饭店)。

产品可以是有形的,如机床、水泥等;也可以是无形的,如服务、知识等。通常,硬件或流程性材料是有形产品,而服务或软件是无形产品。

产品是过程产生的结果,没有过程就不会有产品。但是这种结果可以是人们所期望的结果,即满足顾客某种特定需求的东西;也可以是人们所不期望的结果,如污染等。

(三) 过程

ISO 9000:2000 标准对过程的定义是:"一组将输入转化为输出的相互关联或相互作用的活动。"ISO/TC176 制定的所有国际标准都是建立在"所有工作是通过过程来完成的"这样一种认识基础上的。任何一个过程都有输入和输出。输入是实施过程的基础或依据,输出是过程的结果。输出可以是有形产品,如一台电视机,也可以是无形产品,如一项服务。完成一个过程就是将输入转化为输出。过程本身是一种增值转换,完成过程必须投入适当的资源。资源包括人员、资金、设施、设备、技术和方法。过程又表现为一系列活动及活动间的相互关系。

(四) 质量管理

ISO 9000:2000 标准对质量管理(quality management)的定义是:"在质量方面指挥和控制组织的协调的活动。"任何组织都需要管理。当管理与质量有关时,则为质量管理。质量管理通常包括制定质量方针、目标以及质量策划、质量控制、质量保证和质量改进等活动。

(五) 质量管理体系

ISO 9000:2000 标准对质量管理体系(quality management system)的定义是:"在质量方面指挥和控制组织的管理体系。"即为有效开展质量管理所设计、建立、实施和保持相互关联和作用的组织结构、程序、过程和资源的组合体。它根据企业特点选用若干体系要素加以组合,加强从设计研制、生产、检验、销售到使用全过程的质量管理活动,并予以制度化、标准化,成为企业内部质量工作的要求和活动程序。

一个组织可以有若干个管理体系,如 ISO 9000 质量管理体系、ISO 14000 环境管理体系和 SA 8000 社会责任体系等。

二、全面质量管理

(一) 全面质量管理的定义

全面质量管理概念是美国通用电气公司质量经理菲根堡姆(A. V. Feigenbaum)博士于 1961 年提出的。1986 年,国际标准化组织(ISO)把全面质量管理(total quality management,TQM)的内容和要求进行了标准化,并将 TQM 定义为"一个组织以质量为中心,以全员参与为基础,目的在于通过让顾客满意和本组织所有成员及社会受益而达到长期成功的管理途径。"

(二) 全面质量管理的特点

传统的质量管理认为,质量管理是企业生产部门和质量检验部门的工作,重点应放在生产过程的管理,特别是工艺管理和产品质量检验上。全面质量管理则强调"三全一多"的管理理念。

1. 全面的质量管理

全面质量管理中的质量概念突破了原先只指产品质量的局限,提出了全方位质量的概念,所以全面质量管理中的"质量",是一个广义的质量概念。它不仅包括一般的质量特性,而且包括工作质量和服务质量;不仅包括产品质量,而且包括企业的服务质量。所以全面质量管理就是对产品质量、工程质量、工作质量和服务质量的管理。要保证产品质量、工程质量、服务质量,则必须保证工作质量,以达到预防和减少不合格品,提高服务水平的目的,即做到价格便宜、供货及时、服务优良等,以满足用户各方面的合理要求。

2. 全过程的质量管理

任何产品或服务的质量,都有一个产生、形成和实现的过程。全过程主要是指产品的设计过程、制造过程、辅助过程和使用过程。全过程由多个相互联系、相互影响的环节所组成,每一个环节都或轻或重地影响着最终的质量状况。为了保证和提高质量就必须控制影响质量的所有环节和因素。全过程的质量管理就是对上述整个过程有关质量方面进行的管理。

3. 全员的质量管理

产品或服务质量是企业各方面、各部门、各环节工作质量的综合反映。企业中任何一个环节、任何一个人的工作质量都会不同程度地、直接或间接地影响着产品质量或服务质量。因此,产品质量人人有责,就需要人人关心产品质量和服务质量,人人做好本职工作。全员参加质量管理,才能生产出顾客满意的产品。

4. 多种方法的质量管理

质量管理采用的方法是全面而多种多样的,它是由多种管理技术与科学方法所组成的。常用的质量管理方法有旧七种工具和新七种工具。此外,还包括质量功能展开(QFD)、田口方法、故障模式和影响分析(FMEA)、头脑风暴法(brainstorming)、六西格玛法、水平对比法(benchmarking)、业务流程再造(BPR)等一些新方法。

上述"三全一多"都是围绕"有效地利用人力、物力、财力、信息等资源,以最经济的手段生产出顾客满意的产品"这一企业目标,是企业推行全面质量管理的出发点和落脚点,也是全面质量管理的基本要求。

(三) 全面质量管理的基本指导思想

1. 顾客至上

就是要树立以顾客为中心,为顾客服务,达到顾客完全满意,进一步促进顾客忠诚。这里的顾客包括外部顾客和内部顾客:外部顾客可以是最终的顾客,也可以是产品的经销商或再加工者;内部顾客是企业的部门和人员。内部顾客满意是外部顾客满意的基础。

2. 预防为主

优良的产品质量是设计和生产制造出来的而不是靠事后的检验决定的。事后检验面对的是既成事实的产品质量。根据这一基本道理,全面质量管理要求把管理工作的重点,从"事后把关"转移到"事前预防"上来;从管结果转变为管因素,实行"预防为主"的方针,使不合格品消失在它的形成过程之中,做到"防患于未然"。

3. 强调用数据说话

质量管理要以统计为基础,要重视数据。既然有了数据,就要以表明事实的数据为依据处理问题,不应该坚持某些经验。这样有助于现场交流,只有定量化才能获得质量控制的最佳效果。

4. 突出人的积极因素

与质量检验阶段和统计质量控制阶段相比较,全面质量管理阶段格外强调调动人的积极因素的重要性。这是因为现代化生产多为大规模系统,环节多、联系密切而复杂,远非单纯靠质量检验或统计方法就能奏效。因此,只有调动人的积极因素,加强质量意识,发挥人的主观能动性,才能确保产品和服务质量。

三、质量管理的发展阶段

按照质量管理所依据的手段和方式,可以将质量管理发展大致划分为质量检验阶段、统计质量控制阶段和现代质量管理三个阶段。

(一) 质量检验阶段(20 世纪初至 20 世纪 30 年代)

这一阶段是质量管理的初级阶段。其主要特点是以事后检验为主。质量检验所使用的手段是各种各样的检测设备和仪表,它的方式是严格把关,进行百分之百的检验。1918 年前后,美国出现了以泰勒为代表的"科学管理运动",强调工长在保证质量方面的作用,于是执行质量管理的责任就由操作者转移给工长。有人称它为"工长的质量管理"。1940 年以前,由于企业的规模扩大,这一职能又由工长转移给专职的检验人员,大多数企业都设置专职的检验人员并直属厂长领导,负责全厂各生产单位和产品的检验工作。有人称它为"检验员的质量管理"。

(二) 统计质量控制阶段(20 世纪 40 年代初至 20 世纪 50 年代)

利用数理统计原理,预防产出废品并检验产品质量的方法,由专职检验人员转移给专业的质量控制工程师承担。这标志着事后检验的观念转变为预测质量事故的发生并事先加以预防的观念。这个阶段过分强调质量控制的统计方法，忽视其组织管理工作，使得人们误认为"质量管理就是统计方法"。数理统计方法理论比较深奥，是"质量管理专家的事情"，因而对质量管理产生了一种高不可攀、望而生畏的感觉。这在一定程度上限制了质量管理统计方法的普及推广。

（三）现代质量管理阶段（20 世纪 60 年代至今）

目前，质量管理得到了进一步的扩展和深化，出现了许多新的质量管理理念和方法，如六西格玛管理、零缺陷管理、质量功能部署等。这标志着质量管理远远超出一般意义上的领域，从而迈向了一个崭新的质量管理时代。

第二节　统计质量控制

一、质量因素的分类

影响质量的因素称为质量因素。根据不同的划分方法，质量因素可以分类如下。

（一）按不同来源分类

按影响质量因素的来源不同，可以把质量因素分为操作者（man）、设备（machine）、材料（material）、方法（method）、检测（measurement）和环境（environment）六大因素，简称 5M1E。

（二）按影响大小与作用性质分类

(1) 随机因素。随机因素具有 4 个特点：①影响微小，即对产品质量的影响微小。②始终存在，也就是说，只要一生产，这些因素就始终在起作用。③逐件不同。由于这些因素是随机变化的，因此每件产品受到随机因素的影响是不同的。④不易消除，指在技术上有困难或在经济上不允许。随机因素的例子很多，如机床开动时的轻微振动、原材料的微小差异、操作的微小差别等。

(2) 异常因素，又称为系统因素，异常因素也有 4 个特点：①影响较大，即对产品质量的影响大。②有时存在，即它是由某种原因所产生的，不是在生产过程中始终存在的。③一系列产品受到同一方向的影响，指加工件质量指标受到的影响是都变大或都变小。④易于消除或削弱，指这类因素在技术上不难识别和消除，而在经济上也往往是允许的。异常因素的例子也很多，例如，由于固定螺母松动造成机床的较大振动，刀具的严重磨损，违反规程的错误操作等。

随着科学的进步，有些随机因素的影响可以设法减少，甚至基本消除。但从随机因素的整体来看是不可能完全加以消除的。因此，随机因素引起产品质量的随机波动是不可避免的，故对于随机因素不必予以特别处理。

异常因素则不然，它对于产品质量影响较大，可造成质量过大的异常波动，导致产品质量不合格。因此,应予以重点关注。一旦发现产品质量有异常波动,就应尽快找出其异常因素,加以排除,并采取措施使之不再出现。

在实际生产中,产品质量的随机波动与异常波动总是交织在一起的,如何加以区分并非易事。控制图就是区分这两类产品质量波动,即区分随机因素与异常因素这两类质量因素的重要方法。

二、质量管理中的统计数据

(一)收集数据的目的

反映上述质量因素影响的大小与程度,必须通过对数据的收集、整理和分析。为了取得高质量的数据,首先要目的明确。收集数据的目的很多,主要包括:

1. 用于控制现场

例如,产品尺寸的波动有多大?在装配过程中出现了多少不合格品?药品不纯度达到什么程度?机器出现了多少次故障?打字员打字出现多少个差错?等等。

2. 用于分析

例如,为了调查纱线的不均匀度与纺织机器的测量仪表有什么关系,需要制定实验设计进行实验,对取得的数据加以分析,然后将分析结果纳入操作规范和管理规章制度中。

3. 用于调节

例如,对于干燥室的温度进行观测,温度过高调低些,过低则调高些,这些就是进行调节温度的数据。规定的数据有测定时间、调节界限、调节量等,通常都纳入操作规范和管理规章制度中。

4. 用于检查

例如,逐个测量产品,将测量结果与规格做对比,判定产品中的合格品与不合格品,这就是用于检查的数据。此外,为了判定批量产品合格与不合格,还可从批量产品中随机抽取样本,再对样本进行测定,这就是抽样检查的数据。这类检查数据可以反馈给有关部门进行分析和管理。

(二)统计数据的分类

不同种类的数据,所采取的处理方法不同。根据数据的特性不同,将统计数据分为以下几类:

1. 计量值数据

这是指数据在给定范围内可以取任意值,即被测数值可以是连续的,因此又称为连续型数据。如长度、重量、时间、含水率、电阻阻值等。

2. 计数值数据

这是指不能连续取值，只能以个数计数的数据，因此又称为离散型数据。如不合格品数、缺陷数、事故数等可以用0、1、2……一直数下去的数据。

计数值数据还可以进一步分为计件数据和计点数据。前者如不合格品数、缺勤人数等都是计件数据，把这些数据变换成比率后也是计件数据；后者如缺陷数、事故数、疵点数、每页印刷错误数等都是计点数据。

3. 顺序数据

例如，将10类产品按评审标准顺序排成1，2，3，…，10，这样的数据就是顺序数据。在对产品进行综合评审而又无适当仪表进行测量的场合常用这类数据。

4. 点数数据

这是将100点或10点记为满点进行评分的数据。在评比的场合常用这类数据。

5. 优劣数据

例如有甲、乙两种纺织品，比较哪种手感好而得出的结果就是优劣数据。

由于质量管理强调以数据说话，因此即使在无适当测量仪表的场合，也应当按照取得顺序数据或点数数据等方法，尽量用数值把调查研究对象定量地表示出来。

三、质量管理中的统计工具

质量管理统计工具有旧七种工具和新七种工具。旧七种工具包括：分层法、排列图、因果分析图、直方图、控制图、散布图和调查表；新七种工具包括：关联图法、KJ法、系统图法、矩阵图法、矩阵数据分析法、过程决策程序图法和网络图法。此处主要介绍旧七种工具。

（一）分层法

分层法又叫分类法，是整理质量数据的一种重要方法。它是把所收集起来的数据按不同的目的加以分类，将性质相同、生产条件相同的数据归为一组，使之系统化，便于找出影响产品质量的具体因素。

分层法常用的分类标志有：

(1) 按不同的时间分，如按不同日期、不同的班次等分层。

(2) 按操作人员分，如按性别、文化程度、技术等级、工龄等分层。

(3) 按使用设备分，如按不同型号的设备、不同的工装夹具、新旧程度等分层。

(4) 按原材料分，如按不同的材料规格、型号、供应单位、成分等分层。

(5) 按操作方法分，如按不同的工艺方法、操作的连续程度、机械化程度等分层。

(6) 按检测手段分,如按不同的检测人员、检测仪器等分层。
(7) 按产生废品的缺陷项目分,如按铸件的裂纹、气孔、缩孔、砂眼等分层。
(8) 其他分类:如按不同的工作量、使用单位、使用条件等分层。

分层法必须根据所研究问题的目的加以运用,分层时应使在同一层内数据的波动尽可能小,每一层内的数据尽可能均匀,层与层之间的差别要尽可能大;同时,要考虑层与层间的各因素对产品质量的影响是否相关。

(二) 排列图

排列图又称帕累托图,其根据是"关键的少数和次要的多数"原则,即80%的不合格品是由20%的原因造成的,只要克服了20%的不良因素即可消除80%的不合格品。因而排列图在质量管理中成为改善质量活动,寻找影响质量主要因素一种重要的分析工具。

排列图是由两个纵坐标、一个横坐标、多条柱型和一条折线组成。左纵坐标表示频率(可以是金额、件数、时间等),右纵坐标表示频率(用百分比表示);横坐标表示质量的各种影响因素,按其影响程度大小从左向右依次排列,其他项放在最后;柱型条的高度表示某个因素影响大小,从高到低,从左向右依次排列;折线表示各影响因素大小的累计百分数,是从左向右逐渐上升,称帕累托曲线。

通常用虚线把累计百分数分为三类:0~80%为A类因素,称为主要因素;80%~90%为B类因素,称为次要因素;90%~100%为C类因素,称为一般因素。这种A、B、C分类法不仅用在质量管理上,而且在其他各项管理工作中都十分有用;不仅能使情况明晰化,而且能在工作中抓住主要矛盾。

[例 15-1] 某厂曲轴加工车间车主轴颈出现的260件不合格品,经整理如表15-1所示。

表 15-1 不合格品统计

序号	废品原因	不合格品数	累计不合格品数	频率(%)	累计频率(%)
1	表面有刀痕	154	154	59.2	59.2
2	尺寸超差	80	234	30.8	90
3	轴颈车小	9	243	3.5	93.5
4	原料不佳	7	250	2.7	96.2
5	气孔	3	253	1.1	97.3
6	其他	7	260	2.7	100
	合计	260			

根据题意做排列图如图15-1所示。

据图15-1可知例子中的主要影响因素为轴颈表面有刀痕。

使用排列图时应注意以下三点:

图 15-1 排列图

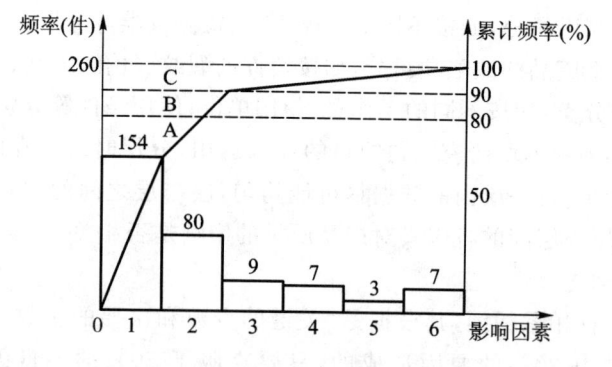

（1）A类因素应小于或等于三个，否则要将各因素重新分层，从而抓住主要矛盾，提出改进措施。

（2）对于影响质量的主要因素可进一步细分排列，加以分析。

（3）在采取措施后，为验证其实际效果，还要再次收集数据，重新画排列图进行对比分析，并注意原先分析出的 A 类因素是否已大致消除，否则说明执行措施不当。

（三）因果分析图

排列图只能找出导致质量问题的主要因素，而不能找到产生这些主要因素的原因，必须把产生这些问题的原因找到，以便有的放矢地解决问题。质量问题的产生常由多种原因综合作用造成的。以结果作为特性，以原因作为因素的因果分析图，恰恰能有效、简便地从错综复杂的原因中理出头绪，找出真正起主导作用的原因。

因果分析图的绘法：

（1）明确分析对象，将要分析的质量问题写在图右侧的方框内，画出主干线箭头指向右侧方框。

（2）找出影响质量问题的大原因，从主干线画出大原因的分支线。

（3）进行原因分析，找出影响大原因质量的中原因，再进一步找出影响中原因的小原因……以此类推，步步深入，直到能够采取措施为止。（见图 15-2）

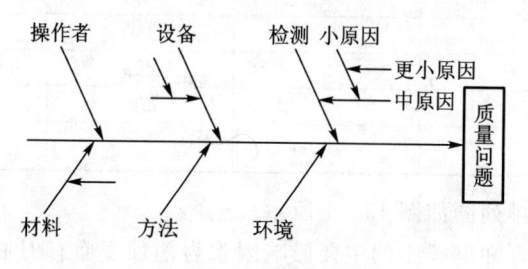

图 15-2 因果分析图

(4) 找出影响质量的关键原因,采取相应的措施加以解决。

(四) 直方图

直方图是频数直方图的简称。它是将数据按大小顺序分成若干间隔相等的组,以组距为底边,以落入各组的频数为高所构成的矩形图。直方图是对数据进行整理分析,通过数据的分布特征来验证工序是否处于稳定状态,以及判断工序质量的好坏等。

以组距为横坐标,频数为纵坐标,根据频数值画出长方形,即为直方图(见图15-3)。

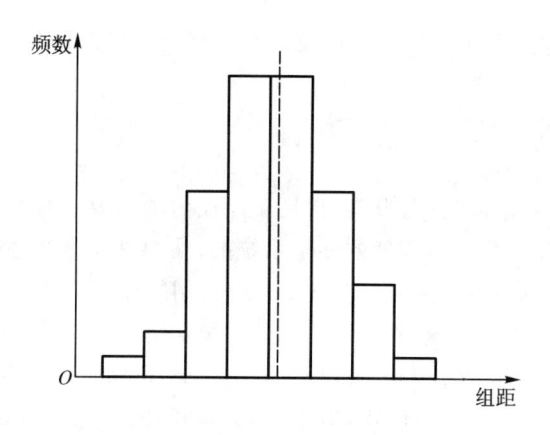

图 15-3 直方图

通过观察分析直方图,可以对工序质量状况作出判断。常见的直方图如图15-4 所示。

通过直方图形状来分析判断生产过程正常与否。

(1) 正常型。图15-4(a)中直方图呈中间高、两边低,左右近似对称,此时工序处于稳定状态。

(2) 折齿型。图15-4(b)中直方图出现数块凹凸不平的形状,往往是由于作图时数据分组不当、测量仪器误差过大或观测数据不准确等原因造成的。

(3) 偏态型。图15-4(c)中直方图的顶峰偏向一侧,有时偏左,有时偏右,原因是有形位公差要求的特性值呈偏向分布,如下限受控成偏左型。另外也可由操作者习惯造成,如在加工孔时往往偏小。

(4) 孤岛型。图15-4(d)中在直方图旁边有孤立的小直方图,当工序产生异常、原料发生变化、在短期内有不熟练工人替班加工等,都会造成孤岛型分布。

(5) 双峰型。图15-4(e)中直方图出现两个峰,这是由于测量值来自两个总体分布,现混在一起造成的,应加以分层。

(6) 平顶型。图15-4(f)中直方图没有突出的顶峰,呈平顶型,通常是由于生产过程中某些缓慢的倾向在起作用。如工具的磨损、操作者的疲劳等。

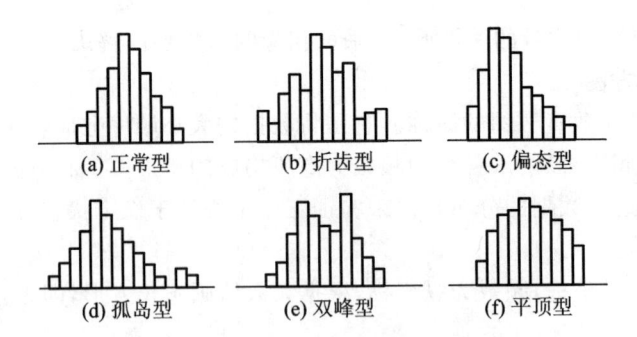

(a) 正常型　(b) 折齿型　(c) 偏态型
(d) 孤岛型　(e) 双峰型　(f) 平顶型

图 15－4　直方图分析

另外，通过直方图实际尺寸分布范围与规格范围（即公差）比较，也可以对工序质量的稳定性作出判断。

（五）控制图

1. 控制图的形式

控制图就是控制生产过程状态、保证工序质量的重要工具。应用控制图可以区分引起质量波动的原因是偶然的还是系统的，从而判断生产过程是否处于受控状态。控制图按其用途可分为两类：一类是分析用的控制图，用于分析生产过程中有关质量特性值的变化情况，看工序是否处于稳定受控状态；另一类是管理用的控制图，主要用于发现生产过程是否出现了异常情况，以预防产生不合格品。

图 15－5 表示控制图的形式，横坐标表示随时间变化而抽取的样本，纵坐标是要控制的对象，如特性值、不合格品数、缺陷数等。其中细实线 CL 表示中心线；两条虚线分别表示上、下控制界限 UCL 和 LCL；中间的点表示对抽取的样本进行测量。把测量的数据在图上打点并用线连接，就是控制图的界限确定。通常，控制图的控制界限可用下式求得。

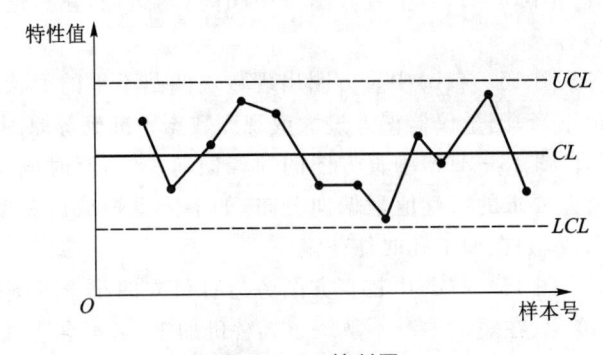

图 15－5　控制图

$$\begin{cases} CL = E(x) \\ UCL = E(x) + 3D(x) \\ LCL = E(x) - 3D(x) \end{cases}$$

式中：x——样本统计量；

$E(x)$——样本分布的平均值；

$D(x)$——样本分布的标准偏差。

2. 控制图的绘制

控制图按数值性质可分为计量控制图和计数控制图两大类。计量控制图一般适用于以长度、强度、纯度等质量特性为控制对象的场合，计数控制图一般适用于以合格品数、缺陷数等质量特性为控制对象的场合。

控制图有多种具体形式，其中 $\overline{X}-R$ 是计量控制图中最常用的控制图。它由两个图形组成：$\overline{X}$ 图主要是观察分析变量平均值的变化情况，R 图主要分析一个样本小组中变量之差变化范围的情况。

3. 工序稳定状态的判断

控制图中点子的分布反映样本数据的波动情况，若点子在控制界限内随机波动，则工序处于稳定状态；若点子的分布出现下列五种情况，则工序生产不稳定，存在异常现象。

（1）点子落在控制界限上或控制界限之外。

（2）点子的排列出现偏移，连续 7 点以上在中心线同一侧，或连续 11 点中至少有 10 点在中心线同一侧。

（3）点子的排列具有倾向性，连续 7 点呈上升或下降的趋势。

（4）点子出现在控制界限附近，连续 3 点中至少有 2 点接近控制界限或连续 7 点中至少有 3 点接近控制界限等表明生产过程产品质量的方差增大。

（5）点子是周期性波动，说明有系统原因对工序起作用。

（六）散布图

散布图又称为相关图，是描绘质量特性与因素之间相关关系分布状态的图形。其目的是通过确定变量之间是否存在相关关系及其相关密切程度，确定质量因素对产品质量特性的影响情况。在实际中，质量特性与因素之间几乎都存在某种关系。典型的散布图见图 15-6，相关关系分析见表 15-2。

表 15-2 散布图相关关系分析表

图形	变 量 关 系	说 明
（a）	强正相关，X 增大，Y 也增大	X、Y 之间，可用直线表示其关系，当控制 X 时，Y 也得到相应控制
（b）	强负相关，X 增大，Y 减少	
（c）	弱正相关，X 增大，Y 大致变大	除 X 因素影响 Y 外，还要考虑其他因素
（d）	弱负相关，X 增大，Y 大致变小	
（e）	不相关，X 与 Y 无任何关系	X、Y 是非线性关系
（f）	X 与 Y 构成图形呈抛物形状	

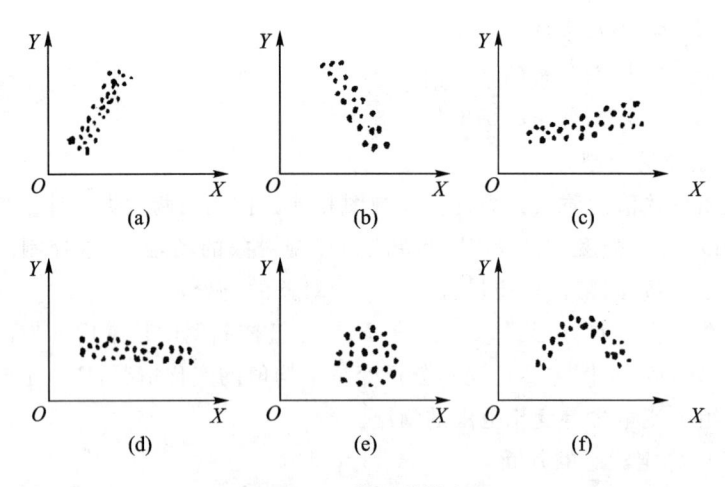

图 15-6 典型的散布图

（七）调查表

调查表是为了掌握生产过程中或试验现场的情况，根据分层的思想而设计的一类记录表。它是用来记录和收集数据并进行简化处理的有效形式，并在此基础上对影响产品质量的原因做出粗略分析的一种方法。调查表的形式很多，随着使用场合、对象、目的、范围等的不同，其表格形式和内容亦不同，应根据实际情况灵活设计应用。常用的调查表有不合格品项目统计调查表、工序分布检查表、缺陷位置调查表、不合格原因检查表等。

第三节　质量检验与抽样检验

一、质量检验

（一）质量检验的作用

质量检验就是对产品质量进行检验，即运用一定的方法和手段，对产品的质量性能进行鉴定，然后将结果与标准比较，做出各件（批）产品质量好与不好、合格或不合格的判别。质量检验不仅是为了隔离不合格品，更重要的是为质量管理提供信息；不仅要从检验过程中获取质量事故、不合格品的信息，还要通过检查，获取潜在问题、质量脱离控制状态的信息。概括说来，质量检验的作用主要是：

（1）评定产品质量是否符合标准，预防在生产过程中产生不符合质量标准的半成品或成品。

（2）保证只将符合标准的产品送到下道工序或用户。

（3）掌握和评价有关质量的实际情况，为控制产品质量提供依据。

质量检验作为质量管理的一项重要内容,在生产全过程中始终起着相当重要的作用。因此,在推行全面质量管理的过程中,应加强生产全过程中的质量检验,将好的经验和方法,纳入规章制度,使质量检验工作顺利开展和完善。

(二) 质量检验的分类

按照交验批中被检验产品数量的多少,可将质量检验分为全数检验和抽样检验两种方法。

1. 全数检验

全数检验也称100％检验,是对提交检验批中每个单位产品实施逐个检验,以判定单位产品合格或不合格。这种质量检验方法虽然适用于生产批量很少的大型机电设备产品,但大多数生产批量较大的产品,如电子元器件产品就很不适用。产品产量大、检验项目多或检验较复杂时,进行全数检验势必要花费大量的人力和物力;同时,仍难免出现错检和漏检现象。而当质量检验具有破坏性时,例如电视机的寿命试验、材料产品的强度试验等,全数检验更是不可能的。

2. 抽样检验

抽样检验是从一批交验的产品(总体)中,随机抽取适量的产品样本进行质量检验,然后把检验结果与判定标准进行比较,从而确定该批产品是否合格的一种质量检验方法。由于抽检的检验量少,所需人员减少,管理亦不复杂,因而检验费用低,较为经济。但是,抽检也存在一些缺点,如经检验合格的产品批中,混杂一定数量的不合格品。抽检存在错判风险,抽检前要设计抽样检验方案。

抽样检验方案是指为实施抽样检验而确定的一组规则,其中包括对样本大小所作的规定,以及通过对样本的检验结果决定批量是否合格的判定准则。

二、抽样检验

目前,已经形成了很多具有不同特性的抽样检验方案和体系,大致可按下列几个方面进行分类。

(一) 按产品质量指标特性分类

按产品质量指标特性不同,可将抽样检验分为计数抽检和计量抽检两类。

1. 计数抽检

计数抽检是从交验批中抽取一定数量的样品(个体)作为样本,检验该样本中每个样品有无某种属性(一般是合格品还是不合格品),计算共有多少样品有(或无)这种属性,或者计算每个(或每百个)样品中的缺陷数,然后与规定的合格判定数比较,决定该批产品是否合格的方法。

2. 计量抽检

计量抽检是对交验批中的每个样品(个体),测量其某个定量特性,然后与规定的标准值或特性值技术要求进行比较,以决定该批产品是否合格的方法。

有时,也可混合运用计数抽样检验方法和计量抽样检验方法。如选择产品某一个质量参数或较少的质量参数进行计量抽检,其余多数质量参数则实施计数抽检方法,既能减少计算工作量,又能获取所需质量信息。

(二) 按抽样检验次数分类

按抽样检验次数不同,可将抽样检验分为一次、二次和多次抽样检验等。

1. 一次抽检

一次抽检只需从批中抽取一个样本,便可判断该批接受与否。一次抽样检验的判定准则:对于一次抽样方案$(n;A)$,是从交验批 N 中抽取一个大小为 n 的样本,如果样本的不合格品个数 d 不超过预定指定的数 A,判定此批为合格;否则判为不合格。A 称为"合格判定数"或"接受数"。一次抽样实施程序如图 15-7 所示。

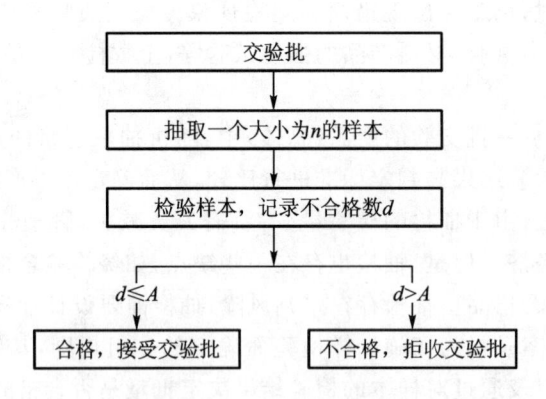

图 15-7 一次抽样原理图

2. 二次抽检

二次抽检可能要进行两次,才能做出接受还是拒收的判断。这种抽检方法是在一次抽检方法的基础上发展起来的。它是对交验批抽取两个样本 n_1 和 n_2,对应也有两个合格判定数 c_1 和 c_2,不合格判定数为 γ_1、γ_2,两次样本中的不合格数分别为 d_1 和 d_2,其抽检和判断过程如下:

(1) 先抽取第一个样本 n_1,检验后如不合格品数是 $d_1 \leqslant c_1$,判为合格;如 $d_1 \geqslant \gamma_1$,判为不合格。当 $c_1 \leqslant d_1 \leqslant \gamma_1$,则需由第二个样本 n_2 来判定。

(2) n_2 中的不合格品数为 d_2,将 d_2 和 d_1 加在一起与 c_2 和 γ_2 进行比较,如 $d_1+d_2 \leqslant c_2$,判为合格;当 $d_1+d_2 \geqslant \gamma_2$,判为不合格(其中:$c_2=\gamma_2$)。如图 15-8 所示。

3. 多次抽检

多次抽检需要抽取两个以上具有同等大小的样本,最终才能对批作出接受与否判定的一种抽样方式。是否需要第 i 次抽样要根据前次($i-1$ 次)抽样的结果而定。

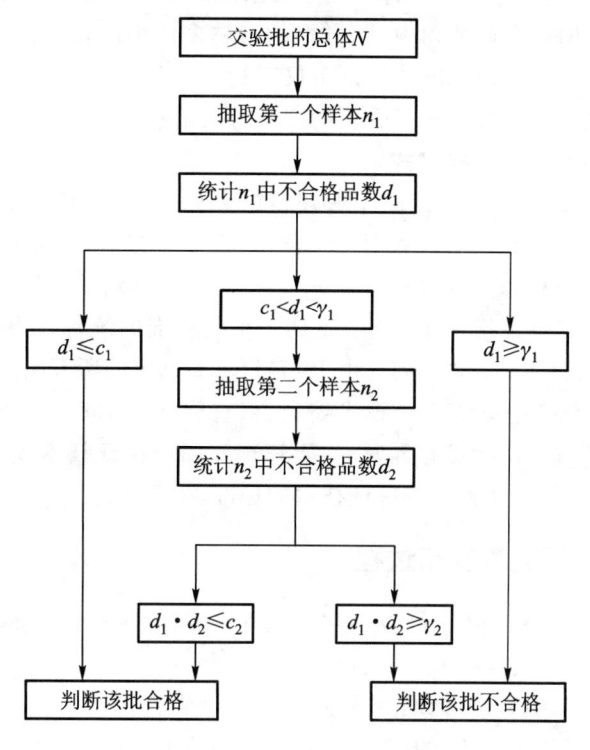

图 15-8 二次抽样原理图

第四节 ISO 9000 简介

一、ISO 9000 的产生

(一)ISO 9000 标准的由来

ISO 9000 标准是国际标准化组织(ISO)在 1994 年提出的概念,是指"由 ISO/TC176(国际标准化组织质量管理和质量保证技术委员会)制定的国际标准。ISO 9001 用于证实组织具有提供满足顾客要求和适用法规要求的产品的能力,目的在于增进顾客满意。随着商品经济的不断扩大和日益国际化,为提高产品信誉,减少重复检验,削弱和消除贸易技术壁垒,维护生产者、经销者和消费者各方权益,这个第三方认证因不受产销双方经济利益支配,以其公正、科学成为各国对产品和企业进行质量评价和监督的通行证。作为顾客对供方质量体系审核的依据,企业有满足其订购产品技术要求的能力。

ISO 9000 是国际标准化组织向各国推荐的标准,不是强制性的,企业可以自愿采用。然而当今的趋势是许多国家的采购商和认证部门纷纷将此标准纳入其检查要求中,即在商业活动中,购方将越来越多地提出这方面的要求。因此,力争取得 ISO 9000 系列标准的认证不仅有利于企业建立健全质量体系,具备生产合格产品的能力,而且有利于企业的产品打入国际市场。

(二)ISO 9000 的标准格式

ISO 制定出来的国际标准除了有规范的名称之外,还有编号。编号的格式是:ISO+标准号+[杠+分标准号]+冒号+发布年号(方括号中的内容可有可无)。例如,ISO 8402:1987、ISO 9000—1:1994 等,分别是某一个标准的编号。但是,"ISO 9000"不是指一个标准,而是一系列标准的统称。根据 ISO 9000—1:1994 的定义:"ISO 9000 系列是由 ISO/TC176 制定的所有国际标准。"

TC176 即 ISO 中第 176 个技术委员会,它成立于 1980 年,全称是"品质保证技术委员会",1987 年又更名为"品质管理和品质保证技术委员会"。TC176 专门负责制定品质管理和品质保证技术的标准。

二、ISO 9000 标准的发布过程

自 1986 年至 1987 年国际标准化组织首次发布 ISO 9000 标准以来,主要经历了三个阶段。

(一)ISO 9000:1987 标准

ISO/TC176 最早制定的一个标准是 ISO 8402:1986《品质——术语》,于 1986 年 6 月正式发布。1987 年 3 月,ISO 又正式发布了 ISO 9000—ISO 9004 标准,与 ISO 8402:1986 一起构成了 1987 年版的 ISO 9000 系列标准,统称为 ISO 9000 系列标准,标志着质量管理进入标准化历程。ISO 9000:1987 主要有 6 个标准:

(1) ISO 8402:1986《质量——术语》。

(2) ISO 9000:1987《质量管理和质量保证标准——选择和使用指南》。

(3) ISO 9001:1987《质量体系——开发、设计、生产、安装和服务的质量保证模式》。

(4) ISO 9002:1987《质量体系——生产和安装的质量保证模式》。

(5) ISO 9003:1987《质量体系——最终检验和试验的质量保证模式》。

(6) ISO 9004:1987《质量管理和质量体系要素——指南》。

(二)ISO 9000:1994 系列标准

1. ISO 9000:1994 系列标准的构成

由于 ISO 9000 系列标准主要适用于制造业,为此,ISO/TC176 在维持 ISO 9000 标准总体结构和思路不变的前提下,对 ISO 9000 系列标准进行了局部修

改,并补充制定了 ISO 9000 系列标准,对质量体系的一些要素活动做出具体的规定,形成了 1994 年版的 ISO 9000 系列标准。ISO 9000:1994 共有 22 个标准和两个技术报告,可划分为五类。

(1) 标准术语——ISO 8402:1994《质量管理和质量保证——术语》。

(2) 使用指南标准——ISO 9000:1994《质量管理和质量保证标准——选择和使用指南》。它是整个体系的说明,帮助供应商和用户理解该标准的基本原理及特性、模式、应用的最佳场合和时间,指导供购双方选择和使用 ISO 9001—ISO 9003 质量保证标准,指导企业贯彻 ISO 9004 标准,建立质量管理体系。

(3) 质量保证标准——ISO 9001:1994《质量体系——设计、开发、生产、安装和服务的质量保证模式》,ISO 9002:1994《质量体系——生产和安装的质量保证模式》,ISO 9003:1994《质量体系——最终检验和试验的质量保证模式》。

(4) 质量管理标准——ISO 9004:1994《质量管理和质量体系要素——指南》。用于指导企业推进质量管理,建立质量管理体系时使用的标准。

(5) 若干个支持性标准。

2. 三种质量保证标准的比较

ISO 9001—ISO 9003 是一组质量保证标准,它们是在合同情况下,供购双方签订供货合同选择质量保证标准时,或供方申请体系认证、选择质量保证模式时使用的标准。根据购方订购产品结构的特点、设计和制造的复杂性、设计成熟的程度,以及产品安全性和经济性等选用三项标准之一。图 15-9 显示了三种质量保证标准的内容比较。

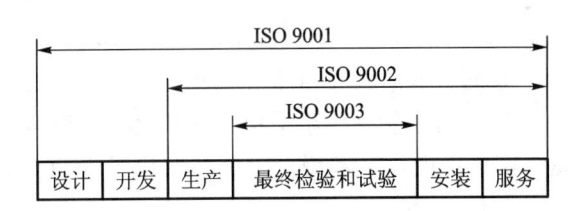

图 15-9 ISO 质量保证标准的比较

(1) 选用 ISO 9001 标准的条件是:产品结构复杂,设计和制造复杂性较高,设计成熟程度不够,产品具有安全性和经济性要求。当选用该标准时,供方应向购方提供产品设计、生产、安装和服务全过程的质量保证。

(2) 选用 ISO 9002 标准的条件是:设计复杂性较低,设计成熟程度较高,产品结构不太复杂,制造复杂性较高,产品具有安全性和经济性要求。当选用该标准时,供方应向购方提供生产、安装和服务过程的质量保证。

(3) 选用 ISO 9003 标准的条件是:产品结构简单,设计和制造复杂性较低,设计成熟程度较高,一般没有安全性和经济性要求。当选用该标准时,供方应向购方提供产品最终检验和试验的质量保证。

(三) ISO 9000:2000 系列标准

随着在国际上的广泛应用,ISO 9000:1994 系列标准也出现了一些不足。ISO 在调查研究的基础上,对这套标准进行了总体结构及技术内容等全面的修改,并于 2000 年 12 月颁布了 2000 版的 ISO 9000 系列标准。该标准只有 5 个标准,对原有的其他标准,除进行合并、转出外,或以技术报告、技术规范的形式发布,或以小册子的形式出版发行。技术报告或小册子属于对质量管理体系建立和运行的指导性文件,也是 ISO 9000 系列标准的支持性文件。ISO 9000:2000 系列标准的构成见表 15-3。

表 15-3　ISO9000:2000 系列标准的构成

核 心 标 准	其 他 标 准
ISO 9000 基本原理和术语 ISO 9001 质量管理体系——要求 ISO 9004 质量管理体系——业绩改进指南 ISO 19011 质量和环境审核指南	ISO 10012 测量设备质量保证要求
技术报告(TR)	小　册　子
ISO/TR 10006 项目管理指南 ISO/TR 10007 技术状态管理指南 ISO/TR 10013 质量管理体系文件指南 ISO/TR 10014 质量经济性指南 ISO/TR 10015 教育和培训指南 ISO/TR 10017 统计技术在 ISO 9001 中的应用	质量管理原理,选择和使用指南 ISO 9001 在小型企业的应用

ISO 9000:2000 系列标准的核心标准:

(1) ISO 9000:2000《质量管理体系结构——基础和术语》,表述质量管理体系基础知识,并规定质量管理体系术语。此标准取代了 ISO 8402:1994 和 ISO 9000-1:1994 两个标准。

(2) ISO 9001:2000《质量管理体系——要求》,规定对质量管理体系的要求,用于证实组织具有提供满足顾客要求和适用法规要求的产品的能力,目的在于增加顾客满意。此标准取代了 1994 年版的 ISO 9001、ISO 9002、ISO 9003 3 个质量保证模式标准,成为用于第三方认证的质量管理体系要求标准。

(3) ISO 9004:2000《质量管理体系——业绩改进指南》,提供满足质量管理体系有效性和效率两方面的指南。该标准的目的是促进组织业绩改进和使顾客及其他相关方满意。此标准取代了 1994 年版的 ISO 9004。

(4) ISO 19011:2000《质量和(或)环境管理体系审核指南》,为质量和环境管理体系审核的基本原则、审核方案的管理、环境和质量管理体系审核的实施以及对环境环境和质量管理体系审核员的资格要求提供了指南。此标准取代了1994年版的 ISO 10011、ISO 14010、ISO 14011 和 ISO 14012。

表 15-4 给出了 ISO 9000 标准的结构变更情况。从以上分析可以看出，ISO 9000:2000 系列标准是质量管理体系的基础。它明确了质量管理的 8 项原则，是组织改进其业绩的框架，能帮助组织获得持续成功。该标准具有如下特点：

（1）适用于任何规模的所有生产和服务组织。
（2）使用简便、表达清晰、易于理解。
（3）能够将质量管理体系与组织运行联系起来。
（4）为组织的改进实施提供一个坚实的基础。
（5）更大程度地着眼于持续改进和顾客满意。
（6）与其他管理体系兼容（如 ISO 14000）等。
（7）为特殊行业（如航空、汽车、医疗器械以及电信等行业）中的组织提供坚实的基础，并阐明这些组织的基本需求和利益。

表 15-4 ISO 9000 的结构变更对照

ISO 9000:1987	ISO 9000:1994	ISO 9000:2000
历史性综合	战术性改版	战略性改版
6 项标准	22 项标准	5 项加技术报告书
主要针对制造业尤其是较大企业	补充内容、扩大范围，开始考虑服务业应用，按产品导向建立 20 个要素	充分考虑一切组织，包括小企业。服务业按过程导向建立 PDCA 循环

三、ISO 14000 标准简介

ISO 14000 环境管理体系标准由国际标准化组织 ISO/TC 207 于 1996 年发布，它是国际化标准组织为保护全球环境，促进世界经济可持续发展，针对全球工业企业、商业部门、非营利性团体和其他用户制定的一系列环境管理国际标准。ISO 14000 标准号从 14001—14100，共 100 个标准号，统称为 ISO 14000 系列标准。

ISO 14000 作为一个多标准组合系统，按标准性质可分三类：
（1）基础标准——术语标准。
（2）基础标准——环境管理体系、规范、原则、应用指南。
（3）支持技术类标准（工具），包括：①环境审核；②环境标志；③环境行为评价；④生命周期评估。

ISO 14000 系列标准融合了世界上许多发达国家在环境管理方面的经验，为协调保护环境与可持续发展的关系，提供了一套以预防为主，减少和消除环境污染的管理方法。它是一种完整的、可操作性很强的体系标准,包括为制定、实施、实现、评审和保持环境方针所需的组织结构、策划活动、职责、惯例、程序过程和资源。其中 ISO 14001 是环境管理体系标准的主干标准,它是企业建立和实施环境管理体系并通过认证的依据。ISO 14000 环境管理体系的国际标准,目的是规范企业和社会团体等所有组织的环境行为,以达到节省资源、减少环境污染,改善环境质量,促进经济持续、健康发展的目的。ISO 14000 系列标准的用户是全球商业、工业、政府、非营利性组织和其他用户,其目的是用来约束组织的环境行为,从而持续改善环境,与 ISO 9000 系列标准一样,对消除非关税贸易壁垒即"绿色壁垒",促进世界贸易具有重大作用。

拓展学习　　　　六西格玛管理

六西格玛管理是企业获得和保持企业在经营上的成功并将其经营业绩最大化的综合管理体系和发展战略,是使企业获得快速增长的经营方式。其核心内容可以总结为 6 个要素。

要素 1:真诚地以客户为中心。

在六西格玛中,以客户为中心是最优先的事。例如,六西格玛的业绩衡量是从客户开始的,六西格玛的改进是由对客户满意和价值的影响程度来确定的。

要素 2:以数据和事实驱动的管理方法。

六西格玛把"以事实来管理"的理念提高到一个更为有力的新层次。六西格玛一开始通过弄清楚什么是衡量公司业绩的尺度,然后应用数据和分析建立对关键变量的理解和优化结果。六西格玛帮助经理们通过回答下面两个问题来作出以事实驱动的决定和方案:①真正需要什么数据和信息?②如何使用这些数据或信息来获得最佳效益?

要素 3:流程的聚焦、管理和改进。

在六西格玛中,流程是采取行动的地方。设计产品和服务、度量业绩、改进效率和客户满意度,甚至经营企业等,都是流程。流程在六西格玛管理中被定义为成功的关键。精通流程不仅仅是必要的,而且是在客户提供价值时建立竞争优势的有效方法。

要素 4:有预见的积极管理。

有预见的积极管理意味着培养下面这些业务的管理习惯:①设定挑战性的目标与经常回顾的目标;②确定清晰的工作优先次序;③集中于预防问题而不是"救火";④质疑为什么要这样做,而不是不加分析地维持现状。

要素 5:无边界的合作。

六西格玛管理致力于公司上下内外打破障碍和改进团队合作,为客户创造价值。六西格玛管理的无边界合作并不意味着牺牲个性，但的确要求理解最终客户和流程的真正需求。因此，六西格玛系统能够创造一个支持真正团队合作的环境和管理结构。

要素6：追求完美，容忍失误。

怎么能够既追求完美又容忍失误呢？这看起来似乎相互矛盾，但从本质上看，这二者是相互补充的。假如不试验新主意和新方法，就不可能有任何公司可以达到或接近六西格玛，而试验新主意和新方法往往存在一些风险。假如一个人想到一种可以提高服务、降低成本、增加新能力的方法，但惧怕改变所带来的失误，他永远不会去试的。其结果将是停滞、腐朽，直至灭亡。

实施六西格玛可以为企业带来以下主要利益：①降低总消耗；②提高产品质量和可靠性；③缩短生产周期；④减少设计变更。

网上学习

1. 登录质量管理在线网站，了解企业开展的质量咨询活动和有关质量管理知识。
2. 登录六西格玛品质网站，了解六西格玛管理有关指标。
3. 登录中国质量网——中国质量协会官方网站，了解质量管理相关知识。
4. 登录国际质量标准体系委员会主页，了解国际质量管理体系标准。
5. 登录中国质量认证中心网站，了解质量认证体系的程序和相关知识。

思考与练习

1. 什么是全面质量管理？它的特点有哪些？
2. 比较质量管理七种方法的基本要点。
3. 什么是抽验检验？抽样检验有哪些基本类型？
4. ISO 9000:2000 的核心标准有哪些？各有何作用？
5. 简述 ISO 9000、ISO14000 和 TQC 之间的关系。

参 考 文 献

1. Richard B Chase, Nicholas J Aquilano, F Robert Jacobs. Operations Management for Competitive Advantage. 11th ed. NewYork：McGraw-Hill, Inc., 2004.

2. Mark M Davis, Nicholas J Aquilano, Richard B Chase. Fundamentals of Operations Management. 4th ed. New York：McGraw-Hill, Inc., 2004.

3. William J Stevenson. Operation Management. 8th ed. New York：McGraw-Hill, Inc., 2005.

4. Jay Heizer, Barry Render. Production and Operation Management. 4th ed. New York：Prentice Hall, Inc., 1998.

5. 理查德·B蔡斯,等. 运营管理. 11版. 任建标,等,译. 北京:机械工业出版社,2007.

6. 大卫·辛奇列维,菲利普·卡明斯基. 供应链设计与管理——概念、战略与案例研究. 季建华,等,译. 北京:中国财政经济出版社,2004.

7. David A Collier, James R Evans. 运营管理产品、服务和价值链. 2版. 马凤才,马俊,译. 北京:北京大学出版社,2009.

8. 马士华,陈荣秋. 生产与运作管理. 北京:高等教育出版社,2008.

9. 刘丽文. 生产与运作管理. 北京:清华大学出版社,2006.

10. 任建标. 运营管理. 北京:电子工业出版社,2006.

11. 龚国华,王国才. 生产与运营管理——制造业与服务业. 上海:复旦大学出版社,2007.

12. 冯根尧. 运营管理. 北京:北京大学出版社,中国林业出版社,2007.

13. 冯根尧. 生产与运作管理. 重庆:重庆大学出版社,2002.

14. 张公绪,孙静. 新编质量管理学. 北京:高等教育出版社,2003.

15. 宋明顺. 质量管理学. 北京:科学出版社,2005.

16. 史毓敏. ISO 9001质量管理体系的理解与运作. 北京:中国电力出版社,2009.

郑 重 声 明

高等教育出版社依法对本书享有专有出版权。任何未经许可的复制、销售行为均违反《中华人民共和国著作权法》，其行为人将承担相应的民事责任和行政责任，构成犯罪的，将被依法追究刑事责任。为了维护市场秩序，保护读者的合法权益，避免读者误用盗版书造成不良后果，我社将配合行政执法部门和司法机关对违法犯罪的单位和个人给予严厉打击。社会各界人士如发现上述侵权行为，希望及时举报，本社将奖励举报有功人员。

反盗版举报电话：(010) 58581897/58581896/58581879
传　　真：(010) 82086060
E - mail：dd@hep.com.cn
通信地址：北京市西城区德外大街 4 号
　　　　　高等教育出版社打击盗版办公室
邮　　编：100120

购书请拨打电话：(010) 58581118